Andreas Erb (Hrsg.)

# Baustelle Gegenwartsliteratur

Andreas Erb (Hrsg.)

unter Mitarbeit von Hannes Krauss
und Jochen Vogt

# Baustelle Gegenwartsliteratur

*Die neunziger Jahre*

**SPRINGER FACHMEDIEN WIESBADEN GMBH**

Höchste inhaltliche und technische Qualität unserer Produkte ist unser Ziel. Bei der
Produktion und Verbreitung unserer Bücher wollen wir die Umwelt schonen: Dieses
Buch ist auf säurefreiem und chlorfrei gebleichtem Papier gedruckt. Die Einschweiß-
folie besteht aus Polyäthylen und damit aus organischen Grundstoffen, die weder bei der
Herstellung noch bei der Verbrennung Schadstoffe freisetzen.

Umschlaggestaltung: Christine Huth, Wiesbaden
Satz und Gestaltung: Rose Sommer, Universität GHS Essen

ISBN 978-3-531-12894-8     ISBN 978-3-322-93552-6 (eBook)
DOI 10.1007/978-3-322-93552-6

# Inhalt

## Baustelle - Zirkuskuppel: Zu diesem Buch

*Baustelle Gegenwartsliteratur* - kein Ort, an dem nach einem festgelegten Plan ein durchkalkuliertes Projekt verwirklicht wird. Sie ist eher Schau-Platz von Sensationen, einer unfertigen, im besten Sinne anarchischen Vielfalt artistisch anmutender Bemühungen, die beim Betrachtenden vor allem eines auszulösen scheinen: Ratlosigkeit angesichts einer sich ständig neu reproduzierenden Unübersichtlichkeit. Die Situation ist nicht neu und erinnert an den 'frühen' Alexander Kluge:

> Sie haben sich bis hier oben vorgearbeitet. Jetzt wissen sie nicht, wie weiter. Sich Mühe geben allein, nützt gar nichts. Die Artisten in der Zirkuskuppel: ratlos.

Als jener vor dreißig Jahren - nicht zuletzt unter dem Eindruck der Studentenbewegung - die gesellschaftlichen Bedingungen von Kunstproduktion kritisch in den Blick nahm, waren seine eigenen Ausdrucksmittel - eine kunstvoll ins Lakonische gesetzte Sprache und die wohlabgewogene Schlichtheit kalkulierter Filmbilder - zugleich Zeichen, die intellektuelle Unverstelltheit und Authentizität signalisieren sollten. Mittlerweile prägt eine Vielfach- und Dauerpräsenz von Bildern den Alltag der Kunstproduzierenden genauso wie den ihrer RezipientInnen. Kunst - insbesondere die Sprachkunst - muß sich nicht mehr nur gegen Vermarktungsstrategien der Verlage, geniale Konkurrenten, selbstverliebte Kritiker und ignorante Politiker behaupten, sondern vor allem gegen jene immer perfekteren kommerziellen Artefakte eines sich dynamisch expandierenden Mediensystems.

Einer der Wenigen, der früh begriffen und schnell reagiert hat, war Alexander Kluge. Längst schon nutzt er die mit der privat-rechtlich organisierten Kommerzialisierung der 'Kanäle' geschaffenen Möglichkeiten als Vehikel. Die meisten Berufskolleg(Inn)en seiner Generation scheinen sich dagegen noch immer in artistischer Ratlosigkeit aufzureiben, einer Ratlosigkeit, die durch Beifall oder Invektiven des Kritiker-Publikums nicht geringer, durch kollektive Erregung über politische Großereignisse wie 'Golfkrieg', 'Mauerfall' oder 'Jugoslawien-Krieg' bestenfalls zeitweise verschleiert wurde. Neue Impulse für alte Fragen (nach der gesellschaftlichen Funktion von Literatur und Kunst beispielsweise, nach der Rolle ihrer ProduzentInnen u.a.m.) waren daraus genausowenig zu gewinnen wie aus den Feuilletondebatten um Christa Wolf oder Peter Handke. Der öffentlich inszenierte Diskurs über gegenwärtige Literatur, auch was den (literatur)theoretischen Stellenwert angeht, dümpelt offensichtlich selbstgenügsam, alters- und erfahrungsgesättigt vor sich hin - dies hebt Kluges Positionen bis heute von jenen der aktuellen Debatten ab.

Bleibt die große Zahl von jungen Autoren und Autorinnen. Auch über sie entzündet sich in regelmäßigem Abstand ein weiterer, vom Ton und Anspruch jedoch nur wenig innovativer 'Literaturstreit'. Die junge Generation von 'ArtistInnen' unterscheidet sich nämlich von ihren Vorbildern: Sie zeigt nur wenig Interesse an den (u.a. von Kluge vorgetragenen) theoretischen Bemühungen um den Stellenwert der Literaturproduktion im Zusammenhang mit kapitalistischen Vermarktungsstrategien; zudem begreift sie die Auseinandersetzung mit dem

Nationalsozialismus - seit den späten sechziger Jahren das zentrale Thema der sich kritisch verstehenden Intellektuellen - nicht als gesellschaftspolitisch notwendige 'Erinnerungs-Arbeit'; in diesem Zusammenhang lehnt sie sich ebensowenig gegen ihre in die Geschichte verstrickten Väter auf, wie sie gegen das staatlich verordnete Binom Ost-West opponiert; schließlich steht sie auch gegenwärtig nicht unter dem psychischen Zwang, die Geschichte der Studentenbewegung oder gar den 'Deutschen Herbst' aufzuarbeiten und einer neuen Bewertung zu unterziehen - all' dies ist für sie allenfalls Material, frei verfüg- und überschreibbar. Die Geschichte der BRD/DDR bildet gerade nur den Grundtext eines Palimpsests, sie dient als Tonfolge, die verfremdet und übertönt werden kann; die AutorInnen der Generation nach der allmählich absterbenden 'moralischen Instanz Literatur', gar der "literature engagée", gleichen eher literarischen DJs, die sich selbstsicher zwischen medialer Präsenz und den events zahlreicher trash-poetry-Nächte behaupten. Kontingenz, Dissoziation, Pluralität, etc. sind dabei Begriffe, die zum einen die derzeitige gesellschaftliche und literarische Situation theoretisch zu beschreiben suchen, die aber gleichzeitig eine 'neue Ratlosigkeit' vor allem bei Kritikern und Kritikerinnen, weniger bei AutorInnen provozieren. - Ratlosigkeit führt oftmals zu unkontrollierten Denkbewegungen: Die Versuche, die gegenwärtige Literatur 'wider ihre Verächter' zu retten, oder sie als Ergebnis untalentierter Narzißten mit dem Hang zur selbstzweckhaften (Wort)Akrobatik weiter zu denunzieren, sind als Antwort auf den Zustand der Literatur nach der historischen Zäsur von 1989/90 jedoch unzureichend. (Der von Fritz Göttler in der *SZ* vom 1.10.1996 vorgeschlagene 'dritte Weg' klingt da schon verheißungsvoller, wenn auch bereits etwas 'abgelebt'; gegen die Alternative "Kunst oder Müll" schlägt er "ganz programmatisch, ganz praktisch: den Gebrauch" vor.) Die Auseinandersetzung mit der Literatur der neunziger Jahre sollte vielmehr die Frage nach einer (bisweilen auch sehr stilisierten) Ratlosigkeit im produktiven Sinn stellen, ohne jedoch den vielen Schlagwörtern zur Periodisierung der Nachkriegsliteratur ein weiteres - starres - hinzuzufügen.

Der Entschluß, sich mit der Aussagekraft der "Idiotengefechte" des Feuilletons (Theweleit) oder mit einem unübersehbaren nationalen Schulterzucken nicht zufrieden zu geben, man könnte auch sagen: Trotz, gab den ersten Anstoß zu diesem Sammelband. Konkretisiert wurde er auf einer internationalen Tagung zur deutschsprachigen Gegenwartsliteratur, zu der Hannes Krauss und Jochen Vogt im November 1995 (sechs Jahre nach jener historischen Zäsur, deren Bedeutung mittlerweile unter dem Begriff 'Wende' zu ersticken droht) ins 'Kulturwissenschaftliche Institut' nach Essen eingeladen hatten.

Ausgewählte Beiträge dieser Tagung bilden das Gerüst des vorliegenden Bandes. Ergänzt werden sie durch exemplarische Blicke auf neueste literarische 'Tendenzen' und 'Trends'. Beides zusammen - Resümee und Analyse, Rückblick und Ausblick - gruppiert sich zu einem Forum, das die Frage nach der Bedeutung von Literatur in vorgeblich schriftfeindlichen Zeiten aufwirft und nicht einstimmt in die - bereits vor Jahren von Hans Magnus Enzensberger konstatierte - Langeweile der gebetsmühlenhaft wiederholten Schwanengesänge, die jeweils neueste Literatur betreffend.

*Klaus-Michael Bogdal*

## Klimawechsel. Eine kleine Meteorologie der Gegenwartsliteratur

Ob das Jahr 1989 als 'epochales Ereignis' in die Geschichte eingehen wird, muß sich erst noch herausstellen. Daß es in Deutschland und Europa folgenreiche politische, ökonomische und soziale Einschnitte brachte und die Nachkriegsepoche endgültig beendete, kann wohl nicht mehr bezweifelt werden.

Auch wenn die deutsche Tagespolitik regelmäßig die 'Wende' mit beschwörenden Formeln in das Gedächtnis der Menschen zu schreiben sucht, kann nicht einmal das immer wieder bemühte mediengerechte Kollektivsymbol des 'Mauerfalls' darüber hinwegtäuschen, daß ihre kulturellen Dimensionen gering sind. Die nach mehr als fünf Jahren nicht mehr zu leugnende Diskrepanz zwischen der politisch-historischen Bedeutung der deutschen Vereinigung und ihrer kulturellen Verarbeitung hat sicher mit dem Erwartungshorizont zu tun, den ein Paradigma wie die 'Wende' aufspannt. In der Übergangsperiode 1989/90 wurde sowohl in der Bundesrepublik als auch in der DDR das Gegenwartsgeschehen, wie in solchen Situationen üblich, dramatisiert und pathetisiert. Aber gleichzeitig wurde damit ein historisches Wahrnehmungsmuster aktiviert, das an "Zeitenwenden"[1] wie 1492, 1789 und 1917 oder in Deutschland 1871, 1918 und 1945 (die "Stunde Null") erinnert. Diese historischen Wendepunkte waren stets von kulturellen Erneuerungen begleitet oder setzten Innovationspotentiale frei, die bewußt und zuweilen programmatisch auf das 'epochale Ereignis' zurückbezogen wurden. Für die Literaturgeschichtsschreibung gleich welcher methodischer Ausrichtung sind sie bis heute selbstverständliche Orientierungsmarken.

Am 10. Mai 1945 vermochte, trotz der desaströsen Situation in Deutschland, Thomas Mann, getragen von dem Bewußtsein, zwei Tage zuvor eine 'Zeitenwende' miterlebt zu haben, wie selbstverständlich zu verkünden:

> Möge die Niederholung der Parteifahne, die aller Welt ein Ekel und Schrecken war, auch die innere Absage bedeuten an den Größenwahn, die Überheblichkeit über andere Völker, den provinziellen und weltfremden Dünkel, dessen krassester, unleidlichster Ausdruck der Nationalsozialismus war. [...] Ich sage: es ist trotz allem eine große Stunde, die Rückkehr Deutschlands zur Menschlichkeit. [...] Furchtbarer, schwer zu tilgender Schaden ist dem deutschen Namen zugefügt worden, und die Macht ist verspielt. Aber Macht ist nicht alles, sie ist nicht einmal die Hauptsache, und nie war deutsche Würde eine bloße Sache der Macht. Deutsch war es einmal und mag es wieder werden, der Macht Achtung, Bewunderung abzugewinnen durch den menschlichen Beitrag, den freien Geist.[2]

Welcher deutsche Schriftsteller, welche Schriftstellerin hätte im Herbst 1989 eine vergleichbare Rede halten wollen - und können? Im übrigen hätte niemand zugehört. Die westdeutschen Intellektuellen wie Günter Grass verhielten sich skeptisch bis ablehnend, die bekanntesten Schriftsteller der DDR setzten realitätsblind und geschichtsvergessen in ihrem Appell *Für unser Land*[3] auf die Vergangenheit.[4] Die Vereinigung der beiden deutschen Nachkriegsrepubliken ist kein 'großes'

Thema der Literatur im Sinne einer 'Zeitenwende', die Aufbruch und Neuorientierung verheißt. Zwar wurden inzwischen einige Dutzend Romane und Erzählungen geschrieben, in denen die Jahre um 1989/90 und der 'Fall der Mauer' vorkommen.[5] Doch eine genauere Lektüre führt selbst bei Werken wie Thomas Brussigs *Helden wie wir*[6] oder Christa Wolfs *Medea*[7] zu dem Resultat, daß andere (alte) Themen dominieren. Was allenfalls interessiert, sind Negativfolgen wie Stasi-Verstrickungen oder westdeutsches Hegemoniegebaren. Eine im Blick auf die anderen ehemaligen sozialistischen Länder naheliegende Option, die Frage nach der 'nationalen Identität', wurde mit Ausnahme der differenziert zu betrachtenden Vorstöße von Martin Walser und Botho Strauß nicht gewählt. Wenigstens das spricht für die deutschen Schriftsteller.[8]

Dennoch glaubte *Die Zeit* zum fünften Jahrestag der 'Wende' nun endlich eine "zweite Stunde Null" entdeckt zu haben. Die Verfasserin des Essays, Iris Radisch, visierte mit dem programmatischen Titel jene epochalen literarischen Dimensionen an, die wir bisher mit 'Zeitenwenden' verbinden konnten. Dabei vermochte sie inzwischen hinlänglich bekannte Symptome für das Ende der von Böll, Grass, Weiss, Frisch und Dürrenmatt geprägten Nachkriegsliteratur zu nennen, überzeugende Beispiele für durch die deutsche Vereinigung auf irgendeine Weise angestoßene literarische Innovationen fand sie nicht. Wenn auch die erste "Stunde Null" eine historische Fiktion war, so ließ sich mit ihr doch das vage kulturelle Projekt eines radikalen Neuanfangs verbinden. Ein vergleichbares konsensfähiges Projekt ist heute nicht in Sicht. Deshalb möchte ich mich an der angestrengten Suche nach den Spuren des 'Sturms der Geschichte' in den nach 1989 geschriebenen Romanen, Dramen, Gedichten und Essays nicht beteiligen, sondern behaupten, daß ohne die deutsche Vereinigung nahezu die gleichen Texte geschrieben worden wären, die wir jetzt zu lesen bekommen - mit einer wichtigen Ausnahme: die für die kontrollierte Öffentlichkeit der "sozialistischen Menschengemeinschaft" bestimmten Zuliefertexte von Helmut Preißler bis Peter Hacks sind verschwunden.

Genauer möchte ich nach den Ursachen des bemerkenswerten Phänomens fragen, daß zum ersten Mal seit dem 18. Jahrhundert ein strukturell einschneidendes und zudem ein Trauma deutscher Geschichte betreffendes Ereignis - die 'Einheit der deutschen Nation' - die deutsche Literatur nur am Rande berührt.[9] Dabei werde ich den diskursiven Bedingungen mehr Aufmerksamkeit widmen als der literarischen Entwicklung selbst. Zunächst geht es darum, neue theoretische und methodische Kategorien zu gewinnen, mit deren Hilfe ein komplexer, widersprüchlicher und nicht abgeschlossener Prozeß wie die literarische Entwicklung in einem beinahe ein halbes Jahrhundert geteilten und plötzlich vereinten Land zureichend und plausibel analysiert werden kann. Der Rahmen eines Aufsatzes erlaubt nur ein thesenhaftes und kursorisches Vorgehen. In einem ersten Schritt frage ich nach den in der bundesrepublikanischen Gesellschaft, Kultur und Literatur liegenden Ursachen der Indifferenz gegenüber der bedeutendsten politischen Veränderung der zweiten Jahrhunderthälfte. Dann folgt in einem zweiten Teil die Untersuchung der Ursachen in der Gesellschaft, Kultur und Literatur der DDR. Schließlich versuche ich drittens von dieser doppelten Bestandsaufnahme ausgehend, jenen diskursiven Raum zu skizzieren, in dem sich die deutsche Literatur nach 1989 bewegen konnte und kann. Dieser Abschnitt schließt die 'Meteorologie' der Gegenwartsliteratur ein.

*1. Modernisierungsschübe der bundesrepublikanischen Gesellschaft und ihre Folgen für die Literatur*

Bei der Betrachtung der Gegenwartsliteratur gerät allzu leicht aus dem Blick, daß sich in den letzten dreißig Jahren enorme soziale und kulturelle Transformationen ereignet haben, die als "Silent Revolution"[10] bezeichnet worden sind. Oskar Negt stellt schon 1981 sehr pointiert fest, daß im Blick auf die lebensweltlichen Veränderungen, der "Abstand zwischen 1880 und 1960 [...] geringer [ist] als der Abstand zwischen 1960 und 1980."[11] Der Vergleich überrascht zunächst, zumal die Zeit zwischen 1933 und 1945 unerwähnt bleibt, kommt jedoch den in ihren Schlußfolgerungen eher vorsichtigen Analysen empirisch fundierter Politikwissenschaft nahe, die z.B. von einem "erdrutschartige[n] Wandel in den [...] grundsätzlichen Werthaltungen der Bevölkerung"[12] spricht. Auf einige dieser lebensweltlichen und mentalitären Änderungen, die folgenreich für den Status und die Funktion von Literatur geworden sind, soll nun hingewiesen werden. Hier muß ein Blick auf die neuen Sozialstrukturen nach dem "Ende der traditionellen Großgruppengesellschaft"[13] genügen, wie sie in den neueren sozialwissenschaftlichen Forschungen weitgehend Konsens sind.[14] Diese Forschungen möchte ich auf die Ausgangsfragestellung hin auswerten.

In der Nachkriegszeit ist bis in die frühen siebziger Jahre hinein ein relativ homogenes soziales Feld auszumachen, in dessen Grenzen Literatur geschrieben, distribuiert und rezipiert wurde. Dessen Zentrum bildete, wenn man einen bildlichen Vergleich bemühen will, das Dreieck zwischen *Frankfurter Allgemeiner Zeitung*, *Zeit* und *Frankfurter Rundschau*. Wir können von einem Zentrum sprechen, weil an diesem Ort der Nachkriegsgesellschaft die kulturelle Hegemonie hergestellt und über eine weitgehend funktionierende literarische Öffentlichkeit tradiert wurde. An den bisweilen kontroversen, aber bis Ende der sechziger Jahre niemals auseinanderbrechenden Grundorientierungen konnten sich Institutionen wie Schule und Universität und Medien wie der Rundfunk oder das Fernsehen ausrichten, was man z.B. an den Vorlesungsverzeichnissen oder Programmen dieser Zeit deutlich ablesen kann. Symptomatisch für den hegemonialen Status der Literatur war, daß sie auch in jenen Schichten (z.B. bei Arbeitern oder Bauern) nicht in Frage gestellt wurde, in denen sie faktisch im Lebensalltag keine Rolle spielte. Auch in diesen Schichten war es plausibel und konsensfähig, daß die Grundorientierungen über den engeren soziokulturellen Herkunftsbereich der Bildungselite hinaus *universalisierbar* und *gesamtgesellschaftlich repräsentativ* sind.

Ein vergleichbares hegemoniales Zentrum läßt sich in der gegenwärtigen Sozialstruktur nicht mehr finden. Neuere soziologische Forschungen konstatieren eine Tendenz zur Differenzierung und Autonomisierung traditioneller Klassen und sozialer Schichten der modernen Industriegesellschaft zu "Milieus", so der geläufige Terminus, die nicht mehr allein durch Einkommen, Macht und Bildung, sondern durch ihren "Lebensstil" charakterisiert sind. In den sechziger Jahren "wird ein Prozeß der *Individualisierung* und *Diversifizierung* von Lebenslagen und Lebensstilen in Gang gesetzt, der das Hierarchiemodell sozialer Klassen und Schichten unterläuft und in seinem Wirklichkeitsgehalt in Frage stellt."[15] Zum Lebensstil kann - als kulturelles Kapital, Statussymbol oder Konsumgut - der Besitz oder das Lesen von Literatur gehören oder eben auch nicht. Ob und auf welche Weise sie 'dazu gehört', darüber entscheiden heute nicht mehr der Bildungsgrad oder finanzielle Ressourcen und schon gar nicht ein hegemonialer, für alle sozialen Schichten gleichermaßen gültiger universaler, hierarchischer Literaturbegriff. Maßgebend sind die Interessen, Bedürfnisse, Werte und Gewohnheiten des jeweiligen Milieus.[16]

Nun kann dieser Prozeß von jenen, die sich dem traditionellen hegemonialen Kulturbegriff verpflichtet fühlen, wie der Appell bekannter Schriftsteller gegen die Rechtschreibreform zeigte, als Niedergangsszenarium gedeutet werden. Raymond Williams, der bekannte englische Kulturhistoriker, hat schon 1958 mit der provokativen These "culture is ordinary"[17] eine andere Bewertung vorgenommen. Kulturelle Modernität scheint für ihn "tendenziell auf eine 'Vulgarisierung' der Alltagskultur hinauszulaufen. Zivile Kulturen sind in modernen demokratischen Gesellschaften ohne Massenbasis nicht vorstellbar."[18] Die "Drei Tenöre" singen (ohne absehbares Ende) die Begleitmusik zu diesem Vulgarisierungsprozeß einer vormals hegemonialen Kunst.[19] Was Williams in den fünfziger Jahren noch nicht voraussehen konnte, ist die Tatsache, daß sich aus der massenhaften schichtenübergreifenden *Akzeptanz* bestimmter kultureller Produkte[20] kein universalisierbares Kulturverständnis mehr entwickeln würde.

| Die lebensweltlichen Sozialmilieus in Westdeutschland (1982 → 1991) | | | | |
|---|---|---|---|---|
| Habitus | modern 14% → 20% | | moderne Mitte 38% → 45% | traditional 46% → 35% |
| Oberklassen- habitus 22% → 19% | ALTerna- tives M. 4% → 2% | TEC Technokratisches Milieu 9% → 9% | | KONservativ- gehobenes Milieu 9% → 8% |
| Mittel- klassen habitus 58% → 59% | HED Hedonisti- sches Milieu 10% → 13% | AUF Aufstiegs- orientiertes Milieu 20% → 24% | | KLB Klein- bürgerliches Milieu 28% → 22% |
| Arbeiter- habitus 18% → 22% | NEA - Neues Arbeitnehmer Milieu 0% → 5% | TLO Traditionsloses Arbeitermilieu 9% → 12% | | TRA Traditionelles Arbeiterm. 9% → 5% |

*Abbildung 1*[21]

Wenn man unter den skizzierten historischen Prämissen die wichtigsten Studien[22] zur sozialen Evolution exemplarisch auswertet, fällt sofort ins Auge, daß in der sozialen 'Mitte', zu der die Mehrheit der Bevölkerung zählt, das, was wir traditionell unter Kultur und Literatur verstehen, nur noch marginal und sporadisch zum Lebensstil zählt. Die beiden Milieus, in denen Literatur noch einen relativ hohen Stellenwert besitzt, das "Alternative" und das "Konservativ-gehobene Milieu", nahmen nach der Wiedervereinigung quantitativ ab und machen noch ganze 10% der Bevölkerung aus. In ihrer - heterogenen - Konstellation läßt sich entfernt die soziale Basis der hegemonialen Kultur der ersten Nachkriegsjahrzehnte erkennen: das konservative und das modern-liberale und nonkonformistische Bildungsbürgertum. In zwei weiteren, immerhin anwachsenden Gruppen, die noch relativ hohe Bildungsvoraussetzungen für die Lektüre mitbringen, spielt die Literatur immerhin eine gewisse Rolle für den Lebensstil, nämlich im "hedonistischen" (13%) und im "technokratisch-liberalen Milieu" (9%).

Zu den Bildungsvoraussetzungen ist eine Bemerkung hinzuzufügen. Durch die Bildungsreformen ist seit Ende der sechziger Jahre die Zahl qualifizierter Intellektueller mit hohem gesellschaftlichen Problem- und Konfliktbewußtsein - von den sprichwörtlichen Sozialarbeitern über Pädagogen, Soziologen, Psychologen bis zu Städteplanern u.a. - enorm angewachsen.[23] Diese Gruppen müssen aber heute feststellen, daß der Bildungsanteil ihrer Qualifikation immer wertloser wird, weil mit ihm, ohne beruflichen oder finanziellen Erfolg, sozialer Aufstieg nicht mehr möglich ist.[24] Sie etablieren jedoch eine neue Publikumsgruppe, die vorher entweder nicht 'gelesen' hat oder als Leser gesellschaftlich 'unsichtbar' war.[25]

Was hat sich insgesamt dadurch für die Literatur geändert? Auf den ersten Blick wenig. Historische Längsschnittuntersuchungen haben gezeigt, daß sich die Zahl der Buchleser seit der flächendeckenden Alphabetisierung durch die Volksschule im 19. Jahrhundert trotz medialer Konkurrenz nicht mehr dramatisch bewegt hat.[26] In den letzten fünfzig Jahren haben sich jedoch die Bildungsvoraussetzungen deutlich verbessert, ohne sich noch in Präferenzen für die 'Schöne Literatur' niederzuschlagen.

Geändert hat sich, daß Literatur in wachsendem Maße innerhalb eines, und nur eines, Milieus rezipiert wird - und zwar dann, wenn sie sich in den jeweiligen Lebensstil einfügen läßt. Das sind jene 30.000 bis 80.000 Käufer, mit denen Verlage bei Erfolgsbüchern unterhalb der Bestsellerkategorie heute rechnen. Literaturkritik und -wissenschaft in Deutschland können bisher damit nicht umgehen,[27] daß in bestimmten Milieus oder 'Szenen' Romane oder sogar Lyrikbände Auflagen erreichen, von denen die in Klagenfurt und anderenorts prämierten Poeten nur träumen können.

Diese Situation könnte man postmodernistisch als Öffnung zu einer 'Pluralität der Diskurse' deuten. Für die Gegenwartsautoren stellt sich die neue Situation weniger emphatisch als An-Forderung nach einem Schreiben dar, für dessen Realisierung das Literaturverständnis der Nachkriegsepoche eher ein Hindernis ist. SchriftstellerInnen, die bewußt oder unbewußt in einem und für ein Milieu schreiben, z.B. im Eichborn-Verlag, können und müssen sich bestimmter Symbolisierungen, ästhetischer Standards und eines entsprechenden literarischen Wis-

sens und schließlich 'Jargons' bedienen, mit einem Wort: sie müssen 'milieu-för-
mig' schreiben. Die Literarische Innovationen oder Konfrontationen haben in dieser
literarischen Kommunikation keinen Ort, es sei denn die Provokation gehört zum
Lebensstil, wie man am Erfolg der Comics *Werner* oder *Das kleine Arschloch* zeigen
könnte, die für das "hedonistische Milieu" typisch sind. Diesen Autoren genügen
dann wie den Rock-Musikern Grönemeyer und Westernhagen, den wirklichen Er-
folgslyrikern der Achtziger und Neunziger, einige Wiedererkennungsakkorde bzw.
ein wiederkehrendes Umschlag-Design, ein Zitat oder Selbstzitat, um innerhalb des
jeweiligen Milieus 'angenommen' zu werden.

Man kann, ohne mit einem kulturellen Weltuntergangsszenarium[28] schrecken
zu müssen, konstatieren, daß die hegemoniale literarische Öffentlichkeit in unserer Gegenwart zerfällt und historisch wird, wie Jochen Vogt in einem Rückblick
"Über den gesellschaftlichen Anspruch und die Einflußmöglichkeiten der literarischen Intelligenz in Westdeutschland" dargelegt hat.[29] An ihre Stelle treten milieuspezifische Öffentlichkei*ten*. Ein Werk oder Autor wird in diesem Kontext nur
noch dann von anderen - und zwar zunächst benachbarten - Milieus wahrgenommen, wenn es als repräsentativ für den jeweiligen Lebensstil gilt. Die Literaturkritik spricht dann von *Kult-Werken* und *Kult-Autoren*.

Über diesen Weg der erfolgreichen sektoralen Repräsentanz haben dann jene
wenigen Werke und Autoren eine Chance milieuübergreifend vermarktet und rezipiert zu werden, die in den beiden oben genannten immer noch stark literatur-
orientierten Milieus anerkannt werden. Von dieser Anerkennung, einem Rudi-
ment der historisch gewordenen literarischen Öffentlichkeit, hängt auch heute noch
ab, 'was bleibt' und was eben 'nur' als Bestseller in die Bilanzen der Verlage eingeht.

Der ehrwürdige Fischer-Verlag ist für diese Entwicklung ein symbolträchtiges
Beispiel. Sein kulturelles Ansehen konnte er in der Nachkriegszeit durch Autoren
wie Franz Kafka oder Thomas Mann, den paradigmatischen Schriftstellern des
historisch gewordenen hegemonialen Kulturbegriffs, erlangen, sein ökonomisches
Überleben sichert er heute durch eine 'milieuförmige' Autorin namens Hera Lind.

Daß die Literatur innerhalb der einzelnen Milieus insgesamt gegenüber den
konkurrierenden Medien und anderen Sinnangeboten ('Erbauung' vermittelt
heute z.B. primär der psychologische Diskurs) deutlich an Prestige verloren hat,
sollte nicht unerwähnt bleiben, auch wenn dies in den letzten zehn Jahren detailliert erforscht wurde. Diese Entwicklung hat zum einen mit der Ästhetisierung
und 'Karnevalisierung' des Lebensalltags zu tun, zum zweiten damit, daß die
Schrift als Bildungs- und Unterhaltungsträger (und auch als Kommunikations-
und Informationsträger) ihre Dominanz verliert. Zudem wird die Literatur als ein
von der Produktion bis zur Rezeption 'langsames' Medium von den Globalisie-
rungs-[30] und Beschleunigungsprozessen[31] überfordert. Und anders als das Schul-
oder Rechtssystem basiert das "Kunstsystem auf freiwilliger Teilnahme."[32] Soziale Zwänge und Ängste auf der einen und Statusversprechen auf der anderen Seite verlieren in der gegenwärtigen Zerfallsphase des hegemonialen Kunstbegriffs
ihre Wirkung und erhöhen die 'Freiwilligkeit' in erheblichem Maße. Dies wird
dann in Institutionen wie der Schule zum Konflikt, die gegen die Alltagserfah-

rung der Beteiligten Verbindlichkeiten im Umgang mit Texten festzuschreiben gezwungen sind.

Auch wenn die Spuren noch im einzelnen zurückverfolgt werden müssen, soll hier behauptet werden, daß die skizzierten langfristigen Entwicklungen die Literatur der Gegenwart stärker geprägt haben als die Folgen der Vereinigung. Der Blick auf die soziokulturellen Veränderungen erlaubt insgesamt die Schlußfolgerung, daß der Schlüssel für unsere Gegenwarts*literatur* nicht in den Ereignissen um 1989, sondern in den siebziger Jahren zu finden ist, als "Abschied von den Kriegsteilnehmern"[33] genommen wird. Reinhart Baumgart hat diesen Zeitabschnitt das "diffuseste der Nachkriegsjahrzehnte"[34] genannt, ein Eindruck, den auch die verdienstvollen Literaturgeschichten von Schnell[35], Briegleb[36] und Barner[37] vermitteln. Die historische Verortung als "Neue Subjektivität" (Schnell), Literatur der "Differenz" (Weigel) oder "Tendenzwende und Stagnation" (Barner) ist immer noch auf die vorangegange Epoche der Nachkriegsliteratur fixiert, in der wir eine klar konturierte Konstellation vorfinden: eben jenes Dreieck von konservativer Antimoderne, gesellschaftskritisch-nonkonformistischer und experimentell-artistischer Moderne. Aus heutiger Perspektive lassen sich beim Wiederlesen in zahlreichen Texten der siebziger Jahre Spuren der Veränderungen entdecken, die sich als erste, noch unbewußte Anpassungsbewegung an ein verändertes soziokulturelles Gesamtgefüge in Westdeutschland deuten lassen.[38] Ein nicht zu übersehendes Symptom der Anpassung ist der Versuch zahlreicher Autoren, die bis dahin normsetzenden Standards der 'klassischen' Moderne zu unterbieten, zu ignorieren oder, wie bei Rolf Dieter Brinkmann, provokativ aufzuheben, meist mit dem Ziel, nun ein bestimmtes Milieu unmittelbar und unter Umgehung der hegemonialen Literaturverhältnisse zu erreichen. Gleichzeitig avancieren die Betroffenheits- und Selbstverständigungstexte zu den ersten bemerkenswerten Kult-Büchern der sich allmählich differenzierenden Milieus. Sie sind 'Übergangstexte', die noch innerhalb der hegemonialen Literaturverhältnisse von der Literaturkritik und der Germanistik 'fachgerecht' als "Neue Empfindsamkeit" rezipiert werden, gleichzeitig aber in ihrem Milieu ohne derartige Zuschreibungen schon den jeweiligen Lebensstil zum Ausdruck bringen. Daß sie aus hegemonialer Sicht eine ästhetische "Nullösung"[39] darstellen, ist in dieser Übergangsphase gerade die Grundlage ihres Erfolgs in der Frauen- und Friedensbewegung, in der Homosexuellen- und in der Psycho-Szene, denn diese Gruppen bringen die allgemeinen Bildungsvoraussetzungen für die Lektüre komplexer Texte und Themen mit, sind aber nur peripher oder unbewußt an ästhetischen Innovationen oder Intertextualität interessiert.

Erst nach dieser Anpassungsphase konnten Werke wie die von Patrick Süskind, Sten Nadolny, Christoph Ransmeyer oder Robert Schneider geschrieben werden,[40] deren Verfasser die veränderten soziokulturellen Bedingungen und die differenzierten ästhetischen Standards ihrer Leser bewußt zur Kenntnis nehmen.

*2. Modernisierungen in der DDR-Gesellschaft und ihre Folgen für die Literatur*

Daß in der DDR 'alles anders war', wird hier nicht bestritten, sondern nur darauf hingewiesen, daß sich in den siebziger Jahren mit Zeitverzögerung zur sozialen Entwicklung in Westdeutschland analoge Tendenzen abzeichneten, die nach 1990 rasch konvergierten. Dennoch gibt es Besonderheiten, auf die aufmerksam gemacht werden soll.

Der soziokulturelle Raum der Nachkriegszeit in der DDR stellt sich im historischen Rückblick als heterogenes, störungsanfälliges, widersprüchliches und teilweise artifizielles Gebilde dar, in dem das Grundideologem einer einheitlichen Volkskultur die in der Realität zu Tage tretenden Differenzen nur unzulänglich verdeckte. Schon die Startsituation der Literatur war paradox. Es etablierte sich ein programmatisch antifaschistisches Literatursystem, das nach einer kurzen Übergangsphase in frappierender Analogie zum faschistischen Kunstbetrieb organisiert wurde: von der Verbandsstruktur und dem Straf- und Belohnungswesen über die staatlichen Kontroll- und Zensurmechanismen bis zur unkontrollierbaren Interventionsmöglichkeit des politischen Machtzentrums. Bemerkenswert ist außerdem, daß das hegemoniale Zentrum der Literatur, das sich in der DDR in der ursprünglichen Konstellation von bürgerlich-humanistischem Traditionalismus, proletarischer Kulturbewegung und großstädtischer Links-Avantgarde hätte erfolgreich entwickeln können, im Partei- und Staatsapparat institutionalisiert wird. Zu dessen Führungselite wurden die Schriftsteller als "Planer und Leiter" seit den sechziger Jahren folgerichtig gezählt. Literarisches Schreiben zu initiieren und für eine künstlich zu nennende Öffentlichkeit zu sorgen, war die 'gesellschaftliche' Aufgabe von Partei und Staat. Der hegemoniale Literaturbegriff der ersten beiden Jahrzehnte, ein Konglomerat aus der kleinbürgerlich-proletarischen Alltagsästhetik der Aufsteigerschicht in Partei und Verwaltung und der bildungsbürgerlichen Antimoderne der integrierten alten Eliten, spiegelt zumindest die ästhetischen Bedürfnisse der beiden wichtigsten Leserschichten dieser Phase affirmativ wider.

In den sechziger Jahren schien das Ziel einer sozial nivellierten "sozialistischen Menschengemeinschaft" näher zu rücken. Zugleich zeigten sich erste deutliche Differenzierungen im kulturellen Lebensstil (Jugendkultur, Intellektuellenkultur), die zunächst rigoros unterdrückt und später kanalisiert wurden. Aus dieser soziokulturellen Spannungssituation erwuchs in der DDR ein "sozialer Raum zweiter Ordnung",[41] ein komplementärer Ort des Privaten, in dem Bedürfnisse nach sozialer und kultureller Distinktion artikuliert und befriedigt wurden. Ohne Kenntnis dieses sozialen Raums können "die tatsächlichen kulturellen und symbolischen Reproduktionsstrategien der DDR-Gesellschaft"[42] und damit ihre Literatur nicht verstanden werden.

Hier konnte, wer dies wollte, in seinem Lebensalltag die in der 'ersten', kontrollierten Öffentlichkeit praktizierten und propagierten Lebensformen korrigieren bzw. abwandeln. Der Raum 'zweiter Ordnung' war weder ein autonomer Sektor noch eine Gegenöffentlichkeit, sondern integrierter Teil der DDR-Gesellschaft. An ihm hatten, bis auf die engere Führungsschicht, auch die Funktionseliten teil.

In dieser komplementären Sozialordnung zeichneten sich schon in den siebziger Jahren jene Strukturen ab, die sich nach der Vereinigung durchsetzten. Innerhalb des egalitären Erscheinungsbilds der DDR-Gesellschaft bewährten sich, anders als im Westen, Literatur, Musik und Kunst als Differenzierungsmerkmale.[43] "Kulturelles Kapital war im sozialen Raum der DDR-Gesellschaft eine Nonkonformitäts-Variable."[44] Gleichzeitig wurde jedoch "eine der robustesten und wichtigsten *einfachen Kulturen* der Moderne zerrieben: die Arbeiterkultur."[45] Vor diesem sozialen Hintergrund setzte gegen den erbitterten Widerstand des Machtapparats eine 'Normalisierung' der Literaturverhältnisse ein, die erstaunliche Parallelen zur Entwicklung in Westdeutschland aufweist.

Zu den besonderen Unterschieden gehört allerdings, daß die kulturelle Differenzierung in der DDR zunächst ein Rezeptionsphänomen war. Ausgehend von dem, was der Raum 'erster Ordnung' zur Verfügung stellte, wurden in jenem 'zweiter Ordnung' abweichende oder gegenläufige 'Lesarten' entwickelt. Auf diese Weise bildete sich ein der westdeutschen Gesellschaft fremder, höchst komplexer und ausdifferenzierter kultureller Umgang mit Literatur heraus, mit dem Schriftsteller von Christa Wolf bis Christoph Hein bei der Rezeption ihrer Werke rechnen konnten. Erst in den achtziger Jahren entstanden - nicht nur am Prenzlauer Berg - Texte, die sich demonstrativ nur noch im Raum 'zweiter Ordnung' bewegten.

Ob für die Literatur auch der Raum 'dritter Ordnung', das System der von der 'Staatssicherheit' aufgebauten, umfassenden kontrollierten und kontrollierenden Kommunikations- und Machtbeziehungen konstitutiv geworden ist, soll an dieser Stelle nicht erörtert werden.[46]

Ein Blick auf die Sozialstruktur in Ostdeutschland nach der Vereinigung veranschaulicht, daß mit der DDR auch die für sie charakteristische kulturelle Lebenswelt verschwunden ist:

| Die lebensweltlichen Milieus in Ostdeutschland (1991) | | | | |
|---|---|---|---|---|
| Habitus | modern 17% | traditionale Mitte 27% | | traditional 56% |
| Oberklassen-habitus 23% | LIA - Linksintel-lektuell-alternatives Milieu 7% | BHUM - Bürgerlich-humanistisches Milieu 10% | | RTEC - Rationa-listisch-techno-kratisches M. (6%) |
| Mittel-klassen-habitus 37% | SUKU Subkul-Milieu 5% | STAKAR Status- und Karriere-orientiertes Milieu 9% | KLEIMAT Kleinbürgerlich-materialistisches Milieu 23% | |
| Arbeiter-habitus 40% | HEDAR Hedonist. Arbeiterm. 5% | TLO Traditionsloses Arbeiterm. 8% | TRAB Traditionsverwurzeltes Arbeiter- und Bauernmilieu 27% | |

*Abbildung 2* [47]

Es kann nach den bisherigen Ausführungen nicht überraschen, daß durch das
Verschwinden der alten Sozialstruktur und ihre Transformation zu lebensstil-
orientierten Milieus die Literatur in erheblichem Maße ihre Bedeutung als kulturelles Distinktionsmerkmal und soziales Kapital eingebüßt hat. So ist sie in den
beiden größten Bevölkerungsgruppen, dem "kleinbürgerlich-materialistischen"
(23%) und dem "traditionsverwurzelten Arbeiter- und Bauernmilieu" (27%) nicht
nur durch die Massenmedien ersetzt worden, sie ist nun auch - im Unterschied
zum Alltag in der ehemaligen DDR - faktisch wertlos: das Ende des 'Leselands'
DDR. Als wichtige Milieus für Literatur bleiben zwei heterogene Gruppen, das
"linksintellektuell-alternative" (7%) und das "bürgerlich-humanistische Milieu"
(10%), die zusammen jedoch einen wesentlich größeren Bevölkerungsanteil ausmachen als die vergleichbaren Milieus in Westdeutschland. Inwieweit und auf
welche Weise sich im status- und karriereorientierten, im kleinbürgerlichen und
traditionellen Arbeitermilieu Literatur als Teil des Lebensstils erhalten wird,
kann zum jetzigen Zeitpunkt noch nicht abgesehen werden.[48] Im Verhalten zu
den ästhetischen Angeboten der Massenmedien hat die Bevölkerung der ehemaligen DDR sich sehr rasch den westdeutschen Gewohnheiten angepaßt. Ihr Besitz
und ihre Nutzung scheint am eindeutigsten eine 'Modernität' zu signalisieren,
gegen die die Literatur in der Tat nicht zu konkurrieren vermag.
     Als Resümee ist festzuhalten, daß sich die DDR-Literatur im spezifischen Kon-
text eines sozialen Raums 'zweiter Ordnung' partiell gesellschaftlich universali-
sierenden Ansprüchen entzogen hat[49] und eine der westdeutschen Literatur vergleichbare Entwicklung durchlief. Ein wesentlicher Unterschied bleibt bis zum
Aufruf "Für unser Land" dennoch bestehen, der zwangsläufig zur Debatte um
Christa Wolf[50] führen mußte. Die Anerkennung bestimmter Autoren wie Christa
Wolf und später Heiner Müller durch den Machtapparat und ihr gleichzeitiges
Prestige im 'zweiten' sozialen Raum spielte ihnen eine ambivalente intellektuelle
Repräsentantenfunktion zu, wie sie in der zerfallenden literarischen Öffentlichkeit Westdeutschlands nicht mehr zu realisieren war.[51] Sie wäre nach der Vereini-
gung auch ohne die Intervention und demontierenden Angriffe eines Teils der
westdeutschen Literaturkritik verschwunden, weil die gesellschaftlichen Bedingungen nicht mehr existierten.

*3. Der diskursive Raum der deutschen Literatur nach 1989/90*

Aus den im ersten und zweiten Teil vorgestellten Beobachtungen ergeben sich,
falls sie zutreffen, erhebliche Konsequenzen für die Beurteilung der Gegenwartsliteratur. Die gesellschaftliche Bedeutung von heute kann nicht länger plausibel
über *Selbstzuschreibungen* des Literatursystems bestimmt werden, mögen sie noch
so sehr am common sense oder an Avantgardevorstellungen orientiert sein. In
modernen, ausdifferenzierten und säkularisierten Gesellschaften ist zu fragen,
wer wann, wo und nach welchen Regeln als Autor sprechen darf und gehört
wird. Man könnte zugespitzt sagen, daß die Bedeutung der Kunst nicht mehr

von der 'Größe' der Werke, sondern von ihrer Position im diskursiven Raum der Literatur abhängt. Für die Gegenwartsliteratur ist zu konstatieren, daß ihre Wirkung zunehmend durch den Lebensstil eines Milieus begrenzt wird. Dies führt zu einer Pluralisierung der literarischen Praxis, die nicht mehr gesamtgesellschaftlich repräsentativ ist.[52]

Zur Verdeutlichung möchte ich mit einem Vergleich arbeiten. Für die ersten Nachkriegsjahrzehnte könnte man von einem literarischen *Klima* sprechen, das gewissermaßen 'draußen' in einer literarischen Öffentlichkeit entstand. Diese Öffentlichkeit grenzte sich - im Sinne der Definition von Jürgen Habermas[53] - vom Staat ab und verhielt sich zugleich (selbst-)kritisch gegenüber der Gesellschaft.[54] Sie funktionierte - historisch gesehen - ein letztes Mal wirkungsvoll, als der *Spiegel* 1974 (ab 28.7. in Fortsetzungen) Heinrich Bölls Roman *Die verlorene Ehre der Katharina Blum* im Vorabdruck herausbrachte und damit das gesellschaftspolitische Klima nachhaltig beeinflußte.

Den literarischen Raum der Gegenwart würde ich hingegen mit einer *Klimaanlage* vergleichen, die durch ein funktional ausgerichtetes und unterschiedlich temperiertes System von 'Gängen' die verschiedenen Milieus mit den erwünschten ästhetischen Sinnangeboten beliefert. Einige Milieus wie das kleinbürgerliche (bzw. kleinbürgerlich-materialistische) oder die Arbeitermilieus (siehe Abb. 1 u. 2.) werden - durch die 'Privatisierung' von Kultur und Bildung vor allem auf kommunaler Ebene - von diesem System weitgehend abgeschnitten. Zur Zeit scheint mir die Klimaanlage 'Deutsche Literatur' aus fünf Hauptkanälen zu bestehen, die kurz beschrieben werden sollen.

*Klimaanlage/Gang 1*

Gang 1 führt zu den traditionellen Lesemilieus und damit zu jenen sozialen Gruppen, deren in der Phase der Prosperität in Ost- *und* Westdeutschland hoch geschätzte Tätigkeitsfelder Bildung und Kultur seit der Wiedervereinigung dramatisch abgebaut werden. Es wird in den Diskussionen über die Rolle der Intellektuellen, ob in der Variante des "deutsch-deutschen Literaturstreits"[55] oder der 'Zerreißprobe' zwischen Günter Grass und Marcel Reich-Ranicki, meist vergessen, daß der gesellschaftliche und institutionelle Prestigeverlust von Bildung und Kultur auch ein Prestigeverlust ihrer sozialen Träger, Nutzer und Nutznießer ist.[56] Sie werden in die Defensive und aus dem Zentrum öffentlichen Interesses an die Peripherie gedrängt. In Gang 1 bewegen sich die gesellschaftskritische Literatur in der Tradition der bundesrepublikanischen Nachkriegsepoche und ein Teil der DDR-Literatur von Christa Wolf bis Stefan Heym weiterhin auf vertrautem Terrain. Hier reichen die bewährten Frontlinien und Feindbilder zur Orientierung offensichtlich noch aus. In der Tat gibt es über die deutsche Geschichte, über Gewalt und Unterdrückung, globale Bedrohungen, die Arroganz der Mächtigen und die stille Kraft der Ohnmächtigen immer noch genug und Wesentliches zu schreiben. Darüber kann auch das von Ulrich Greiner in Umlauf gebrachte

Unwort "Gesinnungsästhetik" nicht hinwegtäuschen. Das Dilemma besteht darin, daß sich diese Literatur in einem Zentralgang wähnt, der zu allen sozialen Milieus führen müßte, während sie in Wirklichkeit nur einer unter vielen und nicht einmal mehr der bedeutendste ist. Vor dem Hintergrund des überhöhten Selbstanspruchs, stellvertretendes Menschheitsgewissen zu sein, erscheint sie von außen nicht nur ihren dezidierten Kritikern und Gegnern als verblaßte Kopie der Utopie-, Emanzipations- und Demokratieprojekte der Nachkriegsära. Die 'Betroffenen', denen diese Schriftsteller eine Stimme verleihen wollen, nehmen sie ohnehin nicht mehr wahr.[57] Die Gefahr, daß die Autoren in Gang 1 "zu Konservatoren einer sozialen Wirklichkeit, die es immer weniger gibt",[58] werden, ist in den Jahren nach 1990 noch gewachsen. Für die Literatur aus der ehemaligen DDR konnten Hannes Krauss und Jochen Vogt eine verstärkte Tendenz zur Konservierung verschwundener sozialer Realitäten beobachten: "Daß DDR-spezifische Erfahrungen, individuelle wie kollektive, unaufgelöst geblieben und vom Vereinigungsschock nur überlagert worden sind, könnte die Fortexistenz einer 'virtuellen' DDR-Literatur nach dem Untergang von Staat und Gesellschaft plausibel machen. Sie setzt Traditionen des Schreibens (und Lesens) fort, die durch Inhaltsorientierung, eine moralisierende Grundhaltung und durch deutliche Zurückhaltung bei der Verwendung modernistischer Schreibweisen und Techniken geprägt waren."[59]

*Klimaanlage/Gang 2*

Auch wenn die literarische Öffentlichkeit der Nachkriegsepoche nicht das von Habermas (re-)konstruierte aufklärerische Ideal einer "bürgerlichen Öffentlichkeit" erreichte, so fiel ihr dennoch durch die Kontrolle und Kritik staatlicher Macht und ihrer sozialen Träger eine entscheidende Rolle im Prozeß der Demokratisierung und 'Zivilisierung' des postfaschistischen Deutschland zu. Diese Form literarischer Öffentlichkeit wird zunehmend marginal - der Wandel der öffentlich-rechtlichen Medien ist dafür ein täglich zu beobachtendes Symptom - und verfällt zu einer Schein-Öffentlichkeit, deren Funktion die 'Versorgung' der unterschiedlichen Milieus mit Novitäten ist. Veröffentlichen heißt heute, daß Privates, Intimes und Tabuisiertes durch einen intensiven, plötzlichen und kurzen Informationsreiz zugänglich gemacht wird. Das Ziel ist weder Aufklärung noch Kritik, sondern die Beschämung austauschbarer Einzelner oder Gruppen, die eben nicht als Repräsentanten konkreter sozialer Schichten oder Machteliten wahrgenommen bzw. identifiziert werden sollen. Dabei ist die neue Sozialstruktur besonders "anfällig für massenhaft forcierte Modethemen und Konfliktmoden."[60] In Westdeutschland gehört zum bevorzugt Veröffentlichten der Bereich der Sexualität. Zur Zeit haben das 'Outen' und der sexuelle Mißbrauch Konjunktur. In Ostdeutschland ist es immer noch das Thema Staatssicherheit.

Es läßt sich beobachten, daß auch eine sich als ernsthaft verstehende Literatur den Gang 2 benutzt, um andere als die traditionellen Lesemilieus zu erreichen.

Doch was im Kontext einer aufklärerisch-kritischen Öffentlichkeit deutendes Verstehen individueller und gesellschaftlicher Fehlentwicklungen war,[61] wird im neuen Gang der literarischen Klimaanlage zur ziel- und schamlosen Benennung dessen, was sich jenseits der Normalitätsvorstellungen der jeweiligen Milieus befindet. 'Enthüllungen', stammen sie nun von XY oder Z, sind hier alles andere als befreiend. Sie lizensieren ein lüsternes Schielen auf das auszugrenzende Andere und schulen - massenpsychologisch betrachtet - den denunziatorischen Blick.[62]

Auch die Auseinandersetzung mit dem 'Stasi-Komplex' der DDR, die mit den Büchern von Loest, Fuchs, Schädlich und Kunze im Gang 1 begonnen hatte, hat sich in den Gang 2 verlagert. Für ein gesellschaftskritisch-aufklärerisches Programm, wie es 1992 Kurt Drawert formulierte, ließ sich ein Publikum nicht mehr finden. Drawert sah die "Akteneinsicht" in der doppelten Bedeutung des Wortes als "eine Chance von allergrößter Dimension, und das nicht, weil ein paar Namen auffliegen, sondern weil man alles wissen und lernen kann über Macht und Verführung, über Widerstand und Verrat."[63] Solche Überlegungen spielten schon keine Rolle mehr, als die Namen von Heiner Müller, Monika Maron oder Fritz Rudolf Fries 'aufflogen'.

## *Klimaanlage/Gang 3*

Gang 3 stellt ein regelbares Zuleitungssystem zu ganz unterschiedlichen Milieus dar. Verlage und Autoren, die sich dieses Gangs bedienen, nehmen sehr bewußt wahr, daß sie nun in einer Gesellschaft ihre Leser finden müssen, die nicht zu vereinheitlichende Lebensstile hervorgebracht und die Anzahl individueller Lebensentwürfe - zumindest im Bewußtsein der Beteiligten - vervielfacht hat. Sie gehen von einer gesteigerten 'Individualisierung' des Alltagslebens aus, was bedeutet, "daß die Biographie der Menschen aus vorgegebenen Fixierungen herausgelöst, offen entscheidungsunabhängig und als Aufgabe in das Handeln jedes einzelnen gelegt wird."[64] Diese Autoren haben als erste die generationsspezifische Erfahrung machen können, daß die durch symbolische Formen geprägte neue Sozialstruktur einen problemloseren Wechsel des Lebensstils ermöglicht als eine primär ökonomisch oder politisch determinierte Ordnung. Ihnen ist das persönlich vertraut, was die Soziologie "soziales Surfen" nennt, die Tatsache, daß ein Individuum im Laufe seiner Biographie unterschiedliche Milieus durchlaufen kann, ohne daß z.B. seine ökonomischen Lebensverhältnisse wesentlich verändert werden müssen. Für sie ist es kein Verrat an der Kunst, wenn sie "schon im Prozeß des Schreibens die möglichen Reaktionsweisen"[65] ihrer Zielgruppe einbeziehen. Sie haben "einen 'sense of place'"[66] entwickelt. Jeder Autor, der sich im Gang 3 bewegt, "vermag sich sehr genau der Position zuzuordnen, die das Feld 'Literatur' für ihn vorsieht."[67] Er berechnet ein, daß das Milieu, dem er entstammt und der Lebensstil, dem er zuarbeitet, nicht mehr universalisierbar sind. Als "Ethnographie des Alltags" (Iris Radisch) ist dieser Lebensstil, zumal wenn er distanziert und ironisch präsentiert wird, immer noch interessant genug, um von anderen

Milieus zur Kenntnis genommen zu werden - von den 'sozialen Surfern' allemal mit Neugierde.

Ralf Rothmann, Maxim Biller, Dietrich Schwanitz oder mit großen Erfolg im Medienverbund Ralf König mit dem Rowohlt-Comic *Der bewegte Mann* stellen ihre alternativ-intellektuellen, akademischen oder hedonistischen Milieus aus, führen wie Ethnographen deren Bekleidungs-, Ernährungs- und Liebesrituale vor und erzählen deren 'Mythen des Alltags' nach. Die literarische Form verdichtet und veranschaulicht im Alltag unbewußt Vollzogenes und stärkt auf diese Weise, wie schon die Betroffenheitstexte der Siebziger, milieuspezifische Identitäten. Darüber hinaus vermittelt sie den anderen Milieus einen Einblick in die Fremde 'von nebenan', der durch die meist konventionellen Erzählweisen und Darstellungsmittel erleichtert wird.

Seit ein paar Jahren läßt sich interessanterweise beobachten, daß auch die Genre-Literatur vom Krimi bis zum historischen Roman den Gang 3 benutzt und sich so auf die veränderte Sozialstruktur einstellt.[68]

Man könnte die Beschreibung von Gang 3 simplifizierend als Generationsablösung darstellen: auf die Gruppe 47 und die "Achtundsechziger" würden nun - so ein Vorschlag von Ulrich Greiner - die "Neunundachtziger" folgen.[69] Derartige Vorschläge sind immer noch einseitig am Autor als zentraler Instanz literarischer Veränderungen ausgerichtet und blenden jene grundlegenden diskursiven Veränderungen aus, die ich in den beiden ersten Kapiteln skizziert habe. Um meiner Behauptung ein wenig Plausibilität zu verleihen, möchte ich - abweichend von der bisherigen Darstellungsweise - an dieser Stelle exemplarisch auf drei sehr unterschiedliche Werke eingehen, die ich trotz ihrer Verschiedenheit Gang 3 zuordnen würde: Peter Schneiders *Paarungen*[70], Ralf Königs oben erwähnter Comic und Film *Der bewegte Mann*[71] und Peter Handkes *Versuch über den geglückten Tag*[72].

Schneider und König gestalten ein Thema, das in einer individualisierten Gesellschaft ohne stabile kollektive Bindungen und Orientierungen von vitalem Interesse ist: die Beziehung der Geschlechter. In einer als fremd und beziehungsfeindlich erlebten Umwelt wird die Privatsphäre zum letzten Haltepunkt des in allen anderen Verhältnissen auf sich selbst verwiesenen Individuums. Aber auch die 'letzte' Möglichkeit für eine stabile Beziehung, die Liebe, ist alles andere als unproblematisch. Denn unter der Prämisse der Gleichberechtigung stellt sich sofort das Problem ein, inwieweit die eigene, selbstentworfene Biographie mit der Biographie des anderen/der anderen verbunden werden kann.

Dieses Konfliktfeld greift Schneider in seinem Roman in satirisch-ironischer Brechung auf. Einerseits stehen seine Protagonisten, sogenannte 'alte Achtundsechziger', nach dem Scheitern ihrer gesellschaftlichen Utopien unter dem Druck, wenigstens in ihren Beziehungen der Selbstverwirklichung ein Stück näher zu kommen; andererseits sind sie ständig überfordert, weil dieses Ziel sich mit ihrem Individualismus nicht vereinbaren läßt: anstatt wunderbarer 'Wahlverwandtschaften' erleben sie als linke Melancholiker nur noch alltäglich-banale 'Paarungen'.

*Der bewegte Mann* ist die hedonistische Variante der Suche nach Orientierung in der Privatsphäre. Die Protagonisten, die den Radius ihrer 'Szene' nicht mehr verlassen, erproben die neuen Spielräume, die die ausdifferenzierte Sozialstruktur geschaffen hat. Zugleich werden die verschiedenen Lebensstile miteinander konfrontiert. Dabei werden Verhaltenscodes und Verständigungstrategien ohne gesellschaftliche Tiefendimensionen entwickelt, die nichts mehr mit der Trauer über das Vergangene zu tun haben wie bei Peter Schneider, sondern illusionslos Vorstellungen von Sozialität oder gar Kollektivität verabschieden.

Ästhetisch und philosophisch ambitionierter gibt sich Peter Handkes *Versuch über den geglückten Tag*. Die Liebe, die Beziehung zu einem 'anderen', taucht hier als Weg der Selbstverwirklichung nicht mehr auf. Das Individuum scheint sich in Handkes Text mit der Einsamkeit eingerichtet zu haben. Für sein 'Glück', was immer das sei, ist es selbst verantwortlich. Aus dieser Verantwortung erwachsen seine Identität und seine Kreativität. Handke stellt sich in diesem 'Versuch', dem er den beziehungsreichen Untertitel "Ein Wintertagtraum" gibt, dennoch der gleichen Frage wie Schneider und König, auf welche Weise in einer orientierungs- und maßlosen Umwelt noch "geglücktes" - nicht 'glückliches' - Leben möglich ist. Die Antwort findet er in der Fähigkeit des Individuums, das Wesentliche an den schönen (einfachen) Erscheinungen der Natur und der Kunst wahrzunehmen - wie die 'Line of Beauty and Grace' von William Hogarth, den Kiesel vom Ufer des Bodensees oder eine Melodie von Van Morrison. "Schauen und weiterschauen mit den Augen des richtigen Worts"[73]. Der *Versuch über den geglückten Tag* nimmt die Gegenwart nur noch in ihrer Unübersichtlichkeit wahr, ohne in ihr einen tieferen Sinn und eine sinnvolle Ordnung entdecken zu wollen. Dennoch ist das Individuum seiner Gegenwart ausgeliefert. Aus ihren Bruchstücken und Hinterlassenschaften allein kann es seine Kunst formen. Ein 'geglückter Tag' ist derjenige, an dem heute 'dennoch' Kunst entsteht: "Hin zum Buch, zum Schreiben, zum Lesen. Zu den Urtexten, wo zum Beispiel gesagt wird: 'Laß klingen das Wort, steh zu ihm'".[74]

Ein Lebensstil, der das 'Buch' zum Religionsersatz wählt, ist dem Literaturwissenschaftler mit Sicherheit nicht unsympathisch. Jedoch ist, im Kontext der veränderten Sozialstrukturen betrachtet, der "Versuch" nur eine andere, allerdings zur Figur der Einzigartigkeit radikalisierte Form des biographischen 'Individualisierungszwangs' in modernen, dynamischen Gesellschaften.[75]

Die drei Beispiele weisen auf die Besonderheit von Gang 3, die darin besteht, daß er potentiell sämtliche Milieus erreicht, jedoch nicht mehr im Sinne der kritisch-aufklärerischen Öffentlichkeit kulturell verbindet. Für eine milieuintegrierende Kommunikation existieren (bisher) kein Medium und keine Struktur. Aus sozialhistorischer Perspektive entsteht in diesem Gang die für die achtziger und neunziger Jahre *zeittypische* Literatur: ein neuer Realismus in einer neuen Gründerzeit.[76]

*Klimaanlage/Gang 4*

Die Beschreibung der literarischen Klimaanlage soll mit dem noch vorläufigen Hinweis auf zwei Gänge abgeschlossen werden, die sich in ihrer Funktionsweise am deutlichsten vom 'Klima' einer literarischen Öffentlichkeit unterscheiden - und mit zwei Tendenzen in der Gegenwart zu tun haben, die einigen sozialen Milieus gemeinsam sind. Die neuere Soziologie spricht von zwei "Syndromen", dem Gewalt-Syndrom und dem "hedonistischen Syndrom"[77] oder verallgemeinernd von der "Erlebnisgesellschaft".[78] Damit wird auf "die deutliche Zunahme von Orientierungen auf kulturelle Genüsse auf allen Niveaus der Sozialstruktur"[79] und auf den "Zuwachs an Expressivität und Stimulationserwartung und exzessive Bereitschaft zur Stilbildung bis hin zur inszenierten Gewalt"[80] Bezug genommen. In den "biographischen Leerräumen", die bestimmte Lebensstile hinterlassen, finden nicht nur 'virtuelle Realitäten' ihren Platz, wie die Medientheoretiker meinen. Sie lassen sich ebenso durch eine erlebnis- und bedürfnisorientierte Literatur füllen, wenn diese das aufklärerische Programm der Autonomie des Individuums und seine Emanzipation durch Selbstfindung als "Verhaltenslehre"[81] formuliert und zu einem adaptierbaren Serienprodukt umschreibt. So offeriert Rowohlt im Taschenbuchprogramm Titel wie *Mandala der Lüste* und *Liebe wild und gefährlich* und Knaur eine Reihe *Starke Seiten für Frauen.* Goldmann wirbt für seine 'Romantik'-Reihe mit Genußversprechen: "Immer mehr Frauen genießen den Luxus sinnlicher Träume voll Phantasie und geheimnisvoller Abenteuer. Für alle, die sich gerne Zeit für Gefühle nehmen, wurde diese außergewöhnliche Buchreihe kreiert. Autorinnen von Weltruf inszenieren hinreißende Bilderteppiche zwischen Tag und Traum." Okkasionelle kulturelle Bedürfnisse zu wecken und zu befriedigen, ist heute zu einer erfolgreichen Praxis der Literatur geworden, weshalb der Gang 4 ständig ausgebaut wird. Ein anschauliches Beispiel für die Folgen dieser Entwicklung ist die Veränderung der Buchhandelstruktur in der ehemaligen DDR nach 1990, aber auch die Verwandlung großstädtischer Traditionsbuchhandlungen in Medienkaufhäuser mit 'Erlebnisqualität'.


*Klimaanlage/Gang 5*

Gewaltrezeption und Gewaltinszenierung gehören in bestimmten Milieus und 'Szenen' - bisweilen exzessiv, meist jedoch kontrolliert - zum Lebensstil - und zwar in zunehmendem Maße. Gewalt als Äußerungsform sozialer Deklassierung, biographischer Brüche und von Bindungsverlusten im Alltag findet ein intellektuelles Pendant in der Wiederentdeckung des Bösen und in dem, was Botho Strauß das "Wagnis der großen Erregung" genannt hat. Literatur, die bewußt die jüngste deutsche Geschichte dethematisiert, die Engagement als "Gesinnungsästhetik" diskreditiert, von Gewalt fasziniert ist und als 'geistiges' Risiko eingehen möchte, was manche Jugendszenen als physisches Risiko schätzen, findet heute durch einen Gang auf der Kehrseite hedonistischer Erlebniswelten ihr Publikum.

Daß Gewalt das Medienangebot bestimmt, wird notorisch beklagt und - hingenommen. Was sich darunter in bestimmten Milieus und Szenen entwickelt hat, wird bisweilen mit Entsetzen wahrgenommen und dann verdrängt. So heißt es in einem Lied der Gruppe 'Böhse Onkelz', *Der nette Mann*: "Kleine Kinder hab ich gern zerstückelt und in Scheiben,/warmes Fleisch, egal von wem, ich will's mit allen treiben,/ob Tiere oder Menschen, ich seh' gern alles leiden,/blutbeschmiert und mit großer Lust wühl ich in Eingeweiden!"[82] Texte 'inszenierter Gewalt', die sicherlich mehr Schüler kennen als Gedichte von Bachmann, Enzensberger oder Biermann, kann man an jedem Gymnasium in die Hand bekommen. Der Titel *Das Böse lebt* stammt nicht von Karl-Heinz Bohrer, sondern von der rechten Rockgruppe 'Bomber'. Das Lied *Kanaken*[83] der Gruppe 'Endsieg' mag manchem indiskutabel vorkommen, den Text kann man sich in jeder deutschen Kleinstadt leichter verschaffen als einen Lyrikband - sagen wir - von Paul Celan.

### Kleine Meteorologie

Wenn die hier entworfene literarische Klimaanlage mit ihren Gängen und Räumen eine halbwegs plausible Konstruktion ist, ergibt sich daraus die ernüchternde Konsequenz, daß die Gegenwartsliteratur die von ihr geforderte kulturelle Orientierung im vereinten Deutschland nicht zu geben in der Lage ist. Dazu müßte sie ihre Diskursgrenzen überschreiten bzw., um im Bild zu bleiben, andere Gänge schaffen. Ob ihr das gelingt, hängt heute nicht von der ästhetischen 'Größe' einzelner Texte, sondern ganz wesentlich davon ab, ob sich das wieder herstellen läßt, was einmal emphatisch bürgerliche oder zivile Öffentlichkeit genannt worden ist. Ansonsten kommt weiterhin, so die Meteorologie, was seit zwanzig Jahren da ist, d.h. für jeden das, was ihm gefällt. Warum eigentlich nicht?

### Anmerkungen

1 Vgl. Lucie Varga: *Zeitenwende. Mentalitätshistorische Studien 1936-1939*, Frankfurt/M. 1991 und allgemeiner: Niklas Luhmann: *Das Problem der Epochenbildung und die Evolutionstheorie*, in: *Epochenschwellen und Epochenstrukturen im Diskurs der Literatur- und Sprachhistorie*, hgg. v. H.-U. Gumbrecht und U. Link-Heer, Frankfurt/M. 1985, S. 11ff.

2 Thomas Mann: *Deutsche Hörer!*, in: Th.M.: *Politische Schriften und Reden Bd.3*, Werke. Das essayistische Werk, hgg. v. H. Bürgin, Frankfurt/M. 1968, S. 290. Ähnlich äußerten sich Karl Jaspers in *Die Wandlung* und Alfred Andersch 1946 in seiner Zeitschrift *Der Ruf*. Mehr als 150 kulturelle Zeitschriften entstanden aus diesem Wendebewußtsein heraus in der unmittelbaren Nachkriegszeit.

3 *Für unser Land*. Appell vom 26.11.1989 (Neues Deutschland v. 28.11.1989), in: *Die Wende in der DDR*, hgg. v. Gerhard Maier, Bonn (Bundeszentrale für politische Bildung) 1991, S. 53.

4  Vielleicht sollte nicht unerwähnt bleiben, daß Thomas Mann für die kulturelle Erneuerung Deutschlands 1945/49 das Stichwort 'Sozialismus' bemühte und eine 'weltzivili-
   satorische' Perspektive entwarf, die auch für die Zeit nach 1989 nicht abwegig erscheint: "Alle Probleme, um die heute die Menschheit sich müht, die politischen, ökonomischen und kulturellen, lassen sich zurückführen auf das eine: ein neues, der
   Weltstunde angemessenes Gleichgewicht von Freiheit und Gleichheit zu finden; das
   Völker- und Staatenleben in einen Sozialismus überzuführen, der die Rechte des Individuums, den Wert des Ungleichen zu ehren weiß. [...] 'One World', das muß nicht bo-
   redom heißen und 'Friede' nicht Bewegungslosigkeit und die Zufriedenheit der wie-
   derkäuenden Kuh. Die Einheit sei vielfach und charaktervoll in ihrem Streben [...]."
   (Thomas Mann: [Welt-Zivilisation], a.a.O., S. 297.)

5  Vgl. Volker Wehdeking: *Die deutsche Einheit und die Schriftsteller. Literarische Verarbeitung der Wendezeit seit 1989*, Stuttgart 1995.

6  Thomas Brussig: *Helden wie wir*. Roman, Berlin 1995.

7  Christa Wolf: *Medea. Stimmen*, [o.O.] 1996.

8  Der amerikanische Germanist Alexander Stephan äußerte noch 1992 Ängste und Sorgen über die Geburt eines neuen Nationalismus nicht nur in der deutschen Politik,
   sondern auch in der deutschen Literatur (*Ein deutscher Forschungsbericht 1990/91: Zur
   Debatte um das Ende der DDR-Literatur und den Anfang einer gesamtdeutschen Kultur*, in:
   The Germanic Review, 67, 1992, S. 126-134). In der Tat ist die von ihm zusammenge-
   stellte Zitat-Montage erschreckend. Aus der Intellektuellenperspektive geschrieben,
   überschätzt Stephan jedoch den öffentlichen Einfluß seiner Kronzeugen Bohrer oder
   Manthey, die nicht nur im Blick auf ihre Professorenlaufbahn bald das Rentenalter erreicht haben. Die eindeutige und nahezu einhellige Ablehnung des national gefärbten
   lebensphilosophischen Neo-Fundamentalismus von Botho Strauß ist ein deutliches Signal dafür, daß der Nationalismus zur Zeit eine intellektuell wenig attraktive Option
   darstellt. Wir können sicher sein, daß auch Strauß demnächst mit einer neuen Ideologie aufwartet, um seine Autor-Position für die Zukunft abzusichern.

9  Zum 18. Jahrhundert vgl. H.P. Herrmann, H.-M. Blitz, S. Moßmann: *Machtphantasie
   Deutschland. Nationalismus, Männlichkeit und Fremdenhaß im Vaterlandsdiskurs deutscher
   Schriftsteller des 18. Jahrhunderts*, Frankfurt/M. 1996 und zur Gesamtentwicklung *Dich-
   ter und ihre Nation*, hgg. v. Helmut Scheuer, Frankfurt/M. 1993.

10 Ronald Inglehart: *The Silent Revolution. Changing Values und Political Styles among We-
   stern Publics*, Princeton 1977.

11 Oskar Negt: *Industrialisierung der inneren Natur. Diskussion zwischen Peter Brückner u.a.*,
   in: *Was ist heute noch links?* hgg. v. E. Knödler-Bunte, Berlin 1981, S. 186.

12 *Wirtschaftlicher Wandel, religiöser Wandel und Wertewandel. Folgen für das politische Verhalten in der Bundesrepublik Deutschland*, hgg. v. D. Oberndörfer, H. Rattinger u. K. Schmitt,
   Berlin 1985, S. 10.

13 Ulrich Beck: *Risikogesellschaft. Auf dem Weg in eine andere Moderne*, Frankfurt/M. 1986,
   S. 139.

14 Ulrich Beck: *Jenseits von Stand und Klasse? Soziale Ungleichheiten, gesellschaftliche
   Individualisierungsprozesse und die Entstehung neuer sozialer Formationen und Identitäten*,

in: *Soziale Ungleichheiten*, hgg. v. Reinhard Kreckel, Göttingen 1983, S. 35-74 (= Soziale Welt, Sonderband 2); ders.: *Risikogesellschaft. Auf dem Weg in eine andere Moderne*, Frankfurt/M. 1986; U. Becker, H. Becker, W. Ruhland: *Zwischen Angst und Aufbruch. Das Lebensgefühl der Deutschen in Ost und West nach der Wiedervereinigung*, Düsseldorf-Wien-New York-Moskau 1992; Peter A. Berger: *Entstrukturierte Klassengesellschaft? Klassenbildung und Strukturen sozialer Ungleichheit im historischen Wandel*, Opladen 1986; Peter A. Berger, Stefan Hradil: *Lebenslagen, Lebensläufe, Lebensstile*, Göttingen 1990; Pierre Bourdieu: *Sozialer Raum und 'Klassen'*, Frankfurt/M. 1985; *Umbrüche in der der Industriegesellschaft*, hgg. v. Bundeszentrale für politische Bildung, Bonn 1990; *Klassenlage, Lebensstil und kulturelle Praxis*, hgg. v. Klaus Eder, Frankfurt/M. 1989; B.B. Flaig, Th. Meyer, J. Ueltzhöffer: *Alltagsästhetik und politische Kultur*, Bonn 1993; Richard Grathoff: *Milieu und Lebenswelt*, Frankfurt/M. 1989; Stefan Hradil: *Sozialstrukturanalyse in einer fortgeschrittenen Gesellschaft. Von Klassen und Schichten zu Lagen und Milieus*, Opladen 1987; Hans-Peter Müller: *Sozialstruktur und Lebensstile. Der neuere theoretische Diskurs über soziale Ungleichkeit*, Frankfurt/M. 1992; Gerhard Schulze: *Die Erlebnisgesellschaft. Kultursoziologie der Gegenwart*, Frankfurt/M.-New York 1992; SINUS-Lebensweltforschung: *Lebensweltforschung und soziale Milieus in West- und Ostdeutschland*, Heidelberg 1992; Michael Vester u.a.: *Soziale Milieus im gesellschaftlichen Strukturwandel. Zwischen Integration und Ausgrenzung*, Köln 1993; *Soziale Milieus in Ostdeutschland. Gesellschaftliche Strukturen zwischen Zerfall und Neubildung*, hgg. v. Michael Vester u.a., Köln 1995; *Die Modernisierung moderner Gesellschaften*, hgg. v. Wolfgang Zapf, Frankfurt/M.-New York 1991.

15  Beck: *Risikogesellschaft*, a.a.O., S. 122.

16  Diese Tatsache läßt Deutschlehrer und Literaturwissenschaftler die Welt und ihre Studierenden und Schüler nicht mehr verstehen, obwohl sie sich selbst alltagspraktisch meist nicht anders gegenüber der Literatur verhalten als das Milieu, dem sie sich zurechnen. Vgl. K.-M. Bogdal: *"Mein ganz besonderer Duft". "Das Parfum"*, die Didaktik und der Deutschunterricht, in: Diskussion Deutsch, H. 130, 1993, S. 124ff.

17  Raymond Williams: *Resources of Hope*, London/New York 1990. Vgl. R.W. Johnson: *Resources of Hope by Raymond Williams*, in: London Review of Books, Vol. 12, H. 3, 1995, S. 5.

18  Peter Alheit: *Zivile Kultur. Verlust und Wiederaneignung der Moderne*, Frankfurt/M u. New York 1994, S. 24.

19  Diesen Hinweis verdanke ich dem Kollegen Klaus Peter von der University of Massachussettes Amherst.

20  Ein neues Indiz sind die Ausstellungserfolge von van Gogh und Picasso in den achtziger und neunziger Jahren.

21  Die Abbildung entstammt der Untersuchung *Soziale Milieus in Ostdeutschland. Gesellschaftliche Strukturen zwischen Zerfall und Neubildung*, hgg. v. Michael Vester, Michael Hofmann u. Irene Zierke, Köln 1995, S. 15.

22  Siehe die in der Anmerkung 14 aufgeführte Literatur.

23  Vgl. Alheit: *Zivile Kultur*, a.a.O., S. 218ff.

24  Vgl. Alheit, Peter: *Die Ambivalenz von Bildung in modernen Gesellschaften. Strukturprinzip kumulativer Ungleichheit oder Potential biographischer Handlungsautonomie?* in: Pädagogi-

sche Rundschau, 47.Jg., H.1, S. 53-67 und Hans-Peter Blossfeld: *Bildungsexpansion und Berufschancen*, Frankfurt/M.-New York 1985.

25 Diesen wichtigen Hinweis verdanke ich Matthias Uecker, DeMontfort University Leicester.

26 Vgl. U. Saxer, W. Langenbucher, A. Fritz: *Kommunikationsverhalten und Medien. Lesen in der modernen Gesellschaft*, Gütersloh 1989; Rudolf Schenda: *Volk ohne Buch*, München 1977; Erich Schön: *Die gegenwärtige Lesekultur in historischer Perspektive*, in: *Die deutsche Literatur im 20. Jahrhundert*, hgg. v. Th. Gay u. J. Wolff, Tübingen 1992; Bettina Hurrelmann: *Leseförderung*, in: Praxis Deutsch, H. 127, 1994, S. 17-26.

27 Eine Ausnahme bildet die *taz*.

28 Das versuchte Günter Grass 1992 mit seiner *Rede vom Verlust. Über den Niedergang der politischen Kultur im geteilten Deutschland*. Darin verarbeitete und verallgemeinerte er den eigenen Bedeutungsverlust in den Kategorien der Nachkriegsära.

29 Jochen Vogt: *Haben die Intellektuellen versagt? Über den gesellschaftlichen Anspruch und die Einflußmöglichkeiten der literarischen Intelligenz in Westdeutschland*, in: runa, Nr. 19/1, 1993, S. 87ff. und ders.: *Orientierungsverlust oder neue Offenheit? Deutsche Literatur in Ost und West vor und nach 1989*, in: Berliner LeseZeichen, Nr. 6/7, 1995, S. 30ff.

30 "Wir leben in kleinen Zeiten voll großer Ereignisse, global übertragener Tennisspiele und Pop-Konzerte, Umweltkatastrophen und Luftangriffe". (Bodo Kirchhoff: *Das Schreiben: ein Sturz*, in: *Roman oder Leben. Postmoderne in der deutschen Literatur*, hgg. v. Uwe Wittstock, Leipzig 1994, S. 215)

31 "In einem Land, in dem das Fernsehn aus kaum stattgefunden Geschichte schon die Feierabendserie macht, kann ich nichts aufspüren, auf jeder Spur ist schon herumgetrampelt worden." (Kirchhoff, *Das Schreiben*, a.a.O., S. 216f.)

32 Harro Müller: *Systemtheorie und Literaturwissenschaft*, in: *Neue Literaturtheorien*, hgg. v. K.-M. Bogdal. 2., neubearb. Aufl., Opladen 1997, S. 218.

33 So der Titel eines Romans von Hanns-Josef Ortheil, München 1992.

34 Reinhart Baumgart: *Postmoderne Literatur - auf deutsch?*, in: Wittstock: *Roman oder Leben*, a.a.O., S. 141.

35 Ralf Schnell: *Geschichte der deutschsprachigen Literatur seit 1945*, Stuttgart- Weimar 1993.

36 *Gegenwartsliteratur seit 1968*, hgg. v. Klaus Briegleb u. Sigrid Weigel, München 1992 (= Hansers Sozialgeschichte der deutschen Literatur vom 16. Jahrhundert bis zur Gegenwart Bd.12).

37 *Geschichte der deutschen Literatur von 1945 bis zur Gegenwart*, hgg. v. Wilfried Barner, München 1994.

38 Man könnte diesen unbewußten Anpassungsprozeß paradigmatisch an zwei Schulklassikern der siebziger Jahre aufzeigen: an Heinrich Bölls *Die verlorene Ehre der Katharina Blum* und Christiane F.s *Wir Kinder vom Bahnhof Zoo*.

39 Baumgart: *Postmoderne Literatur*, a.a.O., S. 141.

40 Jochen Vogt sieht im Unterschied zu Baumgart den Trend zur "Boulevard-Literatur" nicht negativ und nennt in diesem Zusammenhang u.a. noch M. Ende, R. Goetz, A. Wimscheider, E. Heller, I. Dische und E. Heidenreich. (Vogt, *Haben die Intellektuellen versagt?* a.a.O., S. 100f.)

41 Alheit: *Zivile Kultur*, a.a.O., S. 252ff.

42 Ebd., S. 252.

43 Vgl. ebd., S. 255.

44 Ebd.

45 Ebd., S. 257.

46 Vgl. dazu *MachtSpiele. Literatur und Staatssicherheit im Fokus Prenzlauer Berg*, hgg. v. P. Böthig u. K. Michael, Leipzig 1993; Karl Wilhelm Fricke: *Die DDR-Staatssicherheit. Entwicklung, Strukturen, Aktionsfelder*, Köln 1989; *Deckname Lyrik. Eine Dokumentation*, hgg. v. Reiner Kunze, Frankfurt/M. 1990; Christina Wilkening: *Staat im Staate. Auskünfte ehemaliger Stasi-Mitarbeiter*, Berlin-Weimar 1990; Jürgen Fuchs: *"...und wann kommt der Hammer?" Psychologie, Opposition und Staatssicherheit*, Berlin 1991; Erich Loest: *Die Stasi war mein Eckermann oder: mein Leben mit der Wanze*, Göttingen 1991; Joachim Gauck: *Die Stasi-Akten*, Reinbek bei Hamburg 1991; *Aktenkundig*, hgg. v. Hans Joachim Schädlich, Berlin 1992; Joachim Walther: *Sicherungsbereich Literatur. Schriftsteller und Staatssicherheit in der Deutschen Demokratischen Republik*, Berlin 1996.

47 Die Abbildung entstammt ebenfalls der Untersuchung *Soziale Milieus in Ostdeutschland*, hgg. v. Vester, Hofmann, Zierke, a.a.O., S. 15.

48 Vgl. Bernd Lindner: *Funktionswandel von Literatur und Lesen. Umbrüche im Leseverhalten Jugendlicher in den neuen Bundesländern*, in: Internationales Archiv für Sozialgeschichte der Literatur, 18. Bd., H. 2, 1993, S. 145-160 und *Neue Lebenswelt - Neue Medienwelt? Jugendliche aus der Ex- und Post-DDR im Transfer zu einer vereinten Medienkultur*, hgg. v. Bernd Schorb u. Hans-Jörg Stiehler, Opladen 1991.

49 Dies ließe sich selbst an 'repräsentativen' Autoren wie Erwin Strittmatter zeigen.

50 Vgl. *Der deutsch-deutsche Literaturstreit oder "Freunde, es spricht sich schlecht mit gebundener Zunge". Analysen und Materialien*, hgg. v. K. Deiritz u. H. Krauss, Hamburg 1991; *Es geht nicht um Christa Wolf. Der Literaturstreit im vereinten Deutschland*, hgg. v. Thomas Anz, München 1991.

51 Vgl. K.-M. Bogdal: *Wer darf sprechen? Schriftsteller als moralische Instanz*, in: Weimarer Beiträge, H. 4, 1991, S. 597-603 u. Joachim Lehmann: *Die Rolle und Funktion der literarischen Intelligenz in der DDR. Fünf Anmerkungen*, in: Der Deutschunterricht, H. 5, 1996, S. 59ff.

52 Botho Strauß hat diese Situation in den siebziger Jahren als Paradigmenwechsel zu subjektiver Beliebigkeit wahrgenommen. Einer der Protagonisten der *Trilogie des Wiedersehens*, ein Museumsdirektor, kommentiert seine Kunstausstellung folgendermaßen: "Ich sehe überhaupt keine Zusammenhänge. Gibt es auch nicht. Ich dachte, das sage ich jetzt den Leuten in krasser Form, daß keiner irgend etwas mit dem anderen zu tun hat. [...] Auf der anderen Seite, das ist ganz klar, es sind wieder einige Werke dabei, die mir im Laufe der Jahre besonders lieb geworden sind, und die werde ich

auch immer wieder zeigen." (Botho Strauß: *Trilogie des Wiedersehens. Theaterstück*, Stuttgart 1978, S. 82.

53 Jürgen Habermas: *Strukturwandel der Öffentlichkeit*, Darmstadt u. Neuwied 1980, S. 172ff.

54 Verstärkend kommt hinzu, daß das traditionelle Deutungsmuster 'autonomer' Bildung und Kultur "für die Bewältigung der Vergangenheit wie für das Sich-Einrichten in der Gegenwart" in der Nachkriegszeit (in Westdeutschland, aber ebenso in der DDR) reaktiviert wird. (Georg Bollenbeck: *Bildung und Kultur. Glanz und Elend eines deutschen Deutungsmusters*, Frankfurt/M. 1996; S. 302)

55 Siehe Anmerkung 50.

56 Vgl. Peter Alheit: *Die Ambivalenz von Bildung in modernen Gesellschaften: Strukturprinzip kumulativer Ungleichheit oder Potential biographischer Handlungsautonomie?*, in: Pädagogische Rundschau, H. 1, 1993, S. 53-67.

57 Eine Erfahrung, die z.B. Günter Wallraff in den achtziger Jahren machen konnte.

58 Beck: *Risikogesellschaft*, a.a.O., S.158.

59 Hannes Krauss/Jochen Vogt: *Staatsdichter, Volkserzieher, Dissidenten? Enstehung, Untergang und Fortdauer eines Berufsbildes*, in: Der Deutschunterricht, H. 5, 1996, S. 76.

60 Beck: *Risikogesellschaft*, a.a.O., S. 159.

61 Friedrich Dürrenmatts Kriminalromane, die ebenfalls Tabubereiche thematisierten, sind dafür auch kommerziell erfolgreiche Beispiele.

62 Vgl. Titel aus dem Verlagsprogramm von Heyne wie *Der Mörder aus dem Nachbarhaus* oder *Im Schatten. Geschäftsmann, Familienvater ... und Serienmörder.*

63 In: Neue Deutsche Literatur (NDL), H. 496, 1994, S. 67.

64 Beck: *Risikogesellschaft*, a.a.O., S. 216.

65 A. Dörner/L. Vogt: *Kultursoziologie (Bourdieu-Mentalitätengeschichte-Zivilisationstheorie)*, in: *Neue Literaturtheorien*, hgg. v. K.-M- Bogdal, a.a.O., S. 131.

66 Ebd.

67 Ebd.

68 Nur ein besonders schönes Beispiel sei genannt: Helene Nolthenius: *O süße Hügel der Toscana. Ein Kriminalroman aus dem Mittelalter*, Zürich 1994.

69 Ulrich Greiner: *Die Neunundachtziger*, in: Die Zeit v. 16.9.1994.

70 Peter Schneider: *Paarungen*. Roman, Reinbek bei Hamburg 1992.

71 Ralf König: *Der bewegte Mann*, Reinbek bei Hamburg 1987.

72 Peter Handke: *Versuch über den geglückten Tag. Ein Wintertagtraum*, Frankfurt/M. 1994.

73 Ebd., S. 83.

74 Ebd., S. 90.

75 Handke ließe sich ebenfalls mit guten Gründen (er begann in der Gruppe 47, seine Ästhetik-Religion tendiert zu universalistischem Anspruch, er wird immer noch in den

traditionellen Lesemilieus rezipiert) Gang 1 zuordnen. An dieser Stelle werden die Grenzen eines bildhaften Modells wie der 'Klimaanlagen' sichtbar, das die zukünftige Forschungsrichtung zwar anzuzeigen, eine *Geschichte* der Literatur der Gegenwart jedoch nicht zu ersetzen vermag.

76 Vgl. K.-M. Bogdal: *Postmoderne, die neue Gründerzeit,* in: Praxis Deutsch, H. 121, 1993, S. 7ff.

77 Peter Alheit: *Aufbruch in die "Erlebniskultur"? Kritische Überlegungen zur zeitgenössischen Kultursoziologie,* in: Das Argument 208, 1995, S. 100.

78 Schulze: *Die Erlebnisgesellschaft,* a.a.O.

79 Alheit: *Aufbruch in die Erlebniskultur,* a.a.O., S. 100.

80 Alheit: *Zivile Kultur,* a.a.O., S. 280f.

81 Vgl. Helmut Lethen: *Verhaltenslehren der Kälte. Lebensversuch zwischen den Kriegen,* Frankfurt/M. 1994.

82 Zit. n. K. Farin und E. Seidel-Pielen: *Skinheads,* München 1993, S. 85. Man muß sich die Milieus vor Augen halten, in denen diese Texte Kultstatus haben, um zu erkennen, daß hier nicht Ironie am Werke ist. Das Lied endet mit einer Phantasie, die seinen Zuhörern nicht fremd sein wird: "ich freu mich schon auf dein entsetztes Gesicht/und die Angst in deinem Schreien!"

83 Dort heißt es u.a.: "Steckt sie in den Kerker/oder steckt sie in KZ,/von mir aus in die Wüste,/aber schickt sie endlich weg./Tötet ihre Kinder, schändet ihre Frauen,/vernichtet ihre Rasse,/und so werdet ihr sie grauen."

*Hans Peter Herrmann*

## Der Platz auf der Seite des Siegers

Zur Auseinandersetzung westdeutscher Literaturwissenschaft mit der ostdeutschen Literatur

Daß der Vereinigungsprozeß der beiden deutschen Staaten schwierig und langwierig sein wird, ist in der Publizistik mittlerweile zum Topos geworden und wird selbst von Politikern kaum mehr bestritten. Für die Gesellschaftswissenschaften öffnet sich damit ein interessantes Forschungsfeld: zwei Staaten mit gemeinsamer Vergangenheit, aber 44 Jahre lang durch eine tiefe politische Systemgrenze getrennt, werden zusammengeführt. Auch für die westdeutsche Literaturwissenschaft ist mit der 'Wende' eine neue Aufgabe entstanden. *Vor* 1989 hatte sie von der DDR-Literatur als von der 'anderen' deutschen Literatur berichten können: neugierig oder skeptisch, ablehnend oder enthusiastisch, aber immer mit einem breiten Spielraum, Abstand oder Nähe zum Gegenstand frei zu bestimmen. Es blieb jedem und jeder einzelnen überlassen, an der 'anderen' deutschen Literatur entweder ihre Zugehörigkeit zum SED-Staat zu kritisieren oder ihre Opposition gegen ihn herauszustreichen oder ihren Erfolg in 'unserem' Literaturbetrieb zu registrieren. *Nach* 1989 ist diese freie Verfügung über die Distanz zum Gegenstand verschwunden: die 'andere' ist zu 'unserer' Literatur geworden - und bleibt doch von westdeutschen Erfahrungen, Maßstäben und Problemen (zumindest vorerst) deutlich getrennt. Vier Jahrzehnte unterschiedliche Geschichte lassen sich nicht einfach in eine gemeinsame Erfahrung überführen und harren doch der Bearbeitung.

Diese neue Konstellation von Nähe und Fremdheit stellt die heutige Beschäftigung mit der ehemaligen DDR-Literatur unter neue Ansprüche und verlangt besonders von der Auseinandersetzung mit der seit 1989 in Ostdeutschland entstandenen Literatur ein hohes Maß an Offenheit und Sensibilität. Dabei verrät schon diese Formulierung den 'westlichen' Blick dessen, der sie verwendet. Das wird noch eine Weile so bleiben und sollte in die Selbstreflexion derjenigen eingehen, die sich auf diesem Feld bewegen.

Die Anerkennung von Fremdheit und Andersheit ist ein in den Kulturwissenschaften seit geraumem vieldiskutiertes Erkenntnisziel; die Germanistik hatte 1990 den Tokyoter Germanistentag unter diesen Gesichtspunkt gestellt, der seither für interkulturelle Arbeiten (und für das Feld des Geschlechterdiskurses) den Maßstab abgibt. Er muß auch für den wechselseitigen Blick auf die zwei Literaturen gelten, die in Deutschland Ost und Deutschland West entstanden sind. Die besondere Situation in diesem Fall besteht darin, daß nicht nur die Differenz des anderen wahrgenommen werden muß, sondern daß diese Differenz zugleich auf mögliche Gemeinsamkeiten hin zu betrachten ist.

Im Folgenden werden zwei sehr unterschiedliche Bücher untersucht, die in den letzten beiden Jahren eine gründlichere Auseinandersetzung mit der DDR-Literatur im allgemeinen und der 'Wende'-Literatur im besonderen versuchten und sich dabei betont von den aggressiven Formen und literaturpolitischen Positionen des 'deutsch-deutschen-Literaturstreites' von 1989/90 absetzten: die rasch geschriebene Überblicksdarstellung von Volker Wehdeking (1995) und die gründliche Neufassung des Standardwerks zur DDR-Literatur von Wolfgang Emmerich (1996). Mein Interesse an beiden Büchern ist in diesem Artikel ein kritisches, in einem entschiedenen Sinn des Kritikbegriffs: Kritik als engagierte Auseinandersetzung mit einer Position, die es lohnt und die Prinzipien folgt, die als gemeinsam vorausgesetzt werden können; Kritik durchaus mit moralischen und politischen Implikationen, die auf inhaltlicher und methodischer Ebene verhandelt werden; Kritik schließlich mit der Lizenz, Leistungen anderer auch dort zu kritisieren, wo der Kritisierende keineswegs weiß, ob und wie er selbst es hätte besser machen können.


1.

Wehdekings Buch[1] von 1995 will einen ersten Überblick über diejenigen Texte deutscher Schriftsteller und Schriftstellerinnen geben, die sich vor und nach 1989 mit der Situation im geteilten und vereinigten Deutschland befaßt haben. Über 50 Namen aus West- und vor allem aus Ostdeutschland nennt Wehdeking und behandelt 91 Werke 'seit der Wende', 48 aus der 'Vorgeschichte'. Selbst damit ist keine Vollständigkeit erreicht.

Ohnehin erscheinen fast jeden Monat neue Texte zum Thema, auch solche von erheblichem ästhetischen Gewicht: seit eben der Zeit, da *FAZ* und *Zeit* von hohen Sockeln herunter das Ende der engagierten Literatur verkündeten, strömt eine Welle interessanter Literatur über das Land, die ihre Frische und Lebendigkeit gerade daraus bezieht, daß ästhetischer Anspruch und zeitgeschichtliches Engagement in ihren Texten die vielfältigsten Verbindungen eingehen.

Wehdeking, durch eigene Bücher zur Literatur nach 1945 gut ausgewiesen, gliedert seinen Stoff nach Sachthemen und rückt dabei einzelne Texte in den Vordergrund, die er ausführlich interpretiert: Hilbigs *Ich*, Ortheils *Abschied von den Kriegsteilnehmern*, Walsers *Verteidigung der Kindheit* und Marons *Stille Zeile sechs*. Andere werden kürzer besprochen, viele charakterisierend genannt. Leitbild der Darstellung ist die Vorstellung einer "deutschen Kulturnation"[2], zu der Wehdeking die beide Teilliteraturen schon lange vor 1989 auf dem Wege sieht; unter dieser These werden Texte und Themen eingeordnet. Lange Primärtextzitate sorgen für Anschauung, Sekundärzitate füllen die Seiten, biographische Informationen, ästhetische Wertung und literaturgeschichtliche Verbindungslinien kommen zu ihrem Recht. Das Ergebnis ist eine kenntnisreiche, etwas rasch zusammengeschriebene, in ihrem Sachgehalt nützliche Informationsschrift.

Zum "Fall" wird das Buch in meinen Augen durch seine Tendenz. Wehdeking wollte, erklärtermaßen, zur Annäherung der literarischen und gesellschaftlichen Traditionen in Ost und West beitragen; herausgekommen ist, gegen seine Absicht, eine Demonstration unerschütterlicher, vereinnahmender Westperspektive. Ich will das an zwei Beispielen zeigen.

Monika Marons Roman *Stille Zeile sechs* (1991) schildert die Auseinandersetzung einer jungen DDR-Intellektuellen mit einem Repräsentanten des stalinistischen Herrschaftssystems. Das ist ein politisches Thema, Wehdeking entfaltet es breit: staatlicher Zwang, Unrecht und Zensur versus individuelle Meinungsfreiheit (W, S. 120 ff.). Bei Maron ist es eingebettet in ein privates Thema: die Selbstfindung einer vierzigjährigen Frau, ihr Aufbruch in die Widersprüche und Leiden von Individualität. Wehdeking berichtet auch über diese Seite des Romans, erledigt sie aber rasch durch Kategorisierung: 'Existentialismus'.[3] Er fragt nicht danach, wie differenziert oder klischiert diese Selbstfindung dargestellt wird, und schon gar nicht fragt er nach der Verknüpfung des privaten mit dem politischen Thema, die meines Erachtens nach in Marons erstem Roman *Flugasche* viel überzeugender gelungen war. Ihm fällt nicht auf, in welch abgehobenem, westlich orientiertem Akademikermilieu der Roman spielt, daß die politische Auseinandersetzung zwischen den Personen weitgehend im Generationenproblem verharrt oder daß der Sozialismus des Funktionärs fatal auf den Bildungsneid des Arbeitersohns reduziert wird. Aus solchen Beobachtungen würde sich notwendig die Frage ergeben, wie ernst die politische Aussage dieses Romans zu nehmen ist, denn darüber entscheidet nicht die Aktualität des politischen Themas, sondern der Grad seiner ästhetischen Verarbeitung im Text. Gerade diese Frage aber wird von Wehdeking gar nicht erst gestellt. Ihm reicht, daß Zwang, Unrecht und Zensur nachdrücklich thematisiert werden; wie tief sie in das ästhetische Gefüge des Textes eingearbeitet sind, untersucht er nicht.

Das hat System. Denn im Grunde liest Wehdeking diesen Roman, wie die meisten anderen der besprochenen Texte, allegorisch: als mehr oder weniger angemessene Darstellung eines bereits feststehenden, allgemein anerkannten Wissens über die Realität der DDR. Seine Lektüre verrät keine Neugier zu erfahren, wie DDR-Bürger ihren Staat und ihre Gesellschaft erlebt haben (geschweige denn, wie sie wirklich ausgesehen haben - das weiß er bereits), - sie dient vielmehr der Abwicklung: ob ein Text das Richtige über die ehemalige DDR sagt (ihre Fragwürdigkeit 'aufdeckt', heißt es S. 37), damit diese - endlich - erledigt werden kann.

Die allegorische Lektüre hat Konsequenzen. Eine Konsequenz ist unmittelbar politisch: Kritik am DDR-System wird als legitim referiert, Kritik an der westlichen Gesellschaft heruntergestuft. Besonders kraß liest sich das dort, wo dem Autor die politische Hutschnur platzt und er Hochhuths literarische Kritik an der Treuhand durch positive Meinungen westlicher Sachverständiger widerlegen zu müssen glaubt (W, S. 156). An anderen Stellen geht es dezenter zu, aber die durchgehende Bereitschaft, DDR-Kritik einzufordern, BRD-Kritik hingegen zu relativieren, befremdet. Und das Ende des Realsozialismus dazu zu benutzen, Kritik an unserer Gesellschaft nur noch gönnerhaft oder ironisch als Marginalie zuzulassen[4]: das ist überhebliche 'Wessi'-Attitüde, die das eigene System jeglicher Grundsatzkritik entzogen wähnt.

Ironie des Verfahrens: auf seine sanfte, scheinliberale Art praktiziert Wehdekings Text hier eben den Dogmatismus, den er der sozialistischen Literaturpolitik zu Recht vorwirft. Nur daß jetzt SchriftstellerInnen nicht die Zustimmung zu den Errungenschaften des demokratischen Sozialismus als Eintrittsbekenntnis abverlangt wird, sondern die Kritik an sozialistischer Zensur und Stasipraxis.

Die allegorische Lektüre hat auch poetologische Konsequenzen: ästhetische Werturteile werden durch politische Meinungen unterwandert. Dieser Widerspruch hatte schon Schirrmachers und Greiners Abrechnungsartikel im Christa-Wolf-Streit um ihre Glaubwürdigkeit gebracht[5]; er durchzieht auch Wehdekings Buch, das die Notwendigkeit ästhetischer Wertung ständig betont und diese Wertungen - und ihre offene Diskussion - immer wieder durch politische Urteile unterläuft, die unreflektiert, als Selbstverständlichkeiten vorausgesetzt werden.

Schließlich: da viele der Texte aus der ehemaligen DDR an Wehdekings eigenem Thema, der politischen Einheit der deutschen Kulturnation, nur mäßig oder gar nicht interessiert sind, reduziert er sie auf einen indirekten Beitrag zu dieser Einheit, auf ihre Abrechnung mit dem DDR-System. Diese Abrechnung nimmt gewiß in vielen Texten einen wichtigen Platz ein, in anderen aber nicht, und durchweg ist sie in weitere Themen eingelagert. Die unterschlägt Wehdeking nicht - doch er behandelt sie als Beiwerk auch dort, wo sie im Zentrum stehen. Folgerichtig wird eine Autorin wie Helga Königsdorf von Wehdeking ganz an den Rand der Darstellung gerückt, und werden etwa Volker Brauns, Burmeisters oder Hensels Texte genau so unzureichend, nämlich vorrangig als Abrechnung mit der Stasi, interpretiert wie die der Maron.

Hier rächt sich auch die verkürzte politische Perspektive, die das Buch einnimmt. Die deutsche Einigung von 1989 war eben doch nur ein "Epiphänomen" (Karl Schlögel in der *taz* vom 4. Sept. 1995) des Systemzusammenbruchs im Osten, und der ist mit der Totalitarismusthese allein nicht zu erfassen. Es spricht für die meisten der von Wehdeking behandelten Texte, daß sie von weiteren Aspekten des Hauptgeschehens ein genaueres Bewußtsein haben als der, der hier über sie berichtet.

Mein zweites Beispiel für Wehdekings voreingenommene Lektüre ist Kurt Drawerts *Spiegelland*[6] (W, S. 134-137). Drawerts entschiedene DDR-Kritik und seine an der Postmoderne orientierte Schreibweise werden von Wehdeking betont. Drawerts ausführliche Vorbehalte gegen die Postmoderne jedoch werden nicht ernst genommen, sondern herablassend als biographisch verständliche Defizite interpretiert: es sei ja "kein Wunder", daß er (wie Kerstin Hensel) "sich schwer tut [...] sich zu einem Verständnis für Multikulturalismus und verspielteren Formen der Postmoderne hingezogen zu fühlen." (W, S. 236).

Eine solche Interpretation verkürzt Drawerts Text um wesentliche Dimensionen. Denn Drawert begründet seine Einwände gegen die 'Postmoderne' theoretisch wie erzählerisch; sein Buch verrät genaue Kenntnis der Diskurstheorie, deren Aneignung er sehr weit vorantreibt, um dennoch explizit am Postulat eines inhaltlichen Subjekt- und Wahrheitsbegriffs festzuhalten. Das ist ein durchaus eigenständiger Beitrag zur Diskussion um die Reichweite postmoderner Theoreme und zur Frage nach der Realität des Realen. Darüber hinaus setzt Drawert wichtige Aspekte seiner DDR-Kritik ausdrücklich als verallgemeinerbar, also gültig auch für die westliche Bundesrepublik. Das alles wird von Wehdeking unterschlagen oder übersehen. Ich lese Drawerts Text als eine sehr komplexe, kompetente und beachtenswerte Auseinandersetzung zwischen 'westlicher' Postmoderne und DDR-geprägter geschichtlicher Erfahrung; Wehdeking macht daraus eine lobenswerte, wenn auch leider noch etwas unvollkommene Ankunft im Westen.

Daß Wehdeking solch schiefe Deutungen in moderatem Ton vorträgt und mit viel Verständnis (und Kenntnis von DDR-Realitäten) ausstattet, daß er subjektiv sichtbar besten Willens ist, das macht, meine ich, sein Verfahren in der Sache nicht besser. Seit 1989 dominiert eine bedenkliche Allianz von kulturellem Nationalismus, Schweigen über die Systemmängel 'unserer' Gesellschaftsordnung und ritualisierter Sozialismuskritik den öffentlichen Diskurs der Bundesrepublik. Sie hat auch in diesem Buch ihre Spuren hinterlassen, durchaus nicht zu seinem Gewinn.

Mit der Keule auf Mücken eingeschlagen? Läßlichkeiten zu Grundsatzfragen stilisiert? Ich meine: nicht. Bei diesem Thema steht zur Debatte, wie wir mit unseren getrennten Vergangenheiten als Teil unserer gemeinsamen Geschichte umgehen. Ich denke, daß Volker Wehdeking mir darin zustimmen wird, auch wenn wir über die Einlösung in seinem Buch unterschiedlicher Auffassung sind.

Die Aneignung der unerwartet reichen 'Wende'-Literatur und die Auseinandersetzung westlicher Wissenschaftler und Literaturkritiker mit den produktiven ostdeutschen Autoren und Autorinnen sollte in anderer Weise vor sich gehen. Bereitschaft zur Selbstkritik, auch und gerade zu der, die an die Substanz 'unserer' Grundvorstellungen geht; Neugier auf den fremden Blick anderer auf unsere Gesellschaft; Offenheit für andere geschichtliche Erfahrungen; Bereitschaft, über unterschiedliche geschichtliche Erfahrungen ein gemeinsames Gespräch zu beginnen: das wären Voraussetzungen für einen wirklichen Dialog zwischen ost- und westdeutschen Intellektuellen und Voraussetzungen für die intellektuelle und für die reale Zukunft unserer Gesellschaft.[7]

2.

Über Wolfgang Emmerichs Standardwerk zur Geschichte der DDR-Literatur[8] Positives zu sagen, hieße Eulen nach Athen tragen. Die "erweiterte Neuauflage", die Anfang letzten Jahres in Leipzig erschien, ist ein umfangreiches Buch geworden, das den euphemistischen Titel einer "kleinen" Literaturgeschichte nur noch aus historischen Gründen tragen kann und das von allen Kennern mit Spannung erwartet und mit großem Lob begrüßt wurde, etwa von Alexander von Bormann in seiner Besprechung im *Freitag* vom 20. September 1996. Umfassende Kompetenz, Gründlichkeit und Sorgfalt, Vielfalt der Gesichtspunkte und Ausgewogenheit des Urteils zeichneten schon die früheren Fassungen aus und charakterisieren auch diese überarbeitete und erheblich erweiterte Fassung. Wer nach manchen, zwischen Selbstkritik und Gegenstandskritik schwankenden, neueren Vorträgen Emmerichs[9] die Befürchtung hegen mochte, der Verfasser könnte sich veranlaßt sehen, den Zusammenbruch des politischen Systems der DDR zu einer tiefgreifenden Revision seiner bisherigen Urteile über Personen und Texte des Literatursystems DDR zu benutzen und in den Chor der Abwicklungsapostel einzustimmen, sah sich angenehm enttäuscht. Im neuen, umfangreichen Kapitel "Wendezeit (1989-95)" (E, S. 435-525) wird über die kontroversen Themen der vergangenen Jahre, wie den Streit um Christa Wolf oder die Stasi-Mitgliedschaft von Autoren und Autorinnen, mit wohltuender Distanz und Sachlichkeit, abwägend und differenziert berichtet. Das Bemühen um Verstehen wird nicht nur postuliert, sondern trägt erkennbar und oft eindrücklich die Beschreibung und Wertung von Texten und Personen.

Dennoch bleibt bei der Lektüre ein Unbehagen. An diesem Punkt nicht anders als Volker Wehdeking, praktiziert auch Wolfgang Emmerich den Blick des historischen Siegers auf seinen Gegenstand. Ich will versuchen, diesen meinen Eindruck an einigen Beispielen zu belegen und zu diskutieren. Ich beziehe mich dabei vor allem auf das genannte neue Kapitel (E, S. 435-525, fast ein Fünftel des Buches) und auf die ebenfalls neue "Einleitung: Was heißt und zu welchem Ende studiert man die Geschichte der DDR-Literatur" (E, S. 11-28).

Im Unterkapitel "Die Wende konkret. Ostalgie und Literatur" (E, S. 498-506) berichtet Emmerich nach einleitenden Vorüberlegungen einläßlich und differenziert über seine drei Kandidaten für den Titel "Wenderoman": Erich Loests *Nikolaikirche*, Thomas Brussigs *Helden wie wir* und Brigitte Burmeisters *Unter dem Namen Norma*. An Burmeisters Roman schließt er Reflexion zur Gemütsverfassung der "Ostalgie" an und die Besprechung derjenigen Prosaschriften, die unter diesem Begriff subsumiert werden könnten: vor allem Volker Brauns *Iphigenie in Freiheit* und *Der Wendehals*, dann Thomas Rosenlöchers *Die Wiederentdeckung des Gehens beim Wandern*, sowie Bücher und Texte von Marion Titze, Angela Krauß, Helga Königsdorf, Jens Sparschuh und Fritz Rudolf Fries, bis hin zu Jurek Beckers *Amanda herzlos* und Christoph Heins *Napoleonspiel*.

In diesen Texten wird die Erfahrung der Wende als mehr oder weniger gewaltsamer 'Bruch' geschildert: als Zerstörung oder Auflösung gesicherter Lebenszusammenhänge, als verstörende Verhaltensveränderung bei bisher vertrauten Menschen, als tiefgreifende Verunsicherung der eigenen Identität.

Emmerich steht diesen "zerrissenen Texten der Reformsozialisten" (E, S. 502) mit deutlicher Distanz gegenüber. Ästhetisch differenziert er von vernichtender Kritik bei Volker Braun bis zu respektvoller Anerkennung bei Thomas Rosenlöcher; sein Urteil begleitet er bei dem einen mit bedauerndem Verständnis[10], bei dem andern mit vorsichtiger Abwehr[11]. Inhaltlich hält er sich die Erfahrungen, die diese Texte zu verarbeiten suchen, vom Leib. Er atmet hörbar auf, wenn er konstatieren kann, daß die Verzweiflung und Wut "durchaus reflektiert" (E, S. 504) daherkommt (wie bei Helga Königsdorf) und schüttelt fassungslos den Kopf, wenn selbst im Buch eines im Streit aus der DDR Ausgereisten, Jurek Becker, ein

Hauch von Nostalgie erkennbar ist. Was da zur Sprache kommt, wird nicht ohne
Abwehr als ganz und gar Fremdes registriert: man muß es

> wohl zur Kenntnis nehmen, daß aufgrund mentaler Kontinuitäten in den Autor- wie
> den Lesergemütern - und aufgrund der Kränkungen, denen diese gemeinsam ausge-
> setzt waren oder noch sind - eine literarische Tendenz weitergehen wird, die gänzlich
> unwestlich ist. (E, S. 503)

In der ganzen Passage kein böses Wort; im nachgeschobenen Satz durchaus Verständnis für die durch den Wendeprozeß zugefügten "Kränkungen"; aber als erstes die Konstatierung einer fremden psychischen Konstruktion. Mit solchen "Ge-
mütern" hat der Autor nichts gemeinsam. Und dann eben doch ein böses Wort,
das keine Brücke zuläßt: "gänzlich unwestlich". Verständnis, aber keine Aussicht
auf Verständigung.

Mit deutlicher Verwunderung, erkennbar um freundliche Sachlichkeit bemüht,
stellt Emmerich diese mehr oder weniger ostalgischen Texte vor. Ihr Zorn über
die Erfahrung von Ungerechtigkeit und westlichem Imperialismus, über die objektive Rücksichtslosigkeit und die persönliche Herzlosigkeit sehr vieler Abwick-
lungsprozesse - dieser Zorn wird registriert, aber an sich herankommen läßt der
Autor ihn nicht, geschweige denn, daß er ihn teilt. Der Wendeprozeß ist bei ihm
ein notwendiger Vorgang, der folgerichtig, wenn auch mit einigen unvermeidba-
ren schmerzlichen Begleiterscheinungen, abgelaufen ist. Die OstlerInnen, die unter diesen Begleiterscheinungen zu leiden hatten und gegen sie protestierten, hätten besser getan, sich schneller mit ihm abzufinden. Da eine nicht unwichtige
Gruppe von ihnen das nicht tat, ist es die Pflicht des Chronisten, darüber zu berichten. Ein Anlaß, sich mit ihnen auseinanderzusetzen, ist es nicht.

Diese Perspektive, eben die auf der Seite des Siegers, durchzieht felsenfest das
ganze Kapitel. Andre Ansichten dazu, wie sie vielfach in den Texten der Wendezeit artikuliert werden, werden gelegentlich beschwichtigend referiert und
freundlich gelten gelassen: sie werden sich irgendwann von selbst erledigen,
wenn auch offenbar nicht so bald, wie eigentlich vernünftig wäre.

Es geht mir nicht darum, Wolfgang Emmerich auf eine ihm fremde politische
Ansicht zu verpflichten, wie sie etwa von Günter Grass oder von Günter Gaus
vertreten wird, die mit nicht geringerer Sachkenntnis einen anderen Ablauf des
Vereinigungsprozesses für wünschbar und für vorstellbar hielten. Ich hätte nur
gehofft, daß er - angesichts möglicher anderer Ansichten und konfrontiert mit
den literarischen Texten - etwas von der hermeneutischen Tugend praktizieren
würde, die den Literaturwissenschaftler und Leser auszeichnen sollte: die Fähigkeit zur Horizontverschmelzung, die Fähigkeit, sich durch den Gegenstand, den
man verstehen will, im eigenen Weltverständnis verunsichern zu lassen und die
Lebenswirklichkeit des/der anderen, die einem im ästhetischen Text entgegen-
tritt, phantasierend als möglichen Identitifikationsraum zu erproben. Bei Emmerich jedoch wird die Lebenswirklichkeit der ostdeutschen ReformsozialistInnen
nicht als Ergänzung westlicher Perspektiven gesehen, schon gar nicht als wichtige. Er zeigt kein Interesse daran, wie andere den gemeinsam erlebten Prozeß an-

ders wahrnehmen; vielmehr wird ostdeutsche Befindlichkeit ästhetisierend unter dem "schönen" Wort "Ostalgie" rubriziert (E, S. 502).

Im Einzelfall ist dem Autor solche Ostalgie durchaus erträglich, zum Beispiel wo sie "charmant" auftritt, wie bei Rosenlöcher, und deshalb 'gar nicht störend ist' (s.o.). Als Kollektiverscheinung wird sie mit Kenntnis und wissenschaftlichem Interesse untersucht: als Phänomen melancholischer Gemütsverfassung, als Phänomen einer exzeptionellen Schriftstellersituation etc. Emmerich benennt die Situation der Reformsozialisten beim "Ortloswerden der sozialistischen Position im Prozeß der Wende" (E, S. 457) mit dem angemessenen, respektvollen Begriff des "Dilemmas".[12] Das ist nicht wenig; Emmerich registriert Differenz, wo Wehdeking umstandslos Eingemeindung betreibt. Aber ist es genug angesichts der Texte, in denen dieses "Dilemma" auf oft überzeugende, ästhetisch anspruchsvolle Weise zur Sprache kommt?

> Je weniger sich die Leute aus dem Westen für die Geschichten interessieren, die die einstigen Bewohner der DDR zu erzählen haben, desto mehr erzählen sie sich nun gegenseitig.[13]

Emmerich, der dieses Wort von M. Siemons anführt, weiß sich offenbar unbetroffen von diesem Zitat: er interessiert sich ja für diese Geschichten, er beschreibt, wie sie erzählt werden, und er bemüht sich, zu verstehen, warum. Für das, *was* sie erzählen, allerdings interessiert er sich nicht. Zuhören und sich durch das Gehörte verunsichern lassen, ist nicht sein Metier.

Das hat Folgen für die Präsentation der Texte. Ihre Kapitalismuskritik wird nicht verschwiegen, aber heruntergespielt: für Emmerich ist sie ein etwas exotisches, aus der Situation heraus immerhin verständliches Thema. Es sei denn, sie überbordet oder verwendet Klischees - dann wird Volker Braun, der solches tut, milde, aber entschieden abgestraft: warum besinnt er sich nicht auf sein Talent, das besseres leisten könnte.[14] - Die Chance, etwa von Helga Königsdorf mit anderen als den im Westen gewohnten Perspektiven auf den Wendeprozeß konfrontiert zu werden, wird nicht genutzt; schließlich wissen wir, daß bei der Abwicklung Ungerechtigkeiten vorkamen. Die Geschichte, die Königsdorf darüber erzählt,[15] wird als der Inhalt ihres Buches verharmlosend referiert.[16] Erwähnenswert ist nicht, daß hier Abwicklungserfahrungen mit einer spezifischen Mischung von Bitterkeit, Verzweiflung und Witz glaubhaft und eindrücklich erzählt werden, sondern daß der Text seine Nostalgie "reflektiert" vorträgt, also distanziert, also gerade nicht unter die Haut gehend. - Der fremde Blick, der etwa in Rosenlöchers "Dresdner Tagebuch" Details westlicher Lebensart aufzeichnet (z.B. die an ostdeutsche Kollektive erinnernde Uniformität eines bundesrepublikanischen Schriftstellertreffens[17]), er ist nicht erwähnenswert: was wir selbst sind, müssen wir uns nicht von anderen sagen lassen. - Hilbigs anspruchsvolle, hochartifizielle Parallelisierung von Naturzerstörung durch die sächsischen Braunkohlegruben einerseits und Naturentfremdung durch die Glitzerwelt westlicher Verkehrstechnik andererseits[18] taucht (wie seltsamer Weise der ganze späte Hilbig) gar nicht erst auf. - Drawerts Versuch, an der Position eines verantwortlichen

Subjekts festzuhalten und damit explizit in die westliche Diskursivität ein wichtiges Moment leidvoller DDR-Erfahrung als Positives einzubringen, wird auch hier bei der Besprechung von *Spiegelland* übergangen.

Diese Wertungen mögen im Einzelfall unterschiedliche Gründe haben, schließen sich aber in meinen Augen zu einem Gesamtbild zusammen. Auf den verschiedensten Ebenen werden all die Momente zurückgedrängt, verschwiegen oder mit einem Begriff stillgelegt, die die Selbstsicherheit der 'westlichen' Zivilisation tangieren könnten. "Verunsicherung" und "Dilemma" bleiben die Probleme der anderen. Interesse für die Erfahrungen, die diejenigen mitbringen, die da widerstrebend in 'den Westen' integriert wurden, ist in Emmerichs Buch nicht zu finden[19]; das zentrale Thema der ostdeutschen Wendeliteratur, das des Identitäts- und Weltzerfalls, wird in seiner *allgemeinen* Bedeutung nicht erkannt, geschweige denn in den Mittelpunkt des eigenen Interesses gerückt.

Was ich bisher hermeneutisch als mangelnde Bereitschaft kritisiert habe, sich auf das andere einzulassen und politisch als Tendenz, Kritik am westdeutschen Kapitalismus und seiner Zivilisation herunterzuspielen, das zeigt sich auf der theoretischen Ebene der Darstellung als auffällige Dominanz der beiden Darstellungskategorien 'Autonomie des Ästhetischen' und 'Modernisierung'. Beide greifen ineinander, lassen sich aber besser nacheinander behandeln.

Schon Alexander von Bormann hatte in seiner ausführlichen Rezension von Emmerichs Buch eine "grundsätzliche Zweideutigkeit" kritisiert, die sich durch einen undurchdachten Gebrauch des Autonomiebegriffs in die Neuausgabe einschleiche.[20] Emmerich wolle - gegen frühere, auch eigene, Tendenzen zur "Politisierung" der DDR-Literatur - jetzt "die ästhetische Anmutung der Literatur" als "deren Bestes, höchst Subjektives" hervorheben, das "dem Gesellschaftlichen gerade nicht kommensurabel ist", und deshalb "sensibler als zuvor" die wichtigen literarischen Texte "als individuelle Produktionen mit ästhetischen Mitteln" vorstellen. Für Bormann bedeutet diese Position "theoretisch nicht nur eine Rücknahme, sondern auch ein[en] Rückschritt" (denn das Indivdiuum sei immer schon und heute besonders vergesellschaftet). Im Zusammenhang meiner Fragestellung lohnt es, der von Bormann konstatierten "Zweideutigkeit" in Emmerichs Text etwas weiter nachzugehen.

Auffällig ist, daß Emmerich konkrete Analysen seinem eigenen theoretischen Autonomiepostulat oft entschieden widersprechen. In Kapitel V, "Unterwegs zum Widerspruch", wird die allmähliche Loslösung wichtiger Teile der DDR-Literatur von der Bevormundung durch die SED-Politik als ein Prozeß beschrieben, bei dem die Autoren den überlieferten Realismusbegriff erweitern und gegenüber der objektivistischen Wirklichkeitsauffassung der Parteidoktrin die "unangepaßte Subjektivität" in den Vordergrund stellen. Diese andere inhaltliche Konzeption der Literatur "schafft sich" dann "auch eine neue, subjektive Erzählstruktur" (E, S. 198). Nichts also von einer Verabsolutierung des Ästhetischen gegenüber dem Gesellschaftlichen; statt dessen der einleuchtende Hinweis, daß eine erweiterte

Auffassung von gesellschaftlicher Wirklichkeit zu einer anderen ästhetischen Form führt.

Das stand so schon in der Textfassung von 1989; aber der Widerspruch zu den zitierten theoretischen Postulaten, der sich hier zeigt, ist nicht einfach der von älterer, sachgerechter Wirklichkeitsnähe und neuer theoretischer Position; auch die theoretischen Aussagen der Neuausgabe sind in sich widersprüchlich. Im programmatischen Abschnitt (E, S. 26f.) z.B. windet die Argumentation sich hin und her: einerseits sei "auch die (bessere) DDR-Literatur", "wie alle ernstzunehmende schöne Literatur, durch ihre *ästhetische Eigenart* bestimmt", andererseits folge seine eigene Darstellung einem "weiten Literaturbegriff" - mache aber "doch immer wieder die Kategorie des Ästhetischen zum Fluchtpunkt der Auswahl und Bewertung".

Weitere Beispiele für diese Widersprüchlichkeit auf der beschreibenden wie auf der theoretischen Ebene des Textes ließen sich anführen; sie zeigen, daß das Verhältnis von gesellschaftlicher Wirklichkeit und Ästhetik nicht genügend durchdacht worden ist. Emmerich beschreibt den Prozeß wachsender Ausdifferenzierung der ästhetischen Mittel in der DDR-Literatur seit den 60er Jahren, in dessen Verlauf die bedeutenderen AutorInnen poetische Verfahren der europäischen Moderne übernahmen und weiterentwickelten. Diesen Prozeß darzustellen, versteht Emmerich selbst als die 'Makrothese' seines Buches (E, S. 21); er nennt ihn "ästhetische Emanzipation" (E, S. 26). Das ist eine richtige Bezeichnung, insofern die Literatur sich von dem engen Realismuskonzept der sozialistischen Tradition löste und mit der politischen Bevormundung durch die kulturpolitischen Instanzen des SED-Staates in Konflikt geriet. Es ist zugleich eine falsche Bezeichnung, insofern die Literatur sich dabei gerade nicht von gesellschaftlicher Verantwortung befreite, sondern eine erweiterte und vertiefte Behandlung sozialer und politischer Probleme der DDR-Gesellschaft erstrebte und - zum Teil - erreichte. Genau diese Unterscheidung aber wird in Emmerichs Begriff der "ästhetischen Emanzipation" ständig verwischt.[21] Dadurch fehlt seinen Beschreibungen, so sorgfältig und sensibel sie oft sind, ein angemessener theoretischer Rahmen, der den Konflikt der AutorInnen erst in seiner ganzen Schärfe hätte darstellen können.

Von Brecht gibt es den Satz, Kunst solle autonom sein, sei aber nie autark - eine solche Differenzierung weist auf die Relativität des Begriffs der Kunstautonomie hin. Emmerich aber setzt ihn als absoluten; er bringt ihn damit um jede analytische Kraft. Daran stört mich weniger das gedankliche Defizit als der strategische Sinn solcher Unklarheit. Sie erlaubt Emmerich, die DDR-Literatur als unvollkommen zu beschreiben: zur wirklichen Kunstautonomie sei sie nie durchgedrungen.

Eine zusätzliche Bedeutung erhält dieser funktional undurchdachte Begriff der Kunstautonomie dadurch, daß er in ein bestimmtes Geschichtsbild eingebettet wird.

Schon auf vorbegrifflicher Ebene fällt auf, wie sehr Emmerichs Erzählung durch das ganze Buch hindurch die Notwendigkeit und Objektivität des historischen "Wendeprozesses" betont. Alternativen zu seinem realen Ablauf werden nirgends erwogen; ob ein anderes Tempo der Entwicklungen wünschbar, ob andere Formen des Übergangs möglich gewesen wären, und, wenn ja, warum sie nicht zum Zuge kamen: das sind keine Fragen, die den Autor bewegen. Die Stimme des Volkes, die vom Umkippen der Leipziger Montagsdemonstrationen an auf raschen Vollzug der Einheit drängte, wird als Beleg für die Unausweichlichkeit und Richtigkeit des tatsächlichen Ablaufs genommen und entschieden gegen die Hoffnungen der Reformsozialisten ins Feld geführt; die werden damit als geschichtlicher Irrtum entlarvt. Reformsozialisten, SED und "Bevölkerungsmehrheit der DDR" (E, S. 461) erscheinen im übrigen als einzige historische Kräfte in diesem Prozeß; von der Rolle Westdeutschlands, seiner politischen und wirtschaftlichen Einwirkung, seinem Interesse, ist nirgends die Rede. Emmerich schreibt bewußt und mit erheblichem Anspruch eine "Geschichte" der literarischen Wendezeit; es ist eine sehr geschlossene und dementsprechend einseitige Erzählung geworden. Die Einwände postmoderner Theoretiker gegen den 'grand recit', die Reflexionen der Geschichtswissenschaft, Geschichte nicht von ihrem Ende her zu schreiben, sondern als offenen Prozeß zu betrachten, als Historiker sich anderer Möglichkeiten bewußt zu bleiben: sie haben in Emmerichs Darstellung, gegen sein eigenes Selbstverständnis[22], kaum Eingang gefunden.

Doch die Zufriedenheit des Verfassers mit dem tatsächlichen Ablauf der Ereignisse von und seit 1989 dringt nicht nur inhaltlich in seine Darstellung ein; sie strukturiert seinen gesamten Text und wird auch theoretisch durch seinen Geschichtsbegriff abgestützt. Sein Leitwort dafür ist "Modernisierung".

Der Text verwendet den Begriff in verschiedenen Hinsichten. Die engste Bedeutung bezieht sich auf das "Verhältnis der DDR-Literatur zur ästhetischen Moderne" (E, S. 20). Am Ende des Buches werden wir durch eine ausführliche Liste darüber informiert, was mit "Schreibmöglichkeiten der modernen Literatur" gemeint ist, die sich eine namhafte Gruppe von DDR-AutorInnen bereits vor 1989 "in voller Souveränität" angeeignet hätten (E, S. 522). Das ist eine präzise und durchaus sinnvolle Verwendung des Begriffs, der sich in dieser Bedeutung auf historisch und inhaltlich definierbare Gruppen von Literaten und Theoretikern bezieht, die sich selbst um 1900 als 'moderne' Schriftsteller verstanden und seither mit ihren ästhetischen Techniken das Selbstverständnis und die Form westlicher Literatur bestimmten - mit einer derzeit umstrittenen Grenze zur sogenannten 'postmodernen' Literatur.

Eine zweite Bedeutung von 'Moderne' bezieht sich auf das Literatursystem der DDR im Vergleich zu dem der westlichen Industrienationen. Emmerich beschreibt Eigenarten der Schrift- und Lesekultur, des LeserInnen-AutorInnen-Verhältnisses und des politisch-kulturellen Selbstverständnisses der Autoren und Autorinnen der DDR und nennt diese Eigenarten 'vormodern'.[23] Die Beschreibung ist informativ und nützlich, die Benennung jedoch fragwürdig und tendenziös. 'Modern' ist hier kein präziser Begriff mehr, sondern eine geschichtsphilosophische Metapher, die einzelne Momente der beschriebenen Phänomene herausstellt, andere unterdrückt und die solcherart totalisierten Phänomene auf einer imaginären, einsinnigen Zeitachse aufreiht.

Es ist zweifellos richtig, daß die westlichen Kulturen stark von den elektronischen Medien geprägt sind, wohingegen die DDR-Kultur vorwiegend Lesekultur war; daß in den westlichen Kulturen die Anonymisierung und Vermarktung viel weiter fortgeschritten ist, wohingegen die DDR-Kultur von einer stärkeren persönlichen Bindung zwischen AutorInnen und LeserInnen geprägt war.[24] Aber solche Entwicklungen global unter dem Aspekt 'modernes' versus 'vormodernes' Literatursystem zu subsumieren, nivelliert die Widersprüchlichkeit westlicher Kultur, nimmt z.B. das westdeutsche Institut der Dichterlesungen mit seinen Personalisierungen und Auratisierungen der Autorfigur gar nicht wahr und schiebt alle Erwägungen neuerer Soziologie beiseite, ob angesichts der Pluralisierung der Lebensstile überhaupt noch von einer einheitlichen Kultur gesprochen werden kann. Und die dergestalt um ihre Widersprüche gebrachte Westkultur wird dann als die fortgeschrittenere der vorerst noch zurückgebliebenen, 'vormodernen' DDR-Kultur als deren notwendige Zukunft gegenübergestellt.[25]

So erscheint Geschichte als unausweichlicher, zweckhafter Prozeß. Emmerich tut nichts, um dem im 'Modernisierungs'begriff enthaltenen, einlinigen Fortschrittsdenken entgegenzuwirken. Weder die Pauschalität noch die geringe analytische Tiefe dieses Modeworts stören ihn; und die deterministische Geschichtskonstruktion, die es enthält, kommt ihm ohnehin entgegen. Die Metapher suggeriert Notwendigkeit und Richtigkeit/Wert des geschichtlichen Ablaufs und damit die Überlegenheit des westlichen Kulturmodells; sie erlaubt dem, der sie hier verwendet, sich unanfechtbar auf der zukunftsträchtigen, guten Seite zu wissen und auf der schlechten Seite diejenigen, die sich der Angleichung an die westlichen Standards verweigerten oder unverhältnismäßig darunter litten, daß diese Angleichung von ihnen gefordert wurde.

Allerdings wartet die letzte Seite des Buches dann mit einer handfesten Überraschung auf. Während bis dahin das Literatursystem der alten Bundesrepublik entschieden auf die Gesichtspunkte "Kunstautonomie" und "Spätmoderne"[26] hin stilisiert wurde, zeichnet der Text jetzt ein ganz anderes Bild. Schon die "Literatur der alten Bundesrepublik" sei "kein homogenes Feld" gewesen; früher habe es die politisch engagierten Schriftsteller mit ihrer anerkannten gesellschaftskritischen Funktion gegeben, und auch heute sei moralisches Engagement noch eine legitime Möglichkeit der Literatur, gleichberechtigt neben allen postmodernen Artistikkonzepten. Das wird mit einem Zitat von Jochen Vogt belegt.[27] Konstitutiv für die deutsche Gegenwartsliteratur sei vor allem die "Vielfalt der ästhetischen Konzepte und Schreibpraxen", und in ihr werde auch "noch für längere Zeit die sich verändernde regionale ostdeutsche Szene auf den Spuren der einstigen DDR-Literatur" einen Platz haben (E, S. 525).

Das ist ein versöhnlicher Schluß und eine einsichtige Beschreibung der deutschen Literatur. Nur: von solcher Weite und Vielfalt war im Buch bisher wenig die Rede gewesen. Was ist hier passiert? Hat der Autor sich endlich aus dem Bannkreis von Schirrmacher, Greiner und anderen gelöst, die ihm helfen mußten, seinen eigenen Schock über die 'Wende' zu verarbeiten, von dem er in der Einleitung berichtet? Oder hat er, mit all seinen schiefen Kategorien im Hinterkopf, die

DDR-Literatur für sich am Ende seines Buches so hinreichend abgewickelt, daß er die Pose des Siegers nunmehr aufgeben und dem kleingeredeten Feind-Freund die Hand reichen kann? - Beide Vermutungen sind nicht ohne Malice und mögen ungerecht sein; aber sie sind Ausdruck des Bedauerns, daß Emmerich nicht von einem solchen, souverän gezeichneten Bild der Literatur seinen Ausgang genommen hat. Es wäre einleuchtender und fruchtbarer gewesen, auch die DDR-Literatur durchweg als eine Spielart moderner Literatur zu beschreiben und in diesem Horizont darüber zu reflektieren, wie und warum gerade diese Spielart im Industriestaat DDR, unter dessen politischen Bedingungen, ausgearbeitet wurde, und: was das Ergebnis für die vereinigte deutsche Literatur und ihre Vergangenheit(en) fürderhin bedeuten könnte. - Doch bis zu einer solchen Darstellung werden wir wohl noch eine Weile warten müssen.

## Anmerkungen

1   Volker Wehdeking: *Die deutsche Einheit und die Schriftsteller. Literarische Verarbeitung der Wende seit 1989*, Stuttgart-Berlin-Köln 1995; (im folgenden zit. W, Seite).

2   Günter de Bruyn, zit. nach W, S. 20.

3   "Bestimmte Denkansätze und Bilder Sartres und Camus' und die Absurditätserfahrung Kafkas [...]." (W, S. 120); Vergleich mit Sartre weiterhin S. 123, 129, 130.

4   Z.B. W, S. 77, 97, 145f. Die scharfsichtige, witzige West-Kritik von Thomas Rosenlöcher wird wenigstens erwähnt, wenn auch sofort ästhetisierend relativiert (sein "verfremdendes Westporträt fällt höchst lesenwert aus", W, S. 137), während jede DDR-Kritik in den Texten inhaltlich ganz ernst genommen wird.

5   Texte in: *Der deutsch-deutsche Literaturstreit oder Freunde, es spricht sich schlecht mit gebundener Zunge. Texte und Materialien*, hgg. v. Karl Deiritz und Hannes Krauss, Hamburg-Zürich 1991; *Es geht nicht um Christa Wolf. Der Literaturstreit im vereinten Deutschland*, hgg. v. Thomas Anz, Frankfurt/M. 1995.

6   Kurt Drawert: *Spiegelland. Ein deutscher Monolog*, Frankfurt/M. 1992. Bei Wehdeking S. 134-137.

7   Eine erste Fassung dieses Artikels ist am 18.12.1995 in der *Frankfurter Rundschau* erschienen. Volker Wehdeking hat darauf mit einem Leserbrief geantwortet, in dem er sich u.a. gegen meinen Vorwurf einer "sanften, scheinliberalen Art" von Dogmatismus wehrt: "Hieße denn dann wahrhaft liberal die wohlwollende Akzeptanz für Stasipraktiken, Haft, Mißhandlung und Unterdrückung der Bildungswünsche, von der allfälligen Zensur und den Unterdrückungsmethoden bei der Veröffentlichung andersdenkender Autoren zu schweigen. Die Schulerfahrungen von Christoph Hein und die Hafterfahrungen von Jürgen Fuchs wären Beispiel für das, was ich meine. Von den Plänen für 86.000 mißliebige DDR Bürger in den Stasi-Unterlagen für den Ernstfall muß ich kaum anfangen." Er schließt mit einem Hinweis auf Brussigs *Helden wie wir*, "da sich die Dinge nun sichtlich zur Satire hin entspannen und Alt-68er Kategorien wohl nicht mehr ganz zuständig erscheinen." (FR v. 3.1.1996) Ich war der Meinung, in meinem Artikel nicht Stasipraktiken verharmlost, wohl aber

Wehdekings Buch vorgeworfen zu haben, daß es bei der Beurteilung literarischer Texte politische Meinungen an die Stelle ästhetischer Maßstäbe setze und Stasi-Kritik gegen Wortlaut und Sinn der Texte zu deren Hauptsache mache; Wehdekinds Antwort mit ihrer Liste weiterer Stasi-Greuel hat mich etwas ratlos gemacht.

8 Wolfgang Emmerich: *Kleine Literaturgeschichte der DDR*. Erweiterte Neuausgabe, Leipzig 1996; (im folgenden E, Seite).

9 Zum Teil abgedruckt in: Wolfgang Emmerich: *Die andre deutsche Literatur. Aufsätze zur Literatur aus der DDR*, Opladen 1994. Emmerich stellt hier einige Aspekte komplexer und differenzierter dar als in der Literaturgeschichte; ich halte mich dennoch im folgenden an deren Formulierungen, da ich den Text der *Kleinen Literaturgeschichte der DDR*, und nicht das Problembewußtsein ihres Autors, behandeln will.

10 "Der verzweifelte Trotz des so begabten Volker Braun: noch ist er nicht wieder ästhetisch produktiv geworden." (E, S. 503; zu Brauns *Iphigenie in Freiheit* und *Der Wendehals*).

11 "ein intelligent, sensibler und munter erzählter Text [...], dessen leicht ostalgische Tendenz charmant und gar nicht störend ist." (E, S. 504; zu Rosenlöchers *Die Wiederentdeckung des Gehens beim Wandern*).

12 E, S. 483 zu Heiner Müller; vgl. auch S. 456 und öfter.

13 Zitiert E, S. 524, ohne Fundort (wie durchweg).

14 Siehe oben, Anm. 10.

15 Helga Königsdorf: *Im Schatten des Regenbogens*, Berlin 1991.

16 Die weiblichen Mitglieder des abgewickelten wissenschaftlichen Kollektivs, die nicht wie ihr Chef den Absprung in die westliche Industrie geschafft haben, werden keineswegs nur "vom Verlust ihrer Wohnung bedroht" (E, S. 505), sondern enden in sozialer Isolierung und Verzweiflung.

17 Thomas Rosenlöcher: *Die verkauften Pflastersteine, Dresdner Tagebuch*, Frankfurt/M. 1990, S. 100f. Vgl. oben Anm. 4.

18 Wolfgang Hilbig: *Die elfte These über Feuerbach*, in: Hilbig: *Grünes grünes Grab. Erzählungen*, Frankfurt/M. 1995, S. 125-149.

19 Selbstverständlich gibt es auch Gegenbeispiele. Volker Brauns berühmtes Gedicht *Das Eigentum*, zum Exempel, wird auch von Emmerich ausführlich gewürdigt und "poetisch gekonnt" und "anrührend" (E, S. 458) genannt.

20 Alexander von Bormann: *Angespitzt. DDR-Literatur zwischen Politik und ästhetischer Anmutung. Zur Neufassung von Wolfgang Emmerichs Literaturgeschichte*, in: Freitag v. 20. 9.1996. Die folgenden Zitate ebenda.

21 Hier ginge es um die Unterscheidung 'Loslösung von politischer Bevormundung' versus 'Loslösung von gesellschaftlicher Verantwortung', aber auch sonst werden politische und ökonomisch-soziale Kategerorien kaum getrennt; die provokatorische Benennung der DDR als "Industriestaat" (und nicht als Diktatur) durch Uwe Johnson wird zwar zitiert (E, S. 519; das Zitat stand schon in der Ausgabe von 1989), aber nicht theoretisch aufgearbeitet.

22  Emmerich sieht sich hier ganz auf der sicheren Seite und nur den Marxismus von sol-
    chem Vorwurf betroffen: über die marxistische Utopie: "Sie wurde zum grand recit im
    Sinne Jean-Francois Lyotards mit verdeckt totalitären Zügen" (E, S. 461). Daß auch das
    kapitalistische Fortschrittsdenken im Modernitätsbegriff unter das Verdikt fallen
    könnte, wird in seinem Buch nicht reflektiert.

23  E, S. 456 und passim: "vormoderner Systemstatus" der DDR-Literatur .

24  Die tiefgreifenden Veränderungen, die die 'Wende' mit der Herrschaft des Marktes im
    wirtschaftlichen und organisatorischen System der DDR-Literatur bewirkt hat, wer-
    den in einem eigenen informativen Unterkapitel, E, S. 435-456, detailliert und sach-
    kundig dargestellt.

25  Es gibt noch eine dritte Bedeutung von 'Moderne' in Emmerichs Text, dort, wo er um-
    fassend von der "partiellen Modernisierung", der forcierten Durchrationalisierung der
    DDR-Gesellschaft im wissenschaftlich-technischen und ökonomischen Bereich in den
    siebziger Jahren spricht. (E, S. 243-245) Ich will auf diesen Aspekt hier nicht weiter ein-
    gehen. Immerhin ist dies der einzige Bereich, in dem Emmerich Bedenken gegen die
    im Modernisierungsbegriff mitgedachte Entwicklungstendenz anmeldet: "Die im We-
    sten wohlbekannte Tendenz zur unreflektierten Modernität mit allen Folgelasten für
    Natur und Lebenswelt wirkte sich in der DDR wie allen anderen Ostblockländern
    noch katastrophaler aus als dort" (E, S. 244). In Emmerichs Modernitätsbegriff selbst
    sind solche Widersprüchlichkeiten nicht eingegangen, nicht an dieser Stelle (der Scha-
    den liegt offenbar nicht in der Modernisierung, sondern in ihrem unreflektierten Ge-
    brauch) und schon gar nicht in die Hintergrundkonstruktion seines Gesamttextes.

26  Vgl. auch E, S. 476: eine "spätmoderne Gesellschaft wie die Bundesrepublik, die die
    Wertsphäre Kunst nur noch selten ernst nahm." (Die kunsttheoretischen Postulate
    Bohrers, Schirrmachers oder Greiners werden hier für das Ganze der BRD-Kultur ge-
    nommen).

27  "'Die kritisch-moralistische Funktion der Literatur' ist, wie Jochen Vogt festgestellt hat,
    'eine literarische Möglichkeit neben und unter anderen', aber eben nicht die einzige."
    (E, S. 525).

*Manfred Jäger*

## Vollendung im Fragment: Volker Braun

Volker Braun, der Grübler unter den in der DDR rasch und dann dauerhaft bedeutsam gewordenen Autoren, hat es dort schwer gehabt. Auch deswegen, weil er sich das Leben und Schreiben selbst schwer machte. Welten trennen ihn von der geschwätzigen Heiterkeit eines Hermann Kant, der sich leichthin in die Unverbindlichkeit hinwegplauderte. Volker Braun nahm das kommunistische Ideal maßlos ernst, er litt an der schmählichen Praxis der Verwirklicher in Amt und Würden. Er, der sich und die Massen so gern ermahnte, die Angstriemen von der Brust zu reißen, hatte sich geistig gebunden. Die Genossen, die von Moskau bis Berlin-Mitte die menschheitsbefreiende Utopie zuschanden ritten, galten ihm als Irrläufer in der Geschichte, deren Fortschrittsweg um so mehr gesichert werden mußte, je weniger er durch vermeintlichen Selbstlauf determiniert war. Der Schreiber Braun brauchte, wie ein Forschungsreisender in der Antarktis, das sichere Basislager, wenn er sich zu Erkundungen ins Unbekannte und Ungewisse aufmachte.

Die Verwalter dieses Lagers hielten ihren unsicheren, allzu leicht zu eigenen Denkabenteuern verführbaren Mann an kurzen und an langen Leinen, und dem gelang es auch dann und wann, die dünneren oder verschlissenen zu kappen. Aber die ganz dicken Taue konnte er aus eigener Kraft nicht zerhauen, und die unsichtbaren Netze waren für den sensiblen Dichter im besten Fall nur erahnbar. Auch wenn er zwischen die Stühle geriet, was ihm oft widerfuhr, achtete er darauf, jeder kapitalistischen Sitzgelegenheit auszuweichen. Die bürgerliche Demokratie mit der falschen Verteilung der Produktionsmittel mußte schon wegen dieser fatalen ökonomischen Machtverhältnisse als abgelebte Epoche gelten, ganz gleich, wie sich die eigenen realsozialistischen Zustände entpuppten. *Wir und nicht sie* hieß 1970 Brauns Gedichtband mit dem trotz der kritischen Texte apologetisch parteilich programmatischen Titel. Dieses Pathos verlor sich, nicht aber die Grundüberzeugung, daß "der Westen" keine Alternative zu einem grundlegend verbessert gedachten Sozialismus-Modell darstelle.

Wie holprig, verwinkelt und unübersichtlich sie auch sein mochte, Braun sah sich auf einer Bahn. Zugleich kam es sehr darauf an, wie der Fahrerwagen, der in Kampfzeiten auch ein Panzer sein konnte, konstruiert war und wer ihn wie lenkte. Die alten Spekulationen über die Kraft des subjektiven Faktors angesichts der gegebenen Umstände oder Notwendigkeiten haben jedoch inzwischen ihr (ebenfalls subjektives, nämlich durch Nach-Denken entstandenes) Fundament verloren, sie sind insofern grund-los geworden. Denn die Zeitläufte haben um 1989/90 herum Volker Braun und viele seiner in gleichen Gefilden beheimateten Kollegen - scheinbar abrupt - aus dieser Bahn geworfen. Niemand von den so Betroffenen stellt aber die daraus resultierenden Irritationen, Verletzungen und Verwirrtheiten heute so ungeschützt dar wie dieser bedeutende Poet. (Auch Heiner Müllers

mit hohem Selbstwertbewußtsein betriebenes Maskenspiel aus kühlen Absagen,
radikalen Zynismen, publikumsnahen Freundlichkeiten und fröhlich vorgetragenen Anekdoten hat nichts zu tun mit dem grüblerischen Gestus des jüngeren
sächsischen Landsmanns.)

Wer Braun, der sich stets aussetzte, auch um den Preis, daraufhin den Aussätzi-
gen zugeschlagen zu werden, festnageln wollte auf Irrtümer und Blödheiten, verfehlte sogleich den strengen Maßstab, den er im Umgang mit sich selbst anlegt.
Das im November 1990 entstandene Gedicht *Schuldspruch* hat Braun dem rumäniendeutschen Kollegen Richard Wagner gewidmet, der ihm vorgehalten hatte, das
falsche Ideal verkörpert und ihn, den Suchenden, also Empfänglichen in die Irre geführt zu haben.

> Der siebenbürgische Dichter DU HAST MICH VERFÜHRT
> Mit meinen ersten Versen, den Sozialismus zu glauben.
> Hätte er weitergelesen ... Kann ich dafür
> Daß er sitzenbleibt in meiner Schule.
> Ich habe genug zu tun mit meiner eigenen Dummheit
> Und kauen wir nicht den gleichen rohen entsetzlichen Stoff.[1]

Abwehr des Vorwurfs, Kritik an der ihm zu simpel erscheinenden Selbstgerech-
tigkeit des Dissidenten, Eingeständnis der eigenen Dummheit und - in der letzten
Zeile - die Einladung, die gemeinsame schmerzliche Erfahrung anzuerkennen, all
das verbindet die Antwort auf einen als ungerechtfertigt empfundenen Schuldspruch des anderen mit einem scharfen, nüchtern, also ganz ohne Koketterie vorgetragenen Urteil über eigene intellektuelle Verfehlung.

Die ersten Texte Brauns "nach dem Untergang der DDR", von der *Zickzackbrücke*
bis zum *Wendehals* waren nervöse Befunde einer prekären Gestimmtheit. Die
Selbstdiagnosen und Lageberichte spielten nun nicht mehr hoffnungsfroh auf
Ernst Bloch an, den großen philosophischen Lehrmeister Brauns. Aus dessen be-
liebter Transponierung nicht eingelöster Gegenwartserwartung ins Zukünftige,
"Die Enkel fechtens besser aus", machte Braun durch Austausch des Verbs einen
sarkastischen Kalauer: "Die Enkel löffelns besser aus." Die berühmten Anfangs-
sätze aus Blochs *Spuren* ("Ich bin. Aber ich habe mich nicht. Darum werden wir
erst") ruft der Autor in Erinnerung, wenn er einen durch SED-"Systemnähe" Belasteten daraus den banalen Stoßseufzer herauskaspern läßt: "Ich bin. Aber jetzt haben sie mich. Darum werde ich nichts."[2]

Kein Autor in der DDR hat sich so intensiv wie Volker Braun damit abgemüht,
seine Hoffnungen trotz allem zu bewahren. Wenn er sie zuweilen verlor, suchte
er sie nach dem alten Modell wenigstens als eine Art ontologischen Versprechens
wiederzugewinnen, dessen Erfüllung womöglich unmerklich heranreifte und
erst in fernen Zeiten real würde. Braun war der Pessimist unter den Optimisten,
der Unermüdliche unter den Skeptikern, der ewig Zweifelnde, der seine Willens-
kraft nicht dazu aktivierte, die Restloyalitäten aufzukündigen. Denn solche
Flucht erschien ihm als die elendeste der Schwächen, unter denen er litt, obwohl
sie seine Produktivität beförderten.

Braun galt als der kritische Philosoph unter den Poeten, die das bürokratische realsozialistische System überwinden wollten. Er kritisierte es von links, von theoretischen Basispunkten her, nicht sentimental auf der Folie eines allgemein humanistischen "Menschenbilds". Das setzte seiner Popularität Grenzen, hinzu kam, daß er keine "richtigen Romane" schrieb, die die vorherrschenden Lesegewohnheiten bedienten. Der Ketzer konnte kein Volkstribun werden, das erklärte zu einem Teil die Entscheidung des Apparats, ihn nicht mit einem Schlag außer Landes zu befördern, sondern statt dessen einen belastenden spitzigen Kleinkrieg mit ihm zu führen. Vor der Exkommunikation scheuten beide Seiten zurück - wenigstens darin zeigte sich pervertierte Partnerschaft.

Indem Braun die Last auf sich nahm, die gesellschaftliche Dauerkrise auf seine unverwechselbare Weise zu protokollieren, auch mit Hilfe von Rollenspielen, in die er seine autobiographischen Erfahrungen einbrachte, hat er eine einzigartige Dokumentation über die letzten drei Jahrzehnte der DDR hergestellt.

Es versteht sich, daß dabei mancherlei unter der Rubrik "Gesammelte Irrtümer" zu verbuchen ist, und ich scheue mich auch nicht, das milde Allerweltswort "widersprüchlich" öfters mit "unstimmig" zu übersetzen. Aber der reiche Fundus treffender, zutreffender Details entschädigt für das auch bei Braun auffindbare trotzige Festhalten an einer kommunistischen Perspektive, die er emphatisch und wortkarg, aber redselig bewahrte, träumerisch, aber nicht romantisch. Braun bleibt ein bedeutender Dichter, auch nachdem sein Land oder Ländchen mit dem Weltsystem, in dessen Windschatten es existierte, der Erosion anheimfiel und die drei Buchstaben von der Landkarte verschwanden.

Eine, wie ich es sehe, heutzutage einzigartige Publikation, lädt dazu ein, die Haltbarkeit von Brauns heterogenem Werk erneut zu überprüfen. Um 1988 herum entschloß sich der Mitteldeutsche Verlag, aus Anlaß des 50. Geburtstags von Braun im Jahre 1989, mit einer auf neun Bände berechneten Ausgabe zu beginnen, die "Texte in zeitlicher Folge" genannt wurde, also die Chronologie der Entstehung als Editionsprinzip wählte. Tatsächlich erschien der erste Band, dessen frühester Text von 1959 datiert, im Jahre 1989, und zum Glück überstand das Projekt den gesellschaftlichen Umbruch im allgemeinen und die diversen Verlagskrisen im besonderen. Die Sammlung, die so viele Fragmente von Dichters Hand enthält, blieb kein Torso. 1992 kam der Band 9 heraus mit Brauns Arbeiten der Jahre 1979 bis 1988, und 1993 wurde noch ein ursprünglich nicht geplanter zehnter Band hinzugefügt, der die zwischen 1989 und 1993 verfaßten Texte aus der Wendezeit zusammenfaßt. Außer dem ebenfalls hier untergebrachten Gesamtregister enthält der Band eine autorisierte Auflistung der Entstehungszeit aller Braun-Gedichte.

In einer editorischen Notiz betrachtet der Autor die von ihm verursachte Papierflut mit ironischem Blick, leicht eingeschüchtert durch die Quantität seiner Mühewaltung: "Der Wechsel der Zeiten hat die Texte verfremdet, der Umbruch im Leben (dem sie galten) liest nun höhnisch/fröhlich Korrektur. Für den heutigen Markt hätte ich nicht die Masse Papier bedruckt: sondern gefragt, was jetzt begreiflich ist."[3] Weiter spricht Braun vom Vergessenstest, dem die Texte jetzt schon, zu Lebzeiten des Verfassers, "im Trockenschlamm der Ideologie beim Jahrhundertschritt vorwärts oder rückwärts" ausgesetzt werden. Er nennt das "eine Gunst der dreisten Geschichte".[4]

Es versteht sich, daß auch einiges zusammenkommt, was den Test nicht besteht. Die Feststellung ist freilich banal, weil es wohl jedem Autor so erginge. Aber insgesamt halten die Texte Denkhorizonte offen. Bei aller Vertracktheit seiner Prämissen hat Braun immer den Frageton beibehalten, auch wenn er Antworten gab. Er lieferte Sprechproben ab. Er fand zum entschiedenen Ton, wenn er auf Frechheiten reagierte oder auf die habituell gewordene Dummheit, die sich offiziell spreizte. Aber er verkündete keine Botschaften, er verzichtete auf die unangreifbaren Wahrheiten, beantwortete Predigten nicht mit Gegenpredigten. Er hatte nicht mit der Welt abgeschlossen, also konnte er keine Resultate, keine abschließenden Wertungen anbieten. Zugespitzt läßt sich sagen: Braun setzt ein und bricht ab. Sein Text ist unvollständig in mehrfachem Sinn, also auch unvollkommen, nicht perfekt, sondern präsent, also korrekturbedürftig, sei es durch andere oder durch den zu anderen Einsichten kommenden Verfasser selbst. Aber geändert werden durfte nicht im Sinne der angeblich nützlichen, deklarierten, feststehenden "Wahrheiten", wie sie Amtsträger, Tugendwächter, Staatsdiener oder Zensoren ihm gern hineinredigiert hätten. Sie verlangten allerdings auch von ihm die Abschwächung, die Streichung dieser oder jener Zeile, die Milderung dieser oder jener Wendung. Manchmal hat Braun nachgegeben, manchmal nicht. Der Streit unter Ungleichen war lästig und belastend, kränkend, er machte krank und wütend, aber der einzelne Text brauchte sogar am bösartigen Eingriff, an der rigiden Operation, die oft als unwürdige Selbstmedikation ausgeübt werden mußte, nicht notwendig zugrundegehen. Denn Brauns Gebäude, die Hütten und die Paläste, sind so gebaut, daß sie nicht einstürzten, wenn ein Steinchen oder sogar ein (scheinbar tragender) Pfeiler ersetzt oder auch nur zeitweilig ausgetauscht wurde.

Um Mißverständnisse auszuschließen sei jedoch betont, daß jedes "Zwangsfragment", jede gestrichene Szene, jede weggelassene Zeile, jeder ausgetauschte Buchstabe, etwa in der seltsamen Mutation der Laus zur Maus im Gedicht *Empfang* (1975) auf schändliche Verhältnisse weist. Braun hat sich der Fremdbestimmung nicht demütig gebeugt, aber er hat seinen eigenen Text auch nicht wie ein Heiligtum verteidigt. Der Unverstand schadete nach seinem damaligen Verständnis der "guten Sache", bei der er sich engagiert hatte, nicht so sehr dem Dichter Braun, der trotz aller Anfechtungen und Schüchternheiten immer wußte, was er wert war. Er benutzte, in listiger Brecht-Tradition, jede Chance, seinen authentischen Text wiederherzustellen. Er tat das in wechselnden kulturpolitischen Zeiten der milderen Duldung ohne Aufsehen, wie ein ruhiger Handwerker mit sicheren Qualitätsmaßstäben, der sich nicht Pfusch vorschreiben läßt: Der herausgenommene oder verlorene Stein wurde wieder eingesetzt. Braun gestattete aber weder sich noch seinem Publikum die Illusion, der Bau sei mit dieser Rekonstruktion endgültig fertiggestellt, zur folgenlosen Betrachtung, gar zum Einzug in die geordnete Bequemlichkeit freigegeben.

Braun lieferte Bauteile, er setzte sie auch zusammen, aber sie könnten durchaus anders montiert werden. Der Abriß könnte nötig sein oder ein Anbau. Mir scheint es charakteristisch, daß der Autor seinem 1978/79 geschriebenen *Simplex Deutsch* zunächst den Untertitel "Ein Baukasten für Theater und Schule" gegeben hat, ehe er dann "Szenen über die Unmündigkeit" vorzog, wohl auch, um das Mißverständnis einer direkt pädagogischen Absicht zu vermeiden.

Brauns Werk besitzt Fragmentcharakter. Unter Fragment darf man freilich nicht das übrig gebliebene Bruchstück eines ehemals Ganzen verstehen, weder in der Ausführung noch als Entwurf. Die Werkteile bleiben vielmehr sperrig und spitzig. Die Einzelstücke müssen zwar zu den verschiedenen Projekten passen, aber sie runden sich nicht.

Der junge Volker Braun hatte dem ersten Teil seines Debütbandes *Provokation für mich* - nach einem Gedicht gleichen Namens - den Titel "Vorläufiges" gegeben, und die (etwas veränderte) Ausgabe des Suhrkamp-Verlages, sein erstes Buch "im Westen" (1966) hieß dann auch *Vorläufiges*. Häufig zitiert daraus wurde der Anfang des Gedichts *Anspruch*: "Kommt uns nicht mit Fertigem. Wir brauchen Halbfabrikate." Später im Gedicht wird herausfordernd geschrien: "Hier ist der Staat für Anfänger, Halbfabrikat auf Lebenszeit."[5] Als Braun im Februar 1967 in *Der Bauplatz* die Aufforderung korrigierte in "Kommt uns mit Fertigem, sag ich / Der schon anders sprach"[6], bedeutet das nicht die Ungültigkeitserklärung für das fünf Jahre ältere Gedicht.

Die Korrektur der Korrektur erfolgte, als Braun sich der Furcht vor der (offenen und schleichenden) Anpassung ans Gegebene deutlich bewußt wurde und als das (ohnehin nur versteckte) Ideal der permanenten Revolution verblaßte. Freilich darf der Leser dabei nicht übersehen, daß Braun die scheinbar entgegengesetzten Haltungen nicht im Nacheinander eines linear zu denkenden "Reifungsprozesses" vorzeigt, sondern daß es Gleichzeitigkeiten gibt. Ohnehin folgt die Publikation der Gedichte in der zehnbändigen Ausgabe im Detail nicht dem Prinzip der chronologischen Folge, so daß unbedingt das "Entstehungsregister" bei der Interpretation befragt werden sollte. Zu manchen Texten kann auch der Autor nur noch eine vage Datierung angeben. Bei *Das gelbe Zimmer* steht die Zeitangabe "um 1965", was beweist, daß Braun schon früh den (etwas angestrengt anmutenden) Willen zum Aussteigertum mit der Sehnsucht nach Sicherheit im Vertrauten kontrastiert. Das redende Ich muß einräumen, daß auf geliebte Möbelstücke jedenfalls nicht mehr verzichtet werden kann, beim Umzug in die neue Behausung zum Beispiel:

Und ich fürchte, ich werde den Stuhl
Und den Leuchter oder das Buch
Um mich dulden. Aber aus den Gedanken will ich
Aussteigen, jeden Tag, im Stuhl
Will ich an andres denken, aus dem Buch
Will ich andres lesen [...][7]

Hier muß nicht daran erinnert werden, daß Braun schon in der Mitte der siebziger Jahre das aktionistische Pathos der Frühzeit hinter sich ließ und damit auch die ungelenke, bekenntnishafte Direktheit des zitierten Gedichts. Mir kommt es vor allem auf Brauns Furcht vor der Verfestigung des Denkens, vor dem stimmigen Weltbild und der geschlossenen Form an.

Mit dem Theatertext *Hinze und Kunze*, an dem er von 1967 bis 1977 herumgeschrieben hat, war der Verfasser über einen so langen Zeitraum unzufrieden, daß er schließlich die paradoxe Wertung wagen konnte: "nachdem ich ihn lange genug ablehnte, d.h. änderte, hat er, nach zehn Jahren etwa, meine Sympathie."[8]

Abgesehen von der Nachahmung der Brechtschen Arbeitsweise werden Motive für die permanente Textveränderung in älteren Gedichten noch aus den Wünschen oder Erwartungen eines vorgestellten Publikums bezogen, etwa in dem Begrüßungsopening *Meine Damen und Herrn*, geschrieben 1964, in dem der Dichter in die Rolle eines Conferenciers schlüpft:

> Noch kann ich Ihnen dienen
> Also äußern Sie Ihre intimen Wünsche
> Sonst müßte ich Ihnen etwas vormachen
> Sonst müßt ich mich festlegen auf mich
> Sonst müßt ich auf meiner Stelle treten
> Und mich einrollen
> In meiner letzten Rolle.[9]

Der Dichter, der seine Einsamkeit überwinden will, erfährt freilich bald, daß er auf sich gestellt bleibt, und die Verantwortung für seinen Text nicht wegdelegiert werden kann. Das Publikum wünscht sich einen Schluß, in aller Regel sogar einen guten. Aber Braun will derlei nicht mundgerecht servieren. 1967 schreibt er den Prosatext *Ans Ende gehn?*, der der Zensur wegen erst 1975 erscheinen kann. Darin heißt es:

> Der Satz, der Dichter solle bis ans Ende gehn, besagt nicht, das Gedicht solle bis ans Ende gehn; es kann dem Leser [...] den Schluß überlassen.[10]

Gegen das pädagogische oder propagandistisch erwünschte Vorführen kommoder Haltungen sollen "unfertige" Gedichte gesetzt werden, "die der Leser in seinem Schädel vollenden kann." Vor drei Jahrzehnten stellte Braun einen solchen Anspruch noch in die konjunktivische Klammer dessen, was man sagen könnte:

> "Wir können so nicht weiter arbeiten: alles auszuführen, geronnene Satzgefüge, abgestanden zwischen den Buchdeckeln, das ist sauer eh es in den Laden kommt. [...] Die Kunst ist keine Trambahn auf sturen Gleisen, für halbblinde Passagiere! Wenn die Kunst ans Ende gehn soll, warum nicht ans Ende der bisherigen Kunst?"

An dieser Stelle setzt Braun selber das Satzzeichen der "Abführung", als habe er sich als einen Sprecher zitiert, der das Unerhörte, noch nicht Denkbare formuliert. Als vorsichtiger Zeitgenosse läßt er zwei abschließende Sätze folgen, die dem unzeitgemäß kühnen Gedanken die Spitze abbrechen, ohne ihn dadurch stumpf werden zu lassen:

Das könnte man sagen. Aber dann würden wir, verstockt und erschrocken, nicht mal das Mögliche machen.[11]

Das verhaltene Plädoyer für das Unfertige, Unabgeschlossene geht zusammen mit der Bemühung um formale Strenge. Gegen das Schlampige und Schludrige wird das Ideal der klaren, bildkräftigen Sprache gesetzt. Nur von dieser Basis aus kann der Leserschaft mit dem Anspruch entgegengetreten und entgegengekommen werden, sie möge ihre Freiheit des Ausdeutens und Verarbeitens nutzen. 1971 schrieb Braun an den Dichterkollegen Manfred Jendryschik, ein Gedicht könne man nicht überfliegen, man müsse es sich erschließen:

> Wie eine Skulptur, die man von allen Seiten betrachtet, die man ins Licht rückt. Man muß das Gedicht ins Licht des eignen Kopfes rücken ...[12]

Brauns Texte handeln freilich auch von der subjektiven Schwäche, nicht bis ans Ende zu gehn, die fällige, vom Stoff, auch vom "Stoff des Lebens", eigentlich geforderte Radikalität zu vermeiden, aus Angst, aus Gründen der Selbstzensur, aus vermeintlich wohl erwogenen taktischen Rücksichten. Was dann entsteht, nenne ich das "Fragment wider Willen", obwohl das verantwortliche Ich die "Zwangslage" (mit den vielen naheliegenden, plausiblen Gründen) nicht als etwas Äußeres von sich abtrennen kann. "Wider Willen" heißt im Fall der Konzession manchmal auch nur, "widerwillig" nachzugeben.

Für den Zwang zur Selbstbeherrschung, ja Selbstvergewaltigung hat Braun beeindruckende Bilder der "Körpersprache" gefunden: "Ich schnappte nach Luft, ich redete dummes Zeug. Der Schweiß brach mir aus der Maske." Oder: "Ich hatte mich in der Hand, aber was hatte ich da?"[13]

Selbstkritisch notiert er am 25.9.1982 in den Arbeitsnotizen zur *Übergangsgesellschaft*: "wir wissen, es ist die hauptsache, das leben zu ändern, d.h. das eigene ... aber wir wollen uns nicht aus unseren halterungen reißen. weil wir sonst elende wären, verdammte, entlassene, denen niemand die hand gibt, außer den künftigen freien unvorstellbaren menschen. man muß aber in das elend gehn."[14] Ein paar Tage vorher, am 20.9., hatte er notiert: "wir reden von aktionen, aber wir machen den Vorhang nur auf, um ihn schnell wieder fallenzulassen. wir finden uns ab."[15]

Die *Berlinischen Epigramme*, die Braun 1978 und 1982 schrieb, sieht er selbst auch als Fluchtbewegung, obwohl deren satirische Schärfe aller offiziellen Festivität im wahrsten Wortsinne Hohn spricht. Aber der mit sich selbst Unzufriedene führte das Messer so vorsichtig, daß er sich nicht ins eigene Fleisch schnitt. Eine Arbeitsnotiz vom 22.5.1983 vermerkt nämlich: "die satiren und lektionen ein ausweichen vor der eigenen existenz im gedicht. dieses maskenspiel, diese affektierte moral, satirische wut [...]."[16]

Auf paradoxe Weise erlaubt gerade eine chronologisch geordnete Werkausgabe extensive synchronoptische Lektüre. Erkennbar wird, wie sich Positionen durchhalten, bei aller fortschreitenden Desillusionierung und bei aller ästhetischen "Qualifizierung". Denn das frühe, vom April 1963 stammende Gedicht *Messerscharf ist die Wahrheit* läßt sich auch als verfrühter Kommentar zu dem in den achtziger Jahren wieder virulent gewordenen "einschneidenden" Thema der operativen Eingriffe und der damit verbundenen intellektuellen und existentiellen Risiken lesen. Die (im Sinne des doppelten oder dreifachen Saltos) artistische Metaphorik stützt Selbstkritik ab:

> Meine Worte turnen auf der Schneide.
> Ein Tritt zur Seite: ich stürze. Mein Mut
> Hat die Freiheit des Seiltänzers: hohe Kunst
> Der Beherrschung. Aber unsichtbarer
> Schrecklichster Fehler: ungewagter
> Schritt![17]

Hatte Braun in seinen frühen und mittleren Jahren noch wegen der Auslassungen und Aussparungen mit dem Leser kokettiert, sie manchmal sogar angestrengt fröhlich als Freiräume lustvollen, nicht vorprogrammierten Handelns pathetisch beansprucht, wird seit der Mitte der siebziger Jahre gerade hier eine Leerstelle, eine Bruchstelle markiert. Eine Lücke wird sichtbar, das Spielfeld wird zum Loch ohne Boden. Jetzt schmerzt die Halbheit des Fragments.

Brauns beste Prosatexte sind auch heute noch haltbar, weil sie begütigende Konfliktlösungen vermeiden, weil sie sich nicht an Begrenzungen halten, sondern im Idealfall ins Haltlose fallen. Karge Mitteilungen stehen am Ende von Geschichten, die sich nicht runden, sondern unvermittelt zu Ende sind. Das groß gedachte Gesellschaftspanorama schnurrt zusammen auf zugleich flüchtig und intensiv wirkende Beobachtungen von Details, die aus der Sprachlosigkeit gerettet, die der Hektik undurchschauter Vorgänge entrissen werden.

Als Beispiel erwähne ich *Die Tribüne*, die letzte der Ich-Erzählungen Kasts, die sich auf den letzten zehn, zwölf Seiten bruchstückhaft verliert. Da wird dann ein sogenannter Herausgeber benötigt, der die aufgefundenen Zettelchen kommentiert, damit der Leser überhaupt von dem als Unfall getarnten Selbstmord des Helden Kenntnis erhält. Insofern geht *Die Tribüne*, sehr im Unterschied zu den vorhergehenden Teilen des Kast-Zyklus', *Der Schlamm*, *Die Bretter* und *Der Hörsaal*, in der Zuspitzung des Konflikts und in der ästhetischen Fragmentisierung weiter als die durch einen "wirklichen Vorfall" ausgelöste *Unvollendete Geschichte*, die im gleichen Jahr 1974 geschrieben wurde.

Gleichwohl ist auch dieses unvergeßliche Prosastück ähnlich strukturiert. Privates Glück und politische Notwendigkeit sind nicht ohne weiteres die "zwei Seiten der Verdienstmedaille", aber der Utopie gewährt der Autor weiterhin einen Schonraum: "diese zähe Geschichte zerriß die Leute noch in solche und solche"[18], heißt es überdeutlich, und damit wird der Doppelsinn des Wortes "Geschichte", der immer mitläuft, nach oben geholt. Die Geschichte als Realisation menschlicher Emanzipation ist noch immer unvollendet. Es bleibt eher fraglich, ob der behauptete Weg des so oder so definierten Sozialismus nicht eher ins Verhängnis, mindestens ins Abseits führte. Der Leser blieb frei, den geschichtsphilosophischen Restoptimismus zu überlesen. Er konnte die *Unvollendete Geschichte* auf eine eigene, durchaus defaitistische, "gräßlich fatalistische" Weise im Kopf zu

Ende bringen, gerade weil der Autor die Fabel in ein Geflecht von sich überlagernden Handlungen einwob: "Hier begannen, während die eine nicht zu Ende war, andere Geschichten".[19]

Eine davon hat Braun erst durch das Studium des Bergs von Stasi-Akten erfahren, die seine intensive Beobachtung, Bespitzelung und Diffamierung dokumentieren. Man erinnere sich noch einmal an die Novelle, die nach dem Erstdruck in Heft 5/1975 von *Sinn und Form* dreizehn Jahre lang in der DDR verboten blieb. Die 1977 im Suhrkamp-Verlag herausgekommene West-Ausgabe wurde zum begehrten Schmuggelgut für Interessenten in der DDR.

Die Einfachheit der Fabel erlaubte es dem Autor, in die Tiefe, in den Untergrund zu gehen, untergründig zu werden und gleichwohl die Bodenhaftung nicht zu verlieren: Karin, die angehende Journalistin, soll sich von ihrem Freund Frank trennen, dem "verdächtigen Element". Der Druck kommt geballt von ihren Eltern und von den staatlichen Instanzen. Als Karin nachgibt und aufgibt, begeht Frank einen Selbstmordversuch, das Ende bleibt offen. Seit langem war bekannt, daß diese Handlung auf einem authentischen Fall beruhte. Die Interpreten durften rätseln, wo dessen Wiedergabe endete und die dichterische Erfindung begann. Vom Autor konnte niemand darüber präzise Auskunft verlangen, er hätte, solange die DDR existierte, seinen Gewährsleuten unverantwortlich zusätzliche Schwierigkeiten bereitet.

Als Motto hatte Braun einen Satz aus einem Roman von Jorge Semprun vorangestellt: "Alle Toten ruhen in der Unruhe eines vielleicht unnötigen Todes". Das begünstigte eine Lesart, die unterstellte, der Verfasser habe womöglich seinen Stoff dadurch entschärft, daß er einen wirklichen letalen Ausgang zum Suizidversuch abmilderte. Auf alle diese Fragen gibt jetzt ein hocharifizieller Essay Brauns Antwort, der an passender Stelle, nämlich in *Sinn und Form*, Heft 4/1996, unter dem Titel *Das Ende der "unvollendeten Geschichte"* erschienen ist.

Erst nach der Durchsicht der tausende von Seiten umfassenden Akten, die seine Überwachung durch die Stasi belegen, hatte der irritierte und überraschte, verstörte und enttäuschte Autor einen Grund gefunden, der Öffentlichkeit eine Mischung von Werkstattbericht und Selbstinterpretation vorzulegen. Diese nüchternen Begriffe kaschieren freilich nur unvollkommen die Leidenschaft, mit der Braun auf die im wahrsten Sinne des Wortes "umwerfenden" Erkenntnisse reagiert. Denn seine Informanten waren zugleich informelle Mitarbeiter der Staatssicherheit, sowohl der Mann, der ihn auf die Spur setzte, wie auch die Frau, die ihm ihre Geschichte erzählte und die nur darum bat, bei der Literarisierung die Spuren zu verwischen, die zu ihr führen könnten. Die unvergeßliche Figur, die er Karin nannte und die ihm ermöglichte, die nicht mehr zu kittenden Risse und Sprünge im realsozialistischen Gefüge zu zeigen, war "IM Martina". Einen Tag nach der gleichsam oppositionell-konspirativen Begegnung mit den Chronisten Braun erschien sie zur staatstreu-konspirativen Audienz mit ihrem Führungsoffizier, um ihm, in eigener Sache sozusagen, detailliert das Gespräch mit Braun zu rekonstruieren. Es scheint so, als habe jene Martina dafür ein verständliches Motiv gehabt. Sie war, wie Braun schon bei der Begegnung verwundert festellen mußte, inzwischen mit jenem Freund, der tatsächlich überlebt hatte, verheiratet, und sie wollte der Obrigkeit keinen Anlaß zu "Mißverständnissen" geben, keine anderen Personen in Verdacht bringen. Aber welches Interesse hatte sie, die Jahre später die DDR verließ, daran, daß ein Schriftsteller verarbeitete, was ihr widerfahren war? Nachdem die Erzählung vorlag, verlangte die Stasi von ihr, daß sie im Detail aufschreibe, "was der Wahrheit entspreche" und was der von der obskuren Behörde längst als feindlich-negativ eingestufte Dichter hinzugefügt habe.

Der Verfasser zeigt sich heute verblüfft darüber, wie korrekt sie diese Aufgabe erfüllte, wie sie ihn entlastete, Schärfen auf sich nahm. Es scheint so, als habe Braun sich seinerzeit gescheut, hinter die Vorgaben zurückzugehen, denn die Zeugin sah ihm ja gleichsam beim Schreiben über die Schulter: er wollte sie nicht enttäuschen. Ironisch empfiehlt Braun heute der Literaturwissenschaft das Dokument aus dem infernalischen Archiv, um die Scheidelinie zwischen Realität und Erfindung, zwischen Dichtung und Wahrheit zu finden.

Mit Recht besteht Braun auf dem kritischen Umgang mit den in der Gauck-Behörde aufbewahrten Dokumenten, weil es neben den sachlich zutreffenden Berichten auch gemeine Fälschungen gebe zum Zwecke der Verunglimpfung und Zersetzung. Braun spricht von den "Exkrementen des Staatsarsches". Der doppelbödige Abschnitt "Wir Mitarbeiter" verdiente eine ausführliche Betrachtung, weil Braun sich hier dem Problem öffnete, inwieweit er selber in einem zugleich hochreflektierten wie naiv gläubigen Idealismus am Projekt Sozialismus alias Prinzip Hoffnung mitarbeitete. Letztlich habe er die absurde Existenz der DDR eben auch verteidigt. Braun - freiwillig selbstkritisch - spricht von seiner eigenen Anlehnung an die Gewalt, von seiner eigenen feigen Verstellung, von seiner Doppelexistenz als "Verräter und Genosse". Der Nachtrag zur *Unvollendeten Geschichte* fällt nicht hinter das Niveau jenes Meisterwerkes zurück. Sein Autor weiß, daß dieser radikale Text sehr viel klüger war als der unsichere Mann, der ihm die Feder oder die Schreibmaschine lieh. Ein weiteres Zitat mag dies belegen: "Eine Zugehörigkeit band mich an die Sache, die ich angriff; öffentlich kritisch und innerlich versöhnt. Das lag daran, daß wir die *Wahrheit* hatten, die nur erst Dichtung war, die BESSERE WELT; aber dichten hieß, die Wahrheit leugnen."[20]

Nur Volker Braun stellt sich und versucht, den eigenen Ansprüchen standzuhalten, während prominente Schicksalsgefährten und -gefährtinnen lieber ihre Vergangenheit verdrängen, als über Verhaltensmuster nachzudenken. Einzig Braun sah sich in den irritierenden Wendezeiten genötigt, das Gesamtwerk der kritischen und manchmal auch arroganten Betrachtung der Zeitgenossen zu überantworten. Mit Entsetzen sieht er auf manche seiner alten Verlautbarungen. Er fühlt sich zurückgeworfen in das "beschränkte Gedankenfeld, auf dem die Epochenillusion wuchs".[21] Er gab zum Glück der Verfügung nur gelegentlich nach, zu korrigieren, "indem nichts als fertig gelten soll". Schon der erste Band enthält in der editorischen Notiz einen Schlüsselsatz: "Viele Gedichte, 'Produkte eines jugendlichen Dilletantismus', verdanken ihr Überleben nur der Zugehörigkeit zu den Sammlungen, die ich nicht zerstören durfte: sie sind, wieder mit Schiller zu sprechen, 'schon ein verjährtes Eigentum des Lesers'."[22] In der Regel steht Braun zu dem Prinzip Brechts, daß die Geschichte vielleicht reinen Tisch mache, den leeren jedoch scheue, d.h. er glättet nicht, wo er irrt: "ich durfte diese dokumente nicht korrigieren", so klingt sein leidvoller Seufzer.[23]

Brauns *Hinze-Kunze*-Roman perfektionierte subversiv das Prinzip der Auslassung. Das Fragmentarische wurde hier zum Konstruktionsprinzip. Sätze und Absätze werden angefangen und abgebrochen, Leerstellen im Druckbild angezeigt, Namen und Zeilen durch Punkte oder Striche nur markiert - meist in vorgespielter Berücksichtigung des vielberufenen "gesellschaftlichen Interesses", dem Markenzeichen des Zensurideologen. Hinze und Kunze, der Fahrer und der Funktionär, führen ihre unvollständigen Gespräche voller Andeutungen. Vor allem Hinze, der Fahrer, "denkt sich sein Teil", und "keiner von beiden muß das letzte Wort haben".[24] Der Zweifelsfall wird zum Normalfall.

*Bodenloser Satz* schließlich, die 1988 geschriebene, in einen einzigen Satz gepreßte Geschichte vom Zerstörungswerk an Menschen und Landschaften zieht auch den Autor in die Tiefe, denn jetzt verlieren alle "den Boden unter den Füßen". Haltlos läßt Braun die geschichtsphilosophische Zuversicht fahren: Nachtgedanken zum Tagebau. "DAS IST ABBRUCHARBEIT" heißt es in Versalien. (Zwei Jahre später gibt Braun seiner Sammlung *Zickzackbrücke* den Untertitel "Ein Abrißkalender"). Die DDR war für Braun Abbruchgebiet geworden. Er zehrte längst nicht mehr vom "Kleister der Hoffnung".

Auch das Werk Volker Brauns sieht auf den ersten Blick wie ein Abbruchgelände aus. Die Geländer, die er benutzte, erschienen auch ihm schließlich als so morsch, wie sie in Wahrheit waren. Die Bretter, die die Welt bedeuteten, konnten zum Sarg gehören. Aber gerade ihre Brüchigkeit läßt seine besten Texte den Härtetest überstehen. Volker Braun, der verzweifelte, unwissende, neugierige und verwirrte Aufklärer, bleibt einer der wichtigsten deutschsprachigen Autoren. Er hat außer der *Unvollendeten Geschichte* auch die *Unvollendete Anekdote* geschrieben, die eine Begegnung zwischen dem Dichter und dem Verleger Siegfried Unseld wiedergibt, ganz ohne Pointe, denn der entscheidende Satz des Suhrkamp-Chefs wird nicht ausgeplaudert: "Eine Anekdote, um die ich herumrede, mag noch weiter in diesen Zeilen schlummern; auf die schnellen Wirkungen bin ich noch immer nicht aus."[25]

## Anmerkungen

Zitiert wird vor allem nach der zehnbändigen Ausgabe der "Texte in zeitlicher Folge", Halle - Leipzig 1989-1993.

1   X, S. 52f.

2   *Der Wendehals*, Frankfurt/M. 1995, S. 10.

3   X, S. 219 - Für die Sammlung *Lustgarten. Preußen* (Frankfurt/M. 1996) hat Volker Braun Gedichte aus der Zeit von 1959 bis 1995 ausgesucht, die seinem aktuellen, erfahrungs-

gesättigtem Anspruch standhielten. Gegen die ihn selbst beunruhigende und manchen auch abschreckende Vollständigkeit der Werkausgabe setzt der Autor mit seiner zugleich anspruchsvollen wie leserfreundlichen Auswahl einen kleinen Damm gegen die "Papierflut". Die wiederum chronologisch angeordnete Zusammenstellung folgt dem Gedanken, auf dem heutigen Markt anzubieten, was jetzt begreiflich sei. Ein abstraktes, ahistorisches, gar negatives Qualitätsurteil über nicht aufgenommene Texte wäre aber ganz unzulässig. Auch der Herausgeber Braun bleibt ein Herausbrecher, ein Fragmentierer: Nichts ist endgültig.

4   X, S. 219.

5   I, S. 51f.

6   II, S. 59.

7   III, S. 93.

8   VI, S. 252.

9   I, S. 72f.

10  II, S. 231.

11  II, S. 232.

12  IV, S. 132.

13  VII, S. 213.

14  VIII, S. 164.

15  VIII, S. 164.

16  VIII, S. 119.

17  III, S. 66.

18  IV, S. 51.

19  IV, S. 70.

20  Sinn und Form, H. 4 , 1996, S. 590. Siehe auch Sinn und Form, H. 1, 1997, S. 156.

21  IV, S. 321.

22  I, S. 1.

23  IV, S. 322.

24  VII, S. 29.

25  VI, S. 40.

*Matthias Uecker*

# Der Autor in der Medienindustrie - Hans Magnus Enzensberger und Alexander Kluge

Wovon die Literatur handelt und mit welchen Mitteln - darüber wird gestritten, seit sie im Laufe des 18. Jahrhunderts "autonom" geworden ist. Anfängliche Prätentionen auf Allmacht allerdings wurden rasch enttäuscht, und spätestens mit dem Aufkommen "neuer" Massenmedien scheint die Literatur in die Defensive geraten zu sein. In der Medien-Konkurrenz, so lautet die regelmäßig vermeldete These, hat die Literatur an Terrain verloren und sich Themenfelder und Wirkungsmöglichkeiten abnehmen lassen. Natürlich können solche Terrainverluste als Gewinn interpretiert werden, als Befreiung von aufgezwungenen Aufgaben und "Zu-sich-selbst-Kommen" der Literatur. Man kann jedoch auch eine Verarmung darin sehen. 1965 erklärte Hans Magnus Enzensberger: "Unser literarisches Bewußtsein ist begrenzt; es ignoriert weite Zonen der zivilisatorischen Realität."[1] Abhilfe sollte eine neue Zeitschrift schaffen, das *Kursbuch*, das dieser Realität mit allen literarischen und nichtliterarischen Mitteln zuleibe rücken sollte.

Enzensbergers Diagnose ist nicht untypisch für die Zeit; seine Konsequenz jedoch geht weit hinaus über die normalerweise ergriffenen Maßnahmen. Anstatt nämlich Presse, Rundfunk oder Fernsehen einfach als zusätzliche Absatzmärkte und Einkommensquellen zu behandeln, die mit "Brot-" und "Nebenarbeiten" zu beliefern sind, schlägt Enzensberger Strategien vor, die neuen Medien angemessen - zur Erweiterung des "literarischen Bewußtseins" - zu nutzen. Thematische wie mediale Grenzen sollen gleichermaßen niedergelegt werden. Für die Produktion heißt das: Gleichberechtigt neben die traditionellen literarischen Gattungen Roman, Gedicht und Theaterstück treten Grenz-Genres wie der Essay und das Interview, Radio-Stücke und Fernsehfilme, Dossiers, Anthologien, Zeitschriften und Buchreihen. Aber auch die traditionellen Genres bleiben nicht unberührt von dieser Erweiterung des Arbeitsfeldes, sondern rücken selbst (wenigstens dem Anspruch nach) ins Dispositiv der Medien-Produktion ein: "Hans Magnus Enzensberger will seine Gedichte verstanden wissen als Inschriften, Plakate, Flugblätter". Sie sollen "wirken wie das Inserat in der Zeitung, das Plakat auf der Litfaßsäule, die Schrift am Himmel. Sie sollen Mitteilungen sein, hier und jetzt, an uns alle", heißt es in der "Gebrauchsanweisung", die 1957 seinem ersten Gedichtband beigelegt wird.[2]

Ein nur wenig jüngerer Generationsgenosse geht gleich noch einen Schritt weiter: Alexander Kluge diversifiziert nicht nur die Publikationsstrategien, sondern verlegt den Schwerpunkt weitgehend ins Nicht-Schriftliche, zu den neuen audiovisuellen Medien Kino und Fernsehen. Auch er vermischt aber konsequent die Genres und Medien und besteht zudem darauf, sich als "Patrioten der Literatur"[3] zu bezeichnen, dem es vor allem darum gehe, Autorschaft den neuen Medienbedingungen anzupassen.

Eine Literaturkritik, die sich weiterhin an alten Medienbedingungen orientiert, steht solchen Produktionen freilich mit einer gewissen Ratlosigkeit gegenüber - wenn sie sie nicht ganz ignoriert. "Werke" im alten Sinn entstehen ja in der Produktion Enzensbergers und Kluges allenfalls noch nebenbei, ästhetische Kriterien scheinen oft nicht angemessen und selbst die individuelle Urheberschaft, über die Produkte mit Intentionen vermittelt werden könnten, verliert zunehmend ihren Sinn. Will man sich nicht an programmatischen Erklärungen orientieren und immer wieder die gleichen medientheoretischen Versatzstücke der beiden Autoren zitieren, dann scheint es attraktiver, die Gesamtproduktion dieser Autoren als Bearbeitung einiger zentraler Probleme der Medienproduktion zu analysieren. Vier davon sollen im folgenden einen roten Faden durch das Werk Kluges und Enzensbergers und durch diesen Aufsatz legen: Rohstoffe, Verarbeitungen, Programme und schließlich die Frage nach der Autorschaft und der Intellektuellenrolle.

## 1. Rohstoffe

Es gibt in der neueren deutschen Literatur eine ausgeprägte Neigung, zuerst und vor allem von sich selbst, dem unverwechselbaren Ich, zu handeln. Enzensberger und Kluge sparen dieses Thema nicht aus, doch angesichts der Vielfalt ihrer Sujets und Materialien rückt es doch in den Hintergrund. So wie sie alle zugänglichen Medien in ihre Produktion einzubeziehen versuchen, so scheinen sie auch alle nur denkbaren Materialen produktiv machen zu wollen - eine Tendenz, die der Entwicklung der Medienindustrie insgesamt entspricht.

Solche Universalität ist schon auf der thematischen Ebene erkennbar: Vor allem Hans Magnus Enzensberger hat vom Beginn seiner Arbeit an etablierte Themengrenzen ignoriert und seine Gegenstände von überall her zusammengesucht. Gerade im deutschen Kontext war Enzensberger schon in den späten fünfziger Jahren ein auffällig kosmopolitischer und vielseitig interessierter Autor, der ein ausgeprägtes Interesse für exotische Gegenstände und fremde Sprachen zur Schau stellte und bald politische Theorien, naturwissenschaftliche Fakten und ökonomische Statistiken ebenso auswertete wie Versandhauskataloge und Wochenschauen. Dabei spielte es keine Rolle, ob er Gedichte schrieb oder Radio-Essays - fast die gesamte Produktion Enzensbergers ist gekennzeichnet durch den Versuch, möglichst viel neues Wissen zu verarbeiten.

Im Fall von Alexander Kluge konnte man anfangs noch den Eindruck haben, ausgehend von einer starken Fixierung auf die Verwerfungen der jüngeren deutschen Geschichte entwickele sich hier ein relativ homogener, in sich geschlossener literarischer Kosmos. Doch schon die unter literarischen Gesichtspunkten befremdliche Auswahl historischer Dokumente im 1964 erschienenen Stalingrad-Roman machte unmißverständlich klar, daß dieser Autor entschlossen war, seine Materialien ohne Rücksicht auf Genregrenzen zusammenzusuchen. Deutlicher als Enzensberger stellte Kluge zudem von Beginn an den Materialcharakter

seiner Texte heraus: Anstatt eine Vielzahl fremder Texte und Themen in eine un-
verwechselbar eigene literarische Sprache zu überführen, verwandelte Kluges
Sprache sich den gesammelten Materialien nahezu ununterscheidbar an und
machte so noch die literarischsten Fiktionen zu scheinbar 'fremden' Materialien.

Konsequent behandelt Kluge dann auch die eigenen Produktionen wieder als
"Rohstoff" für neue Arbeiten: Episoden und Charaktere werden in neue Kontexte
übernommen oder in andere Medien versetzt, zu knappen Anspielungen kon-
densiert oder aus unscheinbaren Keimen zu eigenständigen Geschichten ausge-
dehnt; ein ganzer Roman erscheint vollständig umgearbeitet, mit neuen, aus anderen Projekten stammenden Materialien durchsetzt. Bilder, gleich ob aus
eigener oder fremder Produktion, werden vielfältigen Bearbeitungsprozessen unterworfen, und die Fernseh-Magazine der letzten Jahre schließlich geraten zuweilen zu einer regelrechten "Recycling-Maschine"[4], in der das Klugesche Bild- und
Geschichtenarchiv dauernd neue Material-Kombinationen liefert.

Kann Kluges Themenhunger in den meisten Fällen auch auf ein relativ begrenz-
tes primäres Frageinteresse - das an der Katastrophe der deutschen Geschichte
und der subjektiven Verarbeitung dieser Katastrophe - zurückgeführt werden[5],
so folgt seine Produktion damit zugleich der Produktionsweise der Medien: Tendenziell wird alles, was erreichbar ist, auch verfügbar gemacht und verwendet.
Schon aus diesem Grund kann Kluge sich mit der Schriftform nicht begnügen. Einerseits dehnt er deren Grenzen aus, indem er quasi multimediale Bücher produziert, die alle Möglichkeiten der Drucktechnik ausnutzen. Andererseits erweist
sich in dieser Perspektive der Film als Kluges originäres Medium, weil er Schrift
und Bilder gleichberechtigt und simultan mit Tönen und Bewegungen verarbeiten kann.[6]

Der so mobil erscheinende Enzensberger agiert in dieser Hinsicht begrenzter,
'konservativer'. Für ihn bleibt die Schrift (und das Buch im engeren Sinn) das pri-
märe Medium - und auch die haltbarste Speicherungsform. Bilder und Töne haben in seiner Produktion keine eigenständige Funktion, sondern allenfalls illu-
strierenden Charakter. So können Radio-Essays und Hörspiele, Theaterstücke
und Fernsehfilme schließlich sämtlich in den Publikationen des Suhrkamp-Verlages auftauchen, wo sie fast ununterscheidbar neben Lyrik und Zeitschriften-Es-
says plaziert werden. Dabei neigt Enzensberger kaum dazu, ältere Produkte zu
überarbeiten oder als Rohstoff für neue zu benutzen - allenfalls läßt er sich, nach
einem Positionswechsel, zu knappen ironischen Kommentaren über die früheren
Standpunkte herab. Die schriftliche Edition hat primär die Funktion, das 'Werk'
aus seiner Zerstreuung zu erretten und doch noch in eine kanonische Form zu
bringen. Politische Texte zum Beispiel, die nicht originell genug wirken oder allzu zeitbezogen scheinen, sowie nahezu die gesamte literaturkritische Produktion
hat Enzensberger aussortiert.

Beiden Autoren gemeinsam ist offensichtlich eine nicht zu bremsende Neugier,
die sich bei Enzensberger primär auf unmittelbares Wissen und die Informierung
der Öffentlichkeit richtet, bei Kluge öfter auf 'merkwürdige' Geschichten, auf das

"Liegengebliebene, Ausgegrenzte"[7], dessen Umsetzung in operationalisierbares Wissen allenfalls im Raster von Kluges umfassender Theoriearbeit möglich ist.

So unterschiedlich allerdings häufig die Materialien aussehen mögen, konfrontieren sie ihre Verwerter doch gleichermaßen mit dem Problem der Authentizität. Gegenüber naiven Realismus- und Dokumentationstheorien haben sich Enzensberger und Kluge ähnlich kritisch geäußert; daß jede Präsentation notwendig mit bestimmten Absichten ins Material eingreift, ist ihnen ebenso selbstverständlich wie ein "kritischer", auf Widersprüche und Diskontinuitäten gerichteter Umgang mit "Dokumenten".[8] Dennoch konzentriert Enzensberger sich zumeist auf den - wie auch immer problematischen - Informationsgehalt seiner Rohstoffe und vermeidet deren Ästhetisierung. Komplizierter stellt sich Alexander Kluges Umgang mit den Dokumenten dar: Einerseits nutzt auch er ihren pragmatischen, antifiktionalen Charakter, doch zugleich neigt er dazu, "Dokumente" selbst zu erfinden und solche Erfindungen oder "Inszenierungen" mit "Dokumenten" nicht nur zu vermischen, sondern überhaupt gegeneinander auszutauschen: für ihn können nicht nur sogenannte Dokumente eine Fiktion konstituieren, sondern umgekehrt auch Inszenierungen Authentizität produzieren.[9] Dabei werden scheinbar "authentische", dokumentarische Rohstoffe oft rücksichtslos aus ihren originalen Kontexten gerissen und in völlig neue Zusammenhänge montiert, die mit den ursprünglichen Bedeutungen der Materialien kaum noch etwas gemein haben.[10]

## 2. Verarbeitungen

Diese Feststellung steht in engem Zusammenhang mit Kluges Realismus-, oder vielleicht sollte man sagen: Anti-Realismus-Theorie, die sich vehement gegen die rationalistischen Verkürzungen des geläufigen Realismus-Begriffs wendet. Das hat Folgen für die Art und Weise, wie Kluge sein Material präsentiert.

Ein wesentliches Kennzeichen fast aller seiner Arbeiten ist die souveräne Mißachtung von etablierten Genregrenzen, die Kluge für ein Resultat des von ihm attackierten Realismus-Begriffs hält. Dagegen setzt er den übergangslosen Zusammenbau von wissenschaftlichen und erzählenden Materialien und Diskursen, verstiegenen Abstraktionen und sinnlichen Details, "dokumentarischen" Materialien und "Inszenierungen". In Kluges Produktionen stoßen zahlreiche verschiedene "Redeweisen" aufeinander, ohne daß dieser Zusammenstoß durch einen alles integrierenden Erzähler abgemildert würde. Diese Technik ergibt sich einerseits aus Kluges Strategie, Erkenntis gerade aus der Dokumentation und dem Nachvollzug sprachlicher Gestik zu produzieren, dem "Ton" einer Rede mindestens so viel Bedeutung zuzumessen wie ihrem Inhalt. Gleichzeitig darf man aber vermuten, daß Kluge hier auch einem ästhetischen Impuls folgt, der manchen 'reinen' Dokumentaristen nicht fremd sein dürfte: Das fremde Material entfaltet, läßt man ihm genug Zeit, eine eigene Schönheit, die mit seinem Informationsgehalt gar nichts zu tun hat. So können denn beispielsweise Konstruktionszeichnungen verschiedener Bombentypen mit bis zur Unlesbarkeit verkleinerten technischen Angaben in die "Geschichte" vom "Luftangriff auf Halberstadt am 8. April 1945" hineinmontiert werden, nicht um - was eigentlich die Funktion dieser Zeichnungen war - technische Informationen zugänglich zu machen, sondern um Struktur und Form des technischen Denkens zu illustrieren und mit der Erfahrung des Bombenangriffs zu kontrastieren.[11]

Kluge hat gelegentlich erklärt, sein Ideal liege eigentlich im ungeschnittenen Material[12], doch ungestört bleibt in seiner Praxis kaum etwas; in der Massierung von Rohstoffen und Kommentaren hebt Kluge jeden Anschein einer "autonomen" Entfaltung seiner Materialien auf. Sein "Anti-Realismus" macht vor allem in den neueren TV-Produktionen den Bildschirm zum Lesegerät, auf dem Textspuren und Einblendungen gleichberechtigt neben fragmentierten Bildern stehen. Durch die Zersetzung eingeübter Sehweisen und die kompakte Schichtung zusätzlicher Informationen sorgt die Technik zugleich für eine enorme Komprimierung und Beschleunigung der Präsentation.[13] Kernpunkt der "neuen" Sehweise, die dabei eingeübt werden soll, ist in erster Linie der Verzicht darauf, alles wahrnehmen und vor allem verstehen zu wollen.[14] Hier liegt für Kluge offensichtlich ein Manko der 'langsameren' Literatur, die den Lesern noch erlaubt, im Vor- und Zurückblättern ein eigenes Lektüre-Tempo zu finden. Kluge produziert tatsächlich nicht für geduldige Leser, sondern für ein rastloses Publikum, das die Materialien genauso schnell verschlingt, wie sie vom Autor aufbereitet werden - selbst auf die Gefahr von Verdauungsstörungen hin.

Erscheint der von Kluge implizierte und antizipierte Rezipient als robuster Allesfresser, so rechnet Enzensberger wohl eher mit einem wählerischen Publikum - er nennt es auch "anspruchsvoll"[15] -, dem jeder Happen mundgerecht zubereitet werden muß. Vor allem seine späteren Anthologien und Dossiers nehmen sich als eine Art politisch-ästhetischer *Readers' Digest* aus, als ausufernde Collagen von sorgfältig selektierten, zerkleinerten und neu zusammengesetzten Materialien. Stärker noch bemühen sich die Essays, komplexe Fakten und Theorien gleichermaßen unterhaltsam wie einfach darzustellen. "Anekdoten [...] können, wenn sie gut gezielt sind, mehr ausdrücken als Kompendien", erklärt Enzensberger einmal sein Verfahren[16], das nicht nur ein kritisches Auswahlverfahren gegenüber der Materialfülle bedingt, sondern zuweilen zu radikalen Verkürzungen führt, in denen dann etwa umfangreiche Theoriegebäude auf eine lapidare Feststellung komprimiert werden. Das Verfahren, bei dem heterogene Materialien auf engstem Raum zueinander in Beziehung gesetzt werden, basiert dabei nur in wenigen Fällen auf Montagetechniken. Wichtiger sind vielmehr, auch und gerade in argumentativen Texten, die teilweise inflationären Analogiebildungen, was Enzensbergers Argumentationen häufig einen suggestiven Charakter verleiht. Zwar polemisiert er mit großer Vehemenz gegen die journalistische "Erziehungsdiktatur" und die Gängelung des Publikums durch Autorenmeinungen[17], doch die freie, beobachtende Reportageform, die solche Bevormundung vermeiden soll[18], spielt in seiner eigenen Produktion eine eher untergeordnete Rolle.

Insgesamt scheint Enzensberger großen Wert auf die Einheitlichkeit des Diskurses zu legen: Selbst wo seine Texte offensichtlich aus komplexen Montage- und Verdichtungsverfahren hervorgegangen sind und heterogene Beispiele und Themenfelder unmittelbar nebeneinander stellen, präsentieren sie sich am Ende im einheitlichen, unverwechselbaren Enzensberger-Ton, der die Eigenständigkeit seiner Gegenstände nur selten bestehen läßt. Wie Kluge ist Enzensberger ein passionierter Sammler, doch im Unterschied zu diesem bemüht er sich, seine Fundstücke in eine plausible Ordnung zu bringen und vorzeigbar oder verwertbar zu machen. Als Arrangeur oder Stilist hat Enzensberger seine Materialien immer unter Kontrolle. Mischungen oder Kontraste entstehen so nicht auf der Ebene des sprachlichen Materials oder der Diskursform, sondern zwischen thematischen Erwartungen und Enzensberger stilistischer Behandlung seiner Gegenstände. Bei allen auffällig herausgestellten Positionswechseln, die zumindest in der öffentlichen Selbstdarstellung die "Identität" dieses Autors ausmachen, ist denn auch die Machart seiner Texte relativ beständig geblieben. Und in der fast unübersehbar erscheinenden Produktionsvielfalt hat sich der Essay als sein eigentliches Genre über mehr als dreißig Jahre behauptet. Enzensberger produziert - wie ironisch oder distanziert auch immer sein Ton sein mag - Orientierungen, Erklärungen und Zusammenhänge.

## *3. Programme und Zusammenhang*

Damit stellt Enzensberger sich in polemischen Gegensatz zu einer Medienpraxis, die seine Arbeiten allenfalls an der Oberfläche, nicht aber in ihrer Intention adaptiert haben. In Essays aus den achtziger Jahren hat Enzensberger viel ironischen Scharfsinn auf den Nachweis verwandt, daß die neuen Medien keine Programme verbreiten, sondern Leere. Den Kern dieser Behauptung bildet die Beobachtung, wie völlig belanglose, auf keine Weise miteinander in Beziehung stehende Komponenten aneinandergehängt, montiert werden und sich damit, so Enzensbergers Behauptung, gegenseitig aufheben zu einem endlosen Fluß inhaltsleerer Bilder, Töne und Worte.[19]

Es sei hier dahingestellt, ob die zutreffende Beobachtung tatsächlich zu jenem Argument vom "Nullmedium" führen muß, das Enzensbergers jüngere Medien-Analysen so vehement vertreten. Interessanter erscheint die Frage, wie Enzensberger selbst das Problem der Kombination, Montage und Sequenzierung unabhängiger Segmente zu Anthologien, Zeitschriften und Buchreihen angeht.

Rolf Warneke hat mit Blick auf Enzensbergers Ankündigungen seiner Zeitschriften- und Buchreihen von "programmatische[n] Nicht-Programm[en]" gesprochen und den Projekten selbst "Programmlosigkeit" attestiert.[20] Daran ist wohl zutreffend, daß Enzensbergers ausformulierte Programme sich vorwiegend auf eine reiche Bewegungs-Metaphorik konzentrieren, deren Inhalte offenbar beliebig - passend zum jeweiligen Zeitgeist oder den gerade aktuellen Vorlieben Enzensbergers - ausgetauscht werden können. Der Verzicht auf inhaltliche Festlegungen hat aber natürlich immer auch die Stärke dieser Unternehmungen ausgemacht und es beispielsweise dem *Kursbuch* erlaubt, in kürzester Zeit aus einer leicht esoterisch wirkenden Literaten-Zeitschrift zu einem politischen Arbeitsinstrument zu werden, das von einem größeren Publikum - so lange es Nachfrage nach solchen Instrumenten gab - offenbar als "brauchbar" angesehen wurde.[21]

Enzensberger behauptet zudem, anders als die Massenmedien stelle er die von ihm ge- und versammelten Texte in einen inhaltlichen Zusammenhang und präsentiere möglichst vielfältige Facetten und Perspektiven einer Problemstellung. Das ist relativ leicht nachvollziehbar an den Themenheften des *Kursbuch* oder den diversen Anthologien, verblaßt jedoch angesichts von *TransAtlantik* und wohl auch der *Anderen Bibliothek*. Zusammenhang stiften hier in erster Linie die Vorlieben des Herausgebers.[22] Die weisen immerhin gewisse Regelmäßigkeiten auf, vor allem was das beständige Interesse an aktueller oder historischer Realitätsvermittlung in journalistischen und dokumentarischen Textsorten angeht.

Solche Konturen erscheinen allerdings nur in der längerfristigen, katalogisierenden Sicht aufs Produkt - dem augenblicksorientierten Konsumenten mag es schwerer fallen, die Abfolge der Titel und Texte in einen sinnvollen Zusammenhang zu stellen, der sich vom sonstigen Medienangebot unterscheidet. Hier ist Enzensberger - wie die kapitalkräftige Konkurrenz - auf wirksame Reklame, gängige Slogans und Markenzeichen angewiesen, deren wichtigstes wohl in seinem Namen besteht, der alle sinnstiftenden Programme ersetzen kann.

Daß Programmentscheidungen und die Frage des Zusamenhangs auch in Alexander Kluges Produktion eine zentrale Stellung einnehmen, muß nicht mehr ausdrücklich nachgewiesen werden. Schwieriger als im Falle Enzensbergers ist allerdings die Frage zu beantworten, welche Programme und Zusammenhänge Kluge denn eigentlich herstellt. Als thematische Schwerpunkte seiner neueren Programmpolitik hat Kluge selbst die Bereiche Zeitgeschichte, Nachrichten und Musik/Oper genannt, in deren Kombination eine der üblichen Präsentationsweise entgegengesetzte Verknüpfung von Information und Subjektivität entstehen solle.[23] Bedeutsamer als solche vagen thematischen Interessen sind aber wohl formale Verfahren der "Programmgestaltung". Es ist in der Forschung üblich geworden, Kluges Methode primär als Montageverfahren zu charakterisieren; hier - und nicht in der Sprache seiner Materialien - liege auch Kluges "individueller", sofort erkennbarer Stil.[24] Der Autor selbst möchte inzwischen diesen Begriff nicht mehr auf sein Verfahren anwenden, denn in Montageprinzipien scheint ihm zuviel steuernde Absicht zu stecken, die die Materialien verkürze und wesentliche Aspekte als irrelevant wegschneide. Kluge spricht deshalb von einem "Gravitationsprinzip", das es erlauben soll, die unterschiedlichsten Materialien zwanglos in einen Zusammenhang zu bringen, der ihre Eigenständigkeit nicht beschädigt.[25] Zumindest für den flüchtigen Zuschauer entsteht daraus allerdings der Eindruck, daß Zusammenhang nun vor allem durch ein unverwechselbares Design (Schriftzeilen, Bildsplitterung, Spiegelung, Negativbilder usw.; in älteren Texten durch diverse Drucktechniken) hergestellt wird, das relativ beliebig auf alle Materialien angewendet werden kann.[26]

Kluges typische Form ist denn auch kein etabliertes literarisches Genre, sondern eine typische Medien-Form: das Magazin, in dem notfalls jeder beliebige Rohstoff untergebracht werden kann. Auf plausible thematische Zusammenhänge kommt es dabei weniger an als auf den gemeinsamen Zeit- oder Publikationsrahmen.[27] In dieser Hinsicht haben die Fernseh-Bedingungen Kluges Arbeit auf überraschende Weise gefördert: Die hohe Frequenz kurzer, mehrmals wöchentlich ausgestrahlter Magazin-Beiträge hat eine Art neues "Genre" konstituiert, das heißt beim Publikum Sehgewohnheiten und Erwartungen erzeugt, die der Form entsprechen und auch die nötige Toleranz gegenüber Sinn-Problemen einschließen. Gerade die Unfähigkeit des Autorenkinos, solche "Genres" hervorzubringen, den Zwang, mit jedem Film neu zu beginnen, hatte Kluge als entscheidende Schwäche seiner Produktion angesehen.[28] Der Zeitrhythmus der TV-Produktion nun scheint diese Schwäche so weit behoben zu haben, daß die einmal etablierte Form auch von anderen Autoren benutzt werden kann; längst nicht alle *10 vor 11*-Beiträge stammen mehr von Kluge selbst. Sein Name allerdings fungiert auch für diese Produktionen als Signal und Markenzeichen, über das die entsprechenden Rezeptionserwartungen ausgelöst und gesteuert werden.

### 4. Autorschaft und Intellektuellenrolle

Mag man auch dazu neigen, Kluges und Enzensbergers Aktivitäten als Ergebnis individueller Dispositionen und ästhetischer Idiosynkrasien zu verbuchen, so darf doch nicht übersehen werden, daß beide sich kontinuierlich bemüht haben, ihre Position innerhalb der neuen Produktionssituation zu bestimmen, auf verallgemeinerbare Begriffe zu bringen und daraus strategische Entscheidungen abzuleiten. Ein wesentliches Thema ihrer theoretischen oder programmatischen Äußerungen liegt in der Frage, wie die Autorenrolle unter den Bedingungen der Medienproduktion zu verändern ist.

Auf einen haltbaren und zugleich flexiblen Begriff hat Enzensberger die neue Situation schon zu Beginn der sechziger Jahre gebracht, als er die "Bewußtseins-Industrie" als die neue "Schlüsselindustrie" des 20. Jahrhunderts und als neu formiertes Arbeitsfeld der Intellektuellen ausmachte.[29] Deren Arbeitsbedingungen sah Enzensberger primär dadurch definiert, daß jede Produktion von nun an notwendig innerhalb der Bewußtseins-Industrie verortet sei. Aufgrund des enormen Stoffbedarfs der Industrie müßten die Autoren jedoch nicht bloß als zuliefernde Komplizen fungieren, sondern könnten auch Material einschmuggeln, das den Herrschafts- und Verblendungszusammenhang zu sprengen vermöge. In scharfem Kontrast allerdings zu solchen "taktischen" Überlegungen[30] steht Enzensbergers Beharren auf einem relativ abgegrenzten Raum der Poesie und des Künstler-Individuums, das keiner organisierten Gemeinschaft angehören und keine Aufträge ausführen dürfe.[31] Dieser Gegensatz beschreibt nicht - wie es zunächst scheinen könnte - zwei völlig voneinander getrennte Produktionsbereiche, sondern konstituiert Enzensbergers Strategie als Lyriker wie als Essayist und Medienproduzent gleichermaßen. Trotz gelegentlicher Plädoyers für politische Alphabetisierung als kollektive Produktion[32] hält Enzensberger daran fest, die Position des kritischen Intellektuellen innerhalb der "Bewußtseins-Industrie" als eine isolierte zu beschreiben und gerade in Bindungslosigkeit und uneingeschränkter Beweglichkeit die Voraussetzung für jede Produktivität zu sehen. Zwar schränken eine Reihe skeptischer Äußerungen aus den achtziger Jahren diese emphatische Stellungnahme zugunsten einer traditionellen, individualistischen Fassung der Intellektuellenrolle gehörig ein und behaupten gar die Ersetzung des "engagierten" Präzeptors durch anonyme, effektiv arbeitende Organisationen[33], doch in der Praxis seiner Veröffentlichungen, der Zeitschriften- und Verlagsprojekte agiert Enzensberger fast durchgehend als Einzelkämpfer, der zwar bereit ist, sich "die Hände schmutzig zu machen"[34], aber in keinem Produktionszusammenhang seine Autonomie und Selbständigkeit aufzugeben scheint. Anthologien haben naturgemäß mehr als einen Autor, und Zeitschriften- oder Buchreihen sind selbstverständlich nur in Kooperation zu realisieren, doch Mitarbeiter und Redakteure wie etwa Karl-Markus Michel, Ingrid Karsunke, Gaston Salvatore oder Michael Rutschky werden in der auf den prominenten "Kopf" fixierten Öffentlichkeit kaum gebührend wahrgenommen.

Enzensbergers jüngste Spiegel-Essays schließlich sind über weite Strecken individuelle Meinungsäußerungen, die offenbar von der Annahme ausgehen, jene "klassische Öffentlichkeit" sei noch intakt, in der aus dem Meinungsstreit der Individuen "Aufklärung" entsteht. Immer häufiger aber scheint der Autor die Öffentlichkeit "mit saisonalen Stichworten" zu beliefern, deren Wirksamkeit und Haltbarkeit fraglich bleibt.[35]

Auf diese klassische Rolle des Intellektuellen als "Stichwortgeber" hat Alexander Kluge sich nur selten eingelassen. In Angelegenheiten der Filmproduktion und der Neuen Medien agierte er als ausgewiesener Interessenpolitiker; andere aktuelle politische Themen jedoch hat Kluge niemals im Alleingang aufgenommen, sondern immer in kollektiven Produktionen, denen es weniger um rasche Meinungsäußerungen ging als vielmehr um Interventionen in die Form der öffentlichen Debatte insgesamt. Nicht Abtreibung, Häuserkampf, Terrorismus, Aufrüstung oder Atomenergie waren die Themen seiner Produktionen, sondern der gesellschaftliche Diskurs über diese Themen und die aus diesem Diskurs zumeist ausgegrenzten individuellen Erfahrungen, die menschliches Handeln motivieren.

Enzensbergers programmatischem Individualismus hat Kluge ein ebenso programmatisches Beharren auf Kooperation als Grundform der Autorentätigkeit unter den Bedingungen der Bewußtseins-Industrie entgegengesetzt. In einem Aufsatz aus den frühen siebziger Jahren weist er darauf hin, daß Funktion und Produktionsweise der Autoren von der Etablierung einer umfassenden Medienproduktion nicht unberührt bleiben können: Zwar werde es weiterhin Autoren geben, die über ihre "geistigen Produktionsmittel" und ihre Produkte verfügen könnten - doch nur um den Preis des Ausschlusses aus den industrialisierten Distributionsnetzen. Die würden vielmehr spezialisierten Medienarbeitern vorbehalten bleiben, die dafür aber jede Verfügungsgewalt über ihre Produkte aufgeben müßten.[36] Kluges kontinuierlichen organisierenden und propagierenden Aktivitäten als Medien-Funktionär, Lobbyist und Programmplaner scheinen allesamt darauf ausgerichtet, aus dieser Einsicht Konsequenzen zu ziehen, um ihre vollständige Realisierung zu verhindern. Im Unterschied zum immer beweglichen Enzensberger, der sich letztlich darauf verlassen hat, auf einen weiterhin funktionierenden Buchmarkt zurückfallen zu können, hat Kluge eine auffällige Hartnäckigkeit in institutionalisierten Arbeitszusammenhängen bewiesen und ist keiner administrativen Aufgabe ausgewichen. "Ich würde jeden Preis, der in Arbeitskraft ausdrückbar wäre, bezahlen, wenn dafür auch unter den neuen Bedingungen die Strukturen klassischer Öffentlichkeit erhalten werden können", erklärte er 1984[37], und machte sich daran, eine "Autoren-Diaspora" im Fernsehen zu organisieren, die "Öffentlichkeit" und "Erfahrung" wenigstens in "homöopathischen Dosen"[38] weiterhin in die Medienproduktion injizieren sollte. So hat Kluges Autorenpolitik im Fernsehen den Effekt, ihn als mittelständischen Medienunternehmer zu etablieren, der zwar selbst die Verfügungsgewalt über seine Produktion mit Zugang zum Medienverbund kombinieren kann, zugleich aber auf die Zuarbeit anonymer Spezialisten angewiesen ist. Im Unterschied zur sonst üblichen Medienpraxis jedoch erwähnen Kluges Magazine normalerweise die Namen der an der Produktion beteiligten Autoren und Techniker nicht, so daß Kluges Mitarbeiter oder Ko-Autoren namenlos bleiben und gar der Eindruck entstehen kann, diese Magazine seien allein das Ergebnis der nicht zu bremsenden Produktivität eines einzelnen "Schöpfers".

Wenn Kluge und Enzensberger auch früh verstanden haben, daß die Arbeit in der Medienindustrie Kooperation voraussetzt, fungieren sie also letztlich beide als Inspiratoren, Leiter und öffentlich identifizierbare "Markenzeichen" innerhalb ihrer Teams. Die "Nischen", die als Ergebnis ihrer Aktivitäten entstehen, erscheinen so unwillkürlich als Resultat der Vorlieben zweier Autoren - und als ihr Privateigentum.

Gelingt es Enzensberger und Kluge auf diese Weise, "Gegenöffentlichkeit" zu produzieren? Oder sind ihre Arbeiten längst in die Apparate der Bewußtseins-Industrie integriert? Literatur, wie sie die Feuilleton-Kritik erwartet, entsteht so jedenfalls nur nebenbei. An Dauer scheinen sie nicht interessiert. Naheliegender ist es daher, beider Arbeiten, gerade dort, wo sie ihre Rohstoffe unbekümmert um etablierte Wissensgebiete und Disziplin-Grenzen einsammeln und sich damit als "Kommunikations-Experten" und Repräsentanten eines "Zusammenhangs", für den sonst "niemand zuständig ist"[39], begreifen, als proto-journalistisch zu kennzeichnen.[40] Ein solcher neugieriger, "unbeirrbar sachlich[er]"[41] Proto-Journalismus aber war einmal ein wesentlicher Zweig der Literatur, und seine Mißachtung und Ausgrenzung aus der literarischen Öffentlichkeit kann diese nur ärmer machen.

## Anmerkungen

1  Ankündigung einer neuen Zeitschrift, in: *Kursbuch* (Reprint der Hefte 1-20), Frankfurt/M. 1976, Band I, S. 2.

2  Zit. nach Frank Dietschreit, Barbara Heinze Dietschreit: *Hans Magnus Enzensberger*, Stuttgart 1986, S. 14.

3  Vortrag Kluges im Institute for Contemporary Art (London), Dezember 1993.

4  Klaus Kreimeier: *Ten to Eleven oder: Kann man Zeit abbilden?* in: Die Zeit v. 27.11.1992.

5  Vgl. Stefanie Carp: *Kriegsgeschichten. Zum Werk Alexander Kluges*, München 1987; Andreas Huyssen: *Twilight Memories. Marking Time in a Culture of Amnesia*, New York-London 1995, S. 149.

6  Vgl. zur Massierung von Materialien Edgar Reitz, Alexander Kluge, Wilfried Reinke: *Wort und Film*, in: Sprache im technischen Zeitalter, Nr. 131, 1965, S. 1020.

7  Oskar Negt, Alexander Kluge: *Geschichte und Eigensinn*, Frankfurt/M. 1981, S. 87. Zum Problem des "Ausgegrenzten" in den Medien vgl. auch Rainer Lewandowski: *Die Filme von Alexander Kluge*, Hildesheim-New York 1980, S. 23.

8  Zu Enzensberger vgl. Hans Magnus Enzensberger: *Der Weg ins Freie*, Frankfurt/M. 1975, S. 114f.

9  Vgl. Alexander Kluge: *Die Patriotin*, Frankfurt/M. 1979, S. 68f.

10  Vgl. die Kritik an Kluges "typisch unsorgfältigem" Umgang mit Dokumenten und Zitaten im allgemeinen und speziell an der zitierten Szene aus *Die Patriotin* bei Rainer Rother: *Die Gegenwart der Geschichte. Ein Versuch über Film und zeitgenössische Literatur*, Stuttgart 1990, S. 67f., 80f.

11  Vgl. Alexander Kluge: *Neue Geschichten. Hefte 1-18 'Unheimlichkeit der Zeit'*, Frankfurt/M. 1977, S. 72f.

12  Interview mit Ulrich Gregor, in: *Herzog/Kluge/Straub*. Mit Beiträgen von Ulrich Gregor, Rudolf Hohlweg, Peter W. Jansen, Hans Helmut Prinzler, Wolfram Schütte, Kraft Wetzel, Karsten Witte, München 1976, S. 157.

13  Vgl. Kluges Kritik an der "Schwerfälligkeit der Bilder" in Lewandowski: *Die Filme von Alexander Kluge*, a.a.O., S. 32.

14  Vgl. ebd., S. 18, 45; Kluge: *Die Patriotin*, a.a.O., S. 300.

15  Vgl. F. J. Raddatz: *Die Wahrheit ist immer riskant. Gespräch mit Hans Magnus Enzensberger über die neue Zeitschrift "Transatlantik"*, in: Die Zeit v. 19.9.1980.

16  Hans Magnus Enzensberger: *Politik und Verbrechen*, Frankfurt/M. 1978, S. 328.

17  Vgl. Raddatz: *Die Wahrheit ist immer riskant*, a.a.O.

18  Vgl. Martin Chalmers, Robert Lumley: *Enzensberger's Europe*, in: new left review 178, 1989, S. 88f., 91.

19  Vgl. bes. Hans Magnus Enzensberger: *Mittelmaß und Wahn*, Frankfurt/M. 1991, S. 74-103; in vorsichtigerer Form findet sich diese Beobachtung auch schon in Enzensbergers frü-

hesten Essays zur Bewußtseins-Industrie, dort jedoch noch artikuliert als Ekel vor der Vermischung nicht zusammengehöriger Kultursphären.

20  Rolf Warneke: *Kurswechselparade eines Intellektuellen. Konsequent inkonsequent: Hans Magnus Enzensberger*, in: Text + Kritik 113: *Vom gegenwärtigen Zustand der deutschen Literatur*, München 1992, S. 99f.

21  Daß diese Rezeption, wie Ingrid Karsunke glaubt, zum Teil auf einer verkürzten Lektüre der Zeitschrift beruhte, spricht nur für die Leistungsfähigkeit des Konzepts. Vgl. Ingrid Karsunke: *Eine kleine Kursbuch-Geschichte*, in: Das Wort. Germanistisches Jahrbuch, H. 8, 1993, S. 234f.

22  "Wir drucken nur Bücher, die wir selbst lesen möchten!" lautete der Slogan der ersten Ankündigungen für die *Andere Bibliothek*; vgl. auch Jochen Vogt: *Buch & Wein. Vom diskreten Charme einer Anderen Bibliothek*, in: Text + Kritk 49: *Hans Magnus Enzensberger*, München [2]1985, S. 103-108.

23  Vortrag Kluges im Institute for Contemporary Art (London), Dezember 1993.

24  Vgl. Lewandowski: *Die Filme von Alexander Kluge*, a.a.O., S. 14; Manfred Durzak: *Die deutsche Kurzgeschichte der Gegenwart. Autorenproträts, Werkstattgespräche, Interpretationen*, Stuttgart 1980, S. 294f.; Huyssen: *Twilight Memories*, a.a.O., S. 149.

25  Äußerung Kluges in einem Vortrag im ICA (London), Dezember 1993. Siehe zudem Lewandowski: *Die Filme von Alexander Kluge*, a.a.O., S. 14, wo der Kontrast zwischen den üblichen, Überblick herstellenden Montageverfahren und Kluges auf Lücken-Produktion gerichteter "Montage"-Technik notiert wird; ähnlich auch schon Michael Buselmeier: *In Gefahr und größter Not bringt der Mittelweg den Tod. Operativität bei Alexander Kluge*, in: *Lesen 4*, hgg. v. Erhard Schütz u. Raoul Hübner, Opladen 1977, S. 123-126.

26  Vgl. dazu Matthias Uecker: *"Für Kultur ist es nie zu spät". Alexander Kluge's Television Programmes*, in: *Language, Communication, Orientation. Fifth International Colloquium on Contemporary German Literature*, hgg. v. Arthur Williams, Stuart Parkes u. Julian Preece, Frankfurt/M.-Bern-New York 1997 (in Vorbereitung).

27  Vgl. auch das Interesse an Revue-Formen und Zirkus, also nicht-literarischen Organisationsmustern. Huyssen: *Twilight Memories*, a.a.O., S. 147, weist darauf hin, daß Kluges Arbeiten ihren Zusammenhang grundsätzlich auf einer paradigmatischen und nicht auf der syntagmatischen Ebene finden.

28  Vgl. Kluge: *Die Patriotin*, a.a.O., S. 41f.

29  Hans Magnus Enzensberger: *Einzelheiten I. Bewußtseins-Industrie*, Frankfurt/M. 1979, S. 10.

30  Vgl. ebd., S. 102.

31  Vgl. Hans Magnus Enzensberger: *Einzelheiten II*, Frankfurt/M. 1979, S. 23f., 25, 66, 136.

32  Besonders Hans Magnus Enzensberger: *Palaver*, Frankfurt/M. 1974, 52-54, 93, 107, 111f.

33  Vgl. Enzensberger: *Mittelmaß und Wahn*, a.a.O., S. 238f.

34  Vgl. Enzensberger: *Einzelheiten I*, a.a.O., S. 102; ders.: *Palaver*, a.a.O., S. 98; Raddatz: *Die Wahrheit ist immer riskant*, a.a.O.

35  Vgl. Martin Walser in: Der Spiegel Nr. 36, 1995, S. 209.

36 Alexander Kluge: *Medienproduktion*, in: *Perspektiven der kommunalen Kulturpolitik*, hgg. v. H. Hoffmann, Frankfurt/M. 1974, S. 328.

37 Alexander Kluge: *Zum Unterschied von machbar und gewalttätig. Die Macht der Bewußtseinsindustrie und das Schicksal unserer Öffentlichkeit*, in: Merkur, H. 3, 1984, S. 252.

38 Formulierungen Kluges in einem Vortrag im ICA (London), Dezember 1993.

39 Enzensberger: *Politik und Verbrechen*, a.a.O., S. 396.

40 Vgl. Siegfried Weischenberg: *Die Unberechenbarkeit des Gatekeepers*, in: Rundfunk und Fernsehen 3, 1985, S. 187-201.

41 Hans Magnus Enzensberger: *Ein herzloser Schriftsteller*, in: Der Spiegel Nr. 1, 1978, S. 81.

*Dirk Frank*

## Zwischen Deliterarisierung und Polykontextualität
Günter Grass' *Ein weites Feld* im Literaturbetrieb

> Und so gleiten wir an den singenden Felsen vorüber, deren Gesang durch säkulare Glossierung und Kritik erstickt wird.
>
> *George Steiner*

Kein literarischer Text der letzten Jahre hat für soviel Medienrummel gesorgt wie Günter Grass' *Ein weites Feld*. Ende August 1995 erschienen, beschäftigte das 'Alterswerk' des bekanntesten und beliebtesten deutschsprachigen Autors der neunziger Jahre[1] auf Monate Rezensenten, Dichter, Verleger, Kommentatoren und 'Normalleser' im In- und Ausland. Schon vor dem ersten Verkaufstag schien sich die Debatte um die ästhetischen Qualitäten des Romans, aber vor allem auch um das Gebaren von Kritik, Verlagsseite und Massenmedien zu verselbständigen. Zunehmend erhöhte sich die Selbstbeobachtung der literarischen Aktanten: Ein Metadiskurs wurde geführt über den Verlust einer genuinen Lesekultur, über die Blindheit der Literaturkritik, über die Inszeniertheit des Medienspektakels, ja sogar der Metadiskurs selbst wurde wiederum einer Beobachtung unterzogen. Gestritten wurde gewissermaßen entlang der Leitdifferenz, ob der medienkompatible Umgang mit dem Text noch dem Literatursystem zuzurechnen sei oder nicht; ob der heutige Literaturinteressierte sich für den Text oder die Kommunikation darüber interessiert, schließlich ob die Massenmedien den Text oder sich selber in den Vordergrund stellen.

Der Hintergrund dieser Klagen ist allseits bekannt: Man befürchtet den Verlust einer genuinen Lesekultur. Dieser deutet sich offenbar in Form eines schleichenden, 'sekundären' Analphabetentums an, d.h. die Kulturtechnik des Lesens wird nur noch unzureichend beherrscht und nur noch rudimentär eingesetzt. Besorgte Pädagogen befürchten einen Einbruch in der Lesekompetenz nicht nur aufgrund einer mangelhaften literarischen Sozialisation, sondern aufgrund der neuentstandenen Medienkonkurrenz. Wie jedoch die Leseforschung zu belegen weiß, teilt sich der Konsumentenkreis prinzipiell nicht in Leser und Nichtleser, sondern in Vielnutzer und Wenignutzer von Medien.[2] Mit anderen Worten benutzt der *habituelle* Buch-Leser ebenso andere Printmedien (Zeitung, Magazine) wie elektronische Medien. Bei ihren potentiellen Lesern muß die Literatur also weniger die grundsätzliche Lesebereitschaft stimulieren als in Konkurrenz zu anderen Medien treten. Legt man den Vielnutzer zugrunde, wäre zu fragen, ob der Umgang mit Literatur, und hier im besonderen mit fiktionaler, dennoch medienbedingten Veränderungen unterliegt. Da das Medienangebot innerhalb einer Generation nach vorsichtigen Schätzungen um ca. 4000% anwächst, die Verarbeitungskapazitäten des Menschen demgegenüber aber kaum nennenswerte Erweiterungen verzeichnen,[3] bedarf es sukzessive bestimmter Selektionsleistungen; dafür bedient sich der Rezipient bestimmter "Meta-Medien", die Art und Umfang der Auswahl erleichtern: z.B. die TV- bzw. Rundfunk-Programmzeitschrift oder die Medienrundschau in der Zeitung zu den Pressestimmen.

Nun ist die Rezeption von Literatur und im besonderen jene der 'Sublimliteratur' an das Dekodieren von sprachlichen Zeichen geknüpft. Die Benutzer müssen die Informationen doch zuerst durch das "Symbolgitter von 26 Buchstaben schleusen"[4], bevor sich so etwas wie eine ästhetische Illusion einstellt (was im Falle eines avantgardistischen Sprachkunstwerks ohnehin kaum erwartbar erscheint). Die Linearität des literarischen Informationssystems verlangt ein Versenken in das Werk ohne 'Hin- und Herzappen' oder 'Oberflächensurfen' (es sei den, man greift z.B. auf spatialisierte Texte von Arno Schmidt zurück, und selbst dann nur im eingeschränkten Sinne). Der Benutzer hat es also mit einem ungleich trägeren Informationssystem zu tun, das von ihm einiges abverlangt: ein gleichermaßen passivisches wie einsames Konsumieren. Da Lesegesellschaften außer Mode sind, zudem private Gespräche über Literatur schon allein aufgrund der Heterogenität der Lektüre höchst unwahrscheinlich sind (während Gespräche über den Film die private Konversation zunehmend infiltrieren[5]), bedarf der Leser gleichermaßen öffentlichkeitsstiftender wie -simulierender Kommunikationsformen. Literarische Kommunikation ist ein nicht eingrenzbares gesellschaftliches Phänomen und keineswegs allein auf 'klassische' Kommunikationsmedien wie den Text (Autor-Leser) oder die Rezension (Kritiker-Leser) reduzierbar.[6] Daher soll hier der Begriff des inkriminierten 'Sekundären' bewußt offen gehalten werden für die verschiedensten Ko- und Kontexte: Dazu gehört einfach all das, was nicht zum 'Innen' des literarischen Text gehört und damit auch nicht dem 'schöpferischen Werk" zugeschrieben werden kann, z.B. literarische Diskussionsrunden, Dichterporträts, Verfilmungen, Kurzmeldungen, aber auch Rezensionen, von der opulenten Zweiseitigen im FAZ-Literaturteil bis zum als Kurzrezension verkleideten 'Waschzettel'-Text im Stadtmagazin.

'Beliefert' werden die 'Sekundärleser' nicht zuletzt auch durch den stetig anwachsenden literarischen "Dienstleistungsbereich", zu dem neben Literaturkritikern auch Professoren und Studenten der Literaturwissenschaft gehören.[7] Der expandierende Vermittlungsbereich nimmt den Leser an die Hand und erleichtert ihm mit ganz unterschiedlichen Lektürehilfen den Zugang zum Text. Hans Magnus Enzensberger hat auf die unausweichliche Beschleunigung einer solchen Vermittlungs- und Verwertungsmaschinerie hingewiesen:

> Heute dürften auf jeden Dichter schätzungsweise sechsundsechzig Pädagogen entfallen, die mit seiner Erforschung und Deutung beschäftigt sind. Man stelle sich eine Zivilisation vor, in der hinter jedem Bäcker eine Hundertschaft von öffentlich besoldeten Bäckereiwissenschaftlern stünde, und man wird ermessen, welche Ausmaße der Konkurrenzdruck in einem solchen Fall erreichen müßte. [8]

Vermittlung ist aus dieser Perspektive immer auch mit dem Vorwurf der Mediokrität belegt: Indem der literarische Text vielfach besprochen, vermittelt und be-

arbeitet wird, wird sein einem "Mysterium" gleichender Bedeutungsreichtum profanisiert - George Steiner will darin sogar die Symptome einer "alexandrinisch"-"byzantinischen" Epoche erblicken.[9]
Zu fragen wäre nun, inwiefern der Typus des 'Sekundärlesers' ein Indiz für das Ende einer genuinen Lesekultur ist; im unter massenmedialen Bedingungen auf Hochtouren laufenden Literaturbetrieb findet der kulturpessimistische Betrachter zumindest vordergründig genug Belege. Das literarische Leben wurde und wird ohnehin als Inbegriff eines selbstdarstellerischen, eitlen Treibens, als "sekundäre Öffentlichkeit" (H.M. Enzensberger) negativ konnotiert, mit entsprechenden Beispielen 'entarteten' Literatur-Entertainments: sobald das Mikrofon oder die Fernsehkamera sich dem Phänomen Literatur nähert, werden entweder Klischees bedient (z.B. der pfeiferauchende Grass) oder Provokationen inszeniert (z.B. Rainald Goetz' Auftritt 1983 in Klagenfurt als Stirnschlitzer) - die schriftgebundene, 'bilderlose' Literatur zieht gegenüber den Literaturshows und ihrer inszenierten Oralität offenbar den kürzeren. Oder andersherum betrachtet: der Umgang mit Literatur wird - nach dem Vorbild der Sport- und Politberichterstattung im Fernsehen - selber fiktionalisiert. Dort wird das eigentliche Ereignis einerseits zunehmend überlagert von Detailanalysen, Hintergrundberichten und Interviews (und Werbeblöcken!), zum anderen aber auch in eine hochgradig ästhetische Form überführt, wenn nämlich aus mäßig interessanten Fußballbegegnungen und Parteitagen hochdramatische Schicksalstreffen trivialliterarischer Provenienz werden. Burkhard Spinnen, ein unbestechlicher Chronist des Alltäglichen ("Langer Samstag"), fürchtet angesichts dieser Überformung des Alltäglichen um den Fortbestand der 'richtigen' Literatur:

> Dringt sie [die Literatur, D.F.] hingegen versuchsweise kritisch in die Verfahren gegenwärtiger Weltaufbereitung, greift sie nach Personen und Gegenständen des Groschenromans Wirklichkeit, so kann die Kontrafaktur leicht als mindere Leistung wirken, gemessen an der so populären (und damit schon als gelungen geltenden!) Literarisierung des öffentlichen Lebens in den Medien.[10]

Dieses Zusammenspiel von De- und Trivialliterarisierung des literarischen Lebens läßt sich scheinbar idealiter in der Medienschlacht um den letzten Grass-Roman beobachten. Einerseits wurde gemutmaßt, der Verleger Steidl hätte ein strategisch geplantes Spiel mit den medialen Vermittlern und Deutern gespielt, an dessen Ende überwältigende Verkaufszahlen und ein zum Opfer hochstilisierter Autor Grass standen. Steidl, Grass und ihre 'Verbündeten', wie Staeck, der mit einem Gegenentwurf Reich-Ranickis bildhaften Bücher-Verriß in Frakturschrift als "deutsche Fortsetzungsgeschichte" geißelte, schoben den Schwarzen Peter den Massenmedien zu; diese hätten durch ihre Dramatisierungseffekte das ganze Spektakel überhaupt erst initiiert.
Das Wechselspiel von Verdacht und Dementi zeigt folgendes an: Da Kontingenz anscheinend nicht denkbar ist, wird von beiden Seiten, also von Beobachtern und Beobachteten, von Beginn an der Ereigniskette eine spezifische Signifikanz und Ordnung unterstellt. Hier greift das unbestritten anschauliche Bild des

(medialen) "Theatrum Mundi" bei weitem zu kurz, spielen die verschiedenen Faktoren doch so auf komplexe und unerwartbare Weise ineinander, daß viel eher von einem "Emergenzphänomen" die Rede sein sollte. Dies bedeutet, daß die Wirkungsintensität des Romans, vor allem auch auf dem Buchmarkt, kausal nicht auf einen a priori geschmiedeten 'Plot' zurückzuführen ist. Hat nicht vielmehr der moderne Literaturbetrieb, ein chaotisches, eigengesetzliches System, das einen unvorhersehbaren Output an Ereignissen hat, den Markt- und Öffentlichkeitswert des Romans erzeugt, für dessen Zustandekommen dann Verantwortliche gesucht werden mußten? Der Literaturbetrieb ist *keine* triviale 'Maschine':

> Dieses Vermittlungssystem, das insgesamt über das Dasein und Sosein unserer Literatur verfügt, ist kein rational funktionierender Apparat [...]. Es kontrolliert und regelt sich in einem unüberschaubaren Spiel von persönlichen Interaktionen selbst und ist in kaum minder komplizierten Wechselwirkungen über den Markt mit dem Lesepublikum verbunden, immer gleichzeitig Herr und Knecht dieses Publikums.[11]

Als klassische Bestsellerautoren werden in Deutschland immer wieder Heinz G. Konsalik oder Johannes Mario Simmel, seltener Günter Grass oder Siegfried Lenz genannt, wenngleich letztere in puncto Verkaufszahlen durchaus mithalten können. Daß der kommerzielle Erfolg und der damit verbundene Öffentlichkeitswert einen Machtfaktor darstellt und die Kommunikation über die Werke nicht unerheblich beeinflußt, wird ignoriert. Während die erfolgreiche Unterhaltungs- und Trivialliteratur, wenn sie sich nicht gerade dem Ideologieverdacht ausgesetzt sieht, im Hinblick auf die aggressiven Werbe- und Vermarktungskampagnen und die darauf anspringende Leserschaft untersucht werden, bleiben Werke der 'Gehobenen Literatur' davon unberührt. Laut Bestsellerforschung befriedigt die ausgeklügelte Werbekampagne der literarischen Schonkost das kleinbürgerliche Verlangen, sich in die unerreichbaren Höhen der bildungsbürgerlichen Lesekultur zu hieven.[12] Für die kommerziell erfolgreiche "Höhenkammliteratur" scheint demgegenüber der Erwartungshorizont ihrer Rezipienten überhaupt keine Rolle zu spielen. Daß diese Gegenüberstellung an der Realität im Literaturbetrieb vorbeigeht, dürfte evident sein. Auch Sublimliteratur hat ihre Wirkungs- und Verbreitungsseite, d.h. auch ihre spezifische Klientel, die nicht minder an das *symbolische Kapital* ihres Autors ihr eigenes Prestige knüpft. Ein Bestsellererfolg hat immer auch seriellen Charakter, vollziehen sich sowohl Produktion als auch Distribution und Rezeption im Horizont der vorherigen Werke.

Laut Definition antwortet ein Bestseller auf eine geschichtliche oder gesellschaftliche Situation hin und stellt damit eine spezifische Klientel zufrieden.[13] Die für ein derart sperriges Buch wie *Ein weites Feld* mit fast 800 Seiten überraschenden Verkaufszahlen - der Roman war 14 Wochen in der Spiegel-Bestsellerliste unter den ersten zehn plaziert; fast 320.000 Exemplare wurden seit August 1995 verkauft[14] - lassen sich allerdings nur unzureichend mit den intrinsischen Qualitäten des Buches belegen; einerseits hat das Buch unabhängig von seinen semantischen Potentialen, allein schon qua seiner Materialität, eine spezifische identitätsbildende Funktion; es eignet sich viel eher zum Statussysmbol als immaterielle Medien

wie Video, CD-Rom etc. Ein "dicker Wälzer" wie *Ein weites Feld* stellt ein nicht zu
unterschätzendes symbolisches Kapital im Sinne Bourdieus dar. Je abstrakter die
Diskussion um die literarästhetischen Charakteristika eines Buches wird, desto
eher wird dieses zum Fetisch, bedarf der Konsument doch einer materiellen Ver-
gewisserung seiner Partizipation am ansonsten invisiblen literarischen Leben.
Der auffällig hohe Öffentlichkeitswert von *Ein weites Feld* ließe sich auch mit der
*Soziologisierung* des Leseinteresses erklären: Dies schließt ein, daß nicht nur der
'unbedarfte', sondern auch der Leser von Sublimliteratur häufig seine Kaufent-
scheidungen damit rechtfertigt, der Roman sei gesellschaftlich irgendwie rele-
vant. Auch im Fall Grass ist ein Kaufverhalten denkbar, daß sich nicht mehr primär an den Textqualitäten, sondern am 'Öffentlichkeitswert' des Kunstwerks
orientiert. Dies hieße, daß der Text zur (imaginären) Teilnahme an der Kommunikation berechtigt, sofern man sich zu den glücklichen Besitzern zählen kann. Die
Präsentation des Buches als Erfolgsbuch hat zum weiteren Erfolg mit beigetra-
gen. In diesem Zusammenhang fungiert auch die Bestsellerliste als durchaus
ernstzunehmende Informationsquelle trotz oder gerade wegen ihres stark selekti-
ven und manipulativen Charakters. Der sich dort manifestierende Tauschwert
des Romans kann auch dem kritischen und kompetenten Leser dennoch Auf-
schlüsse geben über den (äußeren) Gebrauchswert des Romans; für einen in politische Kontroversen involvierten Schriftsteller wie Grass ist der hohe Distribu-
tionsgrad seines Produktes Voraussetzung seiner gesellschaftlichen Relevanz,
selbst wenn sich dies in den Bestsellerlisten primär nur als wirtschaftliche Größe
ausdrückt. Dennoch wird damit selbst demjenigen, der das zirkuläre, selbstreflexive Moment der Bestsellerliste durchschaut hat, eine faktische Bedeutung des
prosperierenden Werkes suggeriert. Wenig sinnvoll erscheint daher eine Differenzierung in "Primärleser", die aus freien Stücken das Buch erwerben und für
die Bestsellerlisten bestenfalls als Bestätigung dienen, und "Sekundärleser", also
jenen, die auf Anstoß von außen den Kauf tätigen und Bestsellerlisten als Richt-
schnur für ihr Kaufverhalten verwenden.[15] Wenn man überhaupt an dieser Unterscheidung festhalten wollte, dann könnte man die Vorzeichen anders setzen:
Ist nicht möglicherweise der eingefleischte Grass-Leser, der ohne auf die mediale
Resonanz zu hören, der quasi nur aus Gewohnheit, die "neue Blechtrommel" zu
erwarten, Grass' neues Werk erwirbt, weit weniger an dem neuen Werk interessiert als derjenige, der sich von dem Aktualitätswert des Werkes inspirieren läßt
und dem Buch damit seine Reverenz bescheinigt?

*Zwischen Selbst- und Fremdreferenz: Die Kritik*

Seine prominenteste Vergesellschaftung oder Veröffentlichung erfährt das
sprachliche Kunstwerk immer noch durch die Berufskritiker. Die Literaturkritik
im engeren Sinne hat den öffentlichen Disput um den Grass-Roman überhaupt
erst ausgelöst, ist dann aber vom Beobachtungsmedium zum Beobachtungsobjekt
geworden. Nach der etwas 'frühreifen' Vorrezension von Martin Lüdke in der

*Woche* wird *Ein weites Feld* noch vor der Sperrfrist (28.8.95) in den wichtigsten Feuilletons und Literatursendungen besprochen. Der Vorwurf, die zunehmende Verpflichtung der Rezensenten auf Aktualität mindere die Qualität ihrer Besprechungen, relativiert sich im Fall Grass dadurch, daß die Rezensionsexemplare bereits Mitte Juni vorliegen. Aus den überwiegend negativen Besprechungen lassen sich drei nicht gleich stark vertretene Positionen extrahieren: Die erste Position bezieht sich auf den Unterhaltungswert des Romans; seine mangelhaften epischen Qualitäten sorgten statt für Leselust für Lesefrust. "Dieses Buch ist unlesbar" verkündet eine Rezensentin voller Inbrunst.[16] Die zweite Position, die durchaus mit der ersten kompatibel zu sein scheint, kreist um die politisch-historischen Implikate. Grass sei darin gescheitert, einen Zeitroman zu schreiben, der die deutsche Wiedervereinigung überzeugend verarbeite; er habe seine allseits bekannte Kritik an dem Einigungsprozeß den wie Marionetten ihres Erzeugers agierenden Figuren der Einfachheit halber in den Mund gelegt. Die dritte, eher literarästhetisch fundierte, Position grenzt sich in aller Schärfe von den ersten beiden ab. Es dreht sich dabei um die Verpflichtung der deutschen Gegenwartsliteratur auf das Erbe der Moderne. Anstatt das Projekt einer "konzentrierteren Analyse des Ich" im Gefolge von Proust, Joyce oder Breton weiter zu verfolgen, werde, wie im Falle Grass' oder Christoph Ransmayers, mit der Nähe zum "Kunstgewerbe" bieder-realistisch erzählt.[17]

Verkürzt gesagt könnte man die drei Positionen auf den folgenden Nenner bringen: *Ein weites Feld* ist langweilig, politisch nicht korrekt und künstlerisch mißlungen. Hier ist nicht der Platz, um auf die verschiedenen Positionen in extenso einzugehen. Signifikant erscheint der metadiskursive Charakter der Auseinandersetzung. Ein quantitativ hoher Anteil der literaturkritischen Aussagen bezieht sich auf den eigenen Text oder auf Aussagen anderer Kritiken; der Fall Grass wird als Anlaß für eine metakritische Selbstbesinnung genutzt. Wenige Rezensenten verteidigen die Wertkriterien und Methoden einer 'zupackenden' und durchaus kontroverse Reaktionen einplanenden Kritik.[18] Dagegen sieht die überwiegende Mehrheit die von Enzensberger schon vor einer Dekade ausgerufene "Rezensenten-Dämmerung" bestätigt, mit dem Vormarsch von "Pädagogen" und "Zirkulationsagenten"; letzteren interessiere nicht mehr "der Text, sondern der Trend, den er aus seinen Eingeweiden liest".[19] Protagonist dieses Verfalls einer genuinen literarischen Wertung ist der gerade von seinen schärfsten Kritikern merkwürdigerweise immer wieder als "Papst" titulierte und im Kritikervergleich sich behauptende Medienstar Marcel Reich-Ranicki[20], der gleich in zwei Massenmedien agiert: Im *Spiegel* rezensiert er den Roman in Form eines offenen Briefes an Grass; jedoch weniger seine Kritik als das Titelbild, mit Reich-Ranicki als "Reißwolf", angeblich einem Gemälde Michelangelos nachempfunden, löst Empörung aus. Im "Literarischen Quartett" komplettiert er, assistiert von Helmut Karasek und Karl Corino bei zaghafter Gegenwehr von Sigrid Löffler, den Eindruck des effekthascherischen und sich selbst erhöhenden Großkritikers. Einig sind sich alle Beobachter darin, daß Reich-Ranicki sich seit Jahren zunehmend grotesk im Fernsehen gebärdet. Seine zum Markenzeichen gewordene "Das lang-

weilt mich"-Attitüde wird, zum Entsetzen seiner nach wie vor bemühten Mit-
streiter, bis zum Exzeß praktiziert; unentscheidbar wird allerdings, ob sich dahin-
ter eine zunehmende Entsublimierung eines senilen Großkritikers oder vielmehr
eine geschickte Abgrenzung im Sinne Bourdieus Distinktionstheorem verbirgt.
Letzteres wäre denkbar, denn gerade durch seine Hau-Ruck-Bewertungen gewinnt er Kontur vor seinen Kollegen. In Zeiten eines vielfach mit Theorie über-
frachteten Kritikerdiskurses erscheint derjenige am plausibelsten, der sich zumindest noch auf seinen eigenen Geschmack verlassen kann. Ob Reich-Ranicki
wirklich den ihm zugeschriebenen Einfluß auf das Käuferverhalten hat, erscheint
fraglich; als Indiz für seine Überschätzung als Trendsetter sei zumindest darauf
hingewiesen, daß während der Grass-Besprechung im "Literarischen Quartett"
die Einschaltquoten offenbar rapide absanken.[21] Reich-Ranickis literarische Per-
sonality-Show ist natürlich nur ein Symptom für eine stärkere Effektorientierung
im Literaturbetrieb; unter den Reaktionen auf Grass' Roman finden sich unterhaltsame, zumindest ästhetische Reaktions- und Verarbeitungsmuster zuhauf.
Robert Gernhardt rezensiert in der *Titanic* den Kritikerstreit mit einigen Knittel-
versen; in der *Woche* maskiert sich der Rezensent (Werner Fuld) als Fontane; im
*Spiegel Extra* schlüpft Helmuth Karasek in die Rolle von Emmi Wuttke, was den
Lesern ein "zweites Feld" beschert. Hier wird das Grundprinzip von *Ein weites
Feld*, nämlich die parodistische Aneignung literarischer Prätexte, gegen den Au-
tor Grass gemünzt.[22]
   Gegen diese Form des Literatur-Entertainments wurden einige 'seriöse' Kritiken angeführt, die ihr Urteil am Text selber dingfest machen konnten, damit Les-
sings Diktum brav befolgten, der Kritiker müsse sich bei der Beurteilung von der
"Natur der Sache" leiten lassen, anstatt sich zum eigensinnigen Gesetzgeber zu erhöhen. Doch prinzipiell muß sich jeder Exeget sein Explanandum bzw. dessen
'Variante' erst erschaffen; selbst eine äußerlich als gegenstandsadäquat erscheinende Interpretation muß diesen Eindruck in gewisser Weise künstlich erzeugen
qua bestimmter diskursiver Regeln und unter Auslassung anderer Textaspekte.
Mit Luhmann könnte man sagen: "Die Realität ist das, was man nicht erkennt,
wenn man sie erkennt."[23]
   Wer mit aufklärerischem Impetus immer wieder die Aporien der heutigen Literaturkritik herausstellt, vernachlässigt das für die Literaturvermittlung und -ver-
arbeitung zentrale Prinzip der Selektivität.[24] So wenig es den reinen, isolierten
Text gibt, der unabhängig vom Rezipienten aufs Äußerste mit Sinn gefüllt ist, so
wenig gibt es die von allem Literaturfremden gereinigte und nur den inhärenten
Qualitäten des Gegenstandes verpflichtete Rezension, abgesehen davon, daß dies
auch nicht besonders erstrebenswert erscheint. Gegen den elitären Purismus der
feuilletonistischen Buchkritik wurde schon in den späten sechziger Jahren eine
Kulturvermittlung eingeklagt, die auch 'Normallesern' anschauliche, informative
und sogar unterhaltsame Leseanregungen bietet.[25]
   Auch die von den meisten Beobachtern als ausgewogenste und textzentrierteste
geschätzte Kritik unter allen Grass-Besprechungen, nämlich die von Wolfram
Schütte in der *Frankfurter Rundschau*, erschöpft sich in ihrer Analyse nicht in den

immanenten Qualitäten des Romans, sondern macht auch vermeintlich 'Sekundäres' zum Thema. Schütte benötigt immerhin zwei längere einleitende Abschnitte, die sich strenggenommen nur mit textexternen Aspekten beschäftigen; hierbei greift der Rezensent legitimerweise auf einen Sekundärtext, nämlich auf die im Presseheft des Steidl-Verlages enthaltenen Deutungsangebote, zurück. Dort werden Entstehungsprozeß und Prätexte des Romans erläutert. Darüber hinaus situiert Schütte den Roman in Grass Gesamtwerk und ordnet ihn unter der Rubrik "Alterswerk" ein; bezeichnenderweise thematisiert er den Umstand, daß andere Kritiker (!) Grass den Vorwurf machen werden, er mißbrauche Literatur für seine Probleme mit der Wiedervereinigung:

> Dem Vorwurf, sich leitartikelnd hinter seinen kopfgebürtigen seltsamen Helden zu verstecken, wird Grass sowenig entgehen wie früher Peter Weiss der Invektive [...].[26]

Hier wird deutlich, daß der Rezensent andere ästhetische Werturteile antizipiert, weil das Prinzip des Meinungs- und Methodenpluralismus diese Fremdbeobachtung erfordert. Selbst ein politisch motivierter Verriß ist vor diesem Hintergrund ein durchaus legitimer Teil der Wirkungsgeschichte. Erst im dritten Abschnitt seiner Rezension analysiert Schütte den eigentlichen Text und trifft schließlich ein vergleichsweise 'objektives' Urteil. Ein Blick auf das Gros der Kritiken könnte in noch viel stärkerem Maße den Eindruck bestätigen, daß Literaturkritik ähnlich wie die von ihr inspizierte moderne Literatur vom "Reflektierenmüssen" geprägt ist, also metakritisch die eigenen Entstehungsdeterminanten erörtert. Andere 'objektfremde' Elemente wie persönliche Einschübe des Verfassers, die Beobachtung bzw. Antizipation anderer Kritiken, Angaben zu den Umstände der Veröffentlichung etc. zeichnen ebenfalls fast jede Kritik aus.[27] Literaturkritik, ob in der Form einer Rezension, einer Polemik oder einer Glosse, ist grundsätzlich eine polyfunktionale Textsorte; sie ist ein Forum der intellektuellen Auseinandersetzung, wird vom Leser aber auch wie eine kommentierte Leseliste genutzt, die die Komplexität auf einem weiterhin expandierenden Büchermarkt mit über 74.000 Neuerscheinungen (1995) nachhaltig reduziert; andere Leser wiederum haben gar keinen Buchkauf vor Augen, sondern nutzen den Literaturteil lediglich

> [...] als eine Mischung von Information und Unterhaltung [...], als eine Art Meldung über 'the state of art' in den literarischen Künsten.[28]

Besonders signifikant ist daher auch die zunehmende Selbst- und Fremdbeobachtung der Literaturkritik; *Meta-Kritiken* wie z.B. Sigrid Löfflers "Heißgeredet, totgeschrieben" in der *Süddeutschen Zeitung* beobachten andere Kritiker, Medien, Verlage und Autoren, nicht zuletzt aber auch sich selbst, wenngleich sie sich damit in einer paradoxen Schleife verheddern: Die Diagnose, daß der Medienrummel auf einem a priori feststehenden Plot mit klarer Rollenverteilung beruht, wird zur self-fulfilling prophecy, da der Metabeobachter genau zu einem Teil dieses 'Stückes' wird. Löffler schreibt:

Zum Medienspiel gehören jetzt nur noch die abschließenden Kampagne-Analysen (Sie lesen gerade eine) [...].[29]

Die zunehmende Bedeutung des Meta-Diskurses reflektiert nicht zuletzt auch das zunehmende Unwissen über Leserverhalten, sowohl bei Produzenten als auch bei Vermittlern und Rezipienten; durch den Wegfall politisch-ideologischer Wertehorizonte wird der Rezeptionsbereich autonomer, es bilden sich stärker gruppen- und milieuspezifische Lesarten im literarischen Feld heraus, die vom einzelnen Kritiker allein nicht mehr erfaßt werden können, also wendet sich dieser stärker Beobachtungen textexterner und damit eigentlich 'sekundärer' Phänomene zu; dies trifft sowohl auf den trendorientierten Texter eines Zeitgeist-Magazins wie auf den literarästhetisch argumentierenden Großkritiker zu.

Durch Beobachten der Beobachtung wird literarische Kommunikation wieder anschlußfähig, wenngleich damit möglicherweise ein Verlust an 'Unschuld' gegeben ist; folgt man nämlich Luhmanns beobachtungstheoretischen Überlegungen, dann wird auf der Beobachtungsebene zweiter Ordnung die Frage nach dem wie? virulent. Während der Beobachter erster Ordnung sich noch glücklich schätzen kann, einen 'wahrscheinlichen', gegebenen Objektbereich vorzufinden, hat es dagegen der Beobachter des Beobachters schon mit dem Produkt einer Selektionsleistung zu tun. Letzterer (in diesem Fall der Meta-Kritiker) hat zwar ebenso seinen blinden Fleck - er kann sich ja nicht als Beobachter beobachten - er kann sich aber gegenüber der Primärbeobachtung im Verzicht auf totale Transparenz von Welt üben:

> Sie [die Beobachtung zweiter Ordnung, D.F.] kann zumindest größere Auswahlbereiche erfassen, kann dort Kontingenzen feststellen, wo der Beobachter erster Ordnung glaubt, einer Notwendigkeit zu folgen oder ganz natürlich zu handeln.[30]

Der konstruktivistische Ansatz bleibt natürlich den Qualitäten eines Textes und entsprechend den Qualitäten des Diskurses über Literatur gegenüber indifferent; laut Minimaldefinition ist der Text nicht mehr als eine Kommunikatbasis, die Kommunikationen auslöst. Kunstwerke sind als materielle Realisationen aus dem Kommunikationssystem Kunst ausgeschlossen und bilden nur einen Teil dessen Umwelt.[31] Eine auf funktionale Ausdifferenzierung basierende Theorie kann natürlich nicht der Kunst oder der Kunstkritik sagen, wie sie ihre Probleme zu lösen hat.[32]

Dennoch birgt dieser soziologische Begriff von Literatur den Vorteil in sich, daß Kommunikation über Kunstwerke, ob als Kritik, Meta-Kritik oder sonstwelcher Form, nicht als parasitärer Anhang zum Primärtext, sondern als Konstituens für den Erhalt des Literatursystems gesehen wird.

Indem selbst die Literaturkritik ihre Perspektive von Werk auf Rezeption umstellt, vollzieht sie in gewisser Weise den literaturwissenschaftlichen Paradigmenwechsel, von dem die Konjunktur der Literatursoziologie zeugt.

Literaturkritik wie -wissenschaft ziehen sich damit aber die Kritik der um ihre 'Werkherrschaft' fürchtenden Dichter zu. Grass, ein ebenso aufmerksamer Beobachter wie lautstarker Kritiker des Literaturbetriebes, nutzt die Literatur als

Schauplatz eines Kampfes zwischen Primärem und Sekundärem. Die plurale Erzählerstimme in *Ein weites Feld* personifiziert mit ihrer sklavischen Archivar-Tätigkeit gewissermaßen die mediokre Detailbesessenheit der Literaturpädagogik als einer Erscheinungsform des Sekundären; vor diesem Hintergrund hebt sich Fontys eher lebensweltliche Aneignung von Fontanes Leben und Schaffen geradezu vitalistisch ab. Als szenischer Kommentar zu diesem Thema fungiert das Ost-West-Treffen der Familie Wuttke. Anläßlich der Hochzeit von Martha Wuttke mit dem deutschen Bauunternehmer Grundmann (aus Wuttkes Sicht eine Reinkarnation von Fontanes "Graf Petöfy") reist auch dessen Tochter Martina, eine junge westdeutsche Literaturstudentin, an, die zufällig über Fontane eine Hausarbeit anzufertigen hat. Martina erklärt ausgerechnet Fonty, den man ob seiner Biographiesucht eher einem fröhlichen literaturwissenschaftlichen Positivismus zurechnen würde, die ungemein inspirierende Position ihres progressiven "Profs":

> Der Urtext sei bloßer Vorwand für das, was Literatur eigentlich ausmache, nämlich den endlosen Diskurs über all das, was nicht geschrieben stehe und über den Urtext hinausführe, ihn nebensächlich, schließlich gegenstandslos werden lasse und so den Diskurs fördere, bis er den Rang des eigentlich Primären erreicht habe.[33]

Hier spricht Grass wiederum recht unverhohlen durch seine Figuren hindurch, auch wenn seine Apologeten immer auf der Eigenheit des literarischen Codes und dessen Unübersetzbarkeit in 'eigentliche' Sprache pochen. Nicht nur die Kritik, so seine Klage, sorge für die Überwucherung des Primären, sondern ebenso die (vor allem westdeutsche?) Literaturwissenschaft, die ihre Ignoranz dem Text gegenüber hinter einer sprachtrunkenen Theorie verberge. Hier nähert sich Grass schon fast dem poetischen Fundamentalismus eines George Steiners an, der nicht zuletzt in der Literaturwissenschaft, dem "Mekka des sekundären Diskurses"[34], den Opponenten seiner Utopie einer unmittelbaren, von keinem "Meta-Text" getrübten sakralen Dichtungsgemeinschaft erblickt. In Steiners Reich des Primären vollzieht sich Kritik allein über artistische Aneignungsformen wie Neudichtungen, Übersetzungen oder intertextuellen Kommentierungen; Kritik im eigentlichen Sinne bleibt mehr oder weniger eine kunstimmanente Domäne, die von den Künstlern selber bestimmt wird.

Unterstützung erfährt Grass von anderen Apologeten der gegenwärtigen deutschen Literatur. Es sei eine irrige Annahme, so z.B. Friedhelm Rathjen, daß die diskursive Verarbeitung des literarischen Textes diesen ersetzen oder gar übertreffen könne. Damit vernachlässige man die ästhetische Erfahrung des Textes, die keineswegs sekundär, also vermittelt, sondern primär sei.[35] Daß viele Techniken des modernen Romans unter Einfluß des Medium Films entstanden sind, daß für die Wirklichkeitsnähe der sogenannten dokumentarischen Literatur der 'photographische Blick' einsteht, daß Literatur über die Simulation von Oralität über ihr mediales Apriori reflektiert, bleibt hier gänzlich unberücksichtigt. Rathjen kapriziert sich auf "Literatur mit künstlerischem Anspruch" und schiebt den aufschlußreichen Hinweis nach: "und alle andere Literatur ist gar keine Literatur [...]".[36]

## Kon- und Paratexte

Walter Jens' gegen die Kritiker des Romans gemünzter Hinweis, er lese *Ein weites Feld* unter Zuhilfenahme von mehreren Prätexten, liefert hier ein anschauliches Beispiel dafür, daß von einem isolierten, reinen Werk kaum noch die Rede sein kann. Jens schreibt:

> Ich lese 'Ein weites Feld' ganz anders als die Kritiker. [sic] Ich lese es mit den Werken von Fontane, Bismarck, Nietzsche und den Fontane-Biographien auf der linken Seite des Tisches - auf der rechten liegt das Buch von Grass.[37]

Wenngleich Jens seine Lektürebeschreibung möglicherweise nur metaphorisch verstanden wissen möchte, offenbart er (ungewollt?) die Notwendigkeit, einen an sich unzugänglichen 'Primärtext' nur mittels anderer, vielleicht auch unliterarischer Texte entziffern zu können. Der Kontext als komplexer Gesamtzusammenhang, in dem ein literarischer Text verortet ist, wird natürlich nicht allein durch die literarischen Prätexte konstituiert. Ebenso zählen auch nicht-literarische Textsorten (Kritiken, Berichte, Interviews) dazu, besonders wenn es sich um einen Text handelt, der mit dem Gütesiegel "vom Erfolgsautor Grass" ausgezeichnet ist. Damit soll hier nicht behauptet werden, daß die von Jens zu Hilfe gezogenen Lektürehilfen sich auf dem gleichen intellektuellen Niveau wie dpa-Meldungen oder Dichter-Porträts aus Boulevardzeitungen befinden. Gleichwohl steht der Text eingebettet in einen kaum eingrenzbaren, von Rezipient zu Rezipient differierenden Kontextraum. Damit soll freilich nicht impliziert werden, daß der Text in der übergreifenden Textualität der Welt als abgrenzbare Einheit komplett verschwindet; nicht bestritten werden soll die Identität des Textes, die, wenn sie in Zweifel gezogen würde, die Rede vom Sekundärdiskurs oder Kontext sinnlos machen würde. Mag der Hinweis auf die Kontextabhängigkeit eines jeden Textes trivial erscheinen - in einer polysystemischen, dezentrierten und vielsprachigen Gesellschaft erhält die Polyvalenz eines Artefaktes eine epochenspezifische Signifikanz. Ohne Kontext, so die Einschätzung von Konrad Paul Liessmann, ist in der Postmoderne kein Werk mehr möglich:

> Wäre man hämisch, könnte man sagen, daß das größte Ereignis der letzten Monate das glänzende Zusammenspiel zwischen Günter Grass und Marcel Reich-Ranicki, zwischen *Spiegel* und Steidl, zwischen "Literarischem Quartett" und *Ein weites Feld* gewesen war - ein Ereignis der Kontext-Kunst auch dann, wenn kein großer Kurator für diese Kontextualisierung verantwortlich zeichnet. Der Roman ist nur noch Moment in einem Ganzen, ohne das er, stimmte das Konzept vom Kontext, an ästhetischem Wert verlöre.[38]

Da Kontingenz im praktischen Lebensvollzug kaum zu ertragen ist, wird das Kunstwerk qua Kontextualisierung semiotisiert. Im Fall Grass hat man es auf den

ersten Blick weit weniger mit einer allumfassenden Ästhetisierung des Kontextu-
ellen im Sinne eines *Designs* zu tun; im Vergleich zur Bildenden Kunst vollzieht
sich die Kontextualisierung des Textes grosso modo über ebenfalls bilderlose und
unsinnliche Anschlußdiskurse. Der Kontext wird *nicht* nur von den am Kunstwerk desinteressierten Medien erzeugt, sondern ebenso vom Künstler, Verlag
und den dem Künstler wohlgesonnenen Beteiligten. Da die dem Künstler zur
Verfügung stehenden Medien die Wirkungen des Kunstwerkes auf dem literarischen Feld steuern, sind sie gewissermaßen Erweiterungen des dichterischen
Werkes - *Paratexte*. Dieser Begriff geht auf den französischen Erzähltheoretiker
Gérard Genette zurück, der damit eine "Übergangszone zwischen Text und Außen-
Text"[39] bezeichnet. Paratexte erfüllen eine spezifische Funktion, die gerade vor
dem Hintergrund einer enigmatischen und leserunfreundlichen Moderne an Si-
gnifikanz gewinnt: Sie sind ein "Instrument der Anpassung"[40], d.h. sie leisten eine
Art von Vermittlung zwischen Autor und Leser, die der literarische Text allein
nicht mehr zu leisten vermag, zumindest nicht mehr in seiner hermetischen
Form. Genette unterteilt nun Paratexte in zwei Untergruppen: *Peritexte* befinden
sich als Anhang in demselben Band, wozu z.B. Vorworte, Nachworte, Angaben
zum Verlag, Erscheinungsort etc. zählen. *Epitexte* sind räumlich-materiell vom
Buch getrennt, aber direkt auf dieses bezogen (z.B. Interviews, Tagebucheintra-
gungen, Dichterporträts etc.). Entscheidendes Kriterium in der Abgrenzung von
anderen Diskursen ist für Genette die Autorisierung durch den Verfasser; d.h. er
muß den Text oder nicht-sprachlichen Zusatz selber verfaßt oder zumindest ihn
abgesegnet haben (z.B. beim Interview). Als Peritext zu *Ein weites Feld* wäre auch
ein graphisches, nicht-sprachliches Element wie die von Grass entworfene Um-
schlagsgestaltung mit "Fonty" und "Hoftaller" anzuführen. Ein Peritext im engeren Sinne ist die nachgestellte Fußnote, daß die Figur "Hoftaller" dem Roman
"Tallhover" von Schädlich entnommen ist (Grass, S. 784); diese bewegt sich im
Unterschied zur reinen urheberrechtlichen Anmerkung in einem diffusen Zwi-
schenraum zwischen Innen und Außen, da fiktionsimmanent ohnehin schon explizit Bezug genommen wird zu Schädlichs Roman. In einer epitextuellen Form
hat Grass seine 'Entführung' Tallhovers aus Schädlichs Roman zu legitimieren
versucht; bereits 1988 entschließt sich Grass zur Reanimation, wie er in *Zunge zeigen* beschreibt:

> Der Autor [Schädlich, D.F.] gibt seinen Helden auf: nicht Tallhover, dessen beschlosse-
> ner Tod mutet erfunden an. Ich werde Schädlich schreiben: nein, Tallhover kann nicht
> sterben.[41]

Hier gilt zu beachten, daß ein Großautor wie Grass mit einer stabilen Benen-
nungsmacht weit weniger dem Vorwurf des Ideenraubs ausgesetzt ist als z.B. ein
noch gänzlich unbekannter Jungautor; was letzterem unter Umständen als mangelnde Kreativität (oder postmoderner Eklektizismus?) ausgelegt würde, ist bei
Grass der souveräne Umgang mit Prätexten - mit der Wiederbelebung Tallhovers
erteilt Grass seinem Kollegen Schädlich sozusagen eine 'Geschichtsstunde'. Grass
bedient sich zahlreicher epitextueller Formen: Noch vor dem Stichtag wurde

Grass in verschiedenen Gazetten als pfeiferauchender, sinnlichen Genüssen zuge-
taner Vollblutschriftsteller gezeigt, ganz so, als ob Grass seine aus vielen Werken
bekannte 'barocke' Schreibweise vorlebe. Innerliterarisch mag der Autor nach
Foucault nur noch ein referenzloser Name im einem sich verselbständigenden
Diskurs zu sein; fiktionsextern braucht der Leser anscheinend den Autor als Refe-
renzsubjekt. Und der Autor setzt alles daran, seine Person in die Waagschale zu
werfen. Die Keimzelle des Romans bildet angeblich ein geträumter Eifersuchtsan-
fall, wie der Autor in *Zunge zeigen* ausführt.[42] Grass sieht seine Frau Ute mit Fontane unterm Baum sitzen und entwickelt daraufhin das Konzept einer 'menage á
trois'. Da dem Beziehungsmenschen Grass ein Eingriff in die Dichterverehrung
seiner Frau versagt bleibt, wird die Kunst zum Schauplatz einer Versöhnung. Mit
der Widmung ("Für Ute, die es mit F. hat") wird diese merkwürdige beziehungs-
therapeutische Schreibmotivation peritextuell unterstrichen. Grass mag hier vielleicht nur mit der Rolle des Hahnreis kokettieren - wo jemand so bewußt den Leser mit Biographischem, also 'Sekundärem' versorgt, wird das Postulat einer
reinen, textzentrierten Lektüre ohne eitles 'Beiwerk' mehr als fragwürdig. Den Titel "Wappentier der Republik"[43] hat der Autor Grass nicht ohne eigenes Zutun erworben; Grass hat sowohl außerliterarisch als auch innerliterarisch immer wieder
Bezüge zu seinem 'Opus Magnum' hergestellt. Diese produktionsästhetische Se-
rialität konstituiert einen eigenen Fiktionsraum, der mit der *Blechtrommel* seinen
wichtigsten Referenzpunkt hat. Falls man die Entstehung des Markenbildes
"Grass" wirklich als "Krankheitsgeschichte"[44] fassen will, darf die massive Einflußnahme des Autors auf die Erwartungsmuster von Kritikern und Lesern nicht
ausgeblendet werden; nicht zuletzt sein öffentliches Auftreten als selbstbewußter
Repräsentant der deutschen Literatur hat den Konnex von "Individualität und
Image"[45] gefestigt. Sinnfällig wird dieser Dualismus aus authentischer Dichter-
persönlichkeit und 'fiktionalem' P.R.-Produkt bei seinem Auftritt in der Berliner
Kulturbrauerei. Zum einen geht Grass scharf mit den literarischen Kommunika-
toren ins Gericht; gleichzeitig fügt er sich den Gepflogenheiten im Literaturbetrieb, indem er gewissermaßen in die Rolle seines Protagonisten Fonty schlüpft,
der am gleichen Orte im Roman einen ähnlich hochkarätig besuchten Vortrag
hält.

Die epitextuelle Lesersteuerung beschränkt sich im Fall Grass natürlich nicht
nur auf 'unseriöse' Showeffekte. In den zahlreichen Interviews breitet er seine
poetologischen Prinzipien aus, streut Hintergrundinformationen zum Textver-
ständnis und geht auf die Kritik an seinem Roman ein. Im Zentrum steht dabei
die Unangemessenheit einer politisch-ideologisch argumentierenden Kritik;
Grass sieht sich dem Vorwurf ausgesetzt, er betreibe politische Agitation; heran-
gezogen werden die von Grass zu vielen Gelegenheiten formulierten Kritikpunk-
te an der Wiedervereinigung. Der Hinweis Grass' darauf, daß die politischen
Werturteile durch den ästhetischen Code und durch die polyphone Figurensicht
gebrochen sind, kann nicht vollends überzeugen, sind doch Grass wiederholte essayistische Bekundungen zum Thema Wiedervereinigung wohlbekannt. Zudem
unterfüttert Grass die in *Ein weites Feld* enthaltene figurengebundene Sicht auf die

'Abwicklung' ostdeutscher Betriebe mit der These, daß der Anschlag auf den Treuhand-Chef Rohwedder letztendlich eine nachvollziehbare Reaktion auf die Kahlschlagspolitik der Regierung Kohl sei:

> Wer ein solch menschenverachtendes Instrument wie die Treuhand ins Leben ruft, muß sich nicht wundern, wenn darauf terroristisch reagiert wird.[46]

Der Schriftsteller Grass ist ein wichtiger Vertreter der "deutungskulturellen Elite"[47], die auf das politische Bewußtsein der Gesellschaft Einfluß nimmt. Grass zeigt sich hier als gewandter Akteur auf der Bühne des Literaturbetriebes, der die Schläge seiner Kritiker unter Zuhilfenahme eines formalistischen Textbegriffes pariert. Geschickt packt Grass die Kritiker bei ihrer Berufsehre, wenn er in zahlreichen Interviews immer wieder auf den "Germanistikstudenten im Grundstudium" verweist, der auch schon wisse, daß Autor und Erzähler bzw. Autor und Figuren ontologisch differierende Größen seien.[48]

Wie ideal sich die epitextuelle Selbstdarstellung des Autors durch verlegerische Aktivitäten ergänzen läßt, zeigt die im Steidl-Verlag 1996 erschienene Veröffentlichung *Der Fall Fonty*; darin werden in erster Linie Zeitungsartikel, Pressemeldungen, Rezensionen und Interviews kompiliert, ohne daß prima vista eine manipulative Selektion von Herausgeberseite erkennbar wäre.[49] Dennoch wird die Dokumentation des Medienphänomens genutzt als nachträgliche Verteidigung des Autors; in seinem Vorwort formuliert Oskar Negt seine ohnehin bekannten Thesen zum Verlust der kritischen Substanz innerhalb der literarischen Öffentlichkeit; demnach hätten massenmediale Steuerung und Affirmation die Primärtugenden einer bürgerlichen Öffentlichkeit, nämlich Kritik und Verständigung, weitgehend verdrängt. Anstelle einer Streitkultur, "in der am Ende das bessere Argument und das begründetere Werturteil Geltung beanspruchen"[50], habe sich eine nur noch der Mehrheitsmeinung dienende Kultur der Vorverurteilung breit gemacht. Negts Kommunikationsdystopie, in der der literarischen Öffentlichkeit der kritische Geist abgesprochen wird, enthält einen blinden Fleck; inwiefern der Steidl-Verlag selber interessebehaftet und manipulativ in die Medienschlacht eingreift, erfährt der Leser nicht. Negt verfolgt eine argumentative Doppelstrategie: Einerseits klagt er das Recht des Künstlers ein, die Realität jenseits von wissenschaftlicher Präzision und Wiedergabetreue nach seinem Gutdünken zu formen und zu verändern; Realitätspartikel würden vom Autor in einen "Phantasiezusammenhang"[51] eingebunden, so daß beispielsweise das von Regierungsseite beanstandete Negativbild der Treuhand nur für *eine* Möglichkeit von Wirklichkeit einstehe. Andererseits führt Negt weiter aus, daß bei genauem Hinsehen Grass' düsteres Porträt der Treuhand sich ja auch bestätige; eine von unzähligen Korruptions- und Bestechungsfällen geprägte Unternehmensgeschichte legitimiere entsprechend Grass schonungslose Schilderung. Mit anderen Worten ist Literatur ob ihrer Fiktionalität gegen jegliche Einsprüche seitens der Wirklichkeit geschützt; diese Immunität nutzt sie nun aber nicht zur Selbstbespiegelung im Sinne einer l'art pour l'art. Ein Werk wie *Ein weites Feld*, mit einer "provokativen Kraft" ausgestattet, wühlt laut Negt den "gesellschaftlich-geschichtlichen Boden" auf, zerrt "Vergrabenes und Vergessenes"[52] ans Tageslicht - natürlich nur dann, wenn es auf kompetente und objektive Leser trifft, die sich der "kollektiven Beiß-reflexe" (Jürgen Habermas) enthalten können.[53]

Mit den der Dokumentation beigefügten Briefen von Dichterkollegen an Grass scheint sich der Eindruck eines schuldlos in die Opferrolle geratenen Autors zu vervollständigen. Falls der Leser nach der Lektüre immer noch an dem Negativ-bild festhält - Grass als ästhetisch wie politisch Gescheiterter -, sollen ihn am Ende des Buches Statistiken eines Besseren belehren. Unter anderem werden die Wertungen von 34 Rezensionen aufgelistet; geschickt wird anstelle des binären Schemas positiv/negativ eine Werteskala mit acht Feinabstufungen eingeführt, nicht zuletzt natürlich, um das insgesamt deutlich negative Presseecho statistisch 'nachzubessern'. Dazu kommen noch Plazierungen in den Bestsellerlisten, also ei-gentlich 'Sekundäres', die Negts These vom Protest des Rezipienten gegen die einseitige Aburteilung der professionellen Kritik untermauern sollen. Da der Steidl-Verlag als Herausgeber ein vitales Interesse daran hat, auf die Imagebil-dung seines Starautors in der Öffentlichkeit einzuwirken, ist die als Dokumenta-tion deklarierte Veröffentlichung ebenfalls eine hochgradig selektiv wirkende Anschlußhandlung innerhalb des Literaturbetriebes, die dem angeprangerten Se-kundärgeschehen ein weiteres Kapitel zufügt.

*Metafiktionale Entgrenzung des Textes*

Auch durch die vom Dichter selber gesteuerte Erweiterung bzw. Entgrenzung des Primärtextes durch textexterne Medien (Peri- und Epitexte) verschwinden natürlich keineswegs die Grenzen zwischen Innen und Außen eines Werkes. Scharf zu unterscheiden wäre hier zwischen dem Kontext im traditionellen Sinne und der sogenannten Kontext-Kunst, d.h. der programmatischen Inszenierung von medialen und gesellschaftlichen Kontexten durch das Kunstwerk selber.[54] Gleichwohl kann ein Kunstwerk z.B. über illusionszerstörende Verfahren sein Be-zugssystem, also den die Wahrnehmungsleistung steuernden *Rahmen*, erweitern oder modulieren und dadurch in gewisser Weise die Frage nach der Veranke-rung des Werkes im Kontext selber evozieren. Damit antizipiert das Werk den Griff des Lesers nach textfremden Deutungshilfen, indem es ein elementares Cha-rakteristikum von Literarizität reflektiert:

> Jeder Text ist sekundär, möge er sich auch noch so originell geben. In ihm sprechen neben der Stimme seines Urhebers noch ungezählte andere mit.[55]

Grass, der zu den wenigen international beachteten deutschsprachigen Autoren zählt, wird in postmodernen Diskussionen als Vertreter einer intertextuell-selbst-reflexiven Schreibweise genannt.[56] In seinem Hauptwerk, der *Blechtrommel*, chan-giert der Held zwischen einer zwergenhaften, 'realen' Existenz und einer überin-dividuellen, allegoriehaften Funktion. Im *Treffen in Telgte* blendet Grass die

Gruppe 47 und die Dichter des 17. Jahrhunderts nach dem dreissigjährigen Krieg ineinander.

*Ein weites Feld* trägt noch weit mehr als seine Vorläufer metafiktionale Züge, und zwar sowohl in *impliziter* als auch *expliziter* Form. Dieser 'Narzißmus', in der Postmoderne nicht nur ein Signum der Erzählliteratur, ist nicht zuletzt auch ein innerliterarischer Reflex auf die mediengeschichtliche Konkurrenz; angesichts einer (massen-)medialen Omnipräsenz, durch die sämtliche Daseinsbereiche erfaßt und vorgedeutet werden, kann der literarische Text ohnehin nur noch auf Sekundäres verweisen, d.h. Beschriebenes oder Erzähltes nochmals beschreiben oder erzählen. Im Falle eines mit inter- und intratextuellen Bezügen operierenden Autors wie Grass verdoppelt sich also die Komplexität des Phänomens Literatur.

Gleich auf mehreren Textebenen wird in *Ein weites Feld* Bezug genommen zu fiktionalen als auch faktualen Prätexten: Der Titel ist der berühmte letzte Satz von Vater Briest im wohl bekanntesten deutschen Ehebruchsroman des 19. Jahrhunderts; als Prätexte werden Fontanes Leben und seine Werke nicht nur offen genannt, sie liefern das Set an Figuren, Ereignisse (allein schon durch Fontanes Alter Ego "Fonty" alias Theo Wuttke), sie stiften Geschichten; der 'reale' Schauplatz des Romans, die Stadt Berlin, wird überlagert durch das Berlin zu Zeiten Fontanes (und seiner Figuren!). Andererseits wird die von Digressionen und mitunter langatmigen Beschreibungen getragene Erzählweise Fontanes von Grass auch rekonstruiert bzw. parodiert; so gesehen wird schon von der produktionsästhetischen Seite der Roman seiner Geschlossenheit beraubt; die Dialogizität, Vielstimmigkeit, der für Grass fast schon obligatorische selbstironisch-intertextuelle Verweis zur *Blechtrommel* (Trommler Oskar wird auf S. 50 kurz erwähnt), das sind allesamt Kennzeichen des polyphonen Romans, der hier sogar eine plurale Erzählerstimme aufweist ("Wir vom Archiv /.../") Die "Hypertextualität"[57] erweist sich in einer spielerischen, bisweilen aber auch ernsthaften Aneignung verschiedener "Hypotexte"[58], aber auch einer realen Dichterbiographie. Der Text wird aus anderen Texten generiert, und der Autor erscheint nicht mehr ein emphatisches schöpferisches Ich, als vielmehr ein "Kompilator" des Bestehenden, wenngleich Grass durch sein *paratextuelles* Handeln demgegenüber auf seiner Autorrolle insistiert.

Der Protagonist des Romans, Theo Wuttke, in einer alltagssprachlichen Verniedlichung "Fonty" genannt, trägt Züge eines wie Don Quijote an Lesesucht und überbordender Imaginationskraft erkrankten Viellesers, der Realität und Fiktion nicht mehr auseinander zu halten weiß. Plausible Gründe für diese Überidentifikation mit einem Großdichter des 19. Jahrhunderts finden sich fiktionsimmanent zuhauf; Wuttke-Fonty teilt Geburtstag, Geburtsort, hugenottische Herkunft und den Wohnort Berlin mit Fontane; als Kulturbundredner ist er des "Unsterblichen" Chronist und Interpret; ähnlich wie sein großes Vorbild schwankt Fonty zwischen den politischen Extremen, zwischen einer Nibelungentreue zum preußischen Untertanenstaat (im Falle Wuttkes sozialistischer Provenienz) und einem frankophilen, weltgewandten Liberalismus. Fontys Wechselbad in der Geschichte wird topographisch fixiert: Ein Gebäude, das ehemalige Reichsluftfahrtministeri-

um, spätere Haus der Ministerien und schließlich der Sitz der Treuhand, verkörpert quasi die Einheit der Differenzen in der deutschen Geschichte. Der Paterno-
ster, bevorzugtes Fortbewegungsmittel des Aktenboten Wuttke, versinnbildlicht
das stetige Auf und Ab des Protagonisten, der sich damit in den Kreis vieler historischer Persönlichkeiten (Göring, Ulbricht, Rohwedder) bewegt. In den Kriegs-
wirren und der Zeit in der DDR verleiht Wuttke über eine Identifikation bzw.
Annäherung an Fontanes Leben und Schaffen seinem Leben einen Sinn; hier
wird, allerdings ironisch vielfach gebrochen, aufs Neue Oscar Wildes Diktum
nachgeeifert: Das Leben bildet die Kunst nach. Fonty verfällt dem Irrglauben,
eine Art von Reinkarnation des Dichters aus Neuruppin zu sein; seine Umwelt,
vor allem seine Familie, distanziert sich von den immer wieder behaupteten Parallelen. Erzähltechnisch hat man es mit einer Komplementärperspektive zu tun:
Ereignisse werden, da sie aus Sicht verschiedener Figuren erzählt werden, unterschiedlich wiedergegeben und gedeutet. Was an Ereignissen dem Fontane-Freak
Wuttke Anlaß gibt zu tiefschürfenden Aperçus, ist für Emmi Wuttkes Common
sense weltfremde Spinnerei. Fonty ist fiktionsimmanent wirklich an Nervenfieber
erkrankt; erst der kühne Plan, seine (und Fontanes!) Kindheit gleichsam als 'Par-
allelaktion' zu erzählen, kuriert ihn auf wundersame Weise. Eine Warnung vor
den identitätszerstörenden Wirkungen von Literatur wie im Fall der *Madame Bo-
vary* mißlingt (oder besser gesagt: soll mißlingen!), da die beiden Zeitebenen immer wieder ineinandergeblendet werden, so daß der Leser an der ontologischen
Differenz von realem Dichter Fontane, seinen Figuren und der fiktiven Figur
Fonty mitunter zweifeln muß.

Das Dargestellte, die *Histoire* (Fontys Lebensabschnitt zwischen Mauerfall und
Wiedervereinigung) affiziert gewissermaßen die Darstellung, also den *Discours*.
Vor allem in den Dialogen zwischen Fonty und seinem "Tagundnachtschatten"
Tallhover sind die Grenzen zwischen Primär- und Sekundärfiktion fließend;
Wuttke-Fonty ist möglicherweise nicht nur ein durch übermäßigen Lesegenuß an
Schizophrenie leidender Fontane-Adept - Wuttke IST Fonty. Fonty und Hoftaller
schreiben nämlich ein weiteres Kapitel in der Geschichte des Herr-Knecht-Topos:
In ihre Geschichte schreiben sich jene ihrer berühmten Vorläufer ein. Wie Don
Quijote und Sancho Pansa, Don Juan und Leporello oder Jacques der Fatalist und
sein Herr sind Fonty und Hoftaller auf Gedeih und Verderb aneinandergekettet.
Der Topos, der für Kontinuitäten und Kontiguitäten in der Literaturgeschichte
sorgt, wird hier in gewisser Weise verwörtlicht: Fonty und Hoftaller sind jeweils
auf ihre Weise wirklich überzeitlich-irreale Existenzen.

Hoftaller kommt die Rolle des ewigen Dichterspions zu: Als Geheimdienst-
agent ist er ein fester Bestandteil deutscher Geschichte der letzten 150 Jahre, er ist
aber auch einem anderen Roman, nämlich Hans Joachim Schädlichs *Tallhover*
(1987) entlaufen. Um der fiktionsimmanenten Surrealisierung die Krone aufzu-
setzen, schenkt Hoftaller Fonty just diesen Roman mit den Worten:

Ist schwierig, aber lesenswert. Stimmt im großen ganzen, nur nicht das Ende. Habe nie
Todeswünsche geäußert. Hätte mit dem Autor gerne persönlich Kontakt aufgenom-

men, aber das Objekt Schädlich zog es vor, uns, den Arbeiter- und Bauernstaat zu verlassen [...]. (Grass, S. 240)

Damit wird der Leser mit einer ontologischen Unmöglichkeit konfrontiert: Eine
Figur, die in einem Roman, der ihren Namen trägt, stirbt, feiert ihre Wiederaufer-
stehung in einem anderen Roman. Die Pointe hier ist aber die fiktionale Auto-
poiesis: Da Hoftaller, der ewige Spitzel, aufgrund eines 'Wiederholungszwanges'
nicht von seinem "Objekt" Fonty lassen kann, "hat er sich wohl deshalb gewei-
gert, seinem Biographen [H.J. Schädlich, D.F.], der ihn nach über hundert Dienst-
jahren auslöschen zu wollen, Gehorsam zu leisten."(Grass, S. 109)

Die Heteronomie, Bedingung der Selbstauslöschung in Schädlichs *Tallhover*,
wird in eine paradoxe Autonomie transformiert, wenngleich dies dem 'wahren'
Machtverhältnis nicht abträglich ist - der empirische Autor Grass gibt die auktoriale Kontrolle natürlich nicht aus der Hand. Wie in Flann O'Briens *At-Swim-Two-
Birds* rebelliert eine Figur gegen die Fremdbestimmung, d.h. gegen das erzählerische Telos (nämlich ihren Tod); nur spielt sich hier diese "Metalepse" (Genette),
die das Verhältnis von Histoire und Discours verwirrt, in einem imaginären
Raum zwischen zwei Romanen ab. Selbst der fiktionsimmanenten Hervorbrin-
gungsinstanz, dem Archiv, seines Zeichens dem Vergangenen verpflichtet, droht
das Verhältnis von realem, 'echten' Fontane und gegenwärtigem Epigonen
durcheinander zu geraten:

> Mehr und mehr rutschten wir in Fontys Geschichte. Er war uns lebendiger als das in
> Karteikästen gezwängte Original. (Grass, S. 447)

Das Erzählerkollektiv ("Wir vom Archiv") agiert, was Erzähltes und Erzählvor-
gang durcheinander bringt, in einem paradoxen Raum zwischen Retrospektive
und Geschehensebene; wenn Wuttke auf der Hochzeit seiner Tochter die Ange-
stellten des Archiv daran gemahnt, den Bräutigam nicht zu kritisch zu porträtie-
ren, kommt es zu einer Art von erzählerischem 'Kurzschluß' (Grass, S. 313). Dies
erinnert an die "seltsamen Schleifen" (Douglas Hofstadter) in den Bildern von
M.C. Escher (z.B. die Hand, die sich selber zeichnet). Wenn die Chronisten vom
Fontane-Archiv Fontys Geschichte erzählen *und* gleichzeitig das Erzählen erzählen, wird damit eine (fingierte) Offenheit und Kontingenz des Erzählens suggeriert.

Das opulente, mit sinnlichen Genüssen nicht geizende Erzählen, das bisher den
'barocken Fabulierer' Grass so ausgezeichnet hat, wird von einer manieristischen
Artifizialität überlagert; folgt man Umberto Ecos einflußreichem *Nachwort zum
'Namen der Rose'*, findet das ausgeprägte 'Kunstwollen' des Manierismus in postmodernen Darstellungsmodi seine Fortführung. Das die eigenen ästhetischen
Verfahren in den Vordergrund rückende Erzählen Grass'scher Provenienz ist jedoch, anders als bei den anglo-amerikanischen Postmodernisten, weniger einer
hedonistischen 'Playfulness' geschuldet; ein 'Klassiker' wie Richard Brautigans
*Trout Fishing in America* spielt mit literarischen Prätexten (z.B. Hemingways *In our
time*) um des Spielens willen und dementiert mit seiner zugleich irritierenden wie

humoristischen Erzählweise außerliterarische Funktionsbestimmungen einer selbstreflexiven Erzählpraxis.

Dagegen ist Metafiktionalität für Grass, ähnlich wie für sein großes episches Vorbild Döblin, eher ein Verfahren, die "Verschlossenheit des alten Romans" (Walter Benjamin) aufzusprengen zugunsten einer neuen, Gemeinschaftlichkeit erzeugenden Epik; dies erinnert u.a. an die Mündlichkeit simulierende Erzählweise eines Johannes Bobrowski in *Levins Mühle*.[59]

Grass blendet reale und fiktive Erzählräume verschiedener Epochen ineinander, um daran sein geschichtsskeptisches Modell eines Wiederholungszwanges zu exemplifizieren. Der Roman bildet mit seinen inter- und intratextuellen Bezügen einen virtuellen Erzählraum, in dem der lineare Geschichtsprozeß zu einem Neben- und Miteinander des Immergleichen überführt wird; geschult an der 'Unfähigkeit' des Erzählerkollektivs, eine kohärente Geschichte eines in Geschichten lebenden Protagonisten zu erzählen, gewinnt der Leser gleichsam an Autorität, liegt es doch letztendlich an ihm, sich der vergangenen und jüngsten deutsche Geschichte jenseits des 'Herrschaftsdiskurses' und seiner eingefahrenen Bewältigungsmuster zu nähern.

Mit dem Hinweis auf die selbstreflexive Struktur des Romans ist natürlich noch nichts über dessen Qualität ausgesagt: Einerseits gehört auch die Metafiktion mittlerweile zu den überstrapazierten Kunstgriffen einer Spätmoderne, deren dichterische Selbstreflexivität nicht selten wieder umschlägt in eine Re-Auratisierung und Re-Mystifizierung. Daher kann sich die Aufgabe der Literaturkritik nicht darauf beschränken, die immanente literarische Reflexivität nur zu rekonstruieren und zu erklären, ohne daß eine Wertung getroffen wird. Reflexivität kann kein dauerhaftes Kennzeichen für die Überlegenheit des literarischen Codes gegenüber dem "reflexionsfreien Medium Fernsehen" (Uwe C. Steiner) und seinen ritualisierten Diskursmodi sein.[60]

Nach den epistemologischen und ontologischen Infragestellungen der Moderne steuert die Literatur möglicherweise auf einen Zustand hin, in dem ihr keinerlei darstellungstechnische Restriktionen wie 'Bilderlosigkeit' oder 'Selbstnegation' mehr abverlangt werden:

> Since nothing is said, since nothing can be said, or since it can be said differently, we are now freed from what denying us, negating us, or merely determining us.[61]

## Ausblick

Kommunikation über Literatur kann sich in einer unterschiedlichen Gegenstandsnähe und Gegenstandsadäquatheit manifestieren. Die Reichweite einer literaturwissenschaftlichen Interpretation erschöpft sich natürlich weit weniger im instantanen Konsum als ein Werbetext oder ein bebildertes Dichterporträt in einer Hochglanzzeitung. Gleichwohl lassen sich diese heterogenen Erscheinungsformen und ihre wechselseitige Einflußnahme (z.B. beziehen sich Kritiken auf Werbetexte und vice versa) auf strukturelle Veränderungen des Kunstsystems zurückführen. Fruchtbar erscheint ein Erklärungsansatz zu sein, der das inkriminierte "Gerede", das "Sekundäre" der literarischen Verteiler, Vermittler und Rezipienten, aber auch der Künstler als Symptome eines Ausdifferenzierungsprozesses *innerhalb* des Literatursystems begreift. Demnach leistet die Metakommunikation, worunter ohne normative Einschränkung grundsätzlich alle Formen der Kommunikation *über* Literatur fallen, unersetzliche Selektions- und Orientierunghilfen sowohl für Sender als auch Empfänger literarischer 'Botschaften', was gerade auch im Hinblick auf die programmatische Kommunikationsverweigerung einer ästhetischen Moderne an Bedeutung gewinnt:

> Generell wird man davon ausgehen müssen, daß der Einfluß metakommunikativer Funktionen im Distributions- und Vermittlungsbereich umso mehr zunimmt, je weniger unmittelbaren Zugang die Rezipienten zur Literaturproduktion und zu literarischen Werken und umgekehrt die Autoren zu den Lesern haben, je einschneidender sich also bestimmte Kommunikationsbarrieren innerhalb des literarischen Kommunikationsfeldes auswirken.[62]

Durch den enormen Reflexivitätsschub, an dem auch die Massenmedien entscheidend beteiligt sind - Interaktion und Kommunikation sind zunehmend voneinander separiert -, ist nicht mehr (allein) das Kunstwerk, sondern auch die Kommunikation darüber Bezugspunkt für Anschlußhandlungen.[63] Daß die Literatur durchaus ein Sensorium haben kann für den Strukturwandel literarischer Kommunikation und bisweilen mit ihren eigenen Waffen dem Literaturbetrieb ein Schnippchen schlägt, zeigt auf ironisch-amüsante Weise Lutz Tilgers Roman *Fritzleben*[64]: Dieser überaus erfolgreiche "Roman einer Wende" sei, so jedenfalls das Vorwort des Verlages Volk & Welt, samt 500.000 verkauften Exemplaren (!) unter mysteriösen Umständen verschwunden. Sozusagen das Textsurrogat bilden sechzehn (fiktive) Rezensionen des Romans, unter den Verfassern u.a. Fritz Rudolf Fries, Adolf Muschg und Jan Philipp Reemtsma. Der 'Skandal' liegt jetzt nicht nur darin, daß der Leser sich mit Sekundärem zufrieden geben muß - an den Rezensionen läßt sich scheinbar auch der Zustand der Literaturkritik ablesen. Wie der nicht mehr existente Roman einmal beschaffen war, bleibt völlig im Dunkeln, denn jeder Kritiker hat ihn komplett anders gelesen.

Man muß sicherlich nicht so weit gehen wie manche der zeitgenössischen Medienutopisten, die postulieren, daß Texte nicht mehr zur Interpretation, zur Anamnese von etwas Vorhergewesenem anregen, sondern nur noch auf *Verwertung* im Medienverbund angelegt sind.[65] Damit wird dem literarischen Text gerade noch die Funktion eines *Inzitaments* konzediert; diese Diagnose bleibt zumindest solange noch ein paradoxer Befund, wie postmoderne Romane noch Zeugnis ablegen können von diesem Substanzverlust. Der in diesem Kontext eher an Rohstoffe denn an Artefakte erinnernde Begriff der 'Verwertung' ließe sich mit dem der "Refunktionalisierung" (Liessmann) substituieren; damit ist gemeint, daß der hehre Autonomieanspruch des Kunstwerks wieder auf ein Mindestmaß zurechtgestutzt wird, dagegen kontextgebundene, mediale und gruppenspezifische, d.h. pragmatische Funktionszusammenhänge wichtiger werden. Die jeweiligen Distributoren, Verarbeiter oder einfach nur 'Normalleser' wenden sich entsprechend ihren jeweiligen Anschauungen und Bedürfnissen an den Text und an die ihn vermittelnden Kontexte. Ein und derselbe Leser kommt unter Umständen je nach situativ-kontextuellen Bedingungen zu differierenden oder sogar widersprechenden Wertungen, so wie es Renate Böschenstein in ihrem Beitrag zum neuen Grass-Roman beschreibt. Da bei ihrer Lektüre sich heterogene Leserrollen überschneiden (spontane Leserin, Fontane-Liebhaberin, Zeitgenossin und Literaturwissenschaftlerin), kann und will sie entsprechend auch kein rollen- und kontextunabhängiges Werturteil treffen.[66]

Allein die neu entflammten Kontroversen um die politischen Dimensionen von Literatur (auch in der Debatte um Handkes Serbien-Essay) haben gezeigt, daß eine rein kunstimmanente Definition des Artefakts der Wirkungsbreite und gesellschaftlichen Relevanz desselbigen nicht gerecht wird. Der isolierte, von allem 'Sekundären' unbehelligte Text, so der Eindruck, wird auf dem weiten literarischen Feld mehr und mehr zu einer Schimäre.

## Anmerkungen

1  Spiegel special 10, 1996, S. 148.

2  Angela Fritz: *Leseforschung in einer Mediengesellschaft*, in: Internationales Archiv für Sozialgeschichte der deutschen Literatur 15, 1990, S. 202-216; hier S. 204.

3  Vgl. Klaus Merten: *Evolution der Kommunikation*, in: *Die Wirklichkeit der Medien. Eine Einführung in die Kommunikationswissenschaft*, hgg. v. Klaus Merten, Siegfried J. Schmidt u. Siegfried Weischenberg, Opladen 1994, S. 141-162; hier S. 155.

4  Jochen Hörisch und Gérard Raulet: *Soziokulturelle Auswirkungen moderner Informations- und Kommunikationstechnologien. Der Stand der Forschung in der Bundesrepublik Deutschland und in Frankreich*, Frankfurt/M. und New York 1992, S. 86.

5  Hubert Winkels (Die Zeit v. 8.11.1996) über die "Einsamkeit" des konversationsfreudigen Lesers: "Man mache den Test und beginne auf einem beliebigen Fest mit kulturell interessierten Menschen ein Gespräch über Bücher. Es wird sich im Handumdrehen in ein Gespräch über Filme verwandeln (über Fernsehsendungen spricht man nicht, man macht sich darüber lustig)."

6  Vgl. Monika Dimpfl: *Literarische Kommunikation und Gebrauchswert. Theoretische Entwürfe*, Bonn 1981, S. 260.

7  Interessanterweise wird mittlerweile auch der Literaturwissenschaft der Vorwurf gemacht, sie protegiere die Lesefaulheit bzw. das Sekundärinteresse ihrer Studenten, indem sie u.a. mit der Hinwendung zu literatursoziologischen und rezeptionstheoretischen Fragestellungen die Wende vom Text zum Kontext vollzöge; vgl. dazu *Hilfe - Der Lesenotstand droht* von Paul Ingendaay in der FAZ v. 25.10.95.

8  Hans Magnus Enzensberger: *Rezensenten-Dämmerung*, in: ders.: *Mittelmass und Wahn. Gesammelte Zerstreuungen*, Frankfurt/M. 1988, S. 49-56; hier S. 52.

9   George Steiner: *Von realer Gegenwart. Hat unser Sprechen Inhalt?*, München 1990, S. 43.

10  Burkhardt Spinnen: *Genre statt Chaos. Die Trivialliterarisierung des öffentlichen Lebens am Beispiel von Fußball, SPD und Political Correctness*, in: Neue Rundschau, Heft 2, 1996, S. 50-58; hier S. 58.

11  Jochen Greven: *Bemerkungen zur Soziologie des Literaturbetriebes*, in: *Literaturbetrieb in der Bundesrepublik Deutschland*, hgg. v. Heinz Ludwig Arnold. 2., völlig veränd. Aufl., München 1981, S. 10-25; hier S. 17.

12  Bernhard Zimmermann: *Das Bestseller-Phänomen im Literaturbetrieb der Gegenwart*, in: *Literatur nach 45*, Bd. III: Themen und Genres, hgg. v. Jost Hermand, Wiesbaden 1979, S. 99-123; hier S. 114.

13  Vgl. Klaus Gerth: *Der Bestseller*, in: Praxis Deutsch, H. 14, 1987, S. 12-16.

14  Stand 11/1996; Quelle: Werbung des Steidl-Verlages, in: Die Zeit v. 14.11.1996.

15  Werner Faulstich: *Thesen zum Bestseller-Roman. Untersuchung britischer Romane des Jahres 1970*, Bern-Frankfurt/M. 1974, S. 24ff.

16  Iris Radisch: *Die Bitterfelder Sackgasse*, in: Die Zeit v. 25.8.95.

17  Karl-Heinz Bohrer: *Erinnerung an Kriterien. Vom Warten auf den deutschen Zeitroman*, in: Merkur 49, H. 2, 1995, S. 1055.

18  So z.B. Tilman Krause: *Ein Kerl muß eine Meinung haben*, in: Der Tagesspiegel v. 19.12.95.

19  Enzensberger: *Rezensenten-Dämmerung*, a.a.O., S. 53; die heutige Literaturwissenschaft grenzt sich mit ähnlichen Argumenten gerne vom Tagesgeschäft der Kritik ab; so z.B. Werner Schwan, der in seinem Aufsatz *G. Grass: Ein weites Feld - Mit Neugier und Geduld erkundet* (in: Poetica, H. 28, 1996, S. 433-464) den Roman vehement in Schutz nimmt; die Kritiker würden der Komplexität der Erzählweise nicht gerecht; u.a. sei die "Unkenntnis des Werkes [Fontanes]" der Grund für ein vorschnelles Werturteil. Sicherlich arbeitet Schwan viel gründlicher die intertextuellen Bezüge zwischen Grass und Fontane in ihrer Sublimität heraus, als dies der Literaturkritiker tun kann. Dennoch bleibt die Frage unbeantwortet, ob dies die prinzipielle Kritik an einer solchen Romankonstruktion relativiert; oft ist der Vorwurf, der literaturkritische 'Schnelleser' erfasse nicht die Tiefendimensionen eines literarischen Textes, auch nur eine überstrapazierte rhetorische Figur.

20  In einer *Kritiker-Bestenliste*, vom Verlag Schöffling & Co. 1995 erstellt, belegte Reich-Ranicki einen respektablen 10. Platz, noch vor Gustav Seibt (28.) und Frank Schirrmacher (47.). Befragt wurde eine von Autoren (!) gebildete Jury, darunter u.a. Hans Magnus Enzensberger und Peter Härtling; vgl. Journal Frankfurt v. 4.10.1995.

21  Vgl. Franz Loquai: *Das Literarische Schafott. Über Literaturkritik im Fernsehen. Parerga 15*, Eggingen 1995, S. 24.

22  Thomas Seiler demonstriert im *profil* vom 4.9.1995 sehr anschaulich, wie der festgefahrene Diskurs der (Meta-) Literaturkritik mittels literarischer Verwirrstrategien wiederbelebt werden kann; seine Metakritik trägt den 'empörenden' Titel: *Reich-Ranicki ist ein Faschist*, was sich dann aber als ein politisch bedeutungsloser, vielmehr ironischer 'Appetizer' entpuppt.

23 Niklas Luhmann: *Soziologische Aufklärung*, Bd. 5: *Konstruktivistische Perspektiven*, Opladen 1990, S. 51.

24 Vgl. Walter Hömberg: *Verlag, Buchhandel, Bibliothek*, in: *Literaturwissenschaft. Ein Grundkurs*, hgg. v. Helmut Brackert u. Jörn Stückrath, Reinbek 1992, S. 392-406; hier S. 392. Sjaak Onderdelinden reflektiert in dem Aufsatz *Zunge zeigen in den Zeitungen* (in: Amsterdamer Beiträge 25, 1992, S. 205-228) über das dreifache Prinzip der Selektion, das nach Luhmann jede Kommunikation, auch die Literaturkritik, auszeichnet: "Gerade in der primären Reaktion der Literaturkritik kommt die individuelle Subjektivität jedes einzelnen Rezensenten mit aller wünschenswerten Deutlichkeit zum Ausdruck." (S. 228) Demnach kann der Beobachter einer Literaturdebatte zwar die "Rekonstruktion einer Kommunikationssituation" (ebd.) leisten, nicht aber die einzelnen Geschmacksurteile bewerten.

25 Peter Glotz und Wolfgang Langenbucher: *Der mißachtete Leser. Zur Kritik der deutschen Presse*, Köln-Berlin ³1970.

26 Wolfram Schütte: *Wie aus der Zeit gefallen: zwei alte Männer*, in: FR v. 26.8.1995.

27 Zudem stellt sich das Problem, ob literaturkritische Argumentationen überhaupt formallogisch dekodierbar sind. Die pragmatische Funktion einer Kritik schließt immer auch äußere Umstände, also Kontexte, mit ein; vgl. dazu *Literaturkritik - Anspruch und Wirklichkeit*, hgg. v. W. Barner, Stuttgart 1990; darin die Diskussion um Thomas Anz' Untersuchung zum literaturkritischen Argumentationsverhalten im Kritikerstreit um Botho Strauß und Peter Handke, S. 492.

28 Jörg Drews: *Über den Einfluß von Buchkritiken in Zeitungen auf den Verkauf belletristischer Titel in den achtziger Jahren*, in: Barner: *Literaturkritik*, a.a.O., S. 460-473; hier: S. 469.

29 Sigrid Löffler: *Heißgeredet, totgeschrieben*, in: Süddeutsche Zeitung v. 26.8.1995.

30 Niklas Luhmann: *Die Kunst der Gesellschaft*, Frankfurt/M. 1995, S. 104; natürlich kann man Literatur selber auch schon als Beobachtung von etwas begreifen; entsprechend verschieben sich dann die Anschlußbeobachtungen um eine Ebene.

31 Ebd; hier berühren sich in gewisser Weise Theorie und kulturkritisches Lamento vom Verschwinden des Textes.

32 Ebd., S. 9.

33 Günter Grass: *Ein weites Feld*, Göttingen 1995, S. 297; im folgenden mit Seitenzahl direkt im Text nachgewiesen.

34 Steiner: *Von realer Gegenwart*, a.a.O., S. 53.

35 Friedhelm Rathjen: *Crisis? What Crisis?*, in: *Deutschsprachige Gegenwartsliteratur. Wider ihre Verächter*, hgg. v. Christian Döring, Frankfurt/M. 1995, S. 9-17; hier S. 12.

36 Ebd., S. 14.

37 In: Stern v. 31.8.1995

38 Konrad Paul Liessmann: *Von Tomi nach Moor. Ästhetische Potenzen - Nach der Postmoderne*, in: Kursbuch 122, 1995, S. 21-32; hier S. 26.

39 Gérard Genette: *Paratexte*, Frankfurt/M.-New York 1989, S. 388.

40 Ebd., S. 389.

41 Günter Grass: *Zunge zeigen,* Darmstadt 1988, S. 27.

42 Ebd., S. 21.

43 So lautete der Titel eines Porträts von Horst Krüger in: Die Zeit v. 25.4.1969.

44 Franz Josef Görtz: *Günter Grass. Zur Pathogenese eines Markenbildes,* Meisenheim am Glan 1978.

45 Horst Krüger in: Die Zeit v. 25.4.1969.

46 Interview in: Stern v. 17.8.1995.

47 Dörner/Vogt: *Literatursoziologie,* a.a.O., S. 168.

48 So z.B. in Interviews mit der *FAZ* vom 7.10.95 und mit den *Lübecker Nachrichten* vom 24.9.95; außerdem in seinem Beitrag in den *Essener Unikaten* 8 (1996), S. 10-13; dort weitet Grass seine Kritik auf die gesamte Kultur aus: "Mittlerweile weiß ich, daß im gesamten Kulturbetrieb das Sekundäre gesiegt hat. [...] Nicht mehr das Buch ist wichtig, sondern dessen feuilletonistische Aufbereitung, die sich Kritik nennt. Nicht mehr das Theaterstück zählt, sondern die Verwurstung eines Textes mittels Inszenierung."

49 Eine ähnliche Dokumentation wurde vom Innsbrucker Zeitungsarchiv 1995 vorgelegt.

50 Negt: *Der Fall Fonty,* a.a.O., S. 13.

51 Ebd., S. 16.

52 Ebd., S. 7.

53 Einen ähnlichen Ansatz vertritt anscheinend der französische Historiker Olivier Mannoni, der in seinem Ende 1996 erschienenen Buch *Un ecrivain à abattre - L'Allemagne contre Günter Grass* die Debatte um Grass mit der Angst der Deutschen vor sich selbst zu erklären versucht; Grass habe mit seinem Roman den nach der Wiedervereinigung einsetzenden Versuch einer Geschichtsklitterung erheblich gestört.

54 Vgl. Liessmann: *Von Tomi nach Moor,* a.a.O., S. 26.

55 B. Witte: *"[...] daß gepfleget werde/ Der feste Buchstab, und Bestehendes gut/ gedeutet".* Über die Aufgaben der Literaturwissenschaft, in: *Germanistik in der Mediengesellschaft,* hgg. v. Ludwig Jäger u. Bernd Switalla, München 1994, S. 111-131, hier: S. 112.

56 Vgl. Patricia Waugh: *Metafiction. The Theory and Practice of Self-Conscious Fiction,* London-New York 1984, S. 141.

57 Gérard Genette: *Palimpseste. Die Literatur auf zweiter Stufe,* Frankfurt/M. 1993, S. 15.

58 Ebd., S. 14.

59 Vgl. dazu Dirk Frank: *Das Paradox der Metafiktion. Selbstreflexivität in neueren deutschen Erzähltexten,* Egelsbach 1996, S. 54ff.

60 Uwe C. Steiner: *Literatur als Kritik der Kritik. Die Debatte um Peter Handkes "Mein Jahr in der Niemandsbucht" und die "Langsame Heimkehr",* in: Döring: *Deutschsprachige Gegenwartsliteratur,* a.a.O., S. 125-169, S. 140; Steiners diffizile Analyse der literaturkritischen Debatte um Peter Handke arbeitet zwar die theoretischen Defizite der heutigen Kritik heraus, bleibt aber selber blind für die nicht minder fragwürdige Selbstimmunisierung des literarischen 'Narzißmus'.

61  Raymond Federman: *Fiction Today or the Pursuit of Non-Knowledge*, in: Humanities in Society 1, 1978, S. 115-131; hier S. 127.

62  Dimpfl: *Literarische Kommunikation und Gebrauchswert*, a.a.O., S. 107; Bernhard Zimmermann kommt dagegen zu einer skeptischeren Einschätzung: "Eine zunehmende Abhängigkeit literarischer Kommunikation von metakommunikativen Vermittlungsprozessen läßt indes eine Revitalisierung des literarischen Lebens nicht als sehr wahrscheinlich erscheinen, sondern eher erwarten, daß der gesamtgesellschaftliche Stellenwert jener Literatur, die auf kritische Vermittlung angewiesen ist, weiter abnehmen wird." (*Entwicklung der deutschen Literaturkritik von 1933 bis zur Gegenwart*, in: *Geschichte der deutschen Literaturkritik (1730-1980)*, hgg. v. Peter Uwe Hohendahl, Stuttgart 1985, S. 275-338; hier S. 321.)

63  Georg Jäger: *Die Avantgarde als Ausdifferenzierung des bürgerlichen Literatursystems*, in: *Modelle des literarischen Strukturwandels*, hgg. v. Michael Titzmann, Tübingen 1991, S. 221-244. Jäger bezieht sich in seinem Entwurf allerdings auf die Avantgarde, die, indem sie das bürgerliche Kunstwerk destruiert, stattdessen eine Dauerreflexion über Kunst initiiert.

64  Lutz Tilger: *Fritzleben. Roman einer Wende*, Berlin 1994.

65  Norbert Bolz: *Das Betriebsgeheimnis der Postmoderne*, in: Konzepte 7, 1991, S. 23-26; hier S. 26.

66  Renate Böschenstein: *Fonty, die Matroschka und das unterdrückte Ich*, in: Fontane-Blätter, H. 61, 1996, S. 175-177.

*Erhard Schütz*

## Journailliteraten
Autoren zwischen Journalismus und Belletristik

> "Die Armen wollten immer hoch und die Reichen nicht herunter."[1]

*1. Rückwende: Pressegeschichte der Gegenwartsliteratur*

Die Epoche der deutschen Nachkriegsliteratur wird erst vorüber sein, wenn allgemein offenbar wird, daß sie vierzig Jahre lang vom Jüngerschen Werk überragt wird. Er ist nach dem Krieg der Vergegenwärtiger, der Gegenwartsautor schlechthin gewesen. Zwar nicht im Sinne des kritischen Realisten, dafür auf eine magisch-schauende, immer prospektive Weise. Also befand er sich im Gegensatz zu den mehr oder minder begabten Nachläufern der epischen Moderne, die die literarische Szene beherrschten, den angeblich fabulöseren Autoren, deren großangelegte Romanwerke oft auf einem gesinnungstüchtigen [...] Gehalt gründeten, der sie mittlerweile, auf einen Schlag, zu 'historischen Schinken' werden ließ. [...] Es ist die Sprache der literarischen Öffentlichkeit gewesen, die ihn lange Zeit verpönt und ausgeschlossen hat, die Sprache der Journalisten, jener platt gegen den Tag, immerzu gegen die Scheibe der Zeit stoßenden Fliegen des Geistes.[2]

Dies steht unter dem Titel *Refrain einer tieferen Aufklärung* und stammt von Botho Strauß. - Keine Sorge. Weder will ich über Botho Strauß räsonieren, über seine Stücke als Boulevard für Studienräte, über seine Prosa als Fortsetzung der Minima Moralia mit mediokren Mitteln, noch will ich etwas zum Lobe Ernst Jüngers sagen, etwa, daß er lange Zeit publizistisch tätig war. Ich habe Botho Strauß lediglich zitiert, um davon ausgehend daran zu erinnern, daß dieser Refrain der literarischen Journalismus-Schelte mindestens so alt ist wie der Buchdruck, vor allem aber mit dem Aufstieg der großen Presse epidemisch wurde. Erinnert sei bloß an Gustav Freytags Invektiven und die schier unübersehbare Menge der Presse-Romane und -Dramen des ausgehenden 19. Jahrhunderts oder an das Stereotyp des Journalisten als "Schwein" im 20. Jahrhundert. Erinnert sei an den lebenslangen Journalisten Fontane, der die Literatur vor dem Naturalismus des Polizeiberichts gewahrt wissen wollte und dessen Romane den Zeitgenossen als zu feuilletonistisch galten. Erinnert sei vor allem aber an Nietzsches Verfluchungen, Nukleus aller weiteren Verdammnisse der Presse von Karl Kraus bis Hermann Hesse. Fortsetzbar nach 1945, nun zunehmend erweitert um den Rundfunk, und dann das Fernsehen - Heinrich Bölls, Hans Werner Richters, Martin Walsers Satiren, von denen unbekannterer Autoren ganz zu schweigen. Es ist nicht nur die Abwehr gegen Marktverhalten und produktive Fixigkeit, sondern ihre Spanne reicht von Abbildlichkeitsverachtung zu Virtuositätsaversion, pendelt zwischen Stoffverdikt gegenüber der Reportage und Manierismusbann gegenüber dem Feuilleton.

Hier soll nicht weiter ausgeführt, bloß ins Gedächtnis gerufen werden, daß die Kritik in der Heterogenität dessen, was unter dem Stigma Journalismus gefaßt wurde, allermeist von solchen kam, die mit dem eigenen Journalismus abspaltend haderten - von Freytag über Hesse, Fallada und Kästner bis zu Richter und Walser. Aber das betrifft nicht nur die Autoren als Presselieferanten, sondern auch als Pressekonsumenten. Man könnte fast eine Literaturgeschichte der selbstekelnden Zeitungs- und Mediensucht schreiben, von Rudolf Borchardt, Alfred Döblin, Thomas Mann und Robert Musil bis hin zu Arno Schmidt, Botho Strauß oder Eckhard Henscheid, deren Realitätsbilder allesamt weit mehr aus Medien denn aus den von Germanisten gelegentlich noch gern gewünschten "Erlebnissen" stammen.

Die interne printmediale Aversion - über ihre Gemeinsamkeit und Differenz zur Perhorreszierung von AV-, bzw. Elektronik-Medien wäre gesondert zu diskutieren - gehört konstitutionell zum Literaturbetrieb. Das Verfahren der Abspaltung des je anderen Autors und seiner Aufgaben zwischen Rapport und Spekulation, Spielerei und Reflexion, Resonanz und Statuarik ist gerade im 20. Jahrhundert unter dem Druck der Medienkonkurrenz, -vernetzung und -integration ein unausgeglichener Prozeß ständig neuer Positionsbestimmungen innerhalb eines Systems von prozedierenden Funktionen - zwischen Monomanen und Multiversierten, Idealartisten und Rohmaterialisten, zwischen obstipativem Wortgeiz und dissipativem Phrasenpotlatsch.

In Reduktion wäre das zu verfolgen an den Valorisierungswechseln von Dichter und Reporter wie an den Funktionsbestimmungen von Feuilleton zwischen Literarisierung der Politik und Entpolitisierung der Literatur. Immer handelte es sich um Regulationsprozesse auktorialer Selbstbilder. (Erinnert sei nur an die Schlüsselsituation Anfang der dreißiger Jahre, als Siegfried Kracauer mutmaßte, daß unterm Druck der medialen Besitzverhältnisse Journalisten und Schriftsteller geradezu die Rollen tauschten, währenddes doch ein Großteil der Autorschaft sich aufs Land, in die Magie der Dichtung zurückzog.)

Es handelt sich um den ständig neu auszutragenden Kampf um Signifikanz und symbolische Kapitalisierung dort, wo es keine gewachsenen und ererbten Besitztümer mehr gibt. Distinktions- und Differenzkämpfe sind um so nötiger, je mehr die gewohnten Reviergrenzen durchlässig und ungewiß werden. Romanprosa im Reportageduktus, Feuilletontexte in literarischen Techniken, Journalisten, die sich literarisch versuchen, Literaten, die journalistisch arbeiten - sie sind so genau nicht mehr zu scheiden. Um so heftiger müssen die Unterschiede symbolisiert werden. Die printmediale Industrialisierung bringt Buch und Presse unter Austauschdruck. Zeitungen als Ort des Ephemeren, Schnellvergänglichen, das durchaus gewichtig und langwierig produziert sein kann, erzeugen den Wunsch nach Dauer. Die mediale Beschleunigung produziert sowohl Wünsche des Mithaltenwollens wie Sorge um Beständigkeit. Aktualitätsdruck und Archivierungsfunktion fusionieren im Buch. Auf der Basis nahezu beliebig erhöhbarer Druckkapazitäten und einer durchliteralisierten Klientel bei inflationierendem Zugang zur Autorschaft verkürzen sich die Halbwertzeiten des Buchumlaufs. Bücher von

Langzeitskrupulenten oder selbsterklärten Dichtern, deren romaneskes Geraune sich dem Rhythmus von Vierteljahresschriften annähert, geraten Rücken an Rükken mit marktkalkulierten Serienproduktionen, versierten journalistischen Zweitverwertungen oder rührenden Kollektionsversuchen über die Saison hinaus. Und alle wollen wiederum in die Zeitung, vorab- oder nachgedruckt, allemal aber beachtet werden. Die Unbefriedigbarkeit der Bedürfnisse aller erhöhte aller Unzufriedenheit.

Das 'Dritte Reich' hatte in diese Situation eine Anomalie gebracht, die für die Nachkriegsliteratur höchst folgenreich war - damit meine ich nicht einmal zuerst die Austreibung des Geistes, gerade des journalistischen Geistes, die es mit sich brachte, daß nach 1945 sich dumpfes Schuldbewußtsein mit geistiger Unbeweglichkeit paarte, sondern davor noch eine Bewußtseinspaltung: Einerseits reklamierten selbst die in Deutschland Gebliebenen die unbedingte Freiheit des Wortes für sich, andererseits trauerten sie der ehedem subventionierten Prolongation und Marktregulation zu ihren Gunsten nach. Und zweifellos war selbst das Autorbild der jüngeren, strikt kritischen Generation mehr vom Dichterimago des 'Dritten Reichs' geprägt, als sie selbst ahnen konnte.[3]

Während im Westen der Markt langsam wieder in Gang kam, lief die Literatur im Osten im immerhin bekannten *double-bind* von staatlicher Zügelung und Sonderzuwendung weiter. Hier entstand ein eigentümliches Gemengeverhältnis von Literatur und Journalismus. Hermann Kant konnte *Das Impressum* schreiben und für einen genuinen Romancier gehalten werden, Rainer Kunze in die Reportage einführen und Günter Kunerts verdichtete Prosa zwischen den Tageszeilen stehen, Heinz Knobloch sich ausschließlich dem Feuilleton widmen und geachteter Autor sein. Günter de Bruyn, Fritz Rudolf Fries, Christa Wolf und so fort konnten zwischen Buchalltag und dem *Sonntag* wechseln - geachtete Lehrkräfte der Volksdidaktik, gegen die sich späterhin immer renitentere schulschwänzerische Einzelgänger und Brüderbünde eines literarischen Barfüßer-Journalismus bildeten. Indes im Westen zunächst Friedrich Sieburg das Feuilleton vertrat, Hemingway und Plivier Vermittler von Reportagevaleurs waren, bis in produktiver Fehleinschätzung der Presse als präsentierte Realitätsveränderung im Werkkreis Gewerkschaftszeitungen Buchformat bekamen und die Dokumentarismuswelle als Purgatorium wirkte, also einerseits wieder erzählt werden wollte und andererseits subjektivistische Eigengründelei ein narzißtisches Ich entdeckte. Dies Ich fusionierte in der nächsten Generation, literarisch instrumentiert vom *New Journalism*, in *TransAtlantik* mit Michael Rutschkys "Erfahrungshunger". Ohne Ansehen des weiteren Wegs seien genannt: Detlef Blettenberg, Pieke Biermann, Irene Dische, Gundolf S. Freyermuth, Rainald Goetz, Bodo Kirchhoff, Jochen Missfeldt, Christoph Ransmayr und Joseph von Westphalen.

Dann kam die sog. Wende und Frank Schirrmachers bekannte *FAZ*-Deklaration, die nicht nur eine schrille Pressediskussion, mindestens zwei Sammelbände zur Folge hatte, sondern auch eine höchste Eloge Schirrmachers auf die von Hans Magnus Enzensberger zum Buch versammelten *taz*-Reportagen von Gabriele Goettle.[4] Eine Prominenz, die - wenn die Erinnerung nicht trügt - der Reportage selbst zu Zeiten der frühsiebziger Konjunktur nicht vergönnt war. Höchstes Lob: intensiver als "irgendeine komplexe Kunstprosa" in "ästhetisch aufgemöbelten Passagen" wirke sie unmittelbar, nämlich ohne Lüge, Erfindung oder Denunziation einfach mit der Wahrheit des Dargestellten.[5]

## 2. Zwischenstück: Nicht nur des Vergnügens wegen

> Behauptete man, Aufgabe der Literatur sei es, den Leser zu bilden oder zu emanzipieren, die Grenzen der Kunst zu erweitern oder die Zerstörung unserer Welt zu brandmarken, riefe man als Reaktion wenig mehr hervor als ein müdes Nicken. Wer aber hierzulande fordert, Literatur solle Vergnügen machen, darf mit sofortigem wortreichem Widerspruch rechnen: Er könne die Literatur doch nicht, wird man ihm entgegenhalten, vorm Untergang in die Bedeutungslosigkeit retten, indem er sie in Trivialitäten ersäufe.[6]

Mit diesen Sätzen Uwe Wittstocks ist eine andere, nach-deutsch-deutsche Debatte 1993 markiert, der eine kleinere, vom Journalisten Maxim Biller 1991 in der literarischen Schweiz angezettelte, präludierte, eine nach dem schwindenden heimischen und nicht existierenden internationalen Marktwert deutscher Gegenwartsliteratur.

Hier soll nun keineswegs der Eindruck erweckt werden, das Thema der Unterhaltsamkeit und des Vergnügens sei identisch mit dem von journalistischer Literatur oder literarischem Journalismus. Freilich habe ich vor einiger Zeit andernorts darauf insistiert, daß es in der Alternative geschmähter Gesinnungsästhetik und beraunter Erhabenheitspoesie noch einen dritten Mitspieler gibt, den einer journalistisch erneuerten "Asphaltliteratur", die auf dem Wege zur Erinnerung des klassisch moderaten *aut prodesse aut delectare* sei.[7] Und ich habe unlängst darauf hinzuweisen versucht, daß man sehr wohl die Literatur der "internationalen Bastarde" (Ondaatje) schätzen könne und zugleich eine heimische Literatur der dritten Kategorie, die weder entnervt noch verblödet, zwar keine hohen Distinktionsgewinne, aber auch keine großen Zeitverluste mit sich bringt.[8] Schließlich darauf, daß die von Wittstock gewünschte junge und unterhaltsame Literatur tatsächlich stattfindet - nur nicht primär in Büchern, sondern in der Presse, einer stark veränderten freilich.[9] Es sind Texte, nicht zuerst an Literatur orientiert, sondern an Pop-Musik, Epitexte der Popkultur. Autoren und Texte in den unterschiedlichsten Fanzines, oder Kultzeitschriften wie *Spex, Heaven Sent, Texte zur Kunst*, in sogenannten Zeitgeistmagazinen wie *Tempo, Wiener*, auch *Max*, in der Satirezeitschrift *Titanic*, in den Blödelblättern *Mad* und *Kowalski* - oder auch im noch immer fortlebenden Politmagazin *konkret*, wie im verwehten *Pflasterstrand*. Autoren wie Maxim Biller, Susanne Borowiak, Diedrich Diederichsen, Erwin Dietz, Wiglaf Droste, Peter Glaser, Max Goldt, Thomas Gsella, Gerhard Henschel, Uwe Kopf, Andreas Neumeister oder Markus Peichel. Autoren und Texte aus dem Hedonismus der achtziger Jahre. Man findet sie - untrügliches Zeichen von Altern und Erfolg - zunehmend in Büchern, mit Titeln wie: *Tempojahre* oder *Wenn ich einmal reich und tot bin* (Biller); *Mein Kampf, dein Kampf; Am Arsch die Räuber; Kommunikaze; Brot und Gürtelrosen* (Droste) oder *Mein äußerst schwer erziehbarer schwuler Schwager aus der Schweiz; Die Radiotrinkerin; Quitten für die Menschen zwischen Emden und Zittau; Die Kugeln in unseren Köpfen* oder *Schließ einfach die Augen und stell dir vor, ich wäre Heinz Kluncker* (Goldt).

Neben dieser Literatur der, pauschalisierend, Kolumnisten, gibt es die Literatur der meist älteren Reporter, angesiedelt zwischen exotisierender Weltläufigkeit und heimischer Buchhalterei. Namen wie Christoph Dieckmann, Gundolf S. Freyermuth, Gabriele Goettle, Harald Irnberger, Roland Kirbach, Fritz-Jochen Kopka, der jüngst verstorbene Niklas Meienberg, Matthias Matussek, Alexander Osang, Marie-Luise Scherer, Cord Schnibben, Helmut Schödel oder Jutta Voigt.

Schließlich wäre hier die Literatur derer anzuschließen, die zwischen klassischem Feuilleton und Essay als Nahbereichsethnologen fungieren - Martin Ahrends, Patrick Bahners, Heinz Bude, Helmut Höge, Jörg Lau, Harry Nutt, Michael Rutschky, Dirk Schümer, Thomas Steinfeld oder Cora Stephan. Dazu die zahlreichen Autoren zwischen dem "Streiflicht" der *Süddeutschen Zeitung*, den "Modernen Zeiten" der *Frankfurter Rundschau*, der letzten Seite des *Freitag* und der *taz* ab und an noch in toto.

Diese Namen und Titel sind weder vollständig, noch ist mit ihrer Nennung schon etwas über Gemeinsamkeiten und Differenzen der Qualität gesagt, nicht einmal über Auflagenerfolg (insbesondere in Buchform). Vielmehr seien sie hier genannt als illustrative Merkzeichen zur Frage nach der funktionellen Notwendigkeit des Bereichs, den sie markieren.

Der Kommoditäts- und Distraktionsverdacht gegenüber der Literatur setzt nur das Journalismusverdikt unter Bedingungen des volldrehenden Medienbetriebs fort, in dem nun freilich der Printjournalismus immer mehr betriebserhaltende Kustodialaufgaben übernimmt. Und darum eigentlich geht es beim Journailliteralismus - um die Notwendigkeit eines Austauschortes mit Marktfunktionen.

In der zunehmend selbstreferentiellen Marketingkultur übernimmt der printmediale Kulturjournalismus die Aufgabe eines Import/Export-Platzes nicht nur zwischen den Literaturen und innerhalb der deutschen Literatur, sondern auch zwischen Literatur und Medien. Dieser Platz ist nur bedingt identisch mit dem Feuilleton oder der Sparte für Kultur. Die marktüblichen Elemente von Warenbesichtigung und -probe, Austausch von Produkten, Informationen und Gerüchten, Handel und Betrug, Marktpolizei und Preisregulationen, sind keineswegs auf die traditionellen chronikalischen oder reflexiven Formen zwischen Rezension und Essay beschränkt. In den Printmedien finden produktive Proben auf Begriffe, Bilder und Formen statt, hier kann man zwischen sozialer Autopsie und Sprachspielerei oszillieren, ohne daraus ein Programm machen zu müssen. Hier finden Marktfähigkeitserprobungen und Trendkontrollen statt, aber auch Ressourcenvermittlung - Stoffanzeigen und Informationsangebote. Dies alles dient keineswegs, wie man mit dem Reflex aus Pawlows Zeiten meinen möchte, bloß der käuflichen Anpassung ans niedrigste Konsumniveau und der Marktprostitution. Denn selbst wer nicht wahrhaben will, daß alle ausführbaren Positionen ohne

Ausnahme, Positionen im Marktrahmen sind, wer glaubt, daß er den Markt unterlaufen, die Macht subvertieren könne, muß wissen, wovon er sich absetzen, was er verweigern will.

Aber das Problem ist, daß der Markt - nachdem er in den achtziger Jahren kräftig florierte - wieder in die Krise gerät. Denn was als Krise der Gegenwartsliteratur verschrieben wird, ist keine Krise der Literatur, eher schon eine des Pressejournalismus, genauer wohl aber noch eine sich anzeigende Verknappung des traditionellen printmedialen Sektors auch noch in seinen experimentelleren Spitzen.

### 3. Prospekt: "The kids are not alright" - they are alright there!

> "Ist Ihnen aufgefallen", sagte ich selbstgefällig, "daß im deutschen Journalismus seit einigen Jahren ein harter Generationskonflikt tobt?" [...] "Nicht nur im Journalismus, sondern in der gesamten Kulturbranche", sagte er, und er ist dabei erschreckend ungerührt und entspannt.[10]

So gab vor ein paar Jahren Maxim Biller seinen Dialog mit Fritz J. Raddatz wieder. Biller selbst wetterte dann gegen die "Verschwörung von Idioten", "Leute, die unsere Väter und Großväter sein könnten, Leute, die wir Jungen und Starken also allein schon deshalb längst hätten aus den Feuilletons, Buchhandlungen und Fernsehredaktionen verjagen sollen, damit diese Welt nicht mehr ihre Welt ist".[11]

Ulrich Greiner, Nachfolger von Billers Interviewpartner bei der *Zeit* und dort inzwischen selbst nachgefolgt, sah die Fronten im Kampf um den Kulturjournalismus allerdings anders verlaufen, nämlich zwischen dem "seriösen Feuilleton", das er selbst zu vertreten behauptete, und den "privaten Fernsehanstalten, [...] *lifestyle*-Magazine[n] oder [...] Szene-Blätter[n], die alle vom Boom der Kultur und der Ausdehnung des Kulturbetriebs profitieren."[12] Schon 1988 hatte er das "rapide Wachstum der Kulturindustrie" konstatiert, "der kulturellen Administrationen und Institutionen, der audio-visuellen Medien, der Zeitgeist- und *lifestyle*-Magazine, der Kulturredaktionen." Damit sei auch die Zahl der vermittelnden Instanzen, also der Journalisten, gewachsen und "klassisches Feuilleton und [...] Kritik" geschwunden. Anklagend stellte er fest, "daß die objektiv faire und notfalls harte Kritik eine dahinschwindende Kunstform ist und ersetzt wird durch die weichen Formen: Die Reportage am Drehort, das Interview mit dem Komponisten, der Spaziergang mit dem Autor am Flußufer." Diese aber, so Greiner, steuern "die Marktfähigkeit eines Autors [...] ungleich effizienter als 'das Feuilleton'."[13] Sehen wir einmal davon ab, daß Greiners *Zeit* dies damals längst alles durchaus selbst betrieb, daß direkt neben seinen Menetekelmalereien Reportagen und Interviews zu finden waren, sehen wir davon ab, daß nun gerade diejenigen Medien, die er anprangert, wohl am wenigsten Interesse an Günter Grass oder Christa Wolf, den Anlässen und Anführern der Feuilleton-Kritik, hatten, dann bleibt tatsächlich der Generationsunterschied - aber nicht der der Autoren sosehr wie der der Medien. Das macht Greiner indirekt deutlich, indem er an die Feuilletonkritik zu Peter

Hamms 68er-Zeiten erinnert. Damals soll freilich alles ganz anders gewesen sein. Da ging es nämlich "um eine Kritik der Kritik (und also des Feuilletons), die nicht die Beseitigung der Kritik wollte, sondern die richtige Kritik." Und die wollten "vor allem jüngere Autoren und die jüngeren Kritiker, die in diesem Gesamtmanifest ihren Anteil an der institutionalisierten intellektuellen Macht einforderten. Den sie dann ja auch", setzt Greiner zufrieden fort, "naturgemäß, gekriegt haben." Wie alle etablierten, älter gewordenen Generationen substanzialisiert Greiner die eigene Initiation in den Betrieb, um sich so selbstgerechter vor den "naturgemäßen" Folgen der Wiederkehr des Problems bewahren zu können.

Tatsächlich gibt es eine qualitative Differenz, aber die liegt woanders. Sie liegt darin, daß die nachfolgende Generation kaum ins traditionelle Feuilleton drängte, sondern sich genau in dem Bereich bewegte, den Greiner als "parasitäre Medien" bezeichnet, die Stadt- und Lifestyle-Magazine, die Zeitgeist-Zeitschriften. Seither ist der Generations-Konflikt so passé wie zuvor schon der von Vätern und Söhnen. Die Bruchlinien verlaufen allenfalls noch zwischen den Kohorten[14] - beispielsweise der 55er-Kohorte der Reporter und der 60er der Feuilletonisten, exemplifiziert in Matussek und Biller, zunehmend, gerade seit Ende der siebziger Jahre zunehmend, aber innerhalb der eigenen Kohorte, im sich beschleunigenden und komplizierenden Spiel der Abgrenzungen. Das Spiel von zunehmender Selbstreferenzialität fand unter der allgemeinen Voraussetzung von Wohlstand, ja, Überfluß und permanenter technologischer Zuwachserwartung statt. Jugendkultur entwickelte ein zunehmend raffinierteres System an Symbolen, Gesten und Haltungen, an Physiognomie-Make-up und Habitus-Styling, an Dresscodes und Sprachvarietäten, an Zitatenrepertoires und Uneigentlichkeitspotentialen, ein komplexes, äquilibristisches Spiel von *style and credibility*, Eleganz und Glaubwürdigkeit. Das war nicht nur eine Angelegenheit der Jugend, sondern entscheidend des Marktes. Denn in der vorhandenen Weltgesellschaft ist Jugend die einzige mit Sicherheit nachwachsende Ressource.

Seit dem Ausgang des Zweiten Weltkrieges hatte sich die Enkulturation der jeweiligen Kohorten zunehmend friktionsfreier marktförmig vollzogen: Als jeweils musikzentrierte Subkultur (oder überschaubarer Verbund von Subkulturen) emergierend, zunächst hermetisch gegenüber dem *mainstream*, wurden ihre Elemente vom Journalismus nach und nach mit dem *mainstream* kompatibel gemacht. In den siebziger auf die achtziger Jahre hat das Verfahren sich stark effektiviert: Die Diskurse der Fanzines, Orte esoterischer Verständigung, wurden parallelisiert und gebündelt, in Deutschland vor allem durch *Spex*, gelangten dann in die Zeitgeist-Magazine, wurden dort schon zu *trends* illustrativ umgesetzt und über In/Out-Schemata handhabbar gemacht, um sich, häufig via *taz*, in die Organe der Seriositätspresse - *FAZ*, *Spiegel*, *Zeit* u.ä. - zu übersetzen. Der Weg der medialen Inkorporation als Weg von der Subkultur zur Mode in der Popkultur war der Weg der Einmarktung. Dabei gingen Journalismus und Marktforschung zunehmend ineinander über. Allerdings betraf dies nicht nur die Ebene der Meldung, den jeweils neuen *trend* als Inhalt, sondern zugleich auch die Ebene des Diskurses. Der *code* selbst wurde zunehmend wichtigerer Teil des Einmarktungsprozesses. In dem Maße nun aber, wie sich in den achtziger Jahren - auch hier wie zuvor stets von den USA ausgehend - der Prozeß beschleunigte und sich die Zyklen der *trend*-Ablösungen sich immer heftiger verkürzten und sich zugleich in sich zu segmentieren begannen, drohte eine Entropisierung. Es war zu befürchten, daß die konkurrenzialistisch angedrehten Potentiale vom Markt nicht mehr kontrolliert und ausgeschöpft werden konnten. Spätestens zu diesem Zeitpunkt fusionierten Trends, Informationen und Merchandising im Marketing: Man holte die Subkulturellen ins Marketing. So wurde nicht nur Pop-Konsum zur Markt-Botschaft (oder, in der amerikanisierten Terminologie: Markt-Philosophie) schlechthin, sondern Marketing wurde zur Hyperstrategie, in der realer Mainstream und virtuelle Subkulturen steuerbar schienen. "Über Kultur, Moral und andere Marketingstrategien", so lautet der bezeichnende Untertitel von Mark Siemons Buch über diese *Schöne Neue Gegenwelt*.[15] Insofern konnten selbst die partikularsten politischen Dezisionen ebenso wie der ökologische Fundamentalanspruch unter Marketingperspektiven integrierbar und führbar erscheinen. Um so reiner erschien die Ressource Jugend, Synonym für Vorsprung und Beweglichkeit - Rainald Goetz: "Wir brauchen noch mehr Reize, noch viel mehr Werbung Tempo Autos Modehedonismen Pop und nochmals Pop [...] Und jetzt, los ihr Ärsche ab ins Subito."[16] Garantie für den einzig viablen Weg: Konsum als Kultur und Moral, Moral und Kultur als Konsumgüter. Freilich gab es dann eine politisch induzierte Turbulenz. Bis dato hatte der Diskurs der Subkultur noch an der Schnittstelle zum *mainstream* sich als grundsätzlich subversiv suggeriert. Nun kam es zu der bitteren Ent-Täuschung, daß Popkultur nicht per se korrekt, sondern manifest rassistisch, sexistisch und in jeder anderen Weise inkorrekt sein konnte. "The Kids are not alright".[17] In vielen Varianten unter diesem Titel barmte "Pop-Papst" Diedrich Diederichsen über die "möglichen Katastrophen jugendkultureller Codes" und forderte, "vom Konzept Jugendkultur mit allen angegliederten Unter-Ideen wie Pop, Underground, Dissidenz durch symbolische Dissidenz, Tribalismus, Revolte, Abgrenzung etc. zunächst mal Abschied zu nehmen".[18]

Für einen Augenblick herrschte Unentschiedenheit. Die Medien des "seriösen Feuilletons", von der *FAZ* bis zur *Zeit* nahmen sich des Abschieds vom Traum der politisch-merkantilen Symbiose in der Popkultur an. Und während *Focus* nicht ohne erkennbare Häme das Thema als Abschied von einer leichtgläubigen Illusion entsorgte, weil die eigene Klientel zumindest den politischen Teil der Jugendkultur-Illusionen nie teilte, übernahm der *Spiegel* seither die Patenschaft für die Weiterdiskussion. Das geschah nicht ganz uneigennützig, nämlich in der Hoffnung, hier für das in der Werbegunst absinkende Magazin vitalisierenden Anschluß an größere Lager der entscheidenden Ressource Jugend zu finden.

Das Marktsegment wird dichter. Es gab Ausfälle - zuletzt die Zeitgeist-Flaggschiffe *Wiener* und *Tempo* -, weitere werden folgen. Das verführt die Verbleibenden nicht zu experimentellen Großzügigkeiten. Die Szene schließt sich zusammen. Der Rest scheint *Techno*, d.h. erhöhte Schlagzahl.

Zwar gibt es die auktoriale Regression aus Überforderung ins großgesprochene Entweder-Oder, aber so recht ernst nimmt sie keiner mehr. Eher findet man noch die vertrauensvolle Resignation in eine Spezialität. Insgesamt dominiert längst in verschiedenen Stärken eine multiple Autorschaft, die zwischen Buch und Presse, Reportage und Roman, Glosse und Gedicht nurmehr funktionale Unterscheidungen trifft - nach Produktionssituationen, Honorarquanten, Publikumsreichweiten und Distinktionsspannen. Autorschaft, die - ohne nur ferne noch das hilflose Etikett des Postmodernismus dabei zu denken - *in* den Genres wie *zwischen* den Genres schaltet. Das ist ein unbedingter Fortschritt. Denn nur so emergieren Texte, bei denen man, weil sie Bastarde aus beiden sind, nicht fragt, ob Literatur oder Journalismus, Diskursverschiebungen und -fusionen mit größerer Wahrscheinlichkeit hier mit geringerer dort, prinzipiell aber nicht vorhersagbar, Texte, die ihre Evidenz in sich haben.

Genannt seien die Features von Walter Filz, die Reportagen von Gabriele Goettle, die Kolumnen von Max Goldt, die Essays von Durs Grünbein oder die Romane von Christian Kracht und Ingo Schulze.

Doch dürfte wiederum dies alles, so atemlos wir uns darin bewegen mögen, schon vom konservierenden Geist der Erzählung überhaucht sein. Denn, so habe ich mir sagen lassen, ohne zu wissen, ob ich es noch werde prüfen können, im Internet, da gibt es zwar noch Romane und Zeitungen, aber da geht die Post längst ganz anders ab.

## Anmerkungen

1  Gottfried Benn: *Über die Rolle des Schriftstellers*, in: ders.: *Gesammelte Werke in vier Bänden*, hgg. v. Dieter Wellershoff, Wiesbaden 1966, Bd. 4, S. 208.

2  Botho Strauß: *Refrain einer tieferen Aufklärung*, in: *Magie der Heiterkeit. Ernst Jünger zum Hundertsten*, hgg. v. Günter Figal u. Heimo Schwilk, Stuttgart 1995, S. 323f.

3  Von hier aus wäre der Zieselsche Vorwurf der Gruppe 47 als 'Reichsschrifttumskammer' in seiner Ambivalenz noch einmal zu befragen. Ziesels Denunziations-Motiv der neidischen Sehnsucht dessen, der nicht mehr mitspielen darf, ist klar. Aber immerhin wäre zu fragen, inwieweit die Gruppe 47 als Kartell des guten Gewissens nicht auch unterschwellig die zuvor staatlich betriebene Hätschelei nun in die eigene Hand nahm.

4  Frank Schirrmacher: *Aus dem Nachtgebet der Genoveva Kraus*, in: FAZ v. 8.10.1991.

5  Das hätte man als kalkulierten Coup hinnehmen können, wenn nicht die Eloge auf Kempowskis *Echolot* gefolgt wäre. Da wird nun das monströs-monumentale "kollektive Tagebuch" der Monate Januar und Februar 1943 zu einer "der größten Leistungen der Literatur unseres Jahrhunderts" hochgeharft - als Selbstverzicht des Autors zugunsten der "unmittelbaren Stimme der Zeitgenossen". Gerade so, als ob das Sammeln - und Arrangieren, das Schirrmacher allerdings vergaß - der 'unmittelbaren' Stimmen nicht längst zum Bodenturnen der Literaturgeschichte gehörte: von den Nachkriegsfeatures Ernst Schnabels bis hin zur südamerikanischen Testimonialliteratur.

6   Uwe Wittstock: *Leselust. Wie unterhaltsam ist die neue deutsche Literatur?* München 1995, S. 18, vgl. auch S. 166.

7   Erhard Schütz: *"Dichter der Gesellschaft". Neuer deutscher Journalismus oder Für eine erneuerte Asphaltliteratur*, in: Text + Kritik, H. 113: *Vom gegenwärtigen Zustand der deutschen Literatur*, München 1992, S. 63-71.

8   Erhard Schütz: *Weltvertrauen. Die hohe Kunst der Reportage*, in: Freitag v. 28.1.1994, S. 11.

9   Erhard Schütz: *Tucholskys Erben oder Wiener Wiederkehr? Versuch einer Terrainerkundung zur Literatur von Leben & Stil: Biller, Droste, Goldt und andere*, in: Jahrbuch für Internationale Germanistik, H. 1, 1995, S. 101-122.

10  Maxim Biller: *Hat Gott Humor, Herr Raddatz*, in: *Die Tempojahre*, München 1991, S. 28.

11  Ebd., S. 86.

12  Ulrich Greiner: *Wer hat Angst vorm Feuilleton? Anmerkungen zu einem diffusen Mißmut*, in: Die Zeit v. 28.2.1992.

13  Ulrich Greiner: *Stichworte zur geistigen Korruption der Zeit*, in: Die Zeit v. 7.10.1988.

14  Zu dem Begriff "Kohorte" vgl.: *Lexikon zur Soziologie*, hgg. v. Werner Fuchs-Heinritz, Rüdiger Lautmann, Otthein Rammstedt u. Hanns Wienhold. 3., völlig neu bearb. u. erw. Aufl., Opladen 1994, S. 343.

15  Frankfurt/M. 1993.

16  Rainald Goetz: *Hirn*, Frankfurt/M. 1986, S. 20f.

17  Vgl. die einstweilen letzte Fassung in Diedrich Diederichsen: *Freiheit macht arm*, Köln 1993, S. 253-283, hier S. 254.

18  Diederichsen, a.a.O., S. 259f. Vgl. auch Diedrich Diederichsen: *Wer fürchtet sich vor dem Cop Killer?* in: Spiegel Spezial, Nr. 2, 1994: Pop & Politik, S. 23. Zudem siehe Mark Terkessidis: *Kulturkampf*, Köln 1995.

*Jörg Magenau*

## Der Körper als Schnittfläche

Bemerkungen zur Literatur der neuesten "Neuen Innerlichkeit": Texte von Reto Hänny, Ulrike Kolb, Ulrike Draesner, Durs Grünbein, Thomas Hettche, Marcel Beyer und Michael Kleeberg*

Bei der Suche nach einer originellen Illustrierung für ihre Literaturbeilage im Frühjahr 1995 wurde die Redaktion der *Zeit* fündig: Sie schmückte ihre Seiten mit Photos sorgfältig präparierter menschlicher Organe, die in teils reflexiven, teils kurzen erzählerischen Texten von Günter Herburger kommentiert wurden. Die Redaktion fühlte sich von den Organphotos an "Traumbilder" erinnert, "rätselhaft wie fremde Kontinente oder unbekannte Inseln und insofern unbedingt ein Gegenstand der Literatur". Herburger wurde als ein in Organfragen besonders sachkundiger Autor vorgestellt, sei doch sein Vater Veterinär gewesen und er dadurch "mit dem Innenleben von Mensch und Tier und dessen sonderbarer, abstruser Alltäglichkeit von Kindesbeinen an vertraut." Und auf die Titelseite setzte man die rätselhafte Zeile: "Das Innenleben des Menschen - Literatur pur" - als wäre Literatur selbst ein biologischer Vorgang wie Verdauung oder Blutzirkulation und als ob sie sich in dem Maße von sich selbst entferne, in dem sie sich vom Körperinneren entfernt.

Zweifellos hat der Körper in der Literatur Konjunktur. Eine ganze Schar von Autoren ist seit einiger Zeit damit beschäftigt, das Geheimnis des Lebens mit pathologischem Eifer zu erforschen und anatomische Texte mit dem Skalpell zuzuschneiden. So entsteht eine Literatur, die man als neue "neue Innerlichkeit" bezeichnen könnte, die das Öffnen des Körpers für schockierend und das Wühlen in den Eingeweiden für tiefgründig hält. Literatur pur eben. Einige dieser sezierenden Texte möchte ich hier vorstellen und nach den Gründen für die Beliebtheit des Themas fragen. Die Zusammenstellung ist nicht systematisch, sondern ergibt sich aus den vielfältigen Zufällen, denen man in einer Zeitungsredaktion ausgesetzt ist. Doch vielleicht besitzt sie gerade deshalb eine gewisse Aussagekraft.

*

1994 gewann der Schweizer Reto Hänny den Ingeborg-Bachmann-Preis in Klagenfurt mit einem Text, der fast für ein anatomisches Lehrbuch geschrieben sein könnte. Unter dem Titel *Guai* (= Schmerzensschrei, Weh, laute Klage) beschrieb er detailversessen, wie ein weiblicher Körper präpariert wird, und kam zu dem Resümee: "Leben, ein Prozeß, der einen Kadaver produziert, einen grünlichen, reg-

---

* Der vorliegende Beitrag wurde zuerst abgedruckt in: *Wespennest* Nr. 102, Frühjahr 1996.

losen, blutleeren Kadaver." Die Sezierübung, in der detailliert erklärt wird, wo
das Präpariermesser anzusetzen ist, wie die Haut weggeklappt und das Muskel-
gewebe freigelegt werden muß etc., war ein Auszug und gewissermaßen der Hö-
hepunkt der dann Ende 1994 erschienenen Prosaarbeit *Helldunkel*. Ein als "Reisen-
der" bezeichneter Erzähler dringt in labyrinthischen Bewegungen durch Museen,
Tierversuchslabore und Genforschungsinstitute in hell erleuchtete, gekachelte
Anatomiesäle vor. An den Wänden der Flure läuft wie an einem Fries ein Schrift-
band mit den Begriffen, die an solchen Orten eine gewisse Heiligkeit beanspruchen und den Platz der Religion eingenommen haben: immun, DNS, Rezeptor,
Design, Körper, Matrix, Stamm, Rinde, Hirnstrom, Diffusion, Halbwertszeit etc.
etc.
Der "Reisende" stützt sich in seinen Beobachtungen aus dem Tempel der Wissenschaft auf Bilder und Fotografien - vielleicht auch auf eigene Erinnerungen,
etwa in einem Kapitel, in dem er die Schlachtung eines Kaninchens beschreibt.
Einem anderen liegt Rembrandts Darstellung einer Leichensektion zugrunde. Die
herausgenommenen Organe Herz und Hirn liegen auf einem Brett über der Spü-
le - und man weiß nicht, sind es menschliche oder tierische Organe. Beim Anblick
von weggeschnippelter Fleisch- und Fettmasse im Pathologieraum fragt der "Reisende", ob es sich um "genau abgewogenes Hundefutter" handle oder um "unan-
sehnlichen Abfall".
Hännys Text verrät eine unstillbare Neugier und Faszination an der Beschaffen-
heit des Körpers, aber auch eine betonte Sachlichkeit und demonstrative Entwer-
tung des Körpermaterials. Und doch begibt sich seine aseptische, verchromte
Prosa in wissenschaftlicher Kühle auf die anatomische Suche nach Vernunft, Bewußtsein, Erinnerung - Schlüsselbegriffe, die immer wieder im Text auftauchen.
Fast erleichtert betrachtet der "Reisende" das herausgenommene Hirn auf der An-
richte mit den abgezwackten, ins Leere stakenden Enden der Hirnnerven. Ihre
exakte Aufzählung mutet wie ein Zitat aus Georg Büchners Züricher Probevorlesung *Über Schädelnerven* an, die Durs Grünbein zum Thema seiner Büchnerpreisrede gemacht hat. Dazu später mehr. Hännys Hirn-Betrachtung schließt folgendermaßen: "Der gemaserte, schwarzgrau schillernde Klumpen, überlegte der
Reisende, sprachlos davorstehend, empfängt nichts mehr, gibt nichts mehr her.
Schläft nicht. Träumt nicht. Gebiert keine Monster mehr". Der Schlaf/Traum der
Vernunft, mit all seinen blutigen Exzessen scheint also ausgerechnet im Anatomiesaal ausgeträumt. Das Zeitalter der Aufklärung, das, so der "Reisende" rück-
blickend, "das Zeitalter der Guillotine" war, scheint überwunden. Doch das ist
nur die eine Seite. Denn eben jene Vernunft, die sich in der Geschichte immer
wieder diktatorisch und blutig durchsetzen wollte und die zerstört, was sie untersucht, findet in der Zurichtung der Körper auf dem Pathologentisch ihren Hö-
hepunkt. Hier sind die heutigen "Schädelstätten des Geistes" zu finden. Indem
das Bewußtsein zum Objekt biologischer Forschung wurde, verschwindet die
Vernunft als transzendentale Eigenschaft des Subjekts, radikalisiert sich aber zugleich als wissenschaftlicher, den Körper in seine kleinsten Einzelteile zerlegen-
der Forschungsdrang. Das "Zeitalter der Guillotine" wird gewissermaßen durch

das "Zeitalter der Seziermesser" aufgehoben: Dialektik der Aufklärung im Anatomiesaal.

Daß Hänny seinen Erzähler als "Reisenden" bezeichnet, mag ein Verweis auf Kafkas *Strafkolonie* sein, in der die Erfahrung der "Aufklärung als Zeitalter der Guillotine" exemplarische Gestaltung erfahren hat. Der Reisende ist stets eine Figur, die mit ethnologischem Blick und gewissem Unverständnis eine fremde Welt beobachtet. In Kafkas *Strafkolonie* wurde der Reisende Zeuge einer Prozedur, in der sich eine Folter-Apparatur, die "Egge", in den Körper verurteilter Delinquenten einschreibt, ihnen die Buchstaben des Gesetzes buchstäblich in den Leib ritzt und sie damit tötet. Ein Stachel der Egge war für die "Beschreibung" des Kopfes vorgesehen. Dem Offizier, der die Maschine stolz vorführt und sich schließlich selbst als Demonstrationsobjekt in sie hineinlegt, treibt sie diesen Stachel quer durch die Stirn: Selbstzerstörung der aufklärerischen, diktatorischen Vernunft unter der selbstgebauten Gerechtigkeitsmaschine. Damit wird das technische Eindringen und Einschreiben in den Körper zum Thema der Literatur - die Folter im Namen eines Gesetzes, das nicht verkündet wird, sondern das im Vollzug des Urteils, direkt mit dem Körper gelesen werden muß.

*

1995, ein Jahr nach Hänny, landete in Klagenfurt Ulrike Kolb vielleicht deshalb nur auf Platz zwei, um den Verdacht zu zerstreuen, man müsse pathologische Kenntnisse haben, um den Bachmann-Preis zu gewinnen. Denn auch Kolbs Text mit dem Titel *Danach* endet auf dem Pathologentisch, und er überbietet Hännys *Helldunkel* insofern, als er in Ich-Form erzählt wird. Im ersten Teil schildert der Erzähler suggestiv seinen Tod durch Ertrinken, das Einströmen des Wassers in seine Lungen, den Verlust des Bewußtseins und gleichzeitig die Geburt einer neuen "jenseitigen" Erzählerposition, die, wie wir das aus diversen obskuren "Tatsachenberichten" von Fast-Toten kennen, über dem Schauplatz des Geschehens schwebt und sich selbst als Objekt der Bemühungen der Sanitäter daliegen sieht.* Diese Toten-Prosa beschränkt sich auf klare, nüchterne Wahrnehmung: "Ich sehe alles, aber befreit von Lust, Trauer, Schmerz, Verlangen, Liebe, Neid und was da noch zu nennen wäre." Es scheint, als müsse man sich erst vom Körper befreien, um unbeeinflußt von Gefühlen wahrnehmen zu können - als erfahre auf diese abgründige Weise die aufklärerische Vernunft mit ihrer Leibfeindlichkeit und Denunziation des Gefühls eine Aktualisierung: Erst im toten Körper kommt die verstehende Vernunft zu sich selbst.

---

* Im Frühjahr 1997 erschien von Ulrike Kolb der *Roman ohne Held*. Der Klagenfurt-Text bildet den spektakulären Romananfang.

Im dritten Teil der Geschichte berichtet der Ich-Erzähler, wie er unter den Messern einer Pathologin liegt, wie sein Körper zerschnitten, der Schädel aufgesägt wird und die Organe herausgenommen werden. Doch hier schleicht sich das Gefühl wieder ein: Auch im Tod ist das Subjekt noch intakt und kann nicht anders, als die Spiele des Lebens weiterzuspielen. Es ist, als ob sich zwischen Pathologin und erzählender Leiche eine Liebesszene entspinnt. Während die Pathologin die Schönheit der inneren Organe bewundert, die sie vor sich auf ihrem chromblitzenden Tisch ausbreitet, rühmt der sezierte Erzähler ihre Geschicklichkeit: "Lebte ich, senkte ich jetzt meinen Mund auf den Flaum ihres Handrückens." So wird der Tod zum Fest und zum vollendeten Leben. Während der tote Körper auseinandergebaut wird, ist das Erzähler-Ich längst auferstanden. Der Tod erscheint als metaphysisches Weiterleben über dem Operationstisch.

Ging es bei Hänny um die Rückführung der Vernunft auf ihre materielle Basis im Gehirn und die Darstellung des Subjekts als Objekt der Medizin, um eine Vernunft also, die über den Tod triumphieren will und doch nur alles Leben in totes Gewebe verwandelt, so geht Kolb den umgekehrten Weg und läßt angesichts des toten Körpers die Seele auferstehen. Während Hänny sich steriler Ernüchterungsarbeit hingibt, hat Kolb einen warmen Trosttext geschrieben, der selbst noch dem sezierten Subjekt menschliche Gefühle andichtet. Die Trostfunktion erfährt in einem kurzen Mittelstück zwischen den beiden Hauptteilen - also zwischen dem Ertrinken und der Sezierung - ihre erzähltechnische Erklärung. Hier wird das Erzähler-Ich als Fiktion der trauernden Tochter entlarvt, die sich lediglich imaginativ in ihren Vater hineinversetzt - eine Annäherung an ihn, ein Versuch, seinen Tod zu verarbeiten. Damit fällt der Text zurück in traditionelle Bewältigungsliteratur, die den Tod durch Unsterblichkeitsphantasien zu überlisten trachtet.

*

Die beiden Beispiele aus Klagenfurt könnten nun die Vermutung nahelegen, daß das Pathologie-Sujet für die Wettbewerbssituation eben besonders geeignet sei. Vielleicht deshalb, weil das Sezieren von Körpern eine Tätigkeit ist, in der sich eine Texte sezierende Jury einwandfrei wiedererkennen kann. Der Text als Körper, Sprache als Gewebe, als Struktur, die zerschnitten und chirurgischen Operationen unterworfen werden kann - das wäre allerdings ein anderes Thema, dem ich hier nicht weiter nachgehen will. Christiaan L. Hart Nibbrig hat sich damit bereits in dem 1985 erschienenen Band *Die Auferstehung des Körpers im Text* beschäftigt - dem ich einige Anregungen zu verdanken habe.

Unter den Neuerscheinungen des Jahres 1995, die auf unterschiedliche Weise die Konjunktur der Körper bestätigen, sind ein paar Gedichte von Ulrike Draesner besonders bemerkenswert, die in ihrem ersten Lyrikband *gedächtnisschleifen* zu finden sind - ein Titel, der durchaus auch von Durs Grünbein stammen könnte. In dem Zyklus *autopilot* geht es um den Körper an der Grenze von Leben und Tod, der noch nicht auf dem Pathologentisch liegt, sondern erst in der Intensivstation. Doch auch hier schon erscheint er zerlegbar in einzelne, austauschbare Teile und heißt konsequent "verpflanzungsgebiet". Herz und Hirn, die ja auch Hänny als herausgenommene Einzelteile beschreibt, die Zentralorgane des neuzeitlichen Subjekts, die sein Denken und Fühlen verkörpern, sind bei Ulrike Draesner bloß noch Objekte einer technischen Medizin: "wildes ausschlagen / aller meßinstrumente herz- / hirnexit vollkommenes organsterben mit / automatischer verpflanzungsgenehmigung am / restfleisch". Und weiter: "meine hände in diesem anatomiefetisch schlittern / schädelnerven lang, stränge zum herzen, / umwachsen (in fettuch) aorta, zufuhr und / ablauf: zwei schwanenhälse - / geschlossene weiße Lilien, hängend / meine Hände in der inneren Leiche / fragt da einer, ob ich lebe und wie? / hebe ich das herz heraus, zwei pulsende / lilien, fragt da je einer, wie ich / weiter?lebe mit in den fingern / dem bebenden herzvogel dieses, / jetzt, tot-toten toten?"

Wie im Text von Ulrike Kolb ist auch in diesen Versen das organische Körperinnere bemerkenswert schön. Sieht man einmal davon ab, daß ein "Schwanenhals" auch ein Fangeisen sein kann, eine grausame Fuchsfalle, dann sind "Schwanenhals", "Lilie", "Herzvogel" Metaphern, die aus klassischer Liebeslyrik vertraut sind, die nun aber, am Chirurgentisch ausgesprochen, keine Geliebte mehr heraufbeschwören, sondern das Staunen angesichts des fragmentierten Körpers ausdrücken. Die technologische Medizin mit ihren Herzlungenmaschinen, elektronisch gesteuerten Prothesen, Organtransplantationen etc. macht den Körper als intakten Innenraum, der durch die Haut vom Außenraum der Welt abgegrenzt ist, mehr und mehr porös. Das Innere wird sichtbar durch Lasertechnik und Mikrooptik, die austauschbaren Organe werden zu bloßen Objekten, zum Zubehörset des Subjekts, das selbst nicht mehr ist als die Summe seiner Teile und Ersatzteile. Der Körper ist - so Draesner - ein "ausschlachtbody". Das Subjekt hat sich in ihm verfangen und verloren - und insofern ist der "Schwanenhals" eben doch auch eine Falle. Einzelne Teile mit dem Attribut "schön" zu belegen, ist ein Indiz der Verdinglichung des Körperinneren. Das hat nichts mit der klassischen Verknüpfung der Idee des Schönen mit dem Guten und Wahren zu tun. "Charakter", "Individualität" des Menschen verschwinden in dem Maße, wie sein Inneres sich auf einen organgefüllten Raum reduziert. Schönheit, einst verstanden als äußerer Anschein eines "guten" Charakters und insofern "Wesenseigenschaft", wurde von kapitalistischer Werbewirtschaft zum Kult der Körperoberfläche verflacht. Nun wandert Schönheit ins Körperinnere, ohne aber an "Tiefe" zurückzugewinnen, was sie verloren hat.

Über diese Verwischung der Grenzen zwischen Innen und Außen hinaus, zeigen die Verse Ulrike Draesners die Aufhebung der Grenzen zwischen Subjekt und Objekt in einem flimmernden, lyrischen Ich. Dieses Ich spricht sowohl aus der Sicht des Mediziners am Operationstisch und nimmt dessen Verunsicherung über das, was "Leben" in Zukunft noch sein kann, auf. Es spricht aber ebenso als der sezierte Körper, dessen Brust zur "pflanzstätte" geworden ist: "im / zitternden körper, meinem, schlägt dieses herz, / fremdgänger," - ein Körper also, der von nun an einem äußerlichen, technischen Rhythmus unterworfen ist und schließlich "zum langsam / zernagten, von innen, / wirt eines toten" wird.

Wenn im selben Gedicht vom "Segen der modernen Medizin" die Rede ist, kann
das wohl nicht anders als ironisch gemeint sein. Mit der Manipulierbarkeit des
Körpers verlor das moderne Subjekt die letzte Stütze, auf die es sich als intakte
Einheit noch zurückziehen konnte. Mit dem Körper gerät das letzte Bollwerk der
Subjektvergewisserung ins Wanken. Die "Kolonisierung der Organe und Eingeweide" durch medizinische Technologie macht, so formuliert Paul Virilio, Schluß
mit dem "ontologischen Privileg des individuellen Körpers". Deshalb ist die Ver-
flechtung von Subjekt und Objekt in diesen Gedichten so konsequent und überzeugend - und geht unter diesem Aspekt über das Ur-Gedicht aus der Patholo-
gieabteilung hinaus, Gottfried Benns *Kleine Aster*. In Benns Gedichten geht es
immer auch um die Demonstration der eigenen Unberührtheit angesichts des Todes. Benn spricht als Medizyniker, der dem Tod durch Affektabtötung begegnet.
Draesner thematisiert Gefühl. Sie rückt den Körper nicht dinglich von sich weg
wie Benn, sie macht ihn nicht zum toten Gegenstand, im Gegenteil: ihre Körper-
Pflanzstätte bleibt höchst lebendig und affektgeladen, sie weint gar noch am eigenen Grab des toten Subjekts. In ihren Versen gibt es keinen Ort der Selbstverge-
wisserung mehr, und zugleich sind sie ein Einspruch gegen den technizistischen
Traum von der Reproduzierbarkeit und Machbarkeit des Körpers.

*

Eher mit Benn vergleichbar sind die anatomischen Gedichte von Durs Grünbein.
So wie in Benns *Kleine Aster* die in die Brust des Sezierten gelegte Blume den
Platz der menschlichen Seele einnahm, so geht es auch dem in der DDR aufge-
wachsenen Grünbein immer noch um die Austreibung der Seele. Im *Spiegel*-Inter-
view vom 2.10.1995 antwortet er auf die Frage nach seiner Vorliebe für medizinische und wissenschaftliche Begriffe: "Mich beschäftigt etwa die Frage, ob man
nicht das, was seit drei- oder vierhundert Jahren mit dem Begriff Seele verbunden wird, jetzt durch Erkenntnisse der Genetik oder der Physiologie erweitern
soll. Wenn ich jetzt zum Beispiel lese, daß die Wissenschaftler dabei sind, einzelne Basis-Gene zu isolieren, diese Hox-Gene zum Beispiel, die die Entwicklung
einzelner Organe steuern, dann könnte das eines Tages mit meinem Schreiben zu
tun haben." Und Grünbein stellt sich recht unbescheiden in die Tradition von
Goethe, der ebenfalls "die Wissenschaft seiner Zeit wahrgenommen, mitunter
auch mitgeschrieben" habe.
  Die neuesten wissenschaftlichen Erkenntnisse "könnten" eines Tages mit seinem
Schreiben zu tun haben, sagt Grünbein - noch scheint es also nicht so zu sein.
Grünbein bestätigt damit indirekt eine scharfe Kritik seiner Gedichte, die der
österreichische Autor Franz Josef Czernin in der Zeitschrift *Schreibheft* (Nr. 45,
Mai 1995) vorgetragen hat. Der modernistische Gestus des wissenschaftlichen Jargons, so Czernin, kompensiere lediglich, was Grünbeins Gedichte in ihrer traditionellen Machart formal nicht zu leisten vermöchten und was ihnen deshalb
äußerlich bliebe. Grünbein traue dem Gebrauch wissenschaftlicher Termini im-

mer noch naiv "die Funktion zu, die Wirkung des Zeitgenössischen und Modernen hervorzurufen und vielleicht des Anti-Poetischen, Prosaischen oder Ernüchternden". Das führe beispielsweise in dem Gedicht *Museum der Mißbildungen* zu einer bloßen Aufzählung von Monstrositäten, zu "Stoffhuberei" ohne formale und philosophische Konsequenz. Die Haltung, in der diese Gedichte vorgetragen werden, habe - ich zitiere Czernin - "den paradoxen Pferdefuß, von einem sehr hohen Roß herab ausgesprochen zu werden, tatsächlich von einer Art Pegasus herab, von einem unbehelligten, Souveränität beanspruchenden Subjekt, dessen Vivisezieren, Desillusionieren viel weniger gezeigt als behauptet wird, viel mehr Attitüde als Methode ist, und insofern selbst etwas Rauschhaftes hat - und vielleicht für manche deshalb hypnotische Wirkung."

Ich denke, daß man dieser Kritik kaum widersprechen kann. Denn gerade das, was die Gedichte Ulrike Draesners so überzeugend macht, daß sie die Subjektauflösung formal nachvollziehen, fehlt bei Grünbein. Und wenn Frank Schirrmacher (*FAZ*, 9.5.1995) die Grünbein-Texte dafür lobte, daß ihnen "der Tand des gerade herrschenden Jargons immer fremd" bleibe, dann ist ihm zumindest für diesen Themenbereich zu widersprechen. Zwar zeigt Grünbein Individualität als Summe der Genkonstellationen, Ideen als Reflexe der Nervenzellen, er fragt: "Wie denkt ein sauber abgetrennter Kopf?" oder, in einem anderen Gedicht: "Aber ein Mensch ohne Großhirn, wo führt das hin?" Zwar erteilt er allem Idealismus eine Absage, indem er das Cogito, Stolz der Aufklärung, zum bloßen Bluterguß erklärt. Zwar polemisiert er gegen das Subjekt, indem er es auf eine neurophysiologische Apparatur reduziert. Doch das geschieht nonchalant, in abgeklärtem, souveränem Gestus, der von der Desillusionierung, die er betreibt, selbst gänzlich unangefochten zu bleiben scheint. "Was du bist, steht am Rand anatomischer Tafeln", heißt es in einem der Gedichte durchaus zuversichtlich, als sei das Ich wenn schon nicht mehr individualpsychologisch konstruierbar, so doch immer noch aus der Biomasse zu "decodieren" - ein Lieblingswort von Grünbein. Und was decodierbar ist, ist auch noch intakt.

Grünbeins Hinwendung zum biologistischen Denken scheint mir deshalb weniger aus der Verunsicherung durch den von Virilio so genannten "Verlust des ontologischen Privilegs des individuellen Körpers" zu resultieren als aus einer polemischen Volte gegen das eingeübte Diktat historischen Denkens und politischer Utopien. Von dort sind die Erschütterungen abzuleiten, auf die Grünbein reagiert. Auch darüber gab er im oben zitierten *Spiegel*-Interview Auskunft, deutlicher noch in seiner Rede zur Verleihung des Büchner-Preises am 22.10.1995. Da heißt es: "Daß sie tief einschneiden ins Fleisch, daß sie die Leiber zermalmt am Wegrand zurücklassen, das ist es, was Geschichte und Revolution so weit von jeder Erlösung entfernt. Und deshalb ist jeder Gesellschaftsentwurf wertlos, wenn er nicht auch das Bewußtsein von der Zerbrechlichkeit dieser traurigen Körper einschließt. Mag sein, daß die Utopien mit der Seele gesucht werden, ausgetragen werden sie auf den Knochen zerschundener Körper, bezahlt mit den Biographien derer, die mitgeschleift werden ins jeweils nächste, häßliche Paradies."

Grünbein reagiert auf diese zeitgemäße Diagnose mit dem nicht minder zeitge-
mäßen Abschied von der Utopie. Statt der "Seele" sucht er den "Körper" und will
sich mit dieser Wendung auf die Seite der Opfer stellen - als wären im Geschichtsprozeß nur Körper "zermalmt" worden, als wären diese Körper nicht immer auch Träger von Ideen und gerade als solche gefährlich. Grünbeins Einwände treffen sich durchaus mit Hännys grundsätzlichen Zweifeln am Projekt einer
Aufklärung, die zur Diktatur der Vernunft wurde. Doch während Hänny schon
das Voranschreiten der Aufklärung durch die Genetik und die Gefährdung des
Lebens in der mikrobiologischen Manipulation der Organismen drohen sieht,
scheint Grünbein in erster Linie fasziniert von den Möglichkeiten der Biologie. In
seiner emphatischen Büchnerpreisrede wählt er sich nicht den Autor des *Hessischen Landboten* zum Vorbild, nicht den Dichter als Revolutionär, sondern den
Anatom und Physiologen, der in Zürich eine Probevorlesung *Über Schädelnerven*
hält. Büchner sei deshalb so richtungweisend, weil er "dem Nerv das Primat zu-
spricht, den Körper zur letzten Instanz erklärt." Er sei ein Dichter, der "seine Prinzipien der Physiologie abgewinnt wie andere vor ihm der Religion oder der
Ethik. Aus der reinen Zootonie befreit er die Einsicht, daß Leben sich selbst genug ist und keinen äußeren oder höheren Zwecken gehorcht." Wie ein Augur in
der Antike will Grünbein im Körperinneren lesen. Aus dem gemeinsamen biolo-
gischen Grundriß entziffert er das Prinzip der "Gleichheit", aus der demütigen
Schau der Eingeweide leitet er die Proklamation universeller Menschenrechte ab.
"Nur dort, im Körper der umhergestoßenen, andere umherstoßenden Protagonisten, lassen sich die Antriebskräfte lokalisieren, nach denen Geschichte und Geschichten plausibel erscheinen."

Wenn die Geschichte keinen "Sinn" mehr enthält, dann ist der Mensch zurückgeworfen auf sich selbst. Grünbein feiert den Verlust als Befreiung. Aber, so wäre
dagegen zu fragen: wird die aus den Prinzipien des Körpers gesteuerte Geschichte unblutiger sein als die von Ideen getriebene? Wird die Abschaffung der "Seele"
oder der Utopie oder des historischen Fortschritts dafür sorgen, daß wir in Zukunft friedlicher miteinander leben? Und außerdem: Ist die Vorstellung des Fort-
schreitens zum Besseren nicht auch in dieser körperzentrierten Weltanschauung
enthalten? Soll nicht die Abschaffung des Fortschritts selbst ein Fortschritt sein?
Kann nicht auch diese Idee sich diktatorisch aufschwingen und Körper zermal-
men?

Heiner Müller fand in seiner Laudatio auf den Büchnerpreisträger einen bitteren Namen für ihn und seine Generationsgenossen: "Die Untoten des Kalten
Krieges" - eine Formel, die sehr genau beschreibt, daß die demonstrative Ablehnung von ideologischem Denken als Reaktion auf die ideologische Erstarrung
während der Blockkonfrontation nur die Negation, nicht aber die Überwindung
des Ideologischen ist. Es ist einigermaßen paradox, daß Grünbein gegen den
Überdruß am verordneten historischen Materialismus mit einem physiologischen
Materialismus antwortet. Er ersetzt den Histomat durch Histologie - vielleicht
deshalb, weil der fortschrittsgläubige Geschichtsmaterialismus in Wirklichkeit
ein Idealismus war. Auf die Zumutungen des sozialistischen Realismus antwortet

er mit einem anthroplogischen Realismus, als gälte es, die Wahrheit, die einst nur behauptet und die längst verloren wurde, nun in den Tiefen des Körpers als letzter Gewißheit dingfest zu machen. "Die Schaubude als moralische Anstalt ist geschlossen", sagt Grünbein, "eröffnet ist das Theater der Anatomie". Diese Grundhaltung ist es wohl, die ihn so zeitgemäß macht und weshalb Frank Schirrmacher (*FAZ*, 9.5.1995) ihn durchaus zurecht für die "erste genuine Stimme der neuen Republik" hält, die weder der alten Bundesrepublik noch der DDR zuzuschlagen ist.

\*

In der Tat ist die Abwendung vom historischen Denken kein ost-typischer Prozeß. Auch im Westen wird diese Wende vollzogen, denn auch hier ist der Verlust historischer Gewißheit zu beklagen, der nach Bedeutung nur noch unmittelbar dort suchen läßt, wo keine weitere Reduktion mehr möglich scheint: in und unter der Haut des menschlichen Körpers. Drei neue, vielrezensierte Romane junger (west-)deutscher Autoren führen den Körper als Repräsentanten von Geschichte vor, als Prägefläche unmittelbarer Erfahrung: die Sado-Maso-Geschichten *Barfuß* von Michael Kleeberg und *Nox* von Thomas Hettche sowie Marcel Beyers Auseinandersetzung mit dem Nationalsozialismus, *Flughunde*.

Die Körper werden in diesen Büchern als begehbare Landschaften und als Schlachtfeld vorgeführt. Beyers Erzähler spricht, während er eine Frau betrachtet, von einem "Gelände", das er "überfliegt" und mit Pilotenblick erfaßt: "Schattenflächen wechseln mit Regionen, die im grellen Sonnenlicht liegen, ein langgezogener Bogen, die weiche Rundung der Schulter, [...], vereinzelt Muttermale, feine Härchen über die ganze Front verteilt". Beyer führt so den soldatischen Blick auf den Körper vor, wie man ihn aus Theweleits *Männerphantasien* kennt. Auch bei Hettche betrachtet die Heldin ihre Haut als "Topographie eines Krieges": "Pläne und Intrigen, Grabenkämpfe, Partisanentrupps, Bündnisse und Übergabeforderungen haben auf ihr Platz. Meine Haut ist das Gelände einer Schlacht, deren Verlauf ich nicht begreife. Man verhandelt auf mir und fliegt Angriffe, deren Ziel ich nicht kenne. Begradigt mir unbekannte Fronten, schließt Verträge und ich weiß nicht zu welchem Preis."

Sosehr die Heldin hier als Objekt fremder Mächte erscheint, die sich in ihren Körper einschreiben, sosehr ist sie auch Subjèkt, Täterin. Gleich zu Beginn tritt sie, eine geheimnisvolle junge Frau, auf den Erzähler zu. In ihrer Hand sieht er ein Messer blitzen. Es ist eine effektvolle Szene wie in der Campari-Werbung. Doch während die Schöne dort nur eine Apfelsine aufspießt, durchschneidet sie hier mit einem raschen, tiefen Schnitt die Kehle des Erzählers, "trennte den Kehldeckel vom Kehlkopf, durchschnitt Halsschlagader und Schilddrüsenschlagader, kappte mir Luftröhre und Speiseröhre und schnitt tief noch in einen Halswirbel hinein."

Was haben die Rezensenten da alles geschrieben. Da war nicht nur vom Tod des modernen Subjekts die Rede, nicht nur vom Ende des klassischen Erzählers, sondern gleich vom Sterben der deutschsprachigen Literatur, in der seit 1989 nichts mehr so sein könne wie zuvor. Hettches Erzähler läßt sich jedoch durch das frühe Ableben in keinster Weise zum Verstummen bringen. Das Leben mag morbide sein, das Sterben aber ist ein höchst vitaler Prozeß. Genauestens hält der Erzähler uns über die molekularen Vorgänge auf dem laufenden, die in seinem erstarrenden Körper dröhnen, über die Arbeit der Schimmelpilze und Blutgifte, der Fliegen und Maden, die ihm nach Tagen der Verwesung die Lider hochschieben und die Lippen auseinanderdrücken und so "noch einmal Augen und Mund öffnen". Sein Tod wird als eine Art Verschmelzung mit der Stadt vorgeführt, die ihn umgibt, als Liebesakt, und erzähltechnisch als ein Trick, der den allwissenden Erzähler gerade nicht abschafft, sondern - geöffnete Augen, geöffneter Mund - reinstalliert: "Nun den Dingen gleich, öffnete die Stadt sich hinein in meinen Kopf, und mein Körper reflektierte ihren Lärm." Und im Unterschied zu Ulrike Kolbs *Danach* ist der tote Erzähler bei Hettche keine Fiktion einer anderen Figur im Text, sondern der zentrale Angelpunkt der Konstruktion. Der verwesende Erzählerkörper ist der Filter, durch den hindurch Geschichte wahrgenommen wird.

So verfolgt er, allwissend, allgegenwärtig, ein Erzähler-Geist, die schöne Mörderin auf ihrem Gang durch Berlin. Es ist der 9. November 1989, die Mauer fällt. Und während der Erzähler höchstlebendig stirbt, ist die Stadt ein Organismus, der aus der Todesstarre erwacht: War die Mauer ein "Schnitt" und das umgebende Niemandsland das "Narbengewebe", so schneiden die Hämmer und Meißel der Mauerspechte wie "blitzender Stahl ins Fleisch". Noch deutlicher wird die Parallelisierung zwischen vitaler Erzählerleiche und morbidem Stadtorganismus, wenn die Möderin mit ihrer Hand über die Mauer streicht und die Wunde ihres Opfers vor sich sieht: "Himmel, Straße und Mauern, all das atmete und blutete um sie her, und sie war mitten drin. Wie Madenfraß, wie Fliegenlarven auf der offenen Wunde, die sich hineinbohren ins nekrotische Gewebe, klammerten sich überall im Fackelschein welche mit Hämmern und Händen an die Mauer."

So wie die Geschichte als körperlicher Vorgang erscheint, werden umgekehrt die Körper zu gezeichneten Trägern der Geschichte. Die Mörderin - die übrigens namenlos bleibt, sie hat ihren Namen "vergessen" - trifft in einem westberliner Café ein Paar aus dem Osten. Sie entkleidet sich, legt sich umstandslos auf einen Tisch und sagt zu dem Ost-Jüngling, der ausgerechnet David heißt: "Fick mich". Er tut's, und so findet Germanias Vereinigung in Berlin höchst real auf einem Kneipentisch statt. David entblößt einen ramponierten Körper voller Narben, mit herausgerissenen Brustwarzen, einem tief gespaltenen Penis und Tatoo-Aufschriften: "Schlagt mich hart", "Mein Mund und mein Arsch sind offen" usw. Der malträtierte, beschriebene Leib aus dem Osten könnte aus Kafkas *Strafkolonie* entwichen sein. Die masochistische Aufschrift auf seinem Körper ist allerdings nicht mehr die Handschrift einer pervertierten Macht, die ihre Gesetze in genauer Programmierung von einer Maschine auf die Leiber schreiben ließ. Es sind die Spuren einer unprogrammierten Geschichte, aus der ein Entkommen nur in masochistische Selbstunterwerfung möglich zu sein scheint.

Der Showdown findet schließlich im pathologischen Institut der Charitée statt: hinter Vitrinen voller Mißbildungen, mehrköpfigen Kindern und herausgeschnittenen Geschwüren - als hätte Durs Grünbein die Szenerie ausgesucht. Das von ihm eröffnete "Theater der Anatomie" - Hettche bespielt es bereits. In seinem "anatomischen Theater" leitet ein seltsamer Wissenschaftler eine letzte sadomasochistische, orgiastische Sitzung. Die Heldin wird gefesselt und an einen Haken gehängt: "Sie hing, kopfüber, still, ihr Körper mit den Beinen nach oben, sich selber fremd, eine Pflanze und ihr Geschlecht eine Frucht. [...] Der Schmerz war ein glänzendes, gläsernes Stückchen Zeit, das sich einbrannte und in ihr zu schwelen begann. Ein Augenblick, in den sie wie in glitzernde Scherben stürzte, und die Wunde verlief durch sie hindurch, die aufgebrochene Wunde."

In diesem bedeutungsvollen Moment betritt ein cerberusartiger Hund die Szenerie, der durch das gesamte Buch geistert: ein entflohener Grenzhund, ein stummer Zeuge des Geschehens, ein höheres Wesen. Das Hundemotiv ist dem Zyklus "Portrait des Künstlers als junger Grenzhund" in Grünbeins *schädelbasislektion* entlehnt. Doch was bei Grünbein zwangsläufig zum Pawlowschen Hund gerät, wird bei Hettche zum mythologischen Wesen, so wie alles in *Nox* äußerst symbolüberladen ist. Und dieser - selbstredend ebenfalls mit Wunden übersäte - Hund, der einst die deutsch-deutsche Grenze bewachte, flüstert nun der hängenden, lustvoll gequälten Mörderin ihren Namen zu.

Hettche baut aus einer Mixtur populärer Zeichen, aus Mauerfall, Sex, Tod und Gewalt ein kunstgewerbliches Patchwork zusammen, in dem die Körpersäfte und der Sprachkitsch reichlich fließen. Aber er besitzt einen guten Instinkt für das Modische. Seine Interpretation des Körpers als Schriftfläche der Geschichte und der Stadt als Organismus ist deshalb ein weiteres Indiz für den gegenwärtigen Paradigmenwechsel vom Historischen zum Anthropologischen, für den Rückzug der Geschichte aus der Gesellschaft in den Körper.

*

Das zeigt sich auch in Marcel Beyers Interpretation des Nationalsozialismus als Zugriff auf den menschlichen Körper, als Machtübernahme des medizinischen Blicks im Roman *Flughunde*. Eine der Hauptfiguren, Hermann Karnau, ist Akustiker. Er sammelt menschliche Lautäußerungen auf Tondokumenten, um eine Karte sämtlicher menschlicher Töne anzufertigen. Mit dieser zunächst harmlosen Forscher-Tätigkeit gerät er immer tiefer ins Zentrum nationalsozialistischer Verbrechen, so wie der Tonarm eines Plattenspielers sich unweigerlich dem Zentrum der Platte nähert. Zunächst ist er der distanzierte, kalte Beobachter, der bei der "Entwelschung" des Elsaß mitarbeitet, um stimmliche Unterschiede zwischen Deutschen und Franzosen zu erforschen. An der Ostfront nimmt er die röchelnden Urlaute der Sterbenden auf. Schließlich gerät er, nach einem Vortrag im Dresdner Hygiene-Museum, in den Dienst der SS, die seine Thesen zu recht als mit ihren Interessen kompatibel begreift. Denn Karnau propagiert die totale Zurichtung und Gleichschaltung der Stimmen in den eroberten Gebieten des Ostens. Es reiche nicht aus, die deutsche Sprache durchzusetzen, auch die Stimmapparate müßten angeglichen werden: "Wir müssen das Innere der Menschen greifen, indem wir die Stimme angreifen. Sie zurichten und in äußersten Fällen selbst nicht vor medizinischen Eingriffen zurückschrecken, vor Modifikationen des artikulatorischen Apparats." Am Ende befindet sich Karnau während der letzten Kriegstage mit Hitler, Bormann und der Familie Goebbels im Führerbunker und sammelt auch hier die Stimmen auf seinen Tonträgern: der letzte Wutausbruch des Mannes, der einen "Kehlkopf aus Stahl" zu besitzen schien und nun verstummt.

Die menschliche Stimme ist in dieser Wissenschaftslogik bloßer Tonträger. Nicht *was* sie sagt, muß erforscht werden, sondern *wie* sie spricht. Sprache ist "die Rache des Fleisches durch den Kehlkopf", heißt es in einem Grünbein-Gedicht. Für Beyers Karnau lenkt Sprache nur ab von der reinen Stimme, so daß er zusammen mit dem SS-Arzt Stumpfecker konsequenterweise an Taubstummen herumexperimentiert. Sie geben quasi natürliche Laute von sich, ohne sprachliche Verfälschung und zivilisatorische Überformung. Das Geheimnis des Sprechens ist diesen 'mengelehaften' Wissenschaftlern nicht psychologisch oder sprachtheoretisch zu lösen, sondern operativ, durch Öffnen der Hautdecke am Hals und dann "durch die enge Öffnung mit dem Skalpell vor bis zum Kehlkopf".

Trotz der Parallelen zu Grünbein operiert Beyer mit umgekehrten Vorzeichen. Er zieht sich nicht auf eine reduzierte Körperlichkeit zurück, um die Zumutungen des Sinns zurückzuweisen. Indem er den Nationalsozialismus als wissenschaftliches Experiment am Menschen interpretiert, liefert er zugleich eine Kritik des biologistischen Denkens, das den Menschen zum Material degradiert, zum bloßen Versuchsobjekt. Beyers Kunst und der Reiz seines Romans bestehen darin, Karnau als freundlichen Herrn erscheinen zu lassen. Das Böse, das wissen wir längst, ist nur ein beiläufiges Nebenprodukt konzentrierter Interessen, in diesem Fall einer Wissenschaftsbesessenheit, die Mitleid und Moral nicht kennt. Daß Macht sich dokumentiert, indem sie sich in die Körper der Beherrschten einschreibt, ihnen ihre Sprache aufdrückt, verweist einmal mehr auf Kafkas *Strafkolonie*. Dort wurde ihnen der Text der Macht eingeschrieben, hier wird er ihnen operativ in den Kehlkopf gesetzt. Beyers nie moralisierende Auseinandersetzung mit dem NS wendet - jenseits von Ideologiekritik - den nazistischen Körperkult um, zeigt ihn als Machtstrategie, die konsequent mit der Zu- und Hinrichtung der Körper auf dem Chirurgentisch endet. Grünbeins Faszination für Autopsie als "sichersten Weg zum Verlust des Glaubens [...] als Königsweg zum Absurden genauso wie zur äußersten pragmatischen Demut" erfährt so eine notwendige machtkritische Ergänzung und einen Hinweis auf die Vorherrschaft des biologistischen Denkens im Faschismus.

*

Michael Kleeberg geht es in der Novelle *Barfuß* nicht um Machtkritik, sondern um Erlösungsphantasien. Der Körper ist bei ihm Subjekt der Lust und letzte Ausflucht aus der Geschichte. "K." - so nennt Kleeberg seine Hauptfigur, und schon wieder werden wir auf Kafka verwiesen - lebt ein sehr normales und zufriedenes Leben in Paris, sitzt tagsüber im Büro einer Werbeagentur am Computer und abends zu Hause bei seiner schwangeren Frau. Doch das geruhsame, wohlsortierte Dasein zerbricht, als K. am Computer zufällig in einen Sado-Maso-Kundenservice gerät. Was da aus dem körperlosen Raum der virtuellen Realität springt, ist zunächst nur ein Spiel, wird aber bald schon handfeste Wirklichkeit in Fleisch und Blut. Unter dem Stichwort "barfuß" - Reminiszenz an eine freiheitsliebende und unvergessene Jugendliebe - nimmt er Kontakt auf mit einem "Herrn", der ihn demütigen möchte, und sucht ihn auf - im Anzug, aber ohne Schuhe zum Zeichen der Unterwerfung. Der Rest des Buches schildert langatmig K.'s Widerstände gegen die merkwürdige Lust, sich dem "Herrn" zu ergeben, doch, man ahnt es, vergeblich: K. verläßt seine Frau, gibt Beruf und Identität auf, um zum willenlosen Sklaven seines Meisters zu werden, zum Tier seines "Herrn" in immer neuen Erniedrigungen. Hier geht es nicht um Sado-Maso-Spielchen als Ausgleichssport und Freizeitvergnügen, sondern um eine existentielle Erfahrung, die schließlich ihre Erlösung in der lustvoll erlebten eigenen Hinrichtung findet: "Er holt aus und bohrt das Messer unter der linken Brustwarze tief in den blutverschmierten, gemarterten Körper, und im selben Moment, als der Blutstrahl hervorschießt, löst sich auch zum letzten Mal die erotische Spannung in einer Konvulsion, und K.s Augen brechen, und ein Lächeln, das alles gutheißt, sich mit allem einverstanden erklärt, umspielt die Lippen des Toten."

Als ob solch schwülstige Todesverherrlichung nicht schon zuviel des Schlechten wäre, erfährt der gequälte Leser in einem Epilog auch noch, daß K.'s Frau ein gesundes Mädchen gebiert. Die zur Mutter verklärte Frau spielt in der Novelle allerdings nur eine wenig ergiebige Nebenrolle. Sie steht für Heim und Herd, denen der Mann entfliehen muß, und zusammen mit einer schrecklichen Quasseltante für die unerträgliche Banalität des Alltags. K. ist neben dieser Phalanx weiblicher Blödheit Prototyp des männlichen, entfremdeten Individuums, das nach Freiheit dürstet und gegen die Fesseln der Zivilisation revoltiert, indem es sich auf seine Triebhaftigkeit zurückzieht, auf ein verschüttetes Ich als Naturwesen. Vor dem blutigen Opfertod fährt K. in den Wald, zieht sich nackt aus und wälzt sich auf der Erde: "er rollte sich über den modrigen Grund, über die schwarze Erde, grub Zehen, Finger, Unterleib in den intensiv riechenden Moder und atmete, den Mund voller Erde, den Geruch des warmen Bodens ein."

Blut und Boden, Mutterkult und Frauenfeindlichkeit sind die Elemente, aus der diese Novelle gestrickt ist. Die Sprache ist steril und altbacken, kennt weder Höhen noch Tiefen. Der Vortrag ist ohne jede Ironie, im Sujet zeitgemäß und im Ergebnis erschreckend reaktionär. Der Masochismus, die Lust an der Selbstvernichtung, ist die individuelle Variante jenes Unbehagens an saturiertem, bürgerlichem Wohlstandsdasein, das sich politisch auch in der Sehnsucht nach neuen Stahlgewittern äußert. Es ist eine Gier nach authentischem Leben, die paradoxerweise nur im Tod ihre Erfüllung finden kann. Es ist der Versuch auszubrechen, die Suche nach Wahrheit, nach einem individuellen Freiraum. "Daß dieser Raum", schreibt Elke Heitmüller in der Zeitschrift *Ästhetik und Kommunikation*, "in der Postmoderne wieder im Körper gesucht wird, aktualisiert die Frage nach der Lebbarkeit von Subjektivität jenseits der vorgeschriebenen psycho-imaginären Ebene." Auf dem Spiel, so Heitmüller, steht die Identität. "Das Projekt Subjektivität benötigt nämlich die Differenz zum anderen, ohne die es seine Einzigartigkeit nicht entfalten kann. Und es benötigt Macht oder zumindest Ohnmacht, um die Differenz zu produzieren."

Genau das aber wird immer schwieriger. Die Werbeästhetik der Gegenwart betont - ähnlich wie faschistische Körperbilder - gerade nicht die Differenz, sondern die Gleichheit eines glatten Idealbildes. Michael Jackson ist der Prototyp eines künstlich gefertigten Körpers, in dem individuelle Spuren zugunsten einer grenzenlos vermarktbaren Benutzeroberfläche ausgelöscht wurden. Individualität ist dagegen nur durch Abweichung vom Normbild des Makellosen zu haben. Die Körper müssen "gezeichnet" werden, müssen Narben und Wunden vorweisen als Spuren einer persönlichen Geschichte. Ansonsten zeichnet sich auf ihnen nichts Eigenes ab, bleibt ihre Oberfläche so leer wie das Leben der ratlosen Subjekte in der Designwelt. Kleeberg beschreibt das masochistische Ritual als Versuch, dieser Leere zu entkommen und zu authentischer Erfahrung vorzudringen. Er verklärt die Selbstzerstörung zum Befreiungsakt, den Tod zur Erlösung. Das Unwohlsein an der normierten Gesellschaft endet in der affirmativen Feier der Machtlosigkeit und Selbstunterwerfung; der Körper erweist sich dabei als Feld der Desartikulation von Gesellschaftskritik.

*

Die vorgeführten Beispiele zeigen, daß der neuen Körper-Literatur unterschiedliche, teilweise gegensätzliche Motive zugrunde liegen. Sie ist auf der Höhe der Zeit, wo sie auf die Herausforderungen der High-Tech-Medizin reagiert, mit allen Fragen nach dem Status des Subjekts, die daraus resultieren. Sie ist bloß modisch, wo sie sich im Gestus des zynischen Anatomen erschöpft. Sie ist ein berechtigter Einspruch gegen die Mißachtung des Körpers in der Epoche der Aufklärung, gegen die Unterdrückung der Sinnlichkeit durch das Primat der Vernunft, gegen die Unterwerfung von Individuen unter das Diktat von Ideen. Sie ist reaktionär, wo sie masochistische Selbstunterwerfung predigt und den Körper zum Rückzugsraum des machtlosen Subjekts verklärt. Und sie entspricht dem konservativen Zeitgeist unserer nachrevolutionären Epoche dort, wo sie den generellen Abschied vom historischen Denken vollzieht, Geschichte durch Körper ersetzt, Utopien verabschiedet und Revolutionen allenfalls noch im Bereich der Genetik erwartet. Insofern ist die Formel von der "Literatur pur" durchaus passend - vielleicht in Nachfolge zur 'literature engagée', der ja vor einigen Jahren von Ulrich Greiner vorgeworfen wurde, sie habe sich gesinnungsästhetisch mit allzuvielen "literaturfremden" Gegenständen aufgehalten. Das möchte man der "Literatur pur" nicht vorwerfen. Wie hieß es in der eingangs zitierten *Zeit:* Die Bilder der menschlichen Organe sind "rätselhaft wie fremde Kontinente oder unbekannte Inseln und insofern *unbedingt* ein Gegenstand der Literatur".

## Literatur

Reto Hänny: *Helldunkel. Ein Bilderbuch.* Frankfurt/M. 1994.
Ulrike Kolb: *Danach*, in: Klagenfurter Texte. Ingeborg-Bachmann-Wettbewerb 1995, München/Zürich 1995, S. 33-43.
Ulrike Draesner: *Gedächtnisschleifen.* Gedichte. Frankfurt/M. 1995.
Durs Grünbein: *Schädelbasislektion.* Gedichte. Frankfurt/M. 1991.
Durs Grünbein: *Falten und Fallen.* Gedichte. Frankfurt/M. 1995.
Durs Grünbein: *Den Körper zerbrechen. Rede zur Verleihung des Georg-Büchner-Preises 1995*, in: taz v. 23.10.1995. Auch als "Sonderdruck" in der edition suhrkamp (Frankfurt/M. 1995) erschienen.
Thomas Hettche: *Nox.* Roman. Frankfurt/M. 1995.
Marcel Beyer: *Flughunde.* Roman. Frankfurt/M. 1995.
Michael Kleeberg: *Barfuß.* Novelle. Köln 1995.
Elke Heitmüller: *Kybernetische Sinnlichkeit. SM - Körper - Authentizität - Digitalisierung*, in: Ästhetik und Kommunikation 87, 1994, S. 14-21.
Christiaan L. Hart Nibbrig: *Die Auferstehung des Körpers im Text.* Frankfurt/M. 1985.
Paul Virilio: *Die Eroberung des Körpers. Vom Übermenschen zum überreizten Menschen.* München 1994.

*Bernd Künzig*

## Schreie und Flüstern - Marcel Beyers Roman *Flughunde*

# 1

Das Trauma der nationalsozialistischen Diktatur, die Erlebnisse des zweiten Weltkriegs und der Holocaust waren lange Zeit das Schuldthema der deutschen Nachkriegsliteratur. Der 'Kahlschlag', der politisch, militärisch und industriell dem Deutschen Reich zugefügt wurde, spiegelte sich als ebensolcher in der Literatur der zu Ende gehenden vierziger Jahre wieder. Gleichzeitig waren aber auch Verdrängungsmechanismen im Schreiben zu Gange, die besonders die Generation der jugendlichen Kriegsteilnehmer auf die gleiche Stufe der Opfer stellen sollten. Das Leiden an der deutschen Geschichte wurde so zu einem Lei(d)tmotiv der Literatur.

Die radikale Neusicht der deutschen Vergangenheit, die mit der Studentenrevolte von 1968 eng verbunden ist, hat eine kritische Sichtweise der Nachgeborenen auf die Verstrickung der beschriebenen Erlebnisse mit der Diktatur bewirkt. Und plötzlich schien das Thema einer spezifisch deutschen Vergangenheit verlagert. Das Aufkommen der gesamten Holocaust-Aufarbeitung, bewirkt durch die gleichnamige amerikanische Fernseh-Soap-Opera, hat das Thema internationalisiert. Mit einem Mal ging es schließlich auch um die Frage nach der Wahrheit des Schreibens, nach den echten Bildern, die man sich von der deutschen Geschichte machen konnte.[1] Das Thema wurde dabei aus dem Schreiben ausgelagert und ins Bildermedium Film und Fernsehen verlegt. Eine ganze Reihe deutscher und internationaler Produktionen war plötzlich auf der Suche nach bildlicher Authentizität. Rainer Werner Fassbinders *Die Ehe der Maria Braun* (1978), *Lili Marleen* (1980) und *Die Sehnsucht der Veronika Voss* (1982), Alexander Kluges *Patriotin* (1979) oder Edgar Reitz langwieriges Hunsrücker Familienepos *Heimat* (1984) bildeten Wegmarken in einer neuen Sichtweise auf die Vergangenheit. Als "Deutschlandbilder" und "Wiederkehr der Geschichte als Film" wurden diese Beiträge zur Aufarbeitung der Geschichte auch kritisch bezeichnet.[2] Oft in Schwarz-Weiß gehalten, versuchen diese Filme Bilder im Zeitstil der dreißiger und vierziger Jahre zu produzieren, die einen Horizont des Miterlebens zu gestalten suchen, der insbesondere den jüngeren Zuschauern deutsche Geschichte und deren monströse Handlungsweise nachvollziehbar und miterlebbar machen soll. Sehr häufig wird dabei auf dokumentarisches und scheindokumentarisches Material zurückgegriffen, etwa in Kluges *Patriotin* durch eingeschnittenes Wochenschaumaterial oder in Reitz *Heimat* durch das Durchblättern von Fotografien mit der historischen Patina, die in Wirklichkeit alle Standbilder des Films sind. Das Erzählen der deutschen Vergangenheit soll wahrhaftig sein, indem die Fiktionen durch den ständigen Verweis auf Medien und deren scheinbaren Authentizitätsanspruch gerechtfertigt werden. Die Kehrseite der Medaille ist die Möglichkeit,

Geschichte als Fiktion zu einer neuen Form von Wirklichkeit werden zu lassen, die bestimmte Bilder in den Köpfen festsetzt, wie Geschichte und Geschichtsschreibung auszusehen hat.

Darauf hat auch die deutsche Literatur reagiert und den authentischen Bericht, der zwar als Roman und damit als Fiktionalisierung der Geschichte kenntlich gemacht ist, zu einer Form der Vergangenheitsbewältigung werden lassen, die Wahrheit und Dichtung ununterscheidbar ineinander fließen läßt. Ein derartiges Konzept hat sowohl Gert Hoffmanns *Der Kinoerzähler* als auch Ludwig Harigs *Weh dem, der aus der Reihe tanzt*, beide 1990 erschienen, zu Kritiker- und Leseerfolgen werden lassen. Schuld und Schuldverstrickung werden in beiden Romanen verdeutlicht, aber ebenso relativiert und entschuldigt, da sie aus kindlicher und jugendlicher Sicht geschildert werden. So wird die Handlungsweise der Kinder von damals aus der Sicht von heute als Verbrechensbeteiligung empfunden, aber als eine ohne Bewußtsein und nur durch Manipulation mögliche dargestellt. Das Kind taucht hier als ein neues Paradigma der Geschichtsschreibung auf: Einerseits unschuldiger und neutraler Blick, andererseits aber ein durch Manipulation und Beeinflußung der Erwachsenen Mitaktivist des Bösen Gewordener. Der ideale Protagonist der deutschen Vergangenheit ist so ein Mitläufer, Mitbeobachter, aktiv Handelnder, der dennoch unschuldig und als Erwachsener mit dem Abstand von Jahrzehnten deutscher Geschichtsschreibung ein kritisch Wissender, Aufklärender und Bewahrender ist. Motiviert ist ein derartiger Revisionismus einer möglichen Beschreibung deutscher Vergangenheit durch die tatsächlichen Zeitläufte, wonach die Generation erwachsener Protagonisten des Dritten Reichs aussterben und die BDM- und HJ-Generation zur Großelterngeneration wird. Hinter Authentizität und Wahrheit lauert die Perspektive, wonach sich jede Generation die erlebte Geschichte im Kontext der Gegenwart zurechtdeutet.

Diesen Revisionismus greift Marcel Beyer in seinem zweiten Roman *Flughunde*[3] (1995) auf. Der 1965 geborene Beyer gehört zur Enkelgeneration derjenigen, die das Dritte Reich als Erwachsene miterlebt haben und zur Kindergeneration der 68er und ihrer Umfeldgeneration, zu der auch Gert Hoffmann und Ludwig Harig zu zählen sind. Er ist damit einer Generation zugehörig, die sich weder mit den Verbrechen der Großeltern, noch mit den Vorwürfen der Eltern an die Großeltern auseinandersetzen muß: für ihn liegt alles Material offen.[4] Wenn Marcel Beyer nun Ereignisse des Dritten Reichs mit seinem Schreiben umkreist, so sicherlich nicht, um eine Ebene von Authentizität aus eigenem Erleben herzustellen, sondern um mit Schreiben eine Form von Wahrheit zu finden, die die literarische Vergangenheitsaufarbeitung der beiden vorhergehenden Generationen miteinkalkulieren muß. Er ist der 'Neutrale', der sein Schreiben allein an der Gegenwart zu messen hat, die trotz allen vorhergegangenen Schreibens im partiellen Verdacht steht, ein verfälschtes Wiederaufleben nationalsozialistischen Gedankenguts unter der vorgeblichen Prämisse einer neuen konservativen Revolution zu betreiben.

So nennt schließlich Marcel Beyer in seinem Roman die Verbrechen beim Namen. KZ-Folter, Menschenversuche, Bombennächte, das Frontsterben, Kinderle-

ben, Mitläufertum und die politische Naziprominenz finden Platz in einem Roman, der trotz dieser Totalperspektive nüchtern geblieben und vom Abstand einer Generation gezeichnet ist, der die deutsche Geschichte des Dritten Reichs
mehr zu verarbeitender Stoff als persönliches Erlebnis ist.

Die Literaturkritik hat auf den Roman überwiegend begeistert reagiert. Ge-
rühmt hat sie am Schreiben Marcel Beyers vor allem die "erzählerische Wahrheit"[5]. Eine an der deutschen Nachkriegsliteratur geschulte Kritik betont dabei,
daß es dem nachgeborenen Autor gelungen sei, eine Ebene der Authentizität, der
Wahrscheinlichkeit, des "so könnte es gewesen sein", der Präzision und der Er-
fahrbarmachung der nationalsozialistischen Geschichte zu erreichen.[6] Erkannt
wird dabei auch, daß Marcel Beyer nicht nur viel recherchiert, sondern auch viel
phantasiert habe.[7] Der großen Mehrheit der Kritiker geht es darum, die genera-
tionsbedingte Distanz des Autors zu den geschilderten Ereignissen zu betonen,
gleichzeitig aber danach zu fragen, wie diese durch Einfühlung und ästhetische
Konstruktion von Erzählschichten überwunden wird.[8] Die Mehrheit der Besprechungen liest den Roman im Kontext einer deutschen Nachkriegsliteratur, die
Vergangenheitsbewältigung und eine Vergegenwärtigung des Geschehenen leistet und grenzt ihn vor allem zu einem "postmodernen" Schreiben ab, das Marcel
Beyer in seinem ersten Roman *Das Menschenfleisch*" (1991) betrieben habe und in
dem bereits vorhandenes Textmaterial zu einem neuen Zusammenhang gefügt
sei, der so eklektisch in sich selbst kreise. Marcel Beyer selbst bezeichnet das Verfahren seines ersten Romans als "parasitäres Schreiben", von dem sich sein zweiter, scheinbar authentischer Roman wohltuend distanziere.[9] Dieser durchaus einseitigen, einer kanonisierten Nachkriegsliteratur verbundenen Sichtweise hat
Marcel Beyer selbst in Interviews Vorschub geleistet. Über seine Figur Hermann
Karnau sagt Beyer:

> Die Figur des Karnau, das bin ich, aber in einer anderen Zeit. Seine Kindheitserinne-
> rungen sind zum Teil meine Erinnerungen. Wenn Karnau am Küchentisch sitzt, sitzt
> er eben an meinem Küchentisch, sitzt er am Schreibtisch, sitzt er an meinem Schreib-
> tisch.[10]

Eine derartige Äußerung läßt sich leicht in Richtung Einfühlungsästhetik und
Rollentausch lesen, in das "Hineinversetzen in eine andere Zeit", wie es Marcel
Beyer im gleichen Interview nennt. Allerdings betont er auch, daß für ihn als der
nachgeborenen Generation Zugehörigen die Zeit des Nationalsozialismus ein of-
fenes Feld ist, im literarischen Sinne ein "völliges Vakuum"[11], über das keine "Geschichten zirkulieren"[12], das aber vom Historischen, wie es durch die Stunden des
Geschichtsunterrichts vermittelt wird, umschlossen sei[13]. So handelt es sich für
Marcel Beyer darum, mit seinem Roman eine Geschichte zu er-finden, deren Material und Ausgangspunkt auf dem Historischen und einer bereits geschriebenen
Literatur basiert, ihr Subtext aber im gegenwärtigen Schreiben wurzelt. Auf derartige Sachverhalte, bei denen es um das Schreiben einer Geschichte, um ein Experiment, an sich selbst das Historische zu testen, geht und nicht um die Produktion von Authentizität und einfühlendem Nachvollzug des Historischen, haben

lediglich Martin Halter, Bernd Stiegler und Hubert Winkels in ihren Besprechungen hingewiesen.[14] Martin Halter betont, daß der Autor aus der deutschen Nach-kriegsliteratur gelernt habe, "daß ein moralisch gefütterter Realismus dem heiklen Thema schwerlich gerecht wird"[15]. Bernd Stiegler verdeutlicht die "Konstruktion von Vergangenheit und Geschichte als Konstruktion von Gegenwart", womit aus der historischen Figur Karnaus ein "moderner Medientheoretiker"[16] wird, der schließlich den postmodernen Medientheorien Friedrich Kittlers folgt[17] und so zu einem historischen "Exempel für die-Diskurstheorie des Autors"[18] wird.

Damit setzt sich Marcel Beyer mit den Texten auseinander, mit jenen literari-schen Entwürfen, die vor seinem eigenen Schreiben verfasst wurden, mit dem historischen Material[19] und neuen medien- und diskurstheoretischen Modellen, die alle ein Bild des Schreibens der Vergangenheit unter den Bedingungen der Gegenwart liefern sollen, wie im folgenden nun zu zeigen sein wird. Sie werden zu Vor-Schriften, weil sie zum Standard der Literaturgeschichte geworden sind, wie die Auseinandersetzung mit der deutschen Vergangenheit auf literarischem Gebiet möglich ist. So betreibt Marcel Beyer auch in seinem zweiten Roman ein "parasitäres Schreiben", das zwar nicht wie in *Das Menschenfleisch* eine Textmontage ist, aber eines, das sich in erster Linie mit anderem Material auseinandersetzt.

Bereits auf der ersten Vorspruch-Seite des Romans wird das Spiel mit dem Ge-schichts-Material deutlich. Während Ludwig Harig in seinem HJ-Roman aus ei-ner Rede Adolf Hitlers zur Erziehung der deutschen Jugend zitiert, um so den Bogen vom Dokument zum Erlebnisbericht zu schlagen, während Gert Hoff-mann in sich selbst kreisend seinen Roman seinem Protagonisten und Großvater, dem Kinoerzähler Karl Hoffmann, widmet, beginnt Marcel Beyer mit folgendem nicht näher gekennzeichneten Zitat:

> Ich höre die süßen Stimmchen,
> die mir das Liebste auf der Welt sind.
> Welch ein Schatz, welch ein Besitz!
> Gott erhalte ihn mir! (*Flughunde*, S. 5)

Diese warme Stimme erhebt keinen Anspruch auf Wirklichkeit, da sie ungekenn-zeichnet, namenlos auf der ersten Seite prangt. Und dennoch ist sie historisch. Auf der letzten Seite des Buches erfährt man, daß sie dem Propagandaminister des Dritten Reichs gehört und einen Eintrag vom 20. April 1941 aus Joseph Goeb-bels' Tagebuch zitiert. Man erfährt aber auch aus diesem Nachsatz die Art und Weise des Autors, wie mit dem historischen Material umgegangen wurde:

> Obwohl einige Charaktere im vorliegenden Text Namen realer Personen tragen, sind sie doch, wie die anderen Figuren, Erfindungen des Autors. (*Flughunde*, S. 302)

Das Motto verweist nun schon auf der ersten Seite auf einige inhaltliche Aspekte des Romans. Das Hören der "süßen Stimmchen" ersetzt hier eine optische Wahr-nehmung. Als "Schatz" und "Besitz" werden sie von dem zunächst anonymen Verfasser bezeichnet. Dies ist ein eigentliches Paradox, da Stimmen, die gehört werden, im eigentlichen Sinne nur dem gehören können, der sie erzeugt. Hier aber sieht ein Hörer Stimmen als seinen "Besitz" an. So wie sie gehört werden, sollen sie schließlich erhalten bleiben - ein Wunsch, der scheinbar übersieht, daß eine menschliche Stimme sich im Laufe des Alterungsprozesses der zugehörigen Person verändert, es sei denn, sie wird in jenem Moment des Hörens aufgezeichnet und in ein Speichermedium übertragen. Die akustische Aufzeichnung von Stimmen, um die es schließlich im folgenden Romantext gehen wird, überführt das Hören in jenen materiellen Besitz (Tonband oder Schallplatte), den das Motto anspricht. Es wird jedoch nicht ein Gott sein, der diesen Besitz erhalten kann, sondern ein Medientechniker. Dieser im Sinne des Mottos gottgleiche Medientechniker wird Hermann Karnau, eine der beiden Hauptfiguren des Romans sein. Die andere Hauptfigur ist Helga Goebbels, die Tochter des Propagandaministers, deren "süßes Stimmchen" in diesem Motto als historisches Dokument mitgeschrieben ist.

Das Motto eröffnet durch seinen Beleg im Nachsatz des Romans einerseits die Ebene des historischen Ausgangsmaterials, andererseits entnimmt der Autor diesem seine beiden Hauptfiguren, die hier weder namentlich noch körperlich anwesend sind. Die eine Figur, der Medientechniker, der die Stimmen als Besitz erhalten wird, ist hier lediglich als theoretischer Diskurs anwesend, als der er sich dann auch im folgenden erweisen wird. Die andere Protagonistin Helga Goebbels ist nur als eine von mehreren Stimmen präsent, der der Roman schließlich ein eigenes Profil verleihen wird, das jenseits des bloßen Besitzobjektes existent sein wird. Somit phantasiert und analysiert sich der Autor Marcel Beyer in ein historisch belegtes Dokument hinein, entnimmt diesem nicht nur seine beiden Hauptpersonen einer Geschichte, sondern auch einen Diskurs, der auf eine Medientheorie verweist, die erst in der Gegenwart des Schreibprozesses des Autors stattgefunden hat. Der Nachsatz verdeutlicht das Verfahren noch einmal, das bereits im Motto des Romans angelegt ist. Die Namen haben historische Referenten, werden aber in der Schreibsituation des Autors zu seinen eigenen Erfindungen. Das historische Material wird nicht verfälscht, sondern in das eingebunden, was Marcel Beyer im Interview eine Geschichte genannt hat. Damit wird das Vakuum, wie es Beyer empfindet, mit Fiktionalität gefüllt, die in der rund fünfzig Jahre nach den historischen Ereignissen stattfindenden Gegenwart des Schreibens ihren Rückhalt findet. Das Historische wird bemessen an den Erkenntnissen der Gegenwart und kann somit neugefunden und neugeschrieben werden.

## 2

Der Roman *Flughunde* gibt zwei Stimmen Raum. Die eine Stimme gehört Hermann Karnau, einem Toningenieur, der als Aufzeichner der letzten Worte des Führers im Bunker unter der Reichskanzlei die letzten Tage des untergehenden Dritten Reichs miterlebt. Er ist ein Fanatiker der Stimme, der das Sichtbare zugunsten des Hör- und Aufzeichenbaren verdrängen will. Über seine Bekanntschaft mit Goebbels wird ihm nicht nur die Bekanntschaft mit den Kindern des Propagandaministers möglich, sondern auch der Zugang zu einer Wissenschaft der menschlichen Stimme, die er an der Front, während der Eindeutschungs-, bzw. Entwelschungskampagne im Elsaß und später in den entwürdigenden Menschenversuchen der Konzentrationslager umsetzen kann. Sein Vorgesetzter nimmt ihn in den Führerbunker mit, wo er die letzten Äußerungen des Patienten Hitler aufnehmen soll. Als der Zusammenbruch naht, Hitler Selbstmord begangen hat, taucht Karnau im zerstörten Berlin unter, gibt sich die Stimme eines Opfers der Konzentrationslager und verschwindet in der DDR als angeblicher Wärter des Hygienemuseums in Dresden. Marcel Beyer entwirft die Schreckensvision eines gefühllosen Täters, der durch wissenschaftliche Beobachtung zu Täuschung und Imitation fähig wird, um sich als Opfer tarnen zu können. Ein Identitätstausch als Geschichten- bzw. Geschichtstausch:

> Bevor wir losgehen, wendet sich Stumpfecker[20] noch einmal an mich: Solange für uns alle die Gefahr besteht, von den Besatzern aufgegriffen zu werden, müssen Sie sich dies eine genau einprägen: Vordringlichste Aufgabe ist es nun, wie ein Opfer sprechen zu lernen. Erinnern Sie sich genau an die Worte, den Satzbau, den Tonfall Ihrer eigenen Versuchspersonen, rufen Sie sich das alles ins Gedächtnis. Imitieren Sie, sprechen Sie nach, erst langsam und im Geiste, dann leise murmelnd, sprechen Sie mit niedergeschlagenen Augen, lassen Sie Pausen im Sprachfluß, als sei Ihnen Grausames widerfahren, dessen Beschreibung Sie nicht über sich bringen - und lassen Sie in ihrer Rede genau dieses vermeintliche grausame Geschehen aus. [...] man wird Sie am Ende bemitleiden und Sie tatsächlich für ein Opfer halten, Opfer eines unbestimmten Grauens ohne Namen, für das keine Worte zu finden sind. So wechseln Sie die Seite, so gleiten Sie während des Verhörs unmerklich über die Linie, hinüber zu denen, wegen deren Behandlung man Sie eigentlich anklagen wollte. (*Flughunde*, S. 215 f.)

Der Zeuge, der ein sich als Opfer tarnender Täter ist, verharmlost damit das Geschehen nicht, läßt aber kein authentisches Bild zu. Er legt nur soviel offen, wie es ihm zur Tarnung dient. Damit wird die Geschichte gefälscht, von den Tätern weitergeschrieben, die nur soviel offen sichtbar werden lassen, wie es der Verwischung ihrer eigenen Täterspuren dient. Wahrheit und Wirklichkeit eines jeden Erlebnisberichts, der aufgrund einer autobiografischen Mitteilung authentisch wirken soll, wird damit durch den Autor in Frage gestellt, denn jede Autobiografie unterliegt dem Eigennutz der Fiktionen, die letztlich Tarnung und Identitätstausch wird. Schreiben und Bericht werden zur Lüge, deren Wahrheit darin liegt, als ebensolche erkannt zu werden. In diesem Sinne hebt Beyer den Authentizitätsanspruch von bekenntnishaften Berichten der Täter (in diesem Sinne auch der kindlichen Täter Hoffmann und Harig) auf, wenngleich dies keine unproblematische Haltung ist: einen Abgrund der Geschichte möchte Beyer damit öffnen. Wie verhält man sich den Berichten der Opfer gegenüber, gehören auch sie zu den Fiktionen, sind auch diese Tarnung und Täuschung, wird so auch den Opfern der Anspruch auf Wahrheit verweigert, läßt sich noch nicht einmal etwas über ihren wahren Status als Opfer aussagen?

Die andere Stimme gehört Helga, der ältesten Tochter von Joseph Goebbels. Aus ihrer Sicht werden die Ereignisse im Haus des Propagandaministers, die Familien- und Erwachsenenwelt, die Begegnungen mit Karnau und schließlich die letzten Tage im Führerbunker vor ihrer Ermordung geschildert. Es ist die Stimme einer Toten, die Marcel Beyer sprechen läßt.

Damit knüpft der Autor an die Ich-Perspektive der Romane von Hoffmann und Harig an, täuscht die Authentizität des Erlebten vor, läßt aber in Wirklichkeit fiktive Figuren sprechen, denen er Leben und Identität verliehen hat. Zwar hat eine historische Figur Hermann Karnau in der letzten Besetzung des Führerbunkers existiert, aber sie ist ohne Geschichte geblieben.[21] Die Worte Helgas sind die eines Mädchens, das am Ende ermordet wird. Wer die Kinder Goebbels ermordet hat, ist eine Frage des Wahrheitsfanatikers Karnau, die er mithilfe einer Tonaufzeichnung, die er am letzten Abend der Kinder im Bunker heimlich angefertigt hat, beantworten möchte. Diese Frage stellt sich, nachdem er im Sommer 1992 nach dem Zusammenbruch der DDR und der Auflösung der Stasi-Archive als Wärter des Hygienemuseums befragt wird. Unter seinen Tonaufzeichnungen findet er jene Schallplatte vom letzten Abend der Kinder mit seiner Handschrift versehen. Er kann sich jedoch nicht erinnern, diese Aufnahme angefertigt oder gar beschriftet zu haben. Der Mitläufer leidet unter Geschichtsverlust, er hat verdrängt, obwohl er weiß, daß er der Einzige war, der vom versteckten Mikrophon wußte:

> Tatsächlich schimmert dort im matten Schwarz meine hineingekratzte Handschrift. Das Wachs gleicht jenem hochwertigen Material, welches uns gegen Kriegsende lediglich noch im Bunker der Reichskanzlei zur Verfügung stand. [...] Nein, mit diesen Tondokumenten habe ich nichts zu tun. Aber wie kommt dann meine Handschrift auf die Platten? (*Flughunde*, S. 234)

Die Antwort bleibt offen, weil Karnau als der ideale Mitläufer sich zu sehr mit dem nationalsozialistischen Terrorsystem eingelassen hat, das Lüge, Selbstbetrug und Propaganda war. Zudem verstrickt sich Karnau als Medientechniker aus Gründen wissenschaftlicher Wahrheit in ein System, das ihm erst das "Menschenmaterial" für seine Forschungen liefert, um es gleichzeitig zu vernichten.

Neben der Erzählung des Mitläufers und der "unschuldigen" Sichtweise des Kindes durchmischen sich drei Ebenen im Roman: erstens die Ebene des Mitläufers Karnau, der aus wissenschaftlichem Wahrheitsfanatismus zur Personifikation des "banalen Bösen" wird, zweitens die Unschuldsebene des Kindes Helga, das aus kindlicher Sicht, beobachtend schildert und drittens die Ebene der Frage nach der Wahrheit und Wirklichkeit einer kalten Medientechnologie, die wiederum selbst Wahrheit und Wirklichkeit und als Speicher auch deren Besitz transportieren soll.

## 3

Hermann Karnau begegnet dem Leser als eine Figur ohne nennenswerte Charaktereigenschaften. Er wirkt nicht durch eine entwickelte Persönlichkeit, sondern durch seine Verstrickung in Zeitumstände, die ihn zu den entscheidenden Schauplätzen der Geschichte führt: an die Front, in ein Konzentrationslager und schließlich in den Führerbunker. Gleichzeitig verstrickt er sich in die Ereignisse nicht als ein Manipulierter und Befehlsempfänger, sondern handelt aus eigenem Interesse. Seine Leidenschaft gehört der Akustik, sein Ziel ist, die Welt zu beschreiben, zu verstehen, zu begreifen und zu deuten ausschließlich auf der Grundlage des Gehörten. Er setzt sich allein mit den akustischen Phänomenen auseinander und er wird selbst zu einem solchen. Beyer läßt seinen Protagonisten lediglich als Stimme in Erscheinung treten, er bleibt gleichsam gesichts- und körperlos. Selbst für das Kind Helga, die alles Wahrgenommene und Gesehene sehr genau beschreibt, bleibt Karnau ein Schatten:

> Es ist beinahe dunkel im großen Salon. Da brennt nur eine kleine Lampe auf dem So-fatisch, und über dem Sesselrücken sehe ich einen Hinterkopf, im Schatten, das ist nicht Papas schmaler Kopf und Sehnenhals, das muß der Bekannte unserer Eltern sein. (*Flughunde*, S. 35)

Als eine Erscheinung, die ganz aus der Nacht kommt, bleibt er auch dieser Nachtsphäre verhaftet. Karnau wird von Beyer in den entscheidenden Stationen an den Stätten des Todes und der Nacht verortet. So läuft schließlich am Ende des Romans alles im Führerbunker unter der Erde zusammen. In ihm wird es nie Tag, er ist ständig künstlich erleuchtet, und Zeit und Raum verlieren ihre Dimension. Die Nachrichten aus der sichtbaren Welt sind nicht mehr zu verdeutlichen. An ihnen versagt Sprache. Und Beyer schildert die Unmöglichkeit, das Sehen zu beschreiben, in einer Romanwelt, die nur von Stimmen und Geräuschen erfüllt ist:

> Niemand wagt mehr, mit Bestimmtheit die Tages- oder Nachtzeit zu benennen, und wenn jemand von draußen zu uns kommt, wird er gleich umringt und nach der Tageszeit gefragt, nach den natürlichen Lichtverhältnissen. Da stehen sie:
> Leuchtend weiße Wolken vor abgeschattetem Himmel?
> Nein, eher ineinander verschwimmend.
> Aber Sie meinen doch nicht bedeckten Himmel, ausgelaugt, als sei ihm Licht entzogen worden?
> Nein, auch nicht, eher die fleckenweise Andeutung, daß bald schon strahlendes Sonnenlicht durchbrechen könnte. [...]
> Dann sinken alle zurück in das Kunstlicht. (*Flughunde*, S. 202 f.)

Das einzige, was uns Beyer über die Vergangenheit Karnaus schildert, über seine Kindheit, ist wiederum eng mit dieser Nachtwelt des Krieges und des Todes verbunden, die ihn zu erwarten scheint. Das entscheidende Erlebnis ist die Begegnung Karnaus in seiner Kindheit mit einer Abbildung von Flughunden in einem Zigarettenalbum, einer Fotografie von afrikanischen Fledermäusen, die nur Nachts aktiv und ausschließlich auf die Akustik als Orientierungshilfe angewiesen sind. Für diese Tiere existiert eine Welt jenseits der optischen Wahrnehmung, die Karnau erforschen will. Die Flughunde sind als Nachttiere auch Hörtiere:

> Gegen den roten Sonnenuntergang sticht ein kahlgefressener Baum ab, in dem kopf-über eine Traube schwarzer Tiere hängt. Ein paar Flughunde kreisen in der Luft, die

sind schon aufgewacht zur Nacht, da sie, geleitet vom Duft nachtblühender Pflanzen, zu ihrem Freßbaum fliegen werden. Nachttiere. (*Flughunde*, S. 19)

Gekoppelt ist dieses fotografische Bild der Flughunde an die Begegnung der Kinder mit einer Fledermaus in der Turnhalle. Der Ort der Turnhalle, die dort ausgeübten Leibesübungen gehören zur Welt des Drills und der körperlichen Disziplinierung, die sich ein Ventil in der Qual der wehrlosen Kreatur sucht. Die dort entdeckte Fledermaus wird vom Lärm der Klassenkameraden aufgescheucht (einzig Karnau schweigt, um das Tier zu beruhigen) und wird durch den nach oben geworfenen Ball von einer Ecke in die andere gejagt. Die gequälte Kreatur der Fledermaus bleibt als "Nachbild" im Gedächtnis Karnaus stecken, der dieses Bild der Realität nicht mit dem des fotografischen Abbilds in Übereinstimmung bringen kann.[22] Einer Tagwelt des Drills, der Leibesübungen, des Lärms befindet sich dem kindlichen Auge eine Welt fotografischer Stille und exotischer Eleganz gegenüber. Die Fotografie der Flughunde eröffnet die für die Kindheit nach dem ersten Weltkrieg signifikante Fantasiewelt exotischer Ferne, der in Folge des Krieges verlorenen afrikanischen Kolonien. Das exotische Bild gilt aber als eine Projektion von Wünschen, einer Welt der nüchternen Wirklichkeit zu entfliehen. Die Annäherung an die Welt der Flughunde bedeutet somit nicht nur die Flucht aus der Wirklichkeit der Tagwelt in die Geborgenheit einer Nachtwelt, in der allein das Hören wichtig ist, sondern auch die Umsetzung des Bildes, das das Speichermedium Fotografie transportiert, in das andere Speichermedium der akustischen Aufzeichnung, mit dem eine ausschließliche Welt des Hörens in der späteren Tätigkeit Karnaus konstruiert und rekonstruiert werden soll. Somit tauscht Karnau das "Nachbild" der gequälten Fledermaus mit dem Wunschbild der Fotografie aus. Das physiologische Nachbild, womit Karnau wissenschaftlich zutreffend sein optisches Gedächtnis der verstörten Fledermaus bezeichnet, entsteht durch einen äußeren Reiz des Sehnervs und erscheint als eine Reflexion auf die äußere Wirklichkeit. Gleichzeitig ist es aber auch eine Sinneswahrnehmung ohne Stimulus. Die Entdeckung des Nachbildes im 19. Jahrhundert begründet ein autonomes Sehen, das vom Subjekt selbst und innerhalb desselben produziert wird.[23] Damit wird die Erkenntnis des vorangehenden Jahrhunderts in Frage gestellt, wonach alles mit einem gesunden menschlichen Auge Wahrgenommene als optische Wahrheit galt. Die Physiologie kennzeichnet mit der Entdeckung des subjektiven Sehens die optische, äußere Wahrnehmung als objektiv und damit wahrheits- und wirklichkeitsgetreu untauglich. Gegen den äußeren, aber nicht objektiven Reiz des Nachbildes setzt Karnau nun die Fotografie der Flughunde, mit deren Hilfe eine exotische Welt als eine innere aufgebaut werden kann.

Die Versenkung in die Welt der Flughunde bedeutet aber auch das Verlassen Karnaus der optischen Wahrnehmung hin zur akustischen, deren Erforschung er im folgenden als Möglichkeit betrachtet, wesentliche Wahrheit und Wirklichkeit über den Menschen mit der physiologischen Beschreibung der Stimmorgane zu erreichen. Während die Physiologie der Optik durch die Entdeckung des Nachbildes, Sehen als objektiv untauglich definierte, soll die von Karnau betriebene Physiologie der Akustik eine wirklichkeitsgetreue Schilderung des Menschen bis in die Töne der Seele leisten. Die Flughunde sind gleichsam eine Metapher dieser Methodik, da sie auf die akustische Wahrnehmung angewiesen sind und somit die Bedeutung der Nachbilder als optischer Orientierung verhindern und den akustischen Eindrücken folgen, die durch die Absonderung von Ultraschalltönen einen Reflex auf die Umgebung erlauben. Der Zusammenhang zwischen der dunklen Nachtwelt der Flughunde und der ins Innere übertragenen akustischen Wahrnehmung wird von Karnau an einer späteren Passage des Romans hergestellt, an der er das von Edison erfundene Aufzeichnungsmedium mit den Flügeln der Fledermaus vergleicht:

> Das Aufbrechen der Stimmen nach innen, in die Lichtlosigkeit, die Finsternis hinein: Schwärze: Black Marie[24], so taufte Edison einen seiner ersten Phonographen. Und wie im Negativ, verschattet, schwarz, von hellen Linien nur andeutungsweise durchzogen, erscheint die Lederhaut im Blick. Nachtwache, hellwach, dem akustischen Dämmern entgegen. (*Flughunde*, S. 164)

Die akustische Orientierung geht vom Körper aus und kommt als reflektierter Schall zurück. Die Bewunderung Karnaus für die Flughunde folgt dem Wunsch, den Körper nicht nur als Ort der Informationsaufnahme, sondern gleichzeitig als deren Produktionsort zu begreifen. Wenn schließlich der Ort der Stimme lokalisiert werden kann, an dem akustische Information produziert wird, dann kann die Wahrheit und Wirklichkeit von Information verstanden werden.

Die Flucht aus der Tagwelt, die Versenkung in das exotische Bild der Nachttiere und schließlich die Versenkung in akustische Speichermedien, entspringt einer Phantasie der Nachtwelt, die Beyer nicht näher als ein frühkindliches Trauma bestimmt. Offen bleibt, ob es die Trennung von der Welt der Eltern, das Einüben von Disziplin und Drill ist, das Karnau in eine Welt der Nacht hineinziehen will, die er sich wohl als eine vorgeburtliche Mutterwelt der Geborgenheit erträumt:

> Es ist zwar bald nach acht, doch trotzdem spüre ich, bei diesem matten Licht, etwas von dem Gefühl, Teil einer Nacht zu sein in klarer Luft, wo jeder Schritt, jedes geflüsterte Wort widerhallt, um dann einfach spurlos im Dunkeln zu verschwinden. [...] Und es stand nicht in meiner Macht, das Dunkel länger walten, die fremden Stimmen schlafen zu lassen, während die Elternhand mich weiterzog, durch die nun bald gefährliche Restnacht, die unweigerlich umschlagen mußte in die Welt der Herrenstimmen, des Kreischens und des Lärmens [...]. Und nur die Flughunde in meinem Album waren davon ausgeschlossen. Niemals flogen sie bei Sonnenlicht, nur in der Dunkelheit, die ihre schwarzen Körper noch verstärkten, als schluckten diese Flügel noch das letzte Licht. Sie allein hätten mich vor dem Tag bewahren können [...]. (*Flughunde*, S. 43 f.)

Teil einer Nacht zu sein, kann ein direkter Reflex auf eine vorgeburtliche Mutterwelt sein. Es ist auch die einzige Welt, in der zwar die äußeren Ereignisse widerhallen, aber ohne Handlungskonsequenzen sind. Erst die Geburt zwingt das Kind in die Handlungswelt der Erwachsenen, die umschlägt in die "Welt der Herrenstimmen, des Kreischens und des Lärmens", einer physischen Gewalt, die dem Hören angetan wird. Dagegen erscheinen die Flughunde dem Kind als Inbe-

griff von Wesen, die ganz der nächtigen Mutterwelt verhaftet bleiben, weil sie le-
bende Hörorgane sind. Demnach strebt Karnau mit seiner Forschung danach, die
Welt des Hörens zu perfektionieren, um tatsächlich in einer Nachtwelt verharren
zu können, in der optisches Licht und Sehen überflüssig geworden sind. So
glaubt er, die Herrenstimmen verstummen lassen zu können, die an die Welt des
Tages, des Lichtes und des Sehens gebunden sind. Die angestrebte Metamorpho-
se des sehenden Menschen in ein bloß hörendes Organ soll ihn aus der komplizierten Tagwelt, in der die Wahrheit des Hörens durch die Falschheit des Lichts
verdrängt wird, in die einfache mütterliche Nachtwelt zurückführen, in der jede
Handlung nur widerhallt, ohne eine Spur zu hinterlassen. Karnau will sich in den
"Mann ohne Eigenschaften" verwandeln, als der er sich mit seinen Schilderungen
auch präsentiert: Ein charakterloses Wesen, ohne Identität und Eigenschaften, die
ihn aber auch zur idealen Mitläuferfigur werden lassen, in der sich alle Verbrechen des Nationalsozialismus ohne Konsequenzen wie auf einer aufbewahrenden
Matritze eingeschrieben haben, die nur noch abgedruckt oder abgespielt werden
muß, um vom Dritten Reich das wahre Bild zu zeigen.

Aus dieser seltsamen Verwandlungsphantasie rührt alles spätere Handeln, das
Karnau in eine Erscheinung des banalen Bösen verwandeln wird. Das frühkindli-
che Trauma macht ihm die "Welt der Herrenstimmen " eigentlich feind, und dennoch wird er sich genau dieser Welt ergeben, weil nur in ihr eine Forschung möglich ist, die ihm ein Entkommen aus dieser Welt ermöglichen soll. Er verstrickt
sich somit in die nationalsozialistischen Verbrechen, wird zum Täter, obwohl er
eigentlich als Opfer dieser Welt erscheinen möchte. Zur Erscheinung eines Opfers
wird er später durch die Imitation einer eigenschafts- und handlungslosen
Sprechweise gelangen. Auch dort bleibt er mechanisch eigenschaftslos, wie eine
bloße Aufzeichnungsmatrize. Seine Arbeit als Akustiker dient dem Verbreiten
der lügenhaften Propaganda. Mit der Organisation einer derartigen Propaganda-
kundgebung des organisierten und befohlenen Jubelns, der emotionalen Beein-
flussung durch die technisch-akustisch aufgeblähte Stimme beginnt der Roman.
Die Aufgabe des Akustikers ist eine Manipulation, die Information in Emotion
umschlagen lassen und dabei gleichzeitig die Wahrheit unhörbar machen soll:

> Wenn sie [die Taubstummen, B.K.] nicht den Sinn der Töne auffassen können, so wol-
> len wir ihnen die Eingeweide durchwühlen. Wir steuern die Anlage aus: Die hohen
> Frequenzen für die Schädelknochen, die niedrigen für den Unterleib. Tief in die Dun-
> kelheit des Bauches sollen die Geräusche reichen. (*Flughunde*, S. 14)

Der Privatmensch Karnau dagegen interessiert sich für die Wahrheit des Menschen, die im Dunkeln liegt. Er möchte eine Kartographie aller stimmlichen Phänomene erstellen, um so an ein Bild zu gelangen, das ihn die Handlungen der
Menschen verstehen lässt. Die Idee einer Kartographie der menschlichen Stimme
hängt eng mit der Entwicklung der Physiologie als Konstruktion eines neuen
Menschenbildes im 19. Jahrhundert zusammen. Sie erlaubte der medizinischen
Wissenschaft, das menschliche Subjekt in verschiedene Funktionsweisen aufzu-
teilen, womit eine ganzheitliche Wahrnehmung in differenzierte Einheiten aufge-

löst wurde, deren Verständnis der Kontrolle der Wahrnehmungsmechanismen, seien es optische oder akustische, dient. Die physiologische Wissenschaft rührt zunächst aus der Faszination und der Verwunderung "angesichts eines Körpers mit seinen bis dahin unbekannten Kammern und Mechanismen, der gleich einem neu entdeckten Kontinent zu erforschen, *zu kartographieren* [Hervorhebung B. K.] und zu begreifen war"[25]. Als Wissenschaft signalisiert sie, "daß der Körper zum Schauplatz sowohl der Macht als auch der Wahrheit wurde"[26]. Im Sinne der Physiologie folgt Karnau zunächst dem (privaten) Wahrheitsanspruch, in dem er die Kartographie der Stimmorgane als Entzifferung der eigenen Wahrheit begreift.[27] Nach und nach verstrickt er sich jedoch zusehends in eine (öffentliche) Wissenschaft, die immer mehr der Macht und deren Manipulation dient. Die Versuche, die Karnau schließlich in den Konzentrationslagern an lebendigen Menschen vornehmen wird, sind der gewalttätigste Ausdruck einer machtvollen Verfügbarkeit über Menschen, denen der Wille zur Wahrheit des Überlebens genommen wird mit einer vorgeblichen Interessenswahrheit, die der physiologischen Erforschung der Stimme dienen soll, in Wirklichkeit aber deren Zurichtung im Sinne des nationalsozialistischen Herrschaftsbild erreichen will.

Die Stimmen, so glaubt Karnau, geben der "Seele" direkten Ausdruck. Auf den Stimmbändern ist alles verzeichnet, was als Ereignisse einen Menschen geprägt hat:

> So bilden die Narben auf den Stimmbändern ein Verzeichnis einschneidender Erlebnisse, akustischer Ausbrüche, aber auch des Schweigens. Wenn man sie nur mit dem Finger abtasten könnte, mit ihren Fährten, Haltepunkten und Verzweigungen. Dort, in der Dunkelheit des Kehlkopfs: Das ist deine eigene Geschichte, die du nicht entziffern kannst. (*Flughunde*, S. 21 f.)

Auch im Kehlkopf findet sich eine Welt des Dunkels, in der die Wahrheit akustisch verborgen liegt. Karnaus Ziel ist es, diese freizulegen, indem er zunächst akustische Phänomene von außen beobachtet und aufzeichnet. Die Einberufung zur Eindeutschung ins Elsaß und später an die Front ermöglicht ihm, in Extremsituationen an die akustische Wahrheit zu gelangen, um gleichzeitig die Sprache als reflektierte Selbsterkenntnis zu manipulieren. Im Konzentrationslager hat Karnau freie Hand, durch Menschenversuche die Stimmorgane freizulegen, in sie einzugreifen und so die Seele zu ändern. Diese "Forschung" dient der eigenen Geschichte, die Karnau nicht lesen kann, sie führt zu jenem frühkindlichen Trauma zurück, das Beyer im Dunkeln läßt.

Die zunächst von Beyer als privat gekennzeichnete Forschung Karnaus führt im Laufe des Romans zum Entwurf einer "bösen Wissenschaft", die den Menschen als Objekt einer Wissenschaft sieht, welche nicht einem Erkenntnisinteresse folgt, das der Menschheit dienen könnte; im Gegenteil: in der Zerstückelung und Zerstörung soll letztlich der Sinngehalt liegen. Dieser theoretische Diskurs einer "bösen Wissenschaft", der sich in der Fiktion verbirgt, beginnt mit der Eindeutschung in den besetzten Gebieten des Elsaß. In den Besatzungsgebieten werden die französischen Namen, Ortsbezeichnungen, Schilder usw. durch deutsche Be-

zeichnungen ersetzt. Bei den Verhören fertigt Karnau heimlich Tonbandaufzeich-
nungen an, die als Beweismaterial gegen den "Feind" verwendet werden. Die Bespitzelung und Aushorchung deklariert Karnau zur Wissenschaft. Bestätigt wird
ihm eine derartige Haltung auch durch seinen Vorgesetzten. Das Systemische des
"bösen" Wissenschaftsbegriffs wird hier durch ein Autoritätsgefüge unterstützt:

> Welch riesige Forschungsvorhaben wird man uns fördern, wenn wir nur einen Nut-
> zen für den Endsieg auszumachen wissen. Da müssen wir Erfahrungswerte schaffen,
> Tatsachen beibringen, Karnau, das sehen Sie doch ein. Wir müssen näher an den Feind
> heran, das muß man Ihnen doch nicht erst erzählen. (*Flughunde*, S. 101)

Der Wissenschaftsdiskurs in Karnaus Worten hat in der Literatur eine gewisse
Tradition. So erfolgt mit der Figur Karnaus eine Auseinandersetzung Marcel Beyers mit diesen Vorschriften. Nur am Rande spielt dabei die Wissenschaftsthema-
tik etwa in Bertolt Brechts *Galileo Galilei* (1943), Friedrich Dürrenmatts *Die Physiker* (1962) oder Heinar Kipphardts *In der Sache J. Robert Oppenheimer* (1964) für den
Wissenschaftsbegriff der *Flughunde* eine Rolle. In den drei genannten Theater-
stücken wird nach der Verantwortung der Wissenschaft gefragt. Dabei geht es
auch um einen Begriff der Wahrheit, der sowohl von Brecht, Dürrenmatt und
Kipphardt bejaht wird. Verfälscht, verschwiegen oder gar abgeleugnet wird die
wissenschaftliche Wahrheit aufgrund der Verstrickung des überforderten Wis-
senschaftlers in die jeweiligen Herrschaftsstrukturen. Dagegen spielt wissenschaftliche Wahrheit in den Worten Karnaus keine Rolle. Die Physiologie der
Stimmkartographie ist mit Michel Foucaults Analyse einer modernen, bürgerlichen Wissenschaft verknüpft, deren Ziel es ist, einen neuen Begriff vom Subjekt
zu errichten und dieses mit Hilfe der neuen Erkenntnisse zu kontrollieren. So
verbindet sich bei Foucault Wissenschaft nicht mehr mit den Formen von Macht
und Herrschaft, sondern bleibt mit diesen identisch, da sie Bestätigung und Übersetzung derselben sind.[28] In diesem Sinne zeigt der Text Marcel Beyers nicht die
Frage nach der Wahrheit der Wissenschaft auf, ob sie möglich ist oder nicht unter
den Bedingungen einer menschenvernichtenden Diktatur, sondern wie sie in
Foucaults Sinne identisch wird mit den Eigenschaften der faschistischen Macht:
Stimmen und Körper werden zugerichtet, gleichgeschaltet und zerstört. Damit
unterscheidet sich Marcel Beyers Wissenschaftler Karnau als Mitläufer auch von
den Mitläuferfiguren, die Alexander Kluge in seinen *Lebensläufen* (1962) schildert.
Im Sammelband dieser "Anwesenheitsliste für eine Beerdigung" - so der Untertitel der *Lebensläufe* - findet sich in der Biographie des "Oberleutnant Boulanger"
eine Karnau vergleichbare Figur. Rudolf Boulanger wird darin die Leitung eines
Sonderunternehmens während des Ostfeldzuges der deutschen Wehrmacht angeboten. Für den Ordinarius für Anatomie an der Reichsuniversität Straßburg,
Professor A. Hirt - eine historisch verbürgte Figur[29] - soll er die Sicherstellung
von Schädeln "jüdisch-bolschewistischer Kommissare zu wissenschaftlichen Forschungen"[30] gewährleisten. Anders jedoch als im Falle Karnaus, dessen prakti-
zierte Wissenschaft identisch ist mit seinem Willen und dem der Diktatur, ist Kluges Boulanger ein Mitläufer aus sekundärem Interesse:

Praktisch bedeutete für ihn die Übernahme des Sondereinsatzes Abkürzung des Beförderungsweges. Eine eventuelle Übernahme in die Forschung war in Aussicht gestellt.[31]

Nach Kriegsende und Kriegsgefangenschaft endet Boulanger als Packer in einer Papiermühle, wo er von der Presse aufgespürt wird. Ein erneut nach dem Krieg aufgegriffenes Studium der Biologie bricht er ab, nachdem er sich mit der Institutsleitung überworfen hat und richtet ein kaufmännisches Unternehmen in der Tuchbranche ein. Seine folgende Zahlungsunfähigkeit bringt ihn ins Gefängnis. Der Gefängnisgeistliche redet ihm ein, die Strafe als Sühne für seine Vergehen im Krieg zu betrachten. Boulanger erklärt der Presse, sich in Zukunft aus allem Politischen und Wissenschaftlichen herauszuhalten.

Passivität kennzeichnet die Situation des Mitläufers in der Bundesrepublik. Sie ermöglicht ihm die Verdrängung seines Tuns während des Krieges und das Selbstmitleid des angeblich Verführten. Seinem karrieremäßigen Opportunismus und der mit ihr verbundenen Aktivität im Dienst der nationalsozialistischen Wissenschaft steht die Inaktivität der Verdrängung in der Bundesrepublik gegenüber. Die Hauptkritik Kluges gilt damit nicht der Wissenschaft oder der Frage nach ihrer Wahrheit und Wirklichkeit, ihrer Systemimmmanenz, sondern der Haltung politischer Apathie in der Bundesrepublik.[32] Seine Mitläuferfigur Rudolf Boulanger entspricht dem Durchschnitt, mit dem sich eine große Mehrheit der Deutschen nach dem Krieg durchaus hätte identifizieren können.

Im Gegensatz zu Alexander Kluge inszeniert Marcel Beyer mit Hermann Karnau eine Mitläuferfigur, die weder aus bloßem Opportunismus noch aus egoistischem Interesse oder aus Prestigegründen zu einer solchen wird. Sein Denken und Handeln, seine Wissenschaft sind nicht nur identisch mit seiner Person, sondern auch mit dem System. Gerade deshalb verdrängt er nach dem Kriege nicht, Schuldgefühle spielen in Karnaus Rede an keiner Stelle eine Rolle, sondern taucht mit der gleichen Tätigkeit in der anderen Diktatur der DDR unter, wo er ungehindert seiner Wissenschaft weiter folgen kann. Die charakteristischen Eigenschaften einer Mitläuferfigur, wie sie Kluge realistisch nachzeichnet, Opportunismus aus sekundärem Interesse und abschließende Verdrängung und Selbstmitleid, treffen auf Karnau nicht zu. Er bleibt die Verkörperung der von ihm betriebenen Wissenschaft von der Physiologie der Akustik, die identisch mit der Macht ist und diese hervorbringt.

In Form einer grenzenlosen Naivität der Mitteilung legt Marcel Beyer die theoretische Offenlegung einer Wissenschaft seiner Figur Karnau in den Mund, die sich aus Forschungsgründen der Vernichtungsmaschinerie anheimgibt. Damit handelt es sich nicht mehr um den Irrtum, durch den angezielten Hauptzweck Forschung dem Nebenzweck Endsieg gedient zu haben, sondern um ein Geschichtsbild, das nun nicht mehr weit von der kollektiven Verstrickung der Mitläufer aus Bewußtsein entfernt ist. Nicht nur, daß der Forschungsfanatiker der Obszönität des Krieges die Stimme verleiht, indem er das Röcheln der Sterbenden auf dem Schlachtfeld ohne eine Regung von Menschlichkeit aufzeichnet, er reflektiert zusätzlich über die Formen von Auslöschung von Leben und Identität,

indem er sich selbst als "Stimmstehler" bezeichnet. Karnau entwirft das Bild einer
Medientheorie, die schließlich den Menschen ersetzt, indem er ein Element der
physischen Existenz durch ein Magnetband absorbiert, das schließlich Summe
der gesamten Existenz sein soll:

> Ein Stimmstehler: Kann Unwissenden Bänder vorspielen von Toten und sie als kon-
> servierte Stimmen Lebender ausgeben, habe hier auf Band, was einer Stimme abge-
> nommen worden ist, kann bis in die Tiefe jedes Menschen greifen, ohne daß ihm dies
> bewußt ist, hole aus der Tiefe etwas hervor und ergreife davon Besitz, bis hin zum
> letzten, intimen Atemzug, da ein Sterbender sein Leben aushaucht. (*Flughunde*, S. 123)

Beyer läßt mit den Worten Karnaus die Zeiten durcheinanderspringen, zitiert er
an dieser Stelle doch Friedrich Kittler, der in *Grammophon - Film - Typewriter* Edison als Erfinder der Tonaufzeichnung zu Wort kommen läßt, der 1878 für seinen
eben erfundenen Phonographen als eine der Nutzanwendungen die Aufzeichnungen von "letzten Worten von Sterbenden" vorhersagte.[33] Er entwirft somit für
die Zeit des Nationalsozialismus eine Medientheorie, die der Postmoderne entnommen ist, wonach die medial gespeicherte Wirklichkeit realer wird als die sich
ereignende Realität. Die Besitzergreifung der Wirklichkeit stimmt mit den mani-
pulierenden Medien des Propagandaministers ebenso überein - an dieser Stelle
sei noch einmal an das Motto des Romans erinnert, das mit Goebbels Worten dieses Besitzergreifen zitiert - wie mit der postmodernen wirklicheren Wirklichkeit
der Aufzeichnungsmedien. Der Ausgangspunkt der Geschichte Karnaus, der
Dienst in den Propagandaeinheiten Goebbels', folgt den Thesen Friedrich Kittlers
über die generelle Manipulierbarkeit aller medialen Aufzeichnungen.[34] So ist
auch Karnau einerseits ein Manipulator, wenn er die Stimme bis in ihre Physis
hinein ändern will, andererseits geht er aber weit darüber hinaus, dringt in die
Welt "fraktaler Subjekte" vor, die als Medientransmissionen ein eigenes Leben
führen, jenseits ihrer gelebten Existenz.[35] Darin folgt Beyers Karnau-Figur den
Medientheorien Jean Baudrillards und Marshall McLuhans, die beide von einer
"Ausdehnung des Menschen" in eigene mediale Welten sprechen, die losgelöst
von physischer Existenz und Handlung erscheinen.[36] Die letztendliche Konsequenz der postmodernen Medientheorie, die Erstellung von Cyberspace-Univer-
sen, die wirklich erscheinen, ohne physisch real zu sein, damit ohne bleibende
Konsequenzen des Handelns, erlauben es dem in die Zeit des Zweiten Weltkriegs
zurückgedachten Hermann Karnau, die Abschaffung der physischen Realität des
Menschen zu propagieren:

> Wir müssen in das Innere der Menschen vordringen, und dieses Innere äußert sich be-
> kanntlich in der Stimme, die eine Verbindung von innen nach außen darstellt. Ja, wir
> müssen das Innere der Menschen abtasten, indem wir ihre Stimme auf das genaueste
> beobachten. Als guter Arzt, der den Patienten abhorcht und schon allein aufgrund der
> Herz- und Lungentöne die Krankheit des Atmenden diagnostizieren kann. Das Innere
> greifen, indem wir die Stimme angreifen. Sie zurichten, und in äußersten Fällen selbst
> nicht vor medizinischen Eingriffen zurückschrecken, vor Modifikationen des artikula-
> torischen Apparats. (*Flughunde*, S. 139)

Das Bild des hippokratischen Arztes wird nicht nur ins Gegenteil verkehrt, sondern abgeschafft. Der Arzt dient dem Patienten zur Vernichtung, um ihn durch ein mediales Ebenbild zu ersetzen. Was schließlich als Zynismus des Scheiterns aussieht, das vollständige Mißlingen der Menschenversuche, die Karnau im Konzentrationslager durchführt,[37] bestätigt die mediale Ersetzung der physischen Existenz. Der Körper wird zum hinderlichen Anhang der Stimme, die freigesetzt, eigenständig werden soll. Die Aufzeichnung der Stimme wird zur eigenen Form von Wirklichkeit. Am Ende ist die Schlußepisode im Führerbunker nicht ein weiterer Schauplatz, sondern Konsequenz aus der "bösen Wissenschaft" Karnaus. Er zeichnet nur noch auf und bleibt mit der Stimmaufzeichnung allein zurück. Die mediale Wirklichkeit hat das mörderische Geschehen im Führerbunker ersetzt, damit aber auch verantwortliches Handeln. So kann Karnau im Sinne der verknüpften postmodernen Medienwirklichkeit, die der Autor Beyer rückprojiziert, keine Wahrheit über den Mord preisgeben, weil er diese Handlung voraussetzt, die physisches Leben auslöscht. Da die Stimmaufzeichnung aber die Substitution der physischen Existenz bedeutet, hat der Mord in Karnaus Worten nicht stattgefunden. Somit ersetzt im Sinne Karnaus die Schallaufzeichnung den Menschen, absorbiert und ersetzt seine physische Realität und läßt die an ihr vollzogene Handlung ungeschehen:

> Es herrscht absolute Stille, obwohl die Nadel noch immer in der Rille liegt. (*Flughunde*, S. 301)

Daß Leben ausgelöscht wurde, hat im Mediendiskurs des Hermann Karnau keinen Platz mehr. Den Bericht über die Auslöschung der physischen Existenz der Kinder gibt Marcel Beyer als Obduktionsbericht wieder, der keiner Romanfigur zugeordnet ist. Er wird als Dokument eingeführt, dem sich die letzten Worte Karnaus anschließen, die im Sinne der höheren Medienwirklichkeit diese Bestätigung der physischen Auslöschung durch das Abspielen der Schallaufzeichnung aufzuheben suchen.

## 4

Der Mediennaivität Hermann Karnaus hat Marcel Beyer die Stimme Helgas kontrapunktisch entgegengesetzt. Die Kindergeschichte ist eine andere Form der Naivität, die nicht der "bösen Wissenschaft" folgt, sondern einem "unschuldigen" Blick auf die historischen Ereignisse. Dabei ist die Kindergeschichte nicht die eines Kindes, das als Durchschnittsdeutscher den Blick auf die Allgemeinheit zuläßt, sondern ein Vorzeigekind der politischen Prominenz. Anders als die Kindergeschichten Gert Hoffmanns und Ludwig Harigs geht es im Falle der Helga Goebbels nicht um Erinnerung, Authentizität und nachträgliche Bewertung kindlich naiver Verstrickung, sondern um ein theoretisch-hypothetisches Modell, dem kein reales Pendant gegenübersteht. Eine Tochter Goebbels, die im Führerbunker ermordet wurde, kann in der Zukunft keine Stimme haben. Sie ist nach Karnaus postmoderner Medientheorie unbeschrieben und ungeformt. Marcel Beyer gibt dieser Stimme quasi ihre Schallauswirkung, zeigt ihren Reflex auf die historisch nachweisbaren Ereignisse. Es ist also nicht die Frage zu stellen, ob das, was der Autor der Stimme Helgas in den Mund legt, tatsächlich so gewesen sein könnte, sondern welche Ansicht der 'spätgeborene' Marcel Beyer mit dieser fiktiven Stimme dem Nationalsozialismus gibt. Selbstverständlich steht der Autor damit nicht in der Pflicht, eine kindlich-naive und unschuldige Sichtweise auf den verbrecherischen Staat nachträglich durch erlangtes Erwachsenenwissen zu kommentieren, einzuordnen und zu bewerten, sondern er kann die Stimme des Kindes als Kind sprechen lassen. So ist die Stimme Helgas nicht nur Kontrapunkt zur Erzählung des charakter- und eigenschaftslosen Mitläufers Karnau, sondern auch dessen Spiegelbild, das sozusagen die Dinge erkenntnislos aber empfindend wiedergibt. Schildert Karnau seine Täterschaft als wissenschaftlich motiviert, entwirft er das Bild von einer bösen Forschung, die aus vorgeblich höherem Erkenntnisinteresse, das im frühkindlichen Trauma wurzelt, sich skrupellos jedes System zu eigen macht, das diesem Erkenntnisinteresse nützlich ist und umgekehrt mit diesen identisch ist, so ist die Sichtweise Helgas auf die "bösen" Ereignisse die eines Kindes, dem eben jene Geschehnisse Teil der heimischen Elternwelt geworden sind, zu einem System des Vetrauten, Alltäglichen aus Herkunftsgründen. So scheint der Blick Helgas einer der Wahrheit zu sein, weil er nur schildert, im wesentlichen empfindet und nicht wertet. Im Sinne der kindlichen Sozialisation fehlen die Grundlagen zur Bewertung und im Sinne der historischen Ereignisse wird ihr durch die Ermordung die mögliche Zukunft genommen, in der eine erwachsene Bewertung stattfinden könnte.

Helgas Erzählung entwirft nicht das Bild einer prominenten Familie, wie es bekannt ist und ihm nun ein kindlicher Anstrich verliehen wird, sondern sie zeigt uns ein durchschnittliches Familienbild. Marcel Beyers Kindergeschichte der Helga Goebbels treibt Hannah Arendts These von der "Banalität des Bösen" auf die Spitze, in dem das Böse als zunächst nur banal erscheint. Selbst während der letzten Tage im Führerbunker bleiben die Verbrechen, die den Wahnsinnskonferenzen des Propagandaministers und seines Führers entspringen, unausgesprochen.

Dennoch sind die Kinder mit ihren Reflexen auf das, was ihnen in der nichtheimischen Elternwelt des Gutes begegnet, in das System des Bösen involviert. Auf der einen Seite steht das scheinbare Familienidyll und die Banalität eines solchen Lebens, andererseits reagieren die Kinder mit ihren Spielen auf die grausamen Ereignisse.

Beeindruckt von den Reden des Vaters, der für das letzte Aufgebot den Werwolf-Mythos als Einflüsterungen des totalen Untergangs praktiziert, erfinden die Kinder aus Liebe zu ihrem Vater grausame Werwolfgeschichten, die wiederum den Vater erschrecken. Die Betroffenheit des Vaters angesichts der Geschichten der Kinder läßt Helga einerseits begreifen, daß sie aufgrund der familiären Bindung in die Welt aus Lügen und Verbrechen hineingezogen wird. Andererseits erkennt sie aber auch, daß die Trennung zwischen Privat und Öffentlich, zwischen der privaten Existenz des Vaters und seiner Aufgabe als Propagandaminister nicht aufrecht zu erhalten ist, daß sie letztlich eine Selbsttäuschung der Erwachsenen ist, die Kinder von einer äußeren Welt nichts wissen zu lassen:

> Einen Sabotageakt nach dem anderen lügt er sich zusammen. Dann wundert er sich, wenn meine Geschwister dasselbe tun. Früher hat Papa mich manchmal verhauen, wenn er gemerkt hat, daß ich lüge. Erwachsene halten sich und ihre Lügen für undurchschaubar, aber dabei sind nur die Regeln undurchschaubar, nach denen sie entscheiden, ob man eine Sache wissen darf oder angelogen wird. (*Flughunde*, S. 206)

Mit der Stimme Helgas erteilt Marcel Beyer dem Mythos der kollektiven Unwissenheit der Deutschen eine Absage. In seinem Roman sind selbst die Kinder wissend. Sie nehmen ebenso wie alle anderen die Lügen und Einflüsterungen des Propagandaministers in ihrer offiziellen Form als Rundfunkrede wahr und erkennen dennoch das Lügengeflecht. Helgas Stimme legt schließlich den Widerspruch zwischen jenen offiziellen Auftritten des Vaters und den bürgerlichen Erziehungsgrundsätzen offen. Da Beyer aber Helga die Familiengeschichte des Propagandaministers nicht anders denn durchschnittlich schildern läßt, werden die Widersprüche zwischen Goebbels und seiner Tochter zu einem allgemeinen literarischen Bild, das auf zahlreiche Familiengeschichten während des Nationalsozialismus zutreffen könnte. Daraus entsteht das Bild einer Nation von Mitläufern, die in der Stimme Hermann Karnaus den überlebenden, erwachsenen Spiegel und Kontrapunkt findet.

Wird Helgas Kindergeschichte einerseits nun zum gebrochenen Spiegelbild des "totalen" Mitläufers Hermann Karnau, so wird sie andererseits zu dem Opfer, das der unmenschliche Tontechniker nur mit der Sprache imitieren kann. Als Tochter des Propagandaministers wird sie und ihre Geschwister unbarmherzig in den lügenhaften Feldzug des Vaters eingespannt, der mit dem Tod im Führerbunker endet. Sie wird zum Gebrauchsgegenstand der Propaganda. Dies deutet sich schon früh an, als Goebbels Karnau mit dem Hinweis auf seinen Anspruch auf das Urheberrecht die Bitte verweigert, die Stimmen der Kinder aufzuzeichnen.[38] Damit entpuppt sich das zunächst anonyme Motto des Romans in einer weiteren Vielschichtigkeit. Das private Liebesbekenntnis des Vaters, das den gottgleichen Erhalt und Besitz der "süßen Stimmchen" beschwört, ist gleichzeitig Material einer öffentlichen, politischen Karriere des Propagandaministers. Die Stimmen werden so nicht nur als individueller, sondern auch als offizieller Besitz deklariert, der sich im Sinne des Urheberrechts kommerziell und politisch verwerten läßt. Die Liebe des Vaters zu den "süßen Stimmchen" ist dabei identisch mit seiner Karriere als Propagandist des Dritten Reichs. Das Private wird zum Öffentlichen, die Stimmen der Kinder und diese selbst sind persönliches Eigentum der Propaganda.

Für den Propagandaminister ist dies klar und eindeutig, und er formuliert dies in einer Rede, der auch die Kinder zuhören. Während dieser Rede "entgleitet" auch Helga das Bild des Vaters, sie fragt sich, ob es sich um einen Stimmenimitator handelt, der den Kindern den Tod ankündigt.

Aber Papa, der jetzt für seine Person spricht, glaubt unerschütterlich daran, daß wir
den Sieg davontragen werden. Falls nicht, hat die Welt keine tiefere Daseinsberechti-
gung mehr, ja das Leben in ihr wäre schlimmer als die Hölle, und Papa hielte es nicht
mehr für wert, gelebt zu werden, weder für sich noch für seine Kinder. Er würde dieses Leben mit Freuden von sich werfen.
[...] Weder für sich noch seine Kinder: Oder spricht da gar nicht Papa, ist das wieder
nur ein Stimmenimitator vom Feindsender, der sich in das Programm hineingeschaltet
hat, und der Papa so etwas sagen läßt? Doch Mama hört mich nicht, sie hört nur diese
Stimme. (*Flughunde*, S. 187)

Helga ahnt zum ersten Mal, daß die Stimmen nicht das sagen, was sie meinen, sie
täuschen und sind zur Lüge fähig. Später im Führerbunker wird ihr diese Angst
zur Gewissheit werden.[39] Die Rundfunkrede hören die Kinder zusammen mit
den Flüchtlingen, die auf dem Gut untergebracht sind. Die Wirklichkeit der
Flüchtlinge, die jenseits der Welt der Kinder, die bis zu den letzten Bombenan-
griffen eine des Luxus ist, wirkt fremd, erschreckend und unvertraut. Helga
schildert und empfindet diese Wirklichkeit und befragt ihre Empfindung naiv, ist
aber nicht in der Lage, einen Zusammenhang zwischen der anschließend im Radio übertragenen Rede des Vaters und dieser Erscheinung der Wirklichkeit herzustellen. Das "Böse", das sich in dieser Rede ankündigt, erscheint immateriell.
Der Körper, die Person des Vaters wird von ihr darin nicht erkannt und so vermutet sie zunächst, daß ein Stimmenimitator vom Feindsender sich mit der Ankündigung ihres eigenen Todes in das Programm eingeschaltet haben könnte.
Darin hat Helga recht und unrecht zugleich. Recht hat sie, wenn sie erkennt, daß
das Medium Radio, die Aufzeichnung und Übertragung der Stimmen eine Täuschung ist, daß die Stimmen, die dort zu hören sind, manipulierbar sind. Unrecht
hat sie aber, die Stimme der Propaganda, der Lüge und der Verfälschung, nicht
mit der wirklichen des Vaters zu identifizieren, weil sie etwas sagt, daß der Liebe
des Vaters zu seinen Kindern, wie sie sie bisher empfunden hat, entgegensteht.
Der Mediendiskurs Helgas ist einer der Empfindung, mehr noch einer der Erfahrung, weil sie am Ende versteht, daß die Propaganda des Vaters Lüge ist und daß
sie selbst in diesen Feldzug vom Vater eingespannt wird.

Marcel Beyer zeichnet von Helga und den Kindern das Bild der in die Zusammenhänge des Nationalsozialismus Verstrickten, die handelnd werden, indem sie
auf die Wirklichkeit reagieren, die für den Vater Propagandalügen erfinden, aber,
weil sie den Widerspruch empfinden, erkennend und verstehend werden. Am
Ende werden die Kinder im Sinne der Propaganda des Vaters zu Mordopfern.
Der barbarische Akt der Tötung trennt den Körper von der Stimme, die Karnau
nun doch aufgezeichnet haben muß, obwohl er sich in seiner Erzählung nicht
mehr daran erinnern kann. So bewahrt er zwar einerseits die Wahrheit der Kin-
derstimmen mit der Tonaufzeichnung, andererseits kann und will er sich nicht
mehr erinnern, daß er an der Aufzeichnung der Stimme, ihrer Trennung vom
Körper und somit zumindest mental an der Tötung der physischen Existenz beteiligt war. Der Obduktionsbericht der ermordeten Kinder läßt diese nur noch als
Körper ohne Stimme in Erscheinung treten, da dieser den körperlichen Ort der

Wahrheit, wie ihn Karnau deutet, nicht mehr erwähnt. Helga ist somit nicht nur das Leben, sondern auch die Möglichkeit der stimmlichen Mitteilung ihrer Empfindung genommen, die in Karnaus letzter Aufzeichnung eine Existenz jenseits ihres gelebten Lebens findet und am Ende dennoch nur die Atemzüge einer Sterbenden wiedergibt. Der Obduktionsbericht läßt sich keiner der Stimmen des Romans zuordnen, sondern ist wie ein Dokument in das Geflecht der Stimmen Karnaus und Helgas am Schluß eingeschnitten. Wenn das Dokument aber die Stimme der Wahrheit sein soll, dann bleibt es oberflächlich gegenüber den skrupellosen Bekenntnissen Karnaus und der kindlichen Erzählung Helgas. Es bleibt bloße Statistik.

5

Im Gegensatz zur bloßen Statistik des Dokuments erkennt der ewige Mitläufer Karnau, wie sehr er in das System eingebunden war, dieses verkörperte, weil er es aktiv mitgeformt hat und es gleichzeitig mittels der Tonaufzeichnungen bewahrt hat. Karnaus Stimme gibt in diesem Sinne einen "objektiven" Einblick in ein unmenschliches System, weil er als Techniker dessen ideale Verkörperung und Aufbewahrung ist. Der Mitläufer entlarvt seine überlebenden Zeitgenossen als Lügner:

> Dazwischen lag die stumme Zeit, die taube Zeit. Photographieren: Ja, photographiert haben sie immer, aber sie konnten ihre eigenen Stimmen nicht mehr hören, die sie sich zwölf Jahre lang heiser geschrien hatten. Denn Photos kann man schönigen, man kann sie arrangieren: Jetzt lächeln und einander umarmen. Und Uniformen tauschen gegen Nachkriegslumpen. Orden verschwinden lassen, und: Wie schnell ein Oberlippenbärtchen abrasiert ist. Den Blick kann man sich abgewöhnen über Nacht: Am Morgen nicht mehr haßerfüllt und kriegerisch, sondern erschöpft und freundlich. Aber das geht mit der menschlichen Stimme nicht, die läßt das Ja Ja Ja, das Heil und Sieg und Ja Mein Führer noch auf Jahre durchklingen. (*Flughunde*, S. 230)

Karnau hat diesen Stimmen gedient, er hat sie verstärkt, aufgezeichnet und erforscht, hat an den Lügen des Nationalsozialismus mitgeholfen und nur deshalb überlebt, weil er gelogen hat. Nach dem Führerbunker hat er sich als Opfer getarnt und ist in der DDR untergetaucht, wo er aller Wahrscheinlichkeit nach Bespitzelung und Stimmüberwachung im Dienst einer anderen Diktatur weiterführen konnte. Aber auch darüber deckt er die Lüge und gibt sich als einfacher Wachmann aus.[40]

Was bedeutet es nun, wenn ein Lügner die Lügner des Lügens bezichtigt? Marcel Beyers Roman verkörpert einen Diskurs, der nicht nur nach der Wahrheit des Nationalsozialismus fragt, sondern auch eine Literatur in Frage stellt, die dieser dienen soll. In Frage gestellt wird der Tatsachen- und Erinnerungsbericht, das historische Dokument und eine sich an die historische Wahrheit annähernde Fiktion. Marcel Beyers Text bleibt Fiktion. Gleichzeitig taucht historisches Personal in ihm auf, das zum Teil aber auf bloße Namen verkürzt wird. Es wird eine fikti-

ve Figur des "ewigen und totalen" Mitläufers entworfen, die einen historisch ver-
bürgten Namen trägt und historischen Persönlichkeiten während der letzten
Tage im Führerbunker begegnet sein kann. Als "ewiger Mitläufer" und Überle-
bender kann die Situation des Berichts, den Karnau gibt, möglich sein, aber dennoch Fiktion bleiben. Andererseits stellt die kontrapunktierende Stimme Helgas
eine mögliche Authentizität in Frage, da die Stimme einer Toten spricht, die zu
Lebzeiten eines derart reflektierten Berichts nicht fähig gewesen sein kann.
Schließlich täuscht Marcel Beyer den dokumentarischen Charakter vor durch die
beiden eingeschobenen "neutralen" Berichte der Entdeckung des Archivs nach
dem Zusammenbruch der DDR und des Obduktionsberichts der ermordeten
Helga. Als Autor blendet sich Marcel Beyer nicht in den Roman ein. Er bleibt geradezu anonym, erscheint zeitweilig wie ein Vermittler der Stimmen und ist doch
ihr eigentlicher Er-Finder, der sich die Zeit des Nationalsozialismus nur durch
Erzählungen, Berichte, Literatur, Filme und Dokumente erschließen kann. Aufgrund der Sachlage der historischen Abläufe bleiben die Ereignisse und Stimmen
des Romans möglich und wahrhaftig. Die Topografien des Dritten Reichs, die Be-
satzungsgebiete, die Front und die Konzentrationslager tauchen ebenso auf wie
die Schaltorte der Macht, der Führerbunker unter der Reichskanzlei.

Marcel Beyer leistet sich jedoch keine Imitation oder Nachfolge des Bestehenden, sondern bricht auch im Sinne des Generationenwechsels mit den Vorschriften. Dies betrifft insbesondere das Verhältnis von Dokument und Fiktion in den
*Flughunden.*

Das Einbringen von dokumentarischem Material in fiktionale Zusammenhänge
sollte bereits in der Literatur der zwanziger Jahre Authentizität vermitteln. Die
Durchmischung von Dokument und Fiktion etwa in Werken von Bert Brecht, den
Bildcollagen der Kubisten und den Fotomontagen John Heartfields wirkte den
künstlichen Welten der Jahrhundertwendekultur entgegen, in der für die Künst-
lerromane Thomas Manns als Selbstreflexion des Schreibens nichts so offensichtlich war wie die Trennung von Kunst und Leben. Nach dem zweiten Weltkrieg
und dem Ende der nationalsozialistischen Diktatur sollte dokumentarisches Material ebenfalls die Lebenswirklichkeit des Erlebten in die Literatur einbringen. In
der dokumentarischen Literatur der sechziger Jahre stand dabei die "Ästhetik der
Materialkonstruktion"[41] im Mittelpunkt. Das Dokument wurde nicht einfach als
Beleg zitiert, sondern arrangiert und komponiert, um so mit der Literatur den
Zusammenhang der Geschichte vorzustellen. Mit der *Schlachtbeschreibung* (1964)
hat Alexander Kluge schließlich den Begriff des Materials eingeführt, der nicht
den Effekt von Authentizität, sondern von Zusammenhangsbildung erzeugen
sollte. Die Hand des Autors war dabei unverkennbar, die letztlich ein Gitter oder
Raster des Verstehens aus dem Zusammengefügten zu formen hatte. Fiktion und
Dokument begannen sich zu vermischen.[42]

Im Gegensatz zur dokumentarischen Literatur erweiterte sich das Schreiben der
siebziger Jahre um den Begriff der "Erfahrung". Eigenes Erleben und Fiktion gingen in diesen Schreibentwürfen eine eigenwillige Symbiose ein. Vom "Erfahrungshunger" einer Generation war schließlich die Rede[43]. Diesem folgten die

Romane *Der Kinoerzähler* von Gert Hoffmann oder Ludwig Harigs *Weh dem der aus der Reihe tanzt.* Weniger komplex und weniger montiert als etwa Alexander Kluges Texte beharren sie auf der Er-Lebenswirklichkeit als Form der Wahrheitsfindung, die auf Direktheit baut und nicht mehr auf die montierende Hand, die erst den Zusammenhang der Geschichte herstellen soll. Literatur wird schließlich als Zeitzeugenbericht zum Dokument. Alexander Kluge warnte vor diesem naiven Umgang mit dem Dokument, eine derartige Umkehrung der Fiktion sei eine "einzigartige Gelegenheit, Märchen zu erzählen"[44].

Gegen diese märchenhafte Wirkung, aber auch gegen das Arrangement von Dokumenten, setzt Marcel Beyer seine Stimmen auf der Grenze "zwischen dem Reich der Imagination und dem geschichtlichen Leben"[45]. Die Fiktion der Stimmen Karnaus und Helgas wird als Dokument vorgeführt. Karnau selbst belegt die Stimme der toten Helga durch die Tonaufzeichnung des letzten Abends im Führerbunker. Der ständige Verweis auf die Medien der Tonaufzeichnung erzeugt jenen Effekt wahrheitsbildender Dokumente. Andererseits handelt der Roman von Lügen und Propaganda, von einer vollständigen Umkehrung des Menschen, in dem seine Stimme geändert werden soll. Zum Leser spricht gerade jene Stimme, die diese Veränderung als Lebensziel gefordert hat. Sie ist in ein System von Lüge, Gewalt und Tod verstrickt, von dem sie einen scheinbar objektiven Bericht gibt. Darin geben die Stimmen in Marcel Beyers Roman die Wahrheit über das Wesen des Dritten Reichs wieder.

Auf der anderen Seite bleibt alles Fiktion. Dies wird durch den Zeitsprung deutlich, der den Metadiskurs bestimmt, den Karnau über die Stimme, den Körper und deren Aufzeichnung führt. Die Trennung von Stimme und Körper, ihre freigesetzte Existenz, die in den Aufzeichnungsmedien ein eigenes Leben führt, ist eine Rückprojektion der Medientheorien Baudrillards und McLuhans, die Überblendung einer Medientheorie der achtziger Jahre auf Ereignisse der dreißiger und vierziger Jahre. Damit deutet Marcel Beyer aber Geschichte nicht neu, sondern zeigt seinen Schreibentwurf über das Dritte Reich als nach der dokumentarischen Literatur und nach dem 'Erfahrungshunger' angesiedelt. Die dokumentarische Literatur und jeder Erfahrungsbericht ist durch den Generationensprung zur Fiktion und zum Material geworden, dessen Authentizitätsanspruch mit dem Aussterben der Belegquellen immer geringer wird. Insofern erschafft sich Marcel Beyer selbst fraktale Subjekte, denen er die angebliche Existenz eines Hermann Karnau und einer Helga Goebbels verleiht. Im Unterschied zu den Autoren, die Erfahrung berichten und denjenigen, die Material arrangieren und montieren, ist der Autor der neunziger Jahre der Manipulator, der sich die historische Wahrheit erdichtet, sozusagen künstliche Materialien erschafft. In das Material des Romans eingespeist sind dabei alle Vor-Schriften, aus denen die fraktalen Subjekte zusammengesetzt werden, deren Ursprung im wirklichen Leben liegt, deren Spuren sich aber nicht zurückverfolgen lassen. Der Autor Beyer präsentiert sich als Materialerfinder von Fiktionen, der diese dem Leser unkommentiert darbietet.

Gewichtiger als mögliche Formen der Authentizität oder der Erfahrungswirklichkeit wird in diesem Sinne schließlich die kompositorische Gesamtanlage. So durchbricht Beyer auch die Einheitlichkeit des Dokuments oder des Erfahrungsberichts, indem er zwei sehr verschiedene Stimmen stilistisch ausgestaltet. Gegen den sachlich-nüchternen, kalten Ton des Mitläufers Karnau setzt er die kindlich-naiv berichtende und empfindende Stimme Helgas. Beide Stimmen sind ineinander verschränkt, wobei die Verschränkung oft dadurch geschieht, daß Handlungen und Ereignisse aus Karnaus und aus Helgas Sicht geschildert werden. Oder aber es handelt sich um parallele Geschehnisse, die inhaltlich miteinander verbunden sind. Die kunstvolle Verzahnung der beiden Stimmen, ihre geradezu konzertartige Komposition wird schließlich durch wörtliche Wiederholungen verdeutlicht. Der dritte Teil des Romans endet mit Karnaus Beschreibung der Töne auf dem Schlachtfeld. Er ruft aus: "Welch ein Panorama" (*Flughunde*, S. 115). Mit den gleichen Worten beginnt der vierte Teil, mit dem Helga die Rede der Mutter im Angesicht des Bergpanoramas am Obersalzberg wiedergibt. Zwei Sichtweisen, die kompositorisch verzahnt sind, entfalten sich so. Die beiden Ausrufe beschreiben scheinbar geradezu entgegengesetzte Dinge, das Frontsterben und eine erhabene Berglandschaft.

Der wiederholte Ausruf "Welch ein Panorama" verknüpft aber auch beide Momente des Beobachtens von "Landschaft" mit einem Medienbegriff, der nicht nur auf Karnaus Verfahrensweise der Tonaufzeichnung des Frontsterbens verweist, sondern auch auf medientheoretische Überlegungen sowohl des Autors Beyer als auch seiner dämonischen Hauptfigur Karnau, eine Wirklichkeit überhaupt beschreib- und damit verstehbar zu machen.

Das Panorama setzt als Erfindung des 19. Jahrhunderts die Möglichkeiten neuer Wahrnehmungsapparate wie die Camera obscura oder den Fotoapparat in einer Anlage um, die dem Betrachter vorgaukelt, ein Stück Wirklichkeit zu erblicken, die ihn vollkommen umschließt. Der rundumschweifende Blick wird im Panorama durch die Kontinuität des gerundeten Blicks ungebrochen bleiben. Der Ursprung des panoramatischen Blicks liegt in einer erhöhten Position, aus der sich eine Landschaft unbeeinflußt überblicken lassen kann. Tatsächlich handelt es sich bei dieser erhöhten Stellung in ihrem ursprünglichen Sinn aber nicht um eine Position der Wirklichkeitserfassung, sondern um eine Sehweise, die Landschaft in ein strategisch, abstraktes Gefüge einbindet. Von heute aus betrachtet erscheint uns das Panorama als ein Vorläufer des Kinos, eine Vorform des kinematographischen Realismus.[46] Diese Vorstellung bindet das Panorama in eine vorgeblich kontinuierliche Geschichte der Medienapparate ein, die schließlich zum filmischen Realismus führt. Das Panorama funktioniert so den ursprünglich strategisch abstrakten Blick vom Feldherrnhügel aus zur reinen Schaulust um. Der Schrecken der Schlacht oder die strategische Führung des Feldherren, der das Gelände von seiner erhöhten Position aus in kartographische Planquadrate einteilt, wird so zum Jahrmarktsvergnügen, und schließlich werden die großen Schlachtereignisse, wie Waterloo oder Sedan zu den Attraktionen einer unterhaltsamen neuen Wahrnehmungsfunktion.[47] Wenn das Panorama derart die Erfassung von

Wirklichkeit bestimmt, den Betrachter einer Schlacht aber aus der Situation der tödlichen Gefahr des Feldherrenhügels in die Sicherheit des distanzierten Betrachtungsgenuß versetzt, so versucht der Medientechniker Karnau die für ihn höhere Wirklichkeit der Stimmbänder in einem akustischen Panorama der Schlacht umzusetzen. Er vermint das Gelände mit Übertragungsanlagen und verlegt den Feldherrenhügel nicht nur in das sichere Innere seiner Schallaufzeichnungszentrale, sondern vielmehr in das Innere seines Kopfes, in dessen Gehörgängen sich die Töne und Geräusche der Stimmen von Kämpfenden und Sterbenden erst entfalten. Noch vor der Erfindung der Stereofonie träumt Karnau von einer realitätsbezogenen Verortung von Stimmen und Tönen im Raum, in dem er der Tonaufzeichnung einen Ort auf der Militärkarte zuweist, die im ursprünglichen Sinne eine Hilfestellung auf dem Feldherrenhügel sein will. Karnaus akustisches Panorama bleibt jedoch wie das optische Pendant ebenso nur ein Scheinen von Wirklichkeit, die er ausschließlich in den inneren Gehörgängen seines Kopfes konstruiert.[48] Mit seinem akustischen Panorama lauscht Karnau schließlich nicht der Wirklichkeit der Stimmen, sondern nur der der Tonmaschinerie, mit der diese aufgezeichnet wurde. Die nächste Stufe der Annäherung erfolgt durch die Wendung aus dem Inneren des eigenen Kopfes in das Körperinnere der anderen Stimmorgane. Dabei vergißt Karnau bei seinen Menschenversuchen, daß es sich hier um organische Körper handelt, die zerfallen und sterben und damit ihre eigene Stimmerzeugung zerstören. Die Verwechslung der menschlichen Stimme mit deren Aufzeichnung im Apparat wird schließlich beim Abhören der Aufnahmen des Führerbunkers am Ende des Romans offenbar, als sich aufgrund der bloßen Tonaufzeichnung nicht sagen läßt, wer die Kinder ermordet hat. Das akustische Panorama wird zum gleich unverläßlichen Bewahrer von Wirklichkeit wie das optische.

Magda Goebbels Ausruf "Welch ein Panorama" führt direkt zur optischen Täuschung, denn es dient lediglich als Hintergrund eines Familienfotos, das später zum Propagandamaterial für die Zeitung werden wird. Helga entziffert das Panorama als medientechnische Voraussetzung, den eigenen Körper in eine Medienapparatur einzuspeisen, die der Vortäuschung des Familienidylls dient. Sie blickt dabei hinter den Medienapparat und schildert ihre Einsamkeit und Unfreiheit, die durch diese Einbindung entsteht.[49] Während Karnau in die Medienpropaganda des dritten Reichs nicht nur eingebunden bleibt, sondern diese aktiv betreibt, um einer Wirklichkeit und Wahrheit hinterherzujagen, die letztlich nur in seinem Kopf entsteht, bleibt der Blick Helgas medientechnisch ungebunden. Er ist reine Stimme und Beschreibung der sie unmittelbar betreffenden Ereignisse. Im Unterschied zu Karnau erkennt Helga Medienwirklichkeiten und ihre Abbilder als Ein-Bildungen. Während Karnau sich bedingungslos in seiner Kindheit dem fotografischen Bild der Flughunde ergibt, somit die Bildung seiner subjektiven Fluchtphantasien anhand der Fotografie mit dem vorgeblich objektiven Wiederschein der Abbildung des Zigaretten-Albums verwechselt und dieser Verwechslung bis ans zerstörerische Ende im Konzentrationslager und dem Führerbunker folgt, läßt Marcel Beyer Helga erkennen, daß die mediale Wirklichkeit lediglich der Bildung von Ansichten und Anschauungen dient, die dem Subjekt allein und nicht der objektiven Widerspiegelung entsprechen. Darin folgen auch Helgas Schulkameradinnen ihren subjektiven Vorstellungen von einer Welt des Familienidylls, in dem alles möglich und vorhanden ist, und einer Welt der Repräsentation, die mit Helgas Worten lediglich Schein und damit Projektionsfläche des rezipierenden und daran partizipieren wollenden Subjekts ist.[50]

Zu fragen bleibt nun, wie diese Stimme zu uns spricht, wie sie überliefert wird. Sie ist kein schriftliches Zeugnis und auch keine Tonaufzeichnung Karnaus, sondern eine literarische Fiktion Marcel Beyers. Während Karnau die Medienphantasie eines akustischen Panoramas umzusetzen versucht, hinterfragt Helgas Stimme derartige Medienprodukte, denen sie ausgesetzt ist. So entwirft Marcel Beyer selbst einerseits ein Panorama des Dritten Reichs, das von den privaten Räumen über die Schlachtfelder und Konzentrationslager zum Führerbunker reicht, das er andererseits aber durch Helgas Stimme und durch Karnaus Scheitern seiner Medienversuche in Frage stellt. So bleibt auch das Panorama des Romans eine Fiktion, eine simulatorische Vortäuschung von Wirklichkeit und Authentizität, die erst im Kopf des Lesers durch eine Bewertung des Textes stattfindet, welche auf der Grundlage der Kenntnis des Materials über das Dritte Reich basiert, das auch der nachgeborene Marcel Beyer für seine Romankonstruktion genutzt hat.

Wenngleich Marcel Beyer nun die Fiktion als scheinbares Dokument und Erfahrungsbericht vortäuscht, so geht es ihm nicht mehr um die Ästhetik der Materialkonstruktion, sondern um die Ästhetik des Materials, beziehungsweise um die Nutzung eines Materials, das der kontrapunktischen Konstruktion der Stimmen dient. In diesem Sinne kann dann nicht mehr die eigene Betroffenheit aufgrund einer bestimmten Lebenswirklichkeit oder Erfahrung im Mittelpunkt stehen. Eine derartige Betroffenheit muß beim Autor schließlich auch ausbleiben, weil ihm die Geschichte des Nationalsozialismus aufgrund seiner Situation, ein Nachgeborener zu sein, bloßes Material geworden ist. Es ist ein Material wie die Vor-Schriften über diese Ereignisse. Gleichzeitig ist es aber eines, das einer künstlerischen Fiktion dient. Die Fraktalität der konstruierten Subjekte, der perfekt inszenierte Redefluß, der sich in langen, verschachtelten und aneinandergereihten Sätzen äußert, ist derart eifrig fiktiv, daß trotz aller Wahrheitstopografien, die den Stimmen Wirklichkeit verleihen, eine politische Dimension ausgeblendet bleibt. Der Nationalsozialismus als politische Bewegung des Jahrhunderts findet im Roman nicht statt. Er wird geradezu in die Subjekte verlagert. Alle Verstrickung des Mitläufers Karnau oder der involvierten Kinder kommt aus der Persönlichkeitsstruktur oder dem Umfeld der Protagonisten. Mit Karnau wird das Bild des perfekten Mitläufers inszeniert, der aber einem einsamen Wolf gleicht, ohne jeden gesellschaftlichen und sozialen Kontakt. Damit wird die Motivation für ein Handeln innerhalb des mörderischen Systems in das psychologische Innere der Figuren verlagert, aber den politischen und sozialen Herkünften der Voraussetzungen des Systems kein Platz eingeräumt. Dies nun notwendigerweise, wenn bedacht wird, daß es sich bei Literatur durchaus um ein Medium handelt, das der Speicherung dient. Was gespeichert wird, obliegt dem Autor oder der Stimme, die er sprechen lässt. Karnau wird im Roman als seine eigene Stimme präsentiert, und diese gleicht einer merkwürdigen Abwesenheit sozialer und politischer Wirklichkeit und findet ganz als mediale statt. Marcel Beyer stellt damit den Roman-Korpus als einen Speicher vor, der die Stimmen Karnaus und Helgas bewahrt. In der Montage und Zusammenstellung der Stimmenpassagen wird der Autor Beyer erkennbar, wenngleich das Material seiner Schilderung entstammt, die wiederum vorgegebenes Bild- und Textmaterial als historische Überlieferung des dritten Reichs zu nutzen weiß. Damit praktiziert Marcel Beyer nach seinem ersten Roman *Das Menschenfleisch* (1991) erneut die von ihm so genannte Technik des "parasitären Schreibens", wenngleich er in den *Flughunden* nicht vorgeschriebene Texte wie in *Das Menschenfleisch* neu zusammenstellt, sondern vorgeblich und scheinbar autorlose Stimmen in Form des literarischen Speichermediums zueinander in Verbindung setzt.

Während der Autor seine Position aus dem Roman ausgeblendet hat, sich allein als Ausbreiter des Materials vor des Lesers Augen präsentiert, soll der Text beim Leser eine Situation der Betroffenheit erzeugen, zu einer Erlebens-Wahrheit des Rezipienten werden, die ihn in das Textgeschehen einbindet und ihn geradezu zu einer Positionsbestimmung gegenüber dem Geschilderten zwingt. Der Wechsel von der Authentizität des Textes und des Berichtes hin zur Wirklichkeit des Lesers, die einsam der Fiktion des Textes gegenübersteht, an der sich aber ausschließlich eine neue Authentizität des Er-Lesens erweisen kann, scheint auch in Marcel Beyers Roman eine neue Tendenz des Umgangs mit Fiktionen zu sein. Der Einschluß des Lesers in den Text (auch dies im Sinne eines rundum geschlossenen literarischen Panoramas, das der Romantext entwirft), der allein die Wirklichkeit des Geschehens zu begründen hat, entspricht den weiter oben skizzierten neuen Theorien, wonach in Medien das Subjekt und seine Einschätzung der Wirklichkeit gebildet wird, nicht aber dessen objektive Anschauung. Insofern ist der Roman die Überschreibung der Vor-Schriften und der historischen Sachverhalte, auf die Bezug genommen wird. Er stellt ein Palimpsest der historisch gelebten Erfahrung her, die vom Autor nur nachgeschrieben, aber nicht nach-erlebt werden kann. Der junge Autor findet sich so in nächster Nähe zu den neueren Strömungen der Pop-Kultur,[51] der sogenannten DJ-Culture. Auch im Musik-Bereich, der für viele Kultur-Kritiker die Rolle der Avantgarde übernommen hat,[52] geht es nicht mehr um die Findung oder Erfindung einer neuen Authentizität, sondern um die Überschreibung und neue Mixtur des bereits Vorhandenen. Der DJ ist heute der Musik-Macher, der aus bereits vorliegenden und eingespielten Musikstücken einen neuen Sound zusammenmixt, der direkt ins Hirn des Hörers dringen soll. Hier entsteht die Vernetzung der Bewußtseinsströme von DJ und körperbewegtem Hörer auf dem Dancefloor. Nicht umsonst stimmt ein Platten-Cover des DJ-Samplers *Headz* mit einer Alptraumphantasie in Marcel Beyers Roman überein. Auf dem *Headz*-Cover ist ein orangenes Strichmännchen zu sehen, dessen Kopf auf einem Plattenteller liegt. Der Tonarm des Plattenspielers liegt im Kopf auf. Einerseits bringt der Tonarm die Bewußtseinsströme des DJs zum Klingen, andererseits erweist sich der DJ als der Virtuose, der auf dem Bewußtsein seiner Hörer spielt.[53] In Marcel Beyers Roman träumt Karnau vom Urgeräusch, das direkt von der "Schädelnaht" wie auf einer Schallplatte abgespielt und aufgezeichnet wird.[54] Dieses selbstreflexive Alptraumbild des Romans weist ihn als ein Produkt einer neuen Techno-Generation aus, die sich Geschichte weder dokumentiert noch erfindet, sondern remixt. In diesem Sinne verwendet Marcel Beyers Remix - dies im Sinne seines "parasitären Schreibens" - einen Text Rainer Maria Rilkes aus dem Jahre 1919 mit dem Titel *Das Urgeräusch*. Rilke, der bereits als Schüler fasziniert war vom Phonographen als Aufzeichnungs- und Wiedergabegerät, erfindet sich in seinem Text eine Aufzeichnungsmaschine, die an der Kronennaht des Schädels entlangfährt und ein Geräusch zum Klingen bringt, das zuvor nicht akustisch erzeugt und in einer Walze aufgezeichnet, sondern in den Schädel physiologisch eingeschrieben wurde. Die Kronennaht erinnert Rilke als Schriftform an die Einritzungen der Grammophonnadel, die akustische Phänomene so in das weiche Wachs einritzt. Es handelt sich bei dieser Hörbarmachung der Schädelinschrift um die Decodierung einer Bahnung, die "nichts und niemand encodierte"[55] - sie ist lediglich physiologisch vorhanden und eingeschrieben. In seiner Mediengeschichte *Grammophon - Film - Typewriter* weist Friedrich Kittler auf Rilkes Text hin, als Voraussage einer Schrift ohne Subjekt: "Seitdem es Phonographen gibt, gibt es Schriften ohne Subjekt. Seitdem ist es nicht mehr nötig, jeder Spur einen Autor zu unterstellen, und hieße er Gott."[56]

In der Wiedergabe der akustischen Speicherung wird schließlich nur das lesbar, was dem Kopf des hörenden Subjekts als Deutung entspringt. Was aufgezeichnet werden kann, ist ein bedeutungsloser Datenfluß, der Bedeutung durch den Wahrnehmenden erst erhält. Wenn die Personen Karnau und Helga als aufgezeichnete und mit dem Lesevorgang wiedergegebene Stimmen erscheinen, weist der Autor Beyer daraufhin, daß deren Botschaft erst Relevanz und Gültigkeit durch den Leser erfahren. Dem entspricht auch Rilkes und Kittlers im Roman zitiertes Bild des Urgeräusches. Das Urgeräusch wird als solches ein Wunschgeräusch, das erst das wahrnehmende Subjekt zu einem solchen definiert. Jenseits der wahrnehmenden Subjekte gibt es keine aufgezeichnete Objektivität von Wirklichkeit, sondern lediglich eine gespeicherte Datenmenge, Schriften ohne Subjekte.

Hinter den Stimmen Karnaus und Helgas scheint eine eigentümliche Melange auf, eine Melange des "parasitären Scheibens", in der Rainer Maria Rilke, Friedrich Kittler und der DJ eine Verbindung eingehen, die zu den neuen Medientheorien Jonathan Crarys führt, wonach alles medial gespeicherte (und dies darf auch für die Literatur gelten) der Bildung eines betrachtenden, hörenden oder lesenden Subjekts dient, das als ebenso gebildetes seine Position zur Außenwelt, und sei es einer historischen wie im Falle des Romans von Marcel Beyer, bestimmt. Dies begründet schließlich die seltsame Abwesenheit des Autors Beyer in seinem Roman, der scheinbare Stimmen sprechen läßt, die er nicht encodiert haben will. Geschichte wird zu einem falschen Dokument, das geschrieben wurde, aber keinen Autor und damit kein Subjekt mehr kennt. Die Figuren des Romans werden als fraktale Subjekte konstruiert, die ganz akustische und fast nicht literarische

Erscheinungen sein wollen. Und dennoch bleibt dies ein seltsames Versteckspiel eines Autors in einer immer eigenständiger werdenden Medienwelt, in der Maschinen mit ihren von Menschen entwickelten Schaltplänen eigene Geschichten zu schreiben scheinen. Hinter diesem medialen Versteckspiel, das der Roman betreibt, lauert aber immer noch der Autor, der Vorhandenes einspeist, es neu zusammenstellt und remixt und sich als eine Art literarischer DJ erweist[57], der anwesend und abwesend zugleich ist. Dem Bewußtseinsstrom der Schrift, dem sich der Leser überläßt, ist der Autor nicht mehr anzusehen, er läßt sich allenfalls als Manipulator erkennen, der Schrift-Material zwischen zwei Buchdeckel setzt, beziehungsweise es in seinen Computer als Schreibmaschine eingibt.

Aus dem bereits Vorhandenen entsteht in der hochtechnischen Schreibmaschine des Computers ein neuer Bewußtseinsstrom der Auseinandersetzung mit Geschichte, der zu einem des Lesers werden soll.[58] Darin stimmt Marcel Beyer mit Baudrillards Medientheorie der "fraktalen Subjekte" überein und kritisiert sie doch gleichzeitig in seinem Textkorpus. Die Subjekte seines Textes mögen somit fraktale Konstruktionen sein, in den Schreib-Computer eingehämmert, die aber für den Leser eine eigene Erfahrungswelt des Nationalsozialismus errichten, die ihm die unmenschliche Medienwirklichkeit des Dritten Reichs zur eigenen Betroffenheit werden läßt. Gerade weil Marcel Beyer sich auf die Ebene der fraktalen Subjekte begibt und diese gleichzeitig kritisiert, zieht er den weiten Bogen aus der historischen Vergangenheit in die Gegenwart der heutigen Medienrealität. Somit führen die Personen des Romans im Sinne dieser neuen Medienwirklichkeit ein eigenes Leben, das sich aus den Anschauungen des historischen Ausgangsmaterials ergibt, das aber den Leser in Bezug auf den zum geschichtlichen Allgemein- und Bildungsgut gewordenen Ausgang, zu einer eigenen Position zum Text zwingt. Dies weist den Roman hinaus über die bloße Kenntnisnahme des Berichts und läßt ihn als Reflex auf heutige Medientheorien zu einer Wirklichkeit und Wahrheit des Lesers werden.

## Anmerkungen

1  Siehe hierzu die kritische Wertung von Edgar Reitz, der mit seiner großangelegten Fernsehserie *Heimat* ein deutsches Gegenbild zur amerikanischen *Holocaust*-Serie liefern wollte. (Edgar Reitz: *Unabhängiger Film nach Holocaust*, in: ders.: *Liebe zum Kino. Utopien und Gedanken zum Autorenfilm 1962-1983*, Köln [o.J.], S. 98-105.

2  Anton Kaes: *Deutschlandbilder. Die Wiederkehr der Geschichte als Film*, München 1987.

3  Marcel Beyer: *Flughunde*. Roman, Frankfurt/M. 1995 (im folgenden zitiert: *Flughunde*, Seite).

4  Marcel Beyer hat in einem Interview diese Position mit seiner Antwort auf die Frage nach der Auseinandersetzung der 68er-Bewegung mit dem Nationalsozialismus verdeutlicht: "Ja, aber die transportierten Bilder waren eigentlich schon sehr abgeschlossen; es waren keine lebendigen Bilder. Nicht für mich und auch nicht für meine Generation. Das sind eher Elterngeschichten, in denen sich Kinder an ihren Eltern abarbei-

ten, was für mich gar nicht mehr das Problem ist." (Britta Strebin: *Wenn die Stimme die Seele (z)ersetzt... Marcel Beyer über seinen Roman Flughunde*, in: Grauzone. Zeitschrift über neue Literatur, Nr. 5, 1995, S. 15.

5  Hellmuth Karasek: *Schreien und Flüstern. Hellmuth Karasek über Marcel Beyers Roman "Flughunde"*, in: Der Spiegel 27/1995, S. 171-173; hier S. 173.

6  Andrea Köhler: *Im Kehlkopf der Macht. Marcel Beyers Roman "Flughunde"*, in: Neue Zürcher Zeitung v. 13.7.1995; Franz Norbert Mennemeier: *Parabel des Nazi-Terrors. Zu Marcel Beyers Roman "Flughunde"*, in: Neues Rheinland, Nr. 6, 1995; Marja Rauch: *Stimmenlandschaften - Todeslandschaften*, in: Neue deutsche Literatur, H. 502, 1995, S. 157-159; hier S. 159.

7  Jürgen Theobaldy: *Tiefe Stimmen aus der Nacht*, in: Frankfurter Rundschau v. 1.7.1995.

8  Stefan Sprung: *Die germanische Frequenz*, in: Rheinischer Merkur v. 9.6.1995; Martin Pesch: *Die Stimmen und die Macht*, in: taz v. 6.7.1995; Franz Norbert Mennemeier: *Parabel des Nazi-Terrors*, a.a.O.; Thomas Linden: *Stimmen aus Kaserne und Kinderzimmer*, in: Berliner Zeitung v. 29./30.7.1995.

9  Köhler: *Im Kehlkopf der Macht*, a.a.O.

10  Thomas Klug: *Gegen das Böse nicht gefeit*, in: Der Tagesspiegel 19, 1995.

11  Strebin: *Wenn die Stimme die Seele (z)ersetzt*, a.a.O.

12  Gegen die Ansicht Marcel Beyers, daß über die Zeit des Nationalsozialismus keine Geschichten kursieren, ließe sich einwenden, daß damit beispielsweise das gesamte erzählerische Werk Alexander Kluges übersehen wurde, der eine 1977 erschienene umfangreiche Textsammlung als *Neue Geschichten* betitelte und darin hauptsächlich die Zeit des Krieges erzählt hat. Andererseits paßt Kluges nüchternes Juristendeutsch und die Montagestruktur der Texte mit historischen und gefälschten Dokumenten nicht zur Erscheinung von Geschichten, wie sie Marcel Beyer meint: eine Literatur, die die Auseinandersetzung mit der Vergangenheit ausschließlich ins Literarische und nicht historisch Dokumentarische verlagert.

13  Klug: *Gegen das Böse nicht gefeit*, a.a.O.

14  Martin Halter: *"Das Innere greifen, die Stimme angreifen"*, in: Badische Zeitung v. 5.4.1995; ders.: *Lauschangriff auf Herrenstimmen*, in: Stuttgarter Zeitung v. 7.4.1995; Bernd Stiegler: *Die Erinnerung der Nachgeborenen. Bernhard Schlinks "Der Vorleser", Marcel Beyers "Flughunde" und Robert Schindels "Gebürtig" im Kontext der Gedächtnistheorien*, in: Grauzone, Nr. 7, 1996, S. 11-15; hier S. 11f.; Hubert Winkels: *Der Mann ohne Stimme*, in: Die Zeit v. 7.4.1995.

15  Halter: *Das Innere greifen...*, a.a.O.

16  Stiegler: *Die Erinnerung der Nachgeborenen*, a.a.O.

17  Winkels: *Der Mann ohne Stimme*, a.a.O.

18  Halter: *Das Innere greifen...*, a.a.O.

19  Eine akribische Recherche der letzten Tage im Führerbunker findet sich unter dem Titel *Hitlers Höllenfahrt* (1995), die bestätigt, wie genau Marcel Beyer mit historischen

Materialien umgegangen ist und wie präzise er die Topografie des Bunkers unter der Reichskanzlei geschildert hat.

20 Die historische Figur des Leibarztes von Hitler, der zur letzten Besetzung des Führerbunkers gehörte, Dr. Ludwig Stumpfegger, hat Marcel Beyer in Stumpfecker umbenannt und ihm eine Geschichte verliehen, die seine Erfindung ist. (Vgl. *Hitlers Höllenfahrt*)

21 Der Klappentext des Romans vermerkt hierzu: "Karnau war Wachmann im Berliner Führerbunker und den Westalliierten erster Zeuge für Hitlers Tod."

22 "Das Zittern des Fledermausleibes mit seinen hilflos flatternden Flügeln blieb mir den ganzen Morgen vor Augen, die schwarze Kreatur stand als Nachbild, und es gelang mir nicht, diese Erscheinung zu überblenden, das unruhige Kreiseln zu einer schwungvollen Flugbewegung in freier Wildbahn werden zu lassen, wie ich sie von den Flughunden in meinem Zigaretten-Album kannte." (*Flughunde*, S. 19)

23 Jonathan Crary: *Techniken des Betrachtens. Sehen und Moderne im 19. Jahrhundert*, Dresden 1996, S. 104.

24 Eine bewußte Fälschung der frühen Mediengeschichte oder ein Irrtum des Autors Marcel Beyer: "Black Marie", richtiger "Black Maria", nannte Edison nicht einen Phonographen, sondern das für ihn von W.K.L. Dickson gebaute erste Aufnahmestudio für die Kinetoskop-Filmstreifen (also für bewegte Bilder!) und Tonaufnahmen (C. W. Ceram: *Eine Archäologie des Kinos*, Hamburg 1965, S. 137; *Perspektiven. Zur Geschichte der filmischen Wahrnehmung. Dauerausstellung 1. Vom Guckkasten zum Cinématograph Lumière*, hgg. v. Deutschen Filmmuseum Frankfurt am Main, Frankfurt/M. 1987, S. 32; *Magische Schatten. Ein Kinderbuch zur Entstehung des Kinos*, hgg. v. Deutschen Filmmuseum Frankfurt am Main, Frankfurt/M. 1988, S. 108).

25 Crary: *Techniken des Betrachtens*, a.a.O., S. 87.

26 Crary: ebd., S. 87. Vgl. Michel Foucault: *Die Geburt der Klinik. Eine Archäologie des ärztlichen Blicks*, Frankfurt/M. 1988, S. 137-161.

27 "Dort, in der Dunkelheit des Kehlkopfs: Das ist deine eigene Geschichte, die du nicht entziffern kannst." (*Flughunde*, S. 22)

28 F. Ewald, A. Farge, M. Perot: *Eine Praktik der Wahrheit*, in: Michel Foucault: *Eine Geschichte der Wahrheit*, München 1987, S. 13; Vgl. Michel Foucault: *Wahnsinn und Gesellschaft. Eine Geschichte des Wahns im Zeitalter der Vernunft*, Frankfurt/M. 1973; ders.: *Überwachen und Strafen. Die Geburt des Gefängnisses*, Frankfurt/M. 1977; ders.: *Die Geburt der Klinik*, a.a.O.

29 Rainer Lewandowski: *Alexander Kluge*, München 1980, S. 27.

30 Alexander Kluge: *Lebensläufe. Anwesenheitsliste für eine Beerdigung*, Frankfurt/M. 1974, S. 95.

31 Ebd., S. 96.

32 Lewandowski: *Kluge*, a.a.O., S. 29.

33 Friedrich Kittler: *Grammophon - Film - Typewriter*, Berlin 1986, S. 23.

34 Friedrich Kittler: *Fiktion und Simulation*, in: *Aisthesis. Wahrnehmung heute oder Perspektiven einer anderen Ästhetik*, hgg. von Karlheinz Barck, Peter Gente, Heidi Paris u. Stefan Richter, Leipzig 1990, S. 196-213; hier S. 204.

35 Kittler: *Grammphon-Film-Typewriter*, a.a.O., S. 24.

36 Jean Baudrillard: *Videowelt und fraktales Subjekt*, in: *Aisthesis*, a.a.O., S. 252-264; hier S. 253.

37 "Anstatt Stimmfehler gezielt zu tilgen, haben wir vollständige Stimmbilder gelöscht, so daß am Ende das Zurückholen, das Einrenken, das Justieren der beschädigten Stimmen die gesamte Aufmerksamkeit kostete, die hilflosen Atemübungen, das Reinigen asthmatischer Apparate, diese von leidlichem Erfolg gekrönten Versuche in Bahnen zu lenken, wofür es doch eigentlich längst keine Rettung mehr gab, die Reparaturarbeiten an verlorenen, schon aufgegebenen Organen, was den Versuchspersonen nur verheimlicht wurde, damit sie nicht in Panik ausbrächen und die Luft mit unzähligen abirrenden Schallwellen zerrissen." (*Flughunde*, S. 198)

38 *Flughunde*, S. 147 u. 234.

39 "Hier klingen alle Stimmen falsch. So hat sich Papa sonst nicht angehört, und Mama auch nicht. Selbst wenn sie lächelt, merkt man, daß etwas nicht stimmt." (*Flughunde*, S. 261)

40 "Karnau erweist sich nicht nur als recht gesprächig, er verfügt auch über ein Fachwissen, das seinem Status als Wachmann gar nicht entspricht. (*Flughunde*, S. 223). Karnaus Behauptung die Arbeit im Archiv sei bereits vor Kriegsende eingestellt worden, scheint unzutreffend. Vielmehr liegt der Schluß nahe, daß eine Fortführung der angedeuteten medizinischen Versuche auch für die Zukunft geplant war." (*Flughunde*, S. 225)

41 Dietrich Scheunemann: *Dokumente - Fiktionen. Zitierte Greschichte in Literatur und Film*, in: *Medien und Maschinen. Literatur im technischen Zeitalter*, hgg. v. Theo Helms u. Hans H. Hiebel, Freiburg 1991, S. 128-150; hier S. 131.

42 "Eine Diffusion der Begriffe, eine Aufhebung der Schranke zwischen fiktionaler und nicht-fiktionaler Darstellung - nicht aber einen Wechsel der Literatur vom einen ins andere Lager - zeigen diese Schreibentwürfe an." (Ebd., S. 132)

43 Ebd., S. 139.

44 Alexander Kluge: *Gelegenheitsarbeit einer Sklavin. Zur realistischen Methode*, Frankfurt/M. 1975, S. 202f.

45 Scheunemann: *Dokumente - Fiktionen*, a.a.O., S. 140.

46 Ceram: *Archäologie des Kinos*, a.a.O., S. 57-61.

47 Stephan Oettermann: *Das Panorama. Geschichte eines Massenmediums*, Frankfurt/M. 1980; *Sehsucht: Das Panorama als Massenunterhaltung des 19. Jahrhunderts*, Frankfurt/M. 1993, S. 124-193; Dolf Sternberger: *Panorama oder Ansichten des 19. Jahrhunderts*, Frankfurt/M. 1974, S. 11-12.

48 "Die Männer, die da draußen liegenbleiben werden, sind hier in meinen Ohren." (*Flughunde*, S. 114).

49 "Daß wir auch immer so lange stehen und freundlich in den Photoapparat lächeln müssen. Natürlich ist das schön, wenn wir in die Zeitung kommen, meine Klassenkameradinnen bewundern mich dann immer. Aber daß es so langweilig ist, zu warten,

bis das Bild gemacht wird, das wissen sie ja nicht. Und wie brav wir am Tisch sitzen müssen, ohne zu reden, wenn wir mit Papa oder Mama zu anderen Leuten gehen. Da hat es meine Freundin Conni viel besser. Die geht zwar nicht mit ihren Eltern zu so vielen großen Feiern, aber sie kann nachmittags immer mit den anderen Mädchen aus der Klasse draußen spielen, bis zum Abendbrot. Deswegen hat sie auch viel mehr Freundinnen." (*Flughunde*, S. 120)

50 Darin stimmt aber der von Marcel Beyer erschaffene Diskurs Helgas mit den neuen medientheoretischen Grundlagen Jonathan Crarys überein. Nach Crary dienen die Bild-Medien nicht der Repräsentanz und der Wiedergabe von Wirklichkeit, sondern der Konstruktion eines Betrachters, der anhand der medialen Apparate seine seit dem 17. Jahrhundert bestehende Subjekt-Wahrnehmung ausbildet. Dies gleicht einer fundamentalen Neubewertung von Medien und deren Apparaturen, wenn nicht mehr danach zu fragen ist, was diese speichern und wiedergeben, sondern wen. (Crary: *Techniken des Betrachtens*, a.a.O.)

51 Umstandslos tauchen lyrische Texte Marcel Beyers in neuen Text-Sammlungen der Pop-Fraktion auf. (*Poetry! Slam! Texte der Pop-Fraktion*, hgg. v. Andreas Neumeister u. Marcel Hartges, Hamburg 1996, S. 104-110)

52 Siehe hierzu die beiden Themenbände des Kunstforums *Art & Pop & Crossover*, in: Kunstforum, Bd. 134, 1996, S. 50-249 und *Cool Club Cultures*, in: Kunstforum, Bd. 135, 1996, S. 54-232.

53 Ulf Poschardt: *DJ-Culture*, Hamburg 1995, S. 299.

54 *Flughunde*, S. 227.

55 Kittler: *Grammophon - Film - Typewriter*, a.a.O., S. 71.

56 Ebd., S. 71. Daß es möglich ist, einer akustischen Spur keinen Autor mehr zu unterstellen, sei es auch einen Gott, erinnert im Zusammenhang des Romans an das Motto aus Goebbels Tagebuch, worin er - irrtümlicherweise - einen Gott anruft, der ihm den Besitz der "süßen Stimmchen" der Kinder erhalten soll.

57 Martin Halter bezeichnet in seiner Besprechung bereits Hermann Karnau als einen "Discjockey des Terrors" (*Lauschangriff auf Herrenstimmen*, a.a.O., S. 17).

58 An dieses Selbstbewußtsein des Autors als einer Art literarischem DJ erinnert Marcel Beyer nicht nur mit seinem ständigen Verweis auf den Umgang mit Schallplatten und Aufzeichnungsgeräten, er erinnert auch am Beginn aller DJ-Culture, an die erste Ton-Aufzeichnung durch Edison 1877 und eine Welt der Klänge und ihrer Geschichten, die ins Schwarze der Schallplatte, in die dunkle Welt der Flughunde, eingeritzt ist und nur noch abgespielt und gemixt werden braucht. Der DJ bleibt immer der Nachtwelt des Undergrounds, der Clubs und leerstehenden Fabrikhallen verhaftet. Ein Wunschbild des Autors, der sich in diese Nachtwelt der DJs fasziniert und abgestoßen zugleich einschreibt, wenn die Schallplatten, die am Ende des Romans aufgefunden, abgespielt und remixt werden, den Sound des faschistischen Terrors wiedergeben: "Und dann 1877, mit einem Mal die Eröffnung einer ungeahnten Sphäre der Akustik. [...] Das Aufbrechen der Stimmen nach innen, in die Lichtlosigkeit, die Finsternis hinein: Schwärze: Black Marie, so taufte Edison einen seiner ersten Phonographen." (*Flughunde*, S. 164)

*Petra Günther*

# Kein Trost, nirgends
Zum Werk Herta Müllers

Daß das Jahr 1989 zwar eine zeitgeschichtliche Zäsur markiert, dieses Datum aber andererseits keine literaturgeschichtliche Leitlinie abgibt, für diese These sprechen in der Tat gute Argumente.[1] Weder retrospektiv noch prognostisch kommt der Zahl 1989 - literaturhistorisch gesehen - gesteigerte Bedeutung zu; weder läßt sich in diesem Jahr die Nachkriegsliteratur offiziell verabschieden noch ein maßgeblicher neuer Literaturtrend willkommen heißen. Wenn diese Auffassung (vorläufig) zur Regel erklärt werden soll, liegt die Neugier auf Ausnahmen (die die Regel bestätigen?) nicht fern. Eine solche Ausnahmeerscheinung ist Herta Müller. Im folgenden Beitrag soll dargestellt werden, daß sich 1989 das, was Herta Müller schreibt, und die Art und Weise, wie über sie geschrieben wird, verändert haben. Zum Schluß wird ein Einzeltext länger in den Blick genommen, der in mancher Hinsicht repräsentativ für Herta Müller ist und besonders aktuelle Bezüge aufweist. An ihm lassen sich typische Merkmale des Textaufbaus und der Stellenwert des Todesmotivs bei Herta Müller beobachten.

Der Eintritt Herta Müllers in den Kontext bundesrepublikanischer Literatur läßt sich als eine rasante Erfolgsstory erzählen. Gleich mit ihrem Prosadebüt *Niederungen*[2] (erstmals veröffentlicht 1982 in Bukarest) im Jahre 1984 erregt sie Aufsehen und erhält den Aspekte-Literaturpreis. Von da ab legt sie in rascher Folge weitere Bücher vor und wird in ebenso rascher Folge mit zahlreichen Literaturauszeichnungen, vom Literaturförderpreis der Freien Hansestadt Bremen (1985) bis zum Kleist-Preis (1994) bedacht.[3] Nun tendieren Literaturpreise bekanntermaßen dazu, einander beinahe magnetisch anzuziehen, sich um einen Autor zu scharen, und nicht zuletzt dient die Preisverleihung der Auszeichnung der jeweils auszeichnenden Kritikerjury, dem Nachweis ihres Sachverstands, eines Auf-der-Höhe-der-Zeit-Stehens, um nicht zu sagen: der Akkumulation symbolischen Kapitals.[4] Umgekehrt spricht die Fülle der Preise, wenn nicht ohne weiteres für die literarische Qualität des Werkes, so doch ohne Zweifel für das Prestige und die besondere öffentliche Aufmerksamkeit, die eine solchermaßen für preiswürdig erachtete Schriftstellerin auf sich zieht. In dem Spannungsfeld zwischen Innovationsdruck und Affirmationstendenzen, in dem literaturkritische Institutionen stehen - man möchte einerseits ein neues Talent rechtzeitig entdecken und sich andererseits im Glanz eines bereits halbwegs arrivierten Künstlers spiegeln -, sollte das literarische Talent zwei entgegengesetzte, aber einander nicht ausschließende Qualitäten aufweisen: es sollte im Idealfall alt und neu, fremd und bekannt sein, es sollte das Doppelgesicht von Anschlußfähigkeit und Differenz tragen. Und gerade diese Ambivalenz ließ sich 1984 an Herta Müllers *Niederungen* herausmodellieren.

Uwe Wittstock in der *FAZ*[5] und Friedrich Christian Delius im *Spiegel* stellen beide Herta Müllers Erstveröffentlichung in einen Zusammenhang mit den literarischen Ausläufern der Neuen Subjektivität aus den Siebzigern, um aber gleich im Anschluß zu fragen: "Was unterscheidet 'Niederungen' von vergleichbaren Büchern vornehmlich schweizerischer und österreichischer Autoren, die ähnlich düstere Lebensformen in entlegenen Gegenden schildern?"[6] Die Antwort lautet jetzt in diesen ersten Besprechungen und später dann in den Rezensionen zu der Auswanderungsgeschichte *Der Mensch ist ein großer Fasan auf der Welt* (1986)[7] gleichermaßen: die rumäniendeutsche Herkunft und die eigentümliche Sprachkraft der Autorin. Indem die literarische Richtung der Neuen Innerlichkeit als sattsam bekannt kritisiert und als "Betroffenheits-Weinerlichkeit" (Delius) verabschiedet wird, richtet sich das Scheinwerferlicht der Öffentlichkeit auf eine bislang nicht beachtete "fünfte deutsche Literatur". Neben der Literatur aus der Bundesrepublik, der DDR, Österreich und der Schweiz wird die rumäniendeutsche Diaspora als literarisches Neuland entdeckt, als Reservoir unverbrauchter schriftstellerischer Talente, als eine schon vergangen geglaubte, bäuerlich geprägte, vorindustrielle Welt. Herta Müller wird mit ihrer fragmentarischen Schreibweise als "Erneuer[in] der Dorfgeschichte nach deren faschistischem Sündenfall"[8] gepriesen.

Bis hierhin wäre Herta Müllers Anfangserfolg in der Bundesrepublik im Schnelldurchlauf erzählt. Daß das einmal geweckte Interesse an ihr und ihren Veröffentlichungen anhält und sich gar noch steigert, ist ohne Einbeziehung des zeitgeschichtlichen Kontextes im weiteren nicht darstellbar. 1987 reist Herta Müller aus Rumänien aus und beklagt in einem einige Wochen später gegebenen Interview die Interesselosigkeit der deutschen Behörden, sobald die Rede auf die politische Verfolgung in ihrem Herkunftsland komme.[9] Ihr nächster Prosaband, *Barfüßiger Februar*[10], noch in Rumänien entstanden, erscheint im gleichen Jahr in ihrem bundesrepublikanischen Verlag. Als dann 1989 ihr erstes in Deutschland geschriebenes Buch, *Reisende auf einem Bein*[11], herauskommt, auf das die Kritik mit Spannung gewartet hat, hat sich die politische Situation in Europa bereits entscheidend verändert. Und so wird ihr neuer Text nicht nur - eher innerliterarisch - vor dem Hintergrund ihres bisherigen Schreibens und ihrer nunmehr veränderten Lebenssituation nach ihrer Ausreise besprochen, also gefragt: "Wie würde diese außerordentlich begabte und sprachsichere Schriftstellerin über ihr 'neues Leben' schreiben?"[12], sondern *Reisende auf einem Bein* wird explizit in den Kontext der aktuellen historischen Umbrüche gestellt.[13] Dies umso mehr, als das Jahresende 1989 nicht nur den Fall der Berliner Mauer bedeutet, sondern auch die Erschießung des rumänischen Diktators Ceausescu, so daß Herta Müller in einer im Sommer 1990 erscheinenden Rezension zu *Reisende auf einem Bein* schon als Sachverständige für den Dezember-Aufstand angesprochen werden kann.[14] Im folgenden ist Herta Müller nicht nur als Schriftstellerin gefragt, sondern zunehmend und bisweilen überwiegend als Zeitzeugin. Dieses spezielle Interesse der westdeutschen Öffentlichkeit spiegelt sich in Interviews mit der Autorin,[15] zum anderen schlägt es sich nieder in zahlreichen Einlassungen Herta Müllers zu tagespolitischen Ereignissen, bundesrepublikanischen Problemen und rumänischen Verhältnissen, die später gesammelt in Buchform erscheinen[16]. Gleichzeitig wird die Expertise der Autorin in eigener - literarischer - Sache gefragt, sie hält Poetik-

Vorlesungen in Paderborn, Jena und Bonn und veröffentlicht anschließend ihre poetologischen Texte.[17] Die Schauplätze ihrer beiden nächsten Romane, *Der Fuchs war damals schon der Jäger* (1992)[18] und *Herztier* (1994)[19], liegen wiederum in Rumänien, und zumindest *Der Fuchs war damals schon der Jäger* wird noch einmal ausdrücklich als Aufklärungstext über das Leben in einer totalitäten Diktatur in Anspruch genommen,[20] wobei entweder die Gemeinsamkeiten[21] oder die Unterschiede[22] zwischen den Verhältnissen in Rumänien und in der ehemaligen DDR betont werden können.

Läßt man die Entstehungs- und Rezeptionsgeschichte von Herta Müllers Werk Revue passieren, so markiert das Datum 1989 tatsächlich eine Wende, und zwar in dreifacher Hinsicht: Zum einem wendet sich die Autorin nach dem in der alten Bundesrepublik angesiedelten Text *Reisende auf einem Bein* und entgegen früheren Äußerungen[23] wieder dem Leben in Rumänien als Stoff ihrer Romane zu, zum zweiten erhöht sich das nachfragende Interesse in der BRD an den Verhältnissen unter Ceausescu in Rumänien und nicht nur an dem exotischen Status der deutschen Minderheit dort, zum dritten erhofft man sich von Herta Müller, von ihr als Zeitzeugin ebenso wie als Schriftstellerin, Orientierung für eine von Krisensymptomen wie Ausländerhaß und Stasi-Debatte verunsicherte vereinigte deutsche Gesellschaft.

Die Reaktion der Literaturwissenschaft auf das Werk Herta Müllers ist differenziert zu betrachten. Im Zusammenhang mit den Poetik-Vorlesungen, die Herta Müller im Wintersemester 1989/90 an der Paderborner Universität gehalten hat, gibt Norbert Otto Eke 1991 eine Aufsatzsammlung heraus, deren Beiträger sich, wie auch der Untertitel sagt, um erste Annäherungen an das Schreiben Herta Müllers bemühen.[24] Der Band bietet darüber hinaus eine umfangreiche, sorgfältig zusammengetragene Bibliographie[25], so daß im Verein mit der mehr überblickshaften Literaturliste im KLG[26] die Veröffentlichungen zu Herta Müller bis Anfang 1995 gut erschlossen sind. Norbert Otto Eke zeichnet in einem Aufsatz die Rezeption Herta Müllers bis zu *Reisende auf einem Bein* nach,[27] wobei er eine "auffallende Zurückhaltung der Literaturwissenschaft"[28] konstatiert. In seinem Einleitungsbeitrag bemerkt er zugleich, daß es für eine Monographie zu Müllers Werk "noch bei weitem zu früh"[29] sei. Als 1995 eine Besprechung zu dem Eke-Band erscheint,[30] beklagt die Rezensentin die immer noch fehlende fachwissenschaftliche Auseinandersetzung mit den Texten Müllers, erhofft sich aber eine baldige Besserung dieses Zustandes. Tatsächlich liegt bis heute allenfalls eine Handvoll literaturwissenschaftlicher Beiträge zu Herta Müller vor. Zwei befassen sich mit ihrer in *Der Teufel sitzt im Spiegel* vorgelegten Poetik,[31] zwei beschäftigen sich mit der Aufnahme der *Niederungen* im Banat[32], ein Aufsatz widmet sich der Erzählung *Der Mensch ist ein großer Fasan auf der Welt*[33], ein weiterer einem Einzeltext aus *Barfüßiger Februar*[34]. Immerhin lassen sich zwei literaturdidaktische Aufrisse zu *Der Mensch ist ein großer Fasan auf der Welt* verzeichnen.[35]

Worin liegen nun die Gründe für die ersichtliche literaturwissenschaftliche Zurückhaltung gegenüber Herta Müller? Die Suche nach einer Antwort weist in drei Richtungen. Das relative Schweigen der Literaturwissenschaftler ist vor dem Hintergrund der teilweise begeisterten Aufnahme zu verstehen, die Herta Müller unter Literaturkritikern gefunden hat. Die zeitliche Verzögerung, mit der die Literaturwissenschaft (und mehr noch die Literaturdidaktik) naturgemäß hinter der tagesaktuell ausgerichteten Literaturkritik hinterherhinkt, einmal beiseite gelassen, läßt sich im Fall Herta Müller folgende These als erster Erklärungsansatz formulieren: Die Literaturwissenschaft reagiert so zögerlich, nicht obwohl, sondern weil Herta Müller in der Literaturkritik soviel Beachtung erfährt. Mit dieser Behauptung soll nun nicht insinuiert werden, daß sich die Disziplin der Literaturwissenschaft dort in vornehmer Zurückhaltung übt, wo sie den Hautgout des (kommerziellen) Erfolgs auf dem Büchermarkt wittert. Im Gegensatz zu etwa Sten Nadolny ist Herta Müller nie eine Bestsellerautorin gewesen, und ihr Erfolg hat sich eher auf die Zunft der Literaturkritik beschränkt, als daß er auf ein breites Lesepublikum ausgestrahlt hätte. Indem aber die Literaturkritik Herta Müller zu einem ihrer Stars aufbaut, werden bestimmt-unbestimmte Mechanismen im Rezensionsbetrieb ausgelöst. Noch eher äußerlich scheinende Konsequenzen zeigen sich darin, daß namhafte Literaturkritiker wie Verena Auffermann und Fritz J. Raddatz, Sibylle Cramer und Rolf Michaelis die Besprechungen der Neuerscheinungen übernehmen und daß die Redaktionen für die entsprechenden Rezensionen reichlich Platz einräumen, so daß - schon nicht mehr so äußerlich - Raum für eingehendere Betrachtungen zum Beispiel der formalen Gestaltung bleibt. Auffallend häufig wird besagter Freiraum genutzt, die Erfolgsgeschichte Herta Müllers unter die Lupe zu nehmen und die Bedingungen ihres Aufstiegs zu reflektieren. Denn führt der Innovationsdruck innerhalb des literaturkritischen Gewerbes auf der einen Seite zur stetigen Suche und gelegentlichen Förderung neuer Talente, darf der Literaturkritiker andererseits nicht den richtigen - und d.h. vielfach den frühestmöglichen - Zeitpunkt verpassen, einen solchermaßen von Kollegen oder auch von ihm selbst aufgebauten Starstatus anzukratzen oder zu demontieren, auf jeden Fall (auch selbst-)kritisch zu spiegeln.

Ein derartiger Zeitpunkt ist gegeben, als Herta Müller ihr erstes in der Bundesrepublik entstandenes Buch, *Reisende auf einem Bein*, vorlegt, und so leitet Günter Franzen seine Besprechung in der *Zeit* mit der Betrachtung ein: "Herta Müller und Richard Wagner: Ihre wortkarge, in der rumänischen Diaspora kultivierte Bildersprache, erreichte den nach diätetischer Kost lechzenden westdeutschen Buchmarkt zeitgleich zur Jahreswende 1984/85. Schwer zu sagen, warum ihre Kurzprosa reüssierte und seine Lyrik nicht. Cherchez la femme?"[36] Auf seine Fragen findet der Kritiker auch im weiteren Verlauf seines Artikels keine befriedigende Antworten, vermutet aber den Grund für das Leseglück, das die früheren Texte Herta Müllers beim Publikum und explizit auch bei ihm selbst ausgelöst hätten, in einer Art Nostalgieeffekt, der sich bei der Konfrontation mit der rumänischen Provinz eingestellt habe, eine Konstellation, die sich bei einem in der BRD angesiedelten Geschehen schlechterdings nicht einstellen könne.

Anläßlich des Erscheinens von *Der Fuchs war damals schon der Jäger* verbindet Fritz J. Raddatz seine kritische Sprachanalyse mit den Bemerkungen: "Eine begabte Autorin hat Resteverwertung betrieben [...] und die wohl vom raschen Erfolg etwas verwöhnte Autorin meinte, sie dürfte es sich leichtmachen."[37] Hannes Krauss rechnet Herta Müller in seiner Besprechung des gleichen Romans, die er wie Franzen mit einer Rezeptionsreflexion beginnen läßt, "fast zum literarischen Establishment" und führt den Platz 2 auf der SWF-Bestenliste zurück auf das "schlechte Gewissen mancher Kritiker, die das prinzipiell Terroristische im Realsozialismus erst nach dessen Ende entdeckt haben."[38]

Auch wenn die drei herangezogenen Rezensionen differierende Stoßrichtungen aufweisen, so ist ihnen doch gemeinsam, daß sie in einer selbstreflexiven Schleife auf die Eigengesetzlichkeiten des Literaturbetriebs abheben und eine Kritik der Literaturkritik betreiben. Diese Metakritik ist aber genau das, was häufig den ersten Ansatzpunkt für die literaturwissenschaftliche Beschäftigung mit einem neuen Autor bildet. Leistet die Literaturkritik diese Arbeit selbst, entfällt die erste Einstiegsmöglichkeit für die Literaturwissenschaft.

Das zweite Hindernis, das den literaturwissenschaftlichen Zugriff ins Stocken geraten haben lassen mag, ist indirekt an zwei Äußerungen Herta Müllers ablesbar. Im Frühjahr 1997 startet die *Zeit* eine der beliebten Kanonumfragen, und Herta Müller, um ihre Meinung gebeten, welche (fünf) Werke der deutschsprachigen Literatur ein Abiturient gelesen haben solle, schert aus der üblichen Listenerstellung aus und antwortet knapp: "Ein Kanon deutscher Literatur ist nötig. Aber für mich gehören neben der [!] 'Todesfuge' eines Paul Celan aus der Bukowina die Bücher des Italieners Primo Levi, des Spaniers Jorge Semprún, des Ungarn Imre Kértesz."[39] Und anläßlich der Verleihung des Kleist-Preises 1994 gefragt: "War Kleist für Sie in Ihrer Arbeit als Schriftstellerin wichtig?", erwidert sie ein kategorisches "Nein"[40].

Hier deutet sich an, in welcher Traditionslinie sich Herta Müller sieht und daß der Aufweis literarischer Vorbilder und Prägungen aus einer rein germanistischen Perspektive nicht gelingen kann. Ebenso unbefriedigend müssen summarische Hinweise bleiben, die Herta Müllers Schreibweise pauschalisierend in Affinität zu romantischer, surrealistischer und expressionistischer Kunst sehen.[41]

Die Texte Herta Müllers gelten gemeinhin als nicht ohne weiteres erschließbar, bisweilen sogar kryptisch, und angesichts dieser Lese- und Interpretationsschwierigkeiten mag es verwundern, wenn die Autorin feststellt, daß ihre Romane überhaupt nicht verschlüsselt seien.[42] Will man die Behauptung nicht von vornherein als provokatives Understatement abtun, kann man darin einen Fingerzeig auf eine - dem hiesigen Verständnis versperrte - Zugangsmöglichkeit entdecken.

Seit Beginn ihrer literarischen Karriere wird Herta Müller immer wieder und beinahe schon formelartig für ihre "ungewöhnlich intensive Bildkraft" gepriesen, "ungewöhnlich auch in der Wahl der Metaphern".[43] Schon bald aber meldet sich Kritik an eben dieser Eigentümlichkeit ihres Schreibens, ist von einem "schwer durchschaubaren Metaphernvorhang"[44], einer "eher unkontrollierten Bild- und Metaphernproduktion"[45], gar von "Metaphernzwang"[46] die Rede, die gewählten Metaphern scheinen "zunehmend forciert"[47], "schwammig"[48], "metastasierend"[49]. Eine konkrete Einzeltextanalyse müßte erweisen, ob sich diese Leseeindrücke verifizieren lassen und ob Herta Müller tatsächlich zunehmend inflationär ein poetisches Produktionsprinzip einsetzt. Auffällig ist, daß die Schwierigkeiten bei der Decodierung der Müllerschen Bildersprache in dem Moment laut werden, in dem sie den engeren Horizont des rumänischen Dorfes und der Kinderperspektive verläßt, die Bezugsebenen sich in Richtung Stadt und Erwachsenenbewußtsein vergrößern. Die relativ stabile und in *Niederungen* und *Der Mensch ist ein großer Fasan auf der Welt* noch überschaubare Konstellation von Spender- und Empfängerfeld bei der Bedeutungsübertragung löst sich auf, wird unübersichtlich, der Leser sieht sich einer hermetischen Ausdrucksweise, einer Geheimsprache gegenüber. Selbst die sporadische Entschlüsselung mag verwehrt bleiben, wenn der bundesdeutsche Leser, auch in der professionellen Gestalt des bundesdeutschen Literaturwissenschaftlers, wie in *Der Fuchs war damals schon der Jäger* und *Herztier* der Fall, sich dem unvertrauten Kontext der rumänischen Diktatur gegenüber sieht. Fehlende landeskundliche Kenntnisse machen es nahezu unmöglich zu entscheiden, ob die in diesen Romanen benutzten Namen 'sprechend' sind.

Die germanistische Fachdisziplin sieht sich also, zusammenfassend gesprochen, mit einem zwar hochgelobten, aber sperrigen, weder intertextuell noch politisch-kontextuell leicht erschließbaren Werk konfrontiert. Und doch steht Herta Müllers Schreiben in einem Traditionszusammenhang, der für die bundesdeutschen Verhältnisse und die bundesdeutsche Literatur und Literaturgeschichtsschreibung - ob beschwiegen oder offen ausgesprochen - konstitutiv ist. Daß Herta Müllers Auseinandersetzung mit der rumänischen Diktatur unter Ceausescu mit der Aufarbeitung der DDR-Vergangenheit in Beziehung gesetzt wird, wurde bereits erwähnt. Aber Herta Müllers Texte leisten noch eine andere Erinnerungsarbeit. Wiederholt hat sich Herta Müller dahingehend geäußert, daß der Tod ihres Vaters der Anlaß gewesen sei, *Niederungen* zu schreiben.[50]

Zuvor hatte sie eine für die Nachkriegsgeneration typische Erfahrung gemacht: "Wenn ich den Vater über den Krieg fragte, antwortete er nie."[51] Sie erlebt eine Kommunikationslosigkeit, die auch im Angesicht des Todes bestehen bleibt: "Ich konnte auch damals [zwei Wochen vor dem Tod des Vaters] nicht mit ihm reden."[52] Indem sie nun die Auseinandersetzung mit der Vergangenheit ihres Vaters in die Literatur verlegt und auf diesem Weg das familiäre und gesellschaftlich verdoppelte Schweigen bricht, stehen auch ihre Texte unter dem Signum der Vergangenheitsbewältigung, das für einen Hauptstrang der bundesdeutschen Nachkriegsliteratur paradigmatische Geltung gewonnen hat. Herta Müllers Schreiben setzt sich somit einem zweifachen Erinnerungsanspruch aus, dem Anspruch, sowohl die rumäniendeutsche NS-Geschichte als auch die rumänische Diktatur unter Ceausescu im Gedächtnis zu bewahren.

Ein Text, in dem diese Spurensuche kulminiert, ist überschrieben *Überall, wo man den Tod gesehen hat. Eine Sommerreise in die Maramuresch*[53]. Ihm kommt als Erinnerungstext insbesondere deshalb zentrale Bedeutung zu, weil er sich mit dem Ausblenden des Holocaust befaßt. Dieses zwanzigseitige Prosastück lohnt aber die eingehendere Analyse nicht allein seiner historischen Thematik wegen, ihm kommt besonderes Interesse zu, weil es als eine Schnittstelle von Herta Müllers literarischem und journalistischem Schaffen aufgefaßt werden kann. Noch in Rumänien entstanden und nach der Ausreise veröffentlicht, liegt der Text zudem auf einer biographisch wie werkgeschichtlich markanten Achse.

In der Überschrift *Überall, wo man den Tod gesehen hat. Eine Sommerreise in die Maramuresch* bereits blitzt die Abgründigkeit auf, die den gesamten Text durchzieht: der "Tod" im Titel kontrastiert konnotativ mit der "Sommerreise" im Untertitel. Das Ziel der Sommerreise klingt wie ein verheißungsvoller, orientalischer Märchenname, "Maramuresch", und weniger wie eine Erläuterung zu der Ortsangabe "Überall, wo" am Beginn der Textzeile. Darüber hinaus baut die unvollständige Satzkonstruktion "Überall, wo man den Tod gesehen hat" einen auf Ergänzung gerichteten syntaktischen Spannungsbogen auf, der nicht etwa im Untertitel, sondern erst im allerletzten Satz des Textes seinen Schlußpunkt findet.

Immerhin scheint der Untertitel eine erste Orientierung zu gewähren, was die Gattung des nun folgenden Textes angeht. Und tatsächlich bietet sich *Überall, wo man den Tod gesehen hat* als eine (Reise-)Reportage dar mit dem für diese Textsorte charakteristischen Ineinander von Sachinformation und fiktionalisierenden Erzählstrategien. Der erste Satz versetzt den Leser an einen "kleinen Bahnhof" (101) und verbleibt mit diesem topographischen Signal für Ankunft und Abfahrt semantisch im Erwartungshorizont eines Reisetextes. Nachdem das Bahnhofsgebäude im zweiten Satz knapp beschrieben worden ist, fällt im dritten Satz die erste orientierende geographische Bezeichnung: "Iza" (101). Auch im weiteren Textverlauf werden sporadisch einige Ortsnamen erwähnt - "Oberwischau" (105), "Moisei" (107), "Sapînta" (107), "Totendorf" (!, 109), "Unterwischau" (120) - so daß sich zumindest dem mit dem Landstrich vertrauten Leser ein Koordinatensystem aufbaut. Allgemeiner ist darüber hinaus die Rede vom "Wasser der Wischau" (106), von einem "Stadtrand" (114), einem "Kurbad" (116), der "sowjetischen Grenze" (118), so daß der Gesamttext zunächst - entlang einer Reiseroute - geographisch organisiert erscheinen könnte. Zudem folgen die einleitenden Passagen einer allmählichen Schrittbewegung: "Hinterm Bahnhof", "Vor dem Bahnhof" (101), "ein Dorf" (102). Doch wenngleich die Ortsangaben dem mitreisenden Leser Orientierungsmarken an die Hand geben und der Reportage einen wenigstens vorläufigen Zusammenhalt sichern, konterkariert bereits der erste Satz des Textes die Erwartung, auf dieser "Sommerreise" sicheres Terrain zu betreten: "Der Wind treibt eine ganze Gegend über den kleinen Bahnhof" (101), heißt es, und mit einem Schlag wirkt das gesamte Gebiet, das auf der Reise erkundet werden soll, wie vom Winde verweht, existentiell bedroht. Die aufkommende Atmosphäre einer - tödlichen - Bedrohung wird im ersten Textabschnitt durch Vergleiche verstärkt: "Hinterm Bahnhof stellt ein Berg sich quer in ihren Weg, lockt sie wie Schlangen in sein nasses, dunkles Maul. Wie durch ein Grab fährt jeden Tag der Zug durch diesen Tunnel" (101). Metaphorisierungen, Personifizierung unbelebter Dinge und der wiederholte Rekurs auf das Wortfeld des Todes sind drei weitere sprachliche Strategien, die dem Leser den Boden unter den Füßen schwanken machen, wenn nicht gar wegziehen sollen: "Die Schlangen kriechen und dem Zug schreit wund das Rad, geht in die Knie, quietscht schrill, wie Eisen schreit in Rost und Dunkelheit. Die Reisenden verschluckt der Moder [...] Sie denken nicht an den Tod. Ihre Gesichter sind bloß eingegraben" (101). Das, was der Leser hier in den ersten Zeilen formal wie inhaltlich geballt erfährt, die allgegenwärtige Abgründigkeit der Umgebung, egal, ob es sich bei dieser um Kultur- oder Naturlandschaften handelt, durchzieht und bestimmt den gesamten Textverlauf. Wie bereits in ihren Dorfgeschichten *Niederungen* und *Der Mensch ist ein großer Fasan auf der Welt* sind den Natur- und Raumdarstellungen Herta Müllers idyllische Züge fremd.[54] Sie halte von der Natur nichts, sie sei keine begeisterte Naturfreundin, läßt sich Herta Müller in einem Interview vernehmen,[55] und noch weitreichender äußert sie sich in einer Poetik-Vorlesung: "Ich halte nichts von der Magie der Landschaften, der Dörfer und der unbewohnten Flächen. Die Städte, die Autobahnen und Brücken, die Flughäfen und Bahnhöfe haben das gleiche dunkle Gedärm unter der Oberfläche."[56] Weder die menschenleere Natur noch die von Menschen bewohnten und geschaffenen Räume bieten sich bei Herta Müller als Orte möglichen Trosts oder als Fluchtpunkte an, vielmehr kann die unmittelbare Umgebung bedrohliche, ja aggressive Züge annehmen. "Der Boden will, daß du verschwindest"[57], zitiert Herta Müller Ruth Klüger in ihrem poetologischen Text *In der Falle* und damit auch eine ihr nicht unvertraute Erfahrung. Die Bedingung der Möglichkeit einer schönen Landschaft formuliert Herta Müller folgendermaßen: "Ein Land ist nur dann schön, wenn die Menschen dort leben können."[58]

Sucht man in der *Sommerreise* nach Menschen, so begegnen sie einem zunächst als Objekt der Vernichtung: "Die Reisende verschluckt der Moder" (101). Auch wenn sie zwei Sätze später grammatisch von der Objekt- in die Subjektposition rutschen, erscheinen sie nicht als eigenveranwortliche Handlungsträger: "Sie denken nicht an den Tod. Ihre Gesichter sind bloß eingegraben. Sinnlos halten sie die Augen offen. Wie aufgerieben reden ihre Zungen" (101). Die Suche nach den Menschen in der *Sommerreise* schließt auch die Frage nach dem Schreiber der vorliegenden Reportage ein, nach seiner Stellung zu den erwähnten "Reisenden" und nach seinem Standort in der Maramuresch. Nur ganz allmählich erhält der Leser Informationen zu der Autorfigur; die beobachtende Instanz, die die Bahnhofsgegend und die Zuginsassen beschreibt, gibt sich auf der ersten Textseite höchstens indirekt zu erkennen: "Vor dem Bahnhof steht ein Berg. Aus gelbem Lehm und voll mit Löchern ist sein Hang, als wär man sehend in der Mitte eines Bergs, der auseinanderbricht und Erde rieseln läßt" (101). Das unpersönliche "man", das im allgemeinsten Sinn 'jedermann' meint, kann hier als Oberbegriff aufgefaßt werden, der die anonymen "Reisenden" und ein bislang nur zu vermutendes Autor-Ich umschließt. Wenn das Ich dann auf der zweiten Textseite zum ersten Mal direkt auftaucht, geschieht dies ebenfalls in der Verbindung mit dem Verb "sehen" - "Ich seh sie nicht mehr" (102), bezeichnenderweise jedoch in einer negativen Satzkonstruktion. Das reisende und von der Reise berichtende Ich, durch dessen Augen der Leser schließlich die Umgebung kennenlernen will, präsentiert sich beim ersten Auftreten gerade als nicht sehend. Unklar bleibt dem Leser zudem der genaue Standort seiner Gewährsperson. Scheint die Schilderung der Bahnhofsge-

gend und des Straßendorfes aus einer Außenperspektive zu erfolgen, das Ich
scheint den Zug nach der Ankunft im Bahnhof verlassen zu haben, befindet es
sich plötzlich doch im Zug: "Schon wird es im Abteil dunkel, schon schreit das
Rad. Schon rede ich mit mir, um da zu sein im Dunkeln. Meine Augen bleiben offen, werden starr und kalt. Ich spür die Fledermaus" (103). Wieder zeigt es sich
dem Leser in einer Situation, in der es nicht sehen kann. So gewinnt der Text
durch die Einführung einer Zentralperspektive einerseits an Kohärenz, andererseits bleibt ihm dadurch, daß das Ich sich sowohl räumlich als auch gedanklich
sprunghaft bewegt und verunsichert zeigt, eben nicht das Bild eines souveränen
Reiseführers abgibt, bis zum Schluß eine prinzipielle Tendenz zur Desorientierung eigen. Bei aller dunklen Vagheit, die das Ich des Textes umgibt, ist es doch
möglich, es eindeutig zu identifizieren, es gibt keinen Grund, es nicht für die Autorin Herta Müller zu halten. Anläßlich des Besuchs eines jüdischen Friedhofs, im
Angesicht eines Denkmals für die 38000 aus der Maramuresch nach Auschwitz
deportierten Juden bekennt sie die folgenden biographischen Tatsachen:

> Und wenn ich jetzt sterben müßte, wär mein Haar keine Bürste, meine Knochen kein
> Mehl. Mein Tod wär deutsch wie der Tod meines Vaters. Er ist in der SS gewesen,
> nach dem Krieg ins Dorf zurückgekehrt, hat geheiratet und mich gezeugt. Dann hat er
> zwanzigmal am Weihnachtsbaum das Kerzenlicht ertragen. Zwanzigmal hat er ins
> Neue Jahr gelebt. Zehn Jahre vor seinem Tod ist der Dichter Paul Celan mit dem Ju-
> denschmerz der Bukowina ins Wasser gegangen. Der Tod meines Vaters war der Tod
> einer Krankheit. [...] Ich bin gedemütigt von meinem deutschen Vater und nocheinmal [!]
> erniedrigt und betrogen vom Schweigen der rumänischen Geschichte. (105)

Mit dieser Passage schreibt sich Herta Müller ein in die Reihe der Erinnerungs-
texte, die das Schweigen über die NS-Vergangenheit brechen wollen, rückt in die
Nähe der sogenannten "Väterbücher", die die Verstrickung der Väter-/Elternge-
neration im Dritten Reich thematisieren, und unterscheidet sich doch markant
von der in der alten Bundesrepublik landläufig praktizierten Vergangenheitsbewältigung,[59] indem sie ihren Vater nicht nur als Mitläufer ("[er] war, wie alle hier,
in der SS", 105), sondern als Täter vorstellt und in Beziehung zum Holocaust
setzt. Sie identifiziert sich nicht kurzschlüssig mit den Opfern der Vernichtungs-
lager, sondern betont bildlich die Unzugehörigkeit zu dieser Gruppe ("wär mein
Haar keine Bürste, meine Knochen kein Mehl"). Allenfalls imaginiert sie sich als
Opfer ihres Vaters und der rumänischen Geschichte. Der Prozeß der Erinnerung,
die Rückbesinnung auf den Vater ist gekoppelt an einen bestimmten, geschichts-
trächtigen Ort, einen Erinnerungsort par excellence. In einem Text, der von seinen ersten Sätzen an vom Thema des Todes durchzogen ist, besucht die reisende
Berichterstatterin "jüdische Friedhöfe": "Und unterm Himmel, eingeschlossen in
hohe, gemauerte Zäune seh ich die jüdischen Friedhöfe. Graue Steine im Wiesen-
gras am Straßenrand" (104). Die Aufforderung, sich der Toten zu erinnern, die
der Friedhof durch seine Anlage per se ausspricht, wird potenziert durch ein
Denkmal: "Da steht der große schwarze Stein, das Denkmal für 38000 Juden aus
der Maramuresch, die im Mai 1944 nach Auschwitz deportiert und vergast worden sind" (105). Und doch ist dieser Ort, der in so prominenter Weise dem Ge-

dächtnis verpflichtet zu sein scheint, dem Vergessen anheim gegeben: "Kein Reiseführer weist auf dieses Denkmal hin" (105). Die Besucherin muß sich also schon vorher, und nicht aus leicht zugänglichen, offiziellen Quellen, kundig gemacht, ein Wissen erworben haben, das es ihr erst ermöglicht, den Erinnerungsort als solchen zu erkennen und zu würdigen. Die Spuren ihrer historischen Recherche werden dem Leser mit genauen Zahlen, exakten Zeit- und Quellenangaben mitgeteilt:

> "Sehens, die Deitsche warn gute Leit, bevor is kommen der Hitler. (...) Als is kommen der Hitler, alles is wordn anderscht: pletzlich war aso a groißr Haß da." (Schmerz bis in den Tod. Ein Lebensbericht der Baila Rosenberg-Friedmann aus Oberwischau - in "Neue Literatur" Nr. 7, 1984, S. 45.) Der jüdische Friedhof ist weit oben auf dem Hügel. Vier jüdische Familien leben noch verstreut in Oberwischau. 1942 lebten hier 5000 Juden, 1946 kehrten 32 Überlebende aus der Deportation zurück. Der Taumel, ausgedrückt in Zahlen, auf weißem Papier. (106)

Dort, wo das Unaussprechliche des Holocaust ausgesprochen werden muß, zieht sich der Text gänzlich auf die nüchterne, brutale Diktion der Dokumentation zurück. Die Unzulänglichkeiten und zutage tretenden Aporien eines Denkmals werden betont, so daß der Text wie ein Beitrag zur aktuellen Debatte um die Möglichkeit und Unmöglichkeit einer Holocaust-Gedenkstätte gelesen werden kann.

> Auf der Anhöhe am Dorfeingang von Moisei stehn zwölf hohe, weiße Steinsäulen im Kreis. "Die Märtyrer von Moisei" heißt das Denkmal für die 29 Opfer, die aus dem Arbeitslager von Oberwischau geflüchtet und am 14. Oktober 1944 in Moisei von den Horthysten erschossen worden sind. Zwölf Eissteinbetten, Särge und Menschen zugleich. Geometrisch verzerrt sind die Augen, und Wangen, und Münder im Schrei, in den Stein gemeißelt. In der Luft über der Tannenallee darf sich der Tod ausschweigen. (106)

So wie der Text von Beginn an unter dem Signum des Todes steht, so bezieht er sich immer wieder teils explizit-begrifflich auf "Erinnerung", "Gedächtnis" (101) und "Gedächtnisschwund" (104), teils durch die von Herta Müller aufgesuchten Orte: "Denkmäler, Friedhöfe, Kirchen" (115).

Mit der Topographie des Textes, dem Aufbau der Ich-Perspektive und dem inhaltlichen Schwerpunkt der Erinnerungsarbeit sind hier nur einige Facetten des Textes beleuchtet worden. "Doch überall, wo man den Tod gesehen hat, ist man ein bißchen wie zuhaus" (121) - mit diesem Satz endet der Text. Das Ich hat sich wieder zurückgezogen. Der Ort eines Zuhauses wird trotzig behauptet ("doch") und gleichzeitig relativiert ("ein bißchen wie"); dieses Zuhause ist universell auffindbar, aber nur im Angesicht des Todes. Kein Trost, nirgends.

Anmerkungen

1  Siehe dazu den Beitrag Klaus-Michael Bogdals in diesem Band; ferner: Jochen Vogt: *Haben die Intellektuellen versagt? Über den gesellschaftspolitischen Anspruch und die Einflußmöglichkeiten der literarischen Intelligenz in Westdeutschland*, in: runa, H. 1, 1993, S. 87-108.

2  Herta Müller: *Niederungen*, Reinbek bei Hamburg 1993 (EA 1982).

3  Eine Übersicht bietet: Josef Zierden: *Herta Müller*, in: *Kritisches Lexikon zur Gegenwartsliteratur*, 50. NLG, S. 1.

4  Vgl. Andreas Dörner und Ludgera Vogt: *Literatursoziologie. Literatur, Gesellschaft, Politische Kultur*, Opladen 1994, S. 156.

5  Uwe Wittstock: *Hundert Beete voll Mohn im Gedächtnis. "Niederungen" - ein erstaunlicher Prosaband der deutsch schreibenden Rumänin Herta Müller*, in: FAZ v. 17.4.1984.

6  Friedrich Christian Delius: *Jeden Monat einen neuen Besen*, in: Der Spiegel 31/1984.

7  Herta Müller: *Der Mensch ist ein großer Fasan auf der Welt*, Reinbek bei Hamburg 1995 (EA 1986).

8  Sibylle Cramer: *Die Nachtwache des Müllers Windisch. Herta Müllers "Der Mensch ist ein großer Fasan"*, in: FR v. 31.5.1986.

9  *Alles, was ich tat, das hieß jetzt: warten. Die ausgewanderte rumäniendeutsche Schriftstellerin Herta Müller im Gespräch mit Klaus Hensel*, in: FR v. 8.8.1987.

10 Herta Müller: *Barfüßiger Februar. Prosa*, Berlin 1990 (EA 1987).

11 Herta Müller: *Reisende auf einem Bein*, Reinbek bei Hamburg 1995 (EA 1989).

12 Matthias Rüb: *Das fremde Heimatland. Herta Müllers "Reisende auf einem Bein"*, in: FAZ v. 10.10.1989.

13 Vgl. Verena Auffermann: *Gefahr, ins Leere zu stürzen. Westdeutschland, gesehen mit den Umsiedleraugen Herta Müllers*, in: SZ v. 10.10.1989.

14 Vgl. Gertrud Räber: *Ich kenne nur wahrlich falsche Lebensläufe. Herta Müllers Roman "Reisende auf einem Bein"*, in: Aargauer Tagblatt v. 7.7.1990.

15 Zum Beispiel *"So eisig, kalt und widerlich". Die Schriftstellerin Herta Müller über eine Aktion deutscher Autoren gegen den Fremdenhaß*, in: Der Spiegel 46/1992.

16 Herta Müller: *Eine warme Kartoffel ist ein warmes Bett*, Hamburg 1992; dies.: *Hunger und Seide. Essays*, Reinbek bei Hamburg 1997 (EA 1995).

17 Herta Müller: *Der Teufel sitzt im Spiegel. Wie Wahrnehmung sich erfindet*, Berlin [2]1995; dies.: *Das Ticken der Norm*, in: *Dem Erinnern eine Chance. Jenaer Poetik-Vorlesungen "Zu Beförderung der Humanität" 1993/94*, hgg. v. Edwin Kratschmer, Köln 1995, S. 107-115; dies.: *In der Falle. Bonner Poetik-Vorlesung*, Göttingen 1996.

18 Herta Müller: *Der Fuchs war damals schon der Jäger. Roman*, Reinbek bei Hamburg 1994 (EA 1992).

19 Herta Müller: *Herztier. Roman*, Reinbek bei Hamburg 1996 (EA 1994).

20 Tobias Gohlis: *Der Hauch der Angst. Herta Müller: "Der Fuchs war damals schon der Jäger"*, in: Hannoversche Allgemeine Zeitung v. 29.9.1992.

21 Verena Auffermann: *Wo bei anderen das Herz ist, ist bei denen ein Friedhof. Herta Müllers Roman über die Angst, die Staatssicherheit und das Ende des Diktators Ceausescu*, in: SZ v. 30.5.1992.

22 Werner Creutzinger: *Leidendes Land und politischer Weltschmerz*, in: Neue Deutsche Literatur, H. 4, 1993, S. 139-142.

23 Es wird alles erstickt. *Ein Gespräch mit der rumäniendeutschen Autorin Herta Müller*, in: SZ v. 9./10.5.1987; *Alles, was ich tat, das hieß jetzt: warten. Die ausgewanderte rumäniendeutsche Schriftstellerin Herta Müller im Gespräch mit Klaus Hensel*, in: FR v. 8.8.1987.

24 *Die erfundene Wahrnehmung. Annäherung an Herta Müller*, hgg. v. Norbert Otto Eke, Paderborn 1991.

25 Dagmar Eke: *Auswahlbibliographie (1972-1990)*, in: *Die erfundene Wahrnehmung*, a.a.O., S. 134-157.

26 Zierden: *Herta Müller*, a.a.O., S. E-G.

27 Norbert Otto Eke: *Herta Müllers Werke im Spiegel der Kritik (1982-1990)*, in: *Die erfundene Wahrnehmung*, a.a.O., S. 107-130.

28 Ebd., S. 125.

29 Norbert Otto Eke: *Augen/Blicke oder: Die Wahrnehmung der Welt in den Bildern. Annäherung an Herta Müller*, in: *Die erfundene Wahrnehmung*, a.a.O., S. 7-21; hier S. 18.

30 Karin Bauer: o.T., in: German Quarterly, N. 4, 1995, S. 481f.

31 Antonella Gargano: *Herta Müllers Poetik*, in: Studi germanici, N. 86/91, 1992/93, S. 399-408; Clemens Ottmers: *Schreiben und Leben. Herta Müller, "Der Teufel sitzt im Spiegel. Wie Wahrnehmung sich erfindet" (1991)*, in: *Poetik der Autoren. Beiträge zur deutschsprachigen Gegenwartsliteratur*, hgg. v. Paul Michael Lützeler, Frankfurt/M. 1994, S. 279-294.

32 Dorothea Götz: *Vom Ende einer heilen Welt*, in: *Beiträge zur deutschen Literatur in Rumänien seit 1918*, hgg. v. Anton Schwob, München 1985, S. 97-102; Franz Heinz: *Kosmos und Banater Provinz*, in: ebd., S. 103-112.

33 Nicole Bary: *Grenze - Entgrenzung in Herta Müllers Prosaband "Der Mensch ist ein großer Fasan auf der Welt"*, in: Germanica 7, 1990, S. 115-121; der Aufsatz geht im wesentlichen nicht über eine schiefe Paraphrase hinaus.

34 Antje Janssen-Zimmermann: *"Überall, wo man den Tod gesehen hat, ist man ein bißchen wie zuhaus". Schreiben nach Auschwitz - Zu einer Erzählung Herta Müllers*, in: Literatur für Leser, H. 4, 1991, S. 237-249.

35 Gisela Beste: *Kommunikation und Identität in Herta Müllers Erzählung "Der Mensch ist ein großer Fasan auf der Welt"*, in: Deutschunterricht, H. 3, 1997, S. 124-129; Angelika Steets: *Sprache und Identität. "Der Mensch ist ein großer Fasan auf der Welt"*, in: ebd., S. 130-138.

36 Günter Franzen: *Test the West. Herta Müllers Prosa "Reisende auf einem Bein"*, in: Die Zeit v. 10.11.1989.

37 Fritz J. Raddatz: *Pinzetten-Prosa. Film-Szenen statt Erzähl-Garten: woran Herta Müllers scheiterte*, in: Die Zeit v. 28.8.1992.

38 Hannes Krauss: *Jäger-Schnipsel. Herta Müllers Roman "Der Fuchs war damals schon der Jäger"*, in: Freitag v. 2.10.1992; s. auch ders.: *Fremde Blicke. Zur Prosa von Herta Müller und Richard Wagner*, in: *Neue Generation - Neues Erzählen. Deutsche Prosa-Literatur der achtziger Jahre*, hgg. v. Walter Delabar, Werner Jung und Ingrid Pergande, Opladen 1993, S. 69-76.

39  *Der deutsche Literatur-Kanon. Was sollen Schüler lesen? Die ZEIT-Umfrage (1)*, in: Die Zeit v. 16.5.1997.

40  *"Der Brunnen ist kein Fenster und kein Spiegel" oder: Wie Wahrnehmung sich erfindet. Ein Gespräch mit Herta Müller, geführt von Elisabeth Kroeger-Groth*, in: Diskussion Deutsch, H. 143, 1995, S. 223-230; hier S. 223.

41  Etwa in: Claudia Becker: *'Serapiontisches Prinzip' in politischer Manier. Wirklichkeits- und Sprachbilder in "Niederungen"*, in: *Die erfundene Wahrnehmung*, a.a.O., S. 32-41.

42  *"So eisig, kalt und widerlich"*, a.a.O.

43  Hans Jansen: *Die Stirnlocke des Diktators*, in: WAZ v. 20.2.1993.

44  Ottmers: *Schreiben und Leben*, a.a.O., S. 290.

45  Eberhard Falcke: *Mit unveränderter poetischer Intensität... durchquert Herta Müller im Roman "Herztier" das ihr geläufige Unglücksgelände*, in: SZ v. 5./6.11.1994.

46  Creutzinger: *Leidendes Land und politischer Weltschmerz*, a.a.O., S. 140.

47  Ottmers: *Schreiben und Leben*, a.a.O., S. 291.

48  Peter von Matt: *Diktatur und Dichtung. Herta Müllers Gedanken über Fuchs und Jäger*, in: FAZ v. 29.9.1992.

49  Zierden: *Herta Müller*, a.a.O., S. 3.

50  *Alles, was ich tat, das hieß jetzt: warten*, a.a.O.; *Interview mit Herta Müller. Geführt von Maria Teresa Dias Furtado*, in: runa, H. 1, 1993 , S. 189-195; hier S. 189.

51  Müller: *In der Falle*, a.a.O., S. 8.

52  *Alles, was ich tat, das hieß jetzt: warten*, a.a.O.

53  Herta Müller: *Überall, wo man den Tod gesehen hat. Eine Sommerreise in die Maramuresch*, in: dies.: *Barfüßiger Februar*, a.a.O., S. 101-121 (im folgenden mit Seitenzahl direkt im Text zitiert).

54  Vgl. Michael Günther: *Froschperspektiven. Über Eigenart und Wirkung erzählter Erinnerung in Herta Müllers "Niederungen"*, in: *Die erfundene Wahrnehmung*, a.a.O., S. 42-59; hier S. 45.

55  *"Der Brunnen ist kein Fenster und kein Spiegel"*, a.a.O., S. 227.

56  Müller: *Der Teufel sitzt im Spiegel*, a.a.O., S. 17.

57  Müller: *In der Falle*, a.a.O., S. 29.

58  *"Der Brunnen ist kein Fenster und kein Spiegel"*, a.a.O., S. 227.

59  Siehe hierzu Elisabeth Domansky: *Die gespaltene Erinnerung*, in: *Kunst und Literatur nach Auschwitz*, hgg. v. Manuel Köppen, Berlin 1993, S. 178-196.

*Andreas Erb*

## "Neues gibt es aus den Städten - aus den Städten gibt es nichts"[1]
Peter Wawerzineks Berlin

> Unser Held ist im Kommen, hat den Bürgersteig im Blut,
> wie man sagt. Das ist kein morgendlicher Trott, das ist
> fast schon Motorrennen. Schappik, der Flitzer, der Quirl,
> Hannes von den flinken Beinen. Der Spaziergänger, ein
> Stuntman, ein Artist auf dem Bürgersteig?
> Jeder muß wissen, was er sich und der Stadt abverlangen
> kann.[2]

'Berlin als Hauptstadt' ist ein nationales, soziales, ökonomisches und kulturelles Politikum, das eine ideologiekritische Diskussion provozierte und weiter provozieren muß. Berlin ist gleichzeitig Gegenstand eines wiedererwachten, scheinbar unbegrenzten feuilletonistischen und literarischen Eifers:[3] Die medienwirksam aufbereiteten Ereignisse um die 'wiedervereinigte' Stadt einerseits, eine Generation von Autoren und Autorinnen andererseits, die sich vor allem von der Dynamik der 'Baustelle' samt aller Widersprüche fasziniert zeigt, sind dabei Faktoren, die eher das 'Westinteresse' an der Stadt beschreiben. Die ostdeutschen AutorInnen haben einen anderen Zugriff zu ihrer alten Hauptstadt. Möglicherweise in Analogie zum "Berlin der Nachkriegsjahre", das "in der Literatur jener Jahre häufig mit Zuneigung" bedacht bzw. "in Erinnerungsbüchern mit Rührung" rekonstruiert wurde,[4] instrumentalisieren sie nach der 'Wende' die Stadt als spezifischen Erinnerungs-Ort, richten den Blick auf die Stadt und von dort aus zurück auf die Lebensperspektiven, das heißt auf den politischen wie sozialen Alltag innerhalb der DDR. Während viele (westdeutsche) SchriftstellerInnen Berlin (wenn überhaupt) erst nach der 'Wende' aufsuchen, um die Stadt zum Ort ihrer Inszenierungen zu machen, schreibt eine große Zahl von ostdeutschen AutorInnen aus einer intimen Kenntnis der Stadt heraus, ihr Schreiben erfolgt stärker aus der Innenperspektive - übrigens nach Benjamin auch ein wesentliches Kriterium zur Untersuchung von Stadttexten:

> Wenn man alle Städteschilderungen, die es gibt, nach dem Geburtsorte der Verfasser
> in zwei Gruppen teilen wollte, dann würde sich bestimmt herausstellen, daß die von
> Einheimischen verfaßten sehr in der Minderzahl sind. Der oberflächliche Anlaß, das
> Exotische, Pittoreske wirkt nur auf Fremde. Als Einheimischer zum Bild einer Stadt zu
> kommen, erfordert andere, tiefere Motive. Motive dessen, der ins Vergangene statt ins
> Ferne reist.[5]

Ostberlin ist für die "Einheimischen" unzweifelhaft Ort des Vergangenen und nicht bloß Projektionsraum für Außenstehende: Sie beweg(t)en sich in dieser für die DDR zentralen 'Metropole' und ihre Phantasieproduktion umfaßt immer auch die mehr oder minder explizit vorgetragene Reflexion über ihr Verhältnis zu dieser Stadt als zentralem Repräsentationsort und Funktionsraum der DDR. Ein solches Nachdenken des "Einheimischen" findet sich auch bei Peter Wawerzinek. Nun ist er keineswegs 'gebürtiger' Berliner: 1954 in Rostock geboren hat er erst 1977 den Weg von der Provinz in die 'Hauptstadt' angetreten; aber er hat sich - und das wird noch deutlich werden - mit ungemeiner Energie in die Stadt (hin)eingeschrieben bzw. sie zu seinem individuellen 'literarischen Feld' auserkoren. Eine Analogie zu Katja Lange-Müllers Eingeständnis scheint auch für Wawerzinek, möglicherweise für viele ostberliner AutorInnen, nicht abwegig:

> [...] niemals mehr verlasse ich es derart gänzlich, »mit Haut und Haar« und »Stumpf und Stiel« weil ich schließlich kapiert habe, daß ich ohne Berlin noch viel verlassener bin als Berlin ohne mich.[6]

*Mein Babylon*[7] macht dieses Thema von Ich und Stadt zum Gegenstand des Erzählten, allerdings - und das unterscheidet den literarischen Text von jeglichen Biographien - mit einer am Ende des Romans vollzogenen psychischen, nicht jedoch explizit erwähnten räumlichen, Distanz zu Berlin.

Der Roman stellt zwei gegenläufige Erzählungen in den Vordergrund: Da ist erstens die Entwicklungsgeschichte eines Künstlers mit dem fragmentierten Namen A., der vom Land in die Stadt kommt und sich am Ende des Erzählten, das zusammenfällt mit dem Ende der "Hauptstadt der DDR", als von der Außenwelt emanzipierter, autonomer Schriftsteller präsentiert. Da ist zweitens die Geschichte einer Stadt, deren allegorischer Name "Babylon" auf unterschiedliche Mythologisierungen anspielt. Zum einen wird an die alttestamentarische Geschichte erinnert (Gen 11,1-9), worin die verwirrende Stimmenvielfalt als göttliche Strafe für menschliche Hybris, Stolz und Übermut beschrieben wird; zum anderen - neutestamentarisch (Offb 14,8; 17,1-18; 18,10-24) - zitiert das Babylon-Bild die Erzählung von der inneren Struktur, vom ausschweifenden, nicht auf Produktion, sondern Konsumtion, gerichteten Stadtleben, das zum Niedergang führt - hiernach wird Babylon als Stadt-Körper vollkommen vernichtet sein,[8] und ohne daß ein sichtbares Zeichen auf ihre ehemalige Existenz verweist, wird sie bloß als Stadt-Erzählung, als mahnende Erinnerung, als Mythos weiterleben. So konkurriert die mythologisch aufgeladene Stadt als Ort der Anmaßung (AT) bzw. als Hure und Verführerin (NT) mit der Inszenierung eines Protagonisten, der mit seinen "notwendige[n] Schritte[n] in Richtung Selbst" (MB 15) zum Ideal männlicher Subjektwerdung stilisiert wird.

Die erinnerte Geschichte einer erfolgreichen Subjektwerdung einerseits, das großstädtische Leben als Ort vielfältiger Subjektinszenierungen andererseits sind bei Wawerzinek nicht neu. In dem 1991 erschienenen Roman *Moppel Schappiks Tätowierungen* "schittbogte" der Protagonist, der sich seit vierzehn Jahren in Berlin aufhält (MS 17), "sein Ich ins Typische der Großstadt ein" (MS 7). Erzählt wird ein Leben in der Metropole mit den darin möglichen bzw. unmöglich gemachten Strategien zur Existenzbewältigung. In *Das Kind das ich war*[9] von 1994 wird die Geschichte einer Kindheit nacherzählt, die von zwei Faktoren geprägt ist: von einem allgegenwärtigen Heimat-Raum und einer fehlenden bzw. inkonstanten Familienbeziehung. Beide Romane stellen ein sich behauptendes Ich ins Zentrum -

lediglich der Schwerpunkt des Erzählten variiert: Einmal ist es die Entwicklungsgeschichte innerhalb einer Region, dann sind es die Stadt und die darin zur Verfügung gestellten Entfaltungsräume für ein erlebendes Ich (1. Rückblick: Berlin
und Mecklenburg). In *Mein Babylon* schließlich werden die Emanzipationsbemü-
hungen des Protagonisten A. (2. Männliche Künstlerbiographie) mit dem städtischen Raum (3. Babylon Berlin) verbunden; zuletzt gilt es, das Thema 'Erinnerung' als Gegenstand der Prosa von Peter Wawerzinek einzuordnen (4. Was
bleibt?).

## 1. Rückblick: Berlin und Mecklenburg

Im Mittelpunkt von *Moppel Schappiks Tätowierungen* stehen der sich gelegentlich
im Schreiben übende[10] Moppel und sein ausschweifendes Leben in der Stadt der
"Sensationssensationen". In rücksichtslosen Konsumbewegungen verleibt er sich
die Stadt ein: dazu gehören Alkoholexzesse, Drogenexperimente, unzählige und
unkontrolliert erlebte Frauengeschichten, insgesamt ein Leben zwischen verschiedenen Jobs, Kneipen, Hinterhöfen und Mülltonnen. Die "Tätowierungen" sind in
diesem Sinne wörtlich zu nehmen - in dem Maße, in dem sich der Held in die
Stadt hineinlebt, zeichnet sie ihn, verwandelt sich in einen codierten Körpertext,
Moppel wird zum Stadt-Mal: Stadt- und Ich-Geschichte verbinden sich zu einer
Einheit, die sich über Moppel Schappik herstellt.

Die zügellosen Ausschweifungen Moppels finden ihren Ausdruck im formalen
Gestus des Romans. Der Text ist vielstimmig, die Erzählerstimme ist nicht immer
ausmachbar bzw. droht ständig unterzugehen; Gesprächsfetzen werden in direkter Rede aneinandergesetzt, ohne daß sich ein schlüssiges Modell von Rede und
Gegenrede erkennen läßt, monologartige, nicht stocken wollende Passagen voller
Assoziationen unter Verzicht auf jegliche Interpunktion, Berliner Dialekteinschü-
be, unzählige Kalauer unterschiedlicher Provenienz, eingestreute Bild-Collagen,
die den Berliner Stadtplan dekonstruieren, etc. erzeugen den Eindruck maxima-
ler Sprachenvielfalt und schaffen eine Lese-Atmosphäre vollkommener Desorientierung. "Zitate von Großstadtdichtung, Passionspiel und Bildungsroman werden
mit Theoriediskursen, Reportage und direkter Leseransprache kontrastiert" - mit
der Folge, daß das "Zerhacken von Literatur(geschichte)" umschlägt "in den Entwurf eines neuen Seins"[11]. Zudem gewähren weder die Chronologie[12], noch die
Hauptfigur des Romans eine verbindende - oder gar verbindliche - Konstanz;
Moppels Leben und seine Geschichte erscheinen in vielen Partikeln, ohne daß jedoch eine konsistente Biographie oder ein klar strukturiertes Ich erkennbar ist.
Moppel Schappik und Berlin lassen sich als eine aufeinander bezogene Subjekt-
Objekt-Konstellation beschreiben, deren Wesensmerkmal sich durch vollkomme-
ne Kontingenz auszeichnet.

> Ich bin es nicht. [...] Ich folge den Augenblicken in einem Taxi, dessen Fahrer die Stadt
> nicht kennt. Ich kann mich auf die Weise wohlfühlen, kann mich an keine Stadt ge-
> wöhnen. Feste Wohnsitze sind ein ernüchternder Fakt. Sie animieren zu familiären

Fehltritten, Heirat, Bierabende, Hosenkauf und Fotoalben. Wenn du so groß geworden
bist, wie Amerika, kannst du schwer in einer Großstadt untergehen. Wasserspiele,
Küsse, Käseläden, Tauben auf Gemüsekisten, Bollerwagen vor den Kinderkliniken,
überfüllte Warteräume, Lachanfall und Verwechslung, peinliche Monumente, ein
brennender Hut, der über den Fahrdamm rollt, all die Dinge, die man ständig vor den
Augen hat, geben der Stadt kein Gepräge, heucheln Fluidum, Dauer, Wirklichkeit, ahnen den Verstand der Architekten. Es gibt nichts im Leben, was sich vorher einer aus-
suchen kann. Aber wie schön, wie majestätisch ist the rush-hour, wenn zwischen
Baum und Caféhausstuhl Autos, Menschenglieder die Hektik skizzieren, wenn Schie-
nenstrang und Linienbus, Reifen und Hornhaut einer barfüßigen Blondine über der
Brücke und Untertunnel eine flüchtige Inschrift ins Grabmal städtischer Tage meißeln,
derweil du dir mit der flachen Hand auf den Oberschenkel haust und ironisch be-
merkst, wie fernab aller Versuchung mitzuritzen du sitzen bleiben kannst all die Jahre.
(MS 95f.)

Die Stadt ist Ort ununterbrochenen Wandels, ein Konglomerat von mit sich konkurrierenden und vergänglichen 'events' - sie entspricht auf diese Weise der Ich-
Konstruktion Moppels, der weder die Mühen eines 'Sich-Einrichtens' auf sich
nimmt, noch gewillt ist, den Stadt und 'Leben' erforschenden Bewegungsdrang
unter konventionalisierte Regeln zu stellen. Im Zentrum steht der eigenwillige
Protagonist einerseits, das durch ihn aufgespürte Ostberlin andererseits; schließ-
lich transportiert das Berlinbild, das auf eine konkrete Topographie fast völlig
verzichtet, auch die Struktur der DDR-Gesellschaft. - Moppel sucht bei seinen
Streifzügen durch die Stadt "DAS TYPISCHE HIERZULANDE" (MS 47); seine
Funde unterlaufen das in Versalien gesetzte, klischierte Bild *der* DDR: "KALI-
SALZ SCHUTZWALL WAHLSYSTEM EISBEINMITSAUERKRAUT KRANKEN-
FÜRSORGE LESELAND ARBEITERUNDBAUERNSTAAT REKORDBUTTER-
PROKOPF TRABBIFÜRJEDERMANN und so fort" (MS 47). Im Vordergrund
steht nicht die Kritik eines politisch Enttäuschten, eher der egozentrische und zy-
nische, dabei entlarvende  Blick auf die Mentalitätsgeschichte eines Staates und
seiner Bevölkerung.

Die Geschichte in *Das Kind das ich war* spielt in Mecklenburg und stellt ein erzäh-
lendes Ich ins Zentrum, das als Heimkind aufwächst, wobei Heime und (Adop-
tions-)Familien beständig wechseln. Die Erzählung wird getragen von der Spannung, die durch die Sozialisation des jungen Ich zwischen einem geographischen
Ort mit hoher identifikatorischer Wirkung und einem sozialen Nicht-Ort entsteht.
Dieser Zwiespalt von allgegenwärtigem Heimat-Raum und beständig wechselnder Familien-Bindung bildet das magnetische Feld, in dem sich das 'Kind' zum
'jungen Mann' entwickelt. Der Ich-Erzähler ist in erster Linie Kind einer Region,[13]
stark mit ihr verbunden bezieht er aus ihr Momente eigener Identität. Mecklenburg wird zur nach außen unspektakulären Kulisse[14] einer Erinnerung, die nicht
bloß die Großartigkeit von Landschaften beschwört, sondern die Aufmerksamkeit auf Miniaturen richtet, das Kleine und Unscheinbare beschreibt; vor dem
Hintergrund dieser 'Kulisse' charakterisiert der Erinnernde vor allem die Bewohner Mecklenburgs mit ihrem beharrlichen Festhalten am Althergebrachten, an Le-

bensformen, deren Legitimität sich aus der Geschichte (des Immergleichen) ableitet.[15]

Mecklenburg ist zudem in politischer Hinsicht ein höchst bedeutsamer Raum, was sich vor allem in der Haltung des Landes "abseits der großen Wege" (K 24) zum 'Rest'-Staat DDR ausdrückt. Die Konstruktion "Heimat" enthält damit auch die Geschichte eines skurrilen Widerstands; dieser erfolgt jedoch nicht auf der Basis ideologischer Auseinandersetzungen, es ist der Widerstand eines sich gegen die Reformtätigkeit - gegen Modernisierung - richtenden Konservatismus, eines grenz-überschreitenden Stoizismus, der nur 'am Rande' gesellschafts-politischer Praxis möglich ist: "Das Gleichbleibende sei die sattsamste Veränderung für dieses Land, sinnierten die Bauern." (K 24) Beschrieben wird ein tradiertes System des "[W]urschtelns" gegen den Machbarkeitsglauben (land)lebensferner und räumlich entlegener Bürokraten. Mecklenburg wird zum Ort und zum Garanten einer unbewußten Anarchie gegenüber staatlichen Einrichtungen, gleichgültig ob sich die offizielle Fortschrittsideologie auf die Einführung neuer Sprechweisen ("Rachenvorhofsauger" statt "Nuckel", K 78) richtet, den Einsatz eines neuen Mähdreschertyps fordert oder sich auf richtungsweisende 'Parteimaßgaben' bezieht.[16] Die Aktivitäten des Apparates erscheinen als staatlicher Narzißmus bzw. organisierte Hypertrophie, die jedoch in keinster Weise konkurrenzfähig sind mit den Alltagsriten einer Region, deren Wissen und Handeln ausschließlich aus Überlieferungen und Legenden gespeist wird und Naturgesetzlichkeit als einzige, unhinterfragbare Norm zuläßt. Dieser nur auf Tradition bedachte Konservatismus der Mecklenburger ist eine radikale Form von Fortschrittspessimismus, der jeder Erneuerung im politischen, sozialen und ökonomischen mißtraut. "Murkskram überlebt die Elemente nicht" (K 116) wird zur Formel gegen alles Neue, das sich historisch nicht in Auseinandersetzung mit den Lebensbedingungen der Region bewährt hat. "Heimat" kennzeichnet damit ein räumlich klar abgegrenztes Territorium, gleichzeitig ist sie Ausdruck einer unbewußt anarchisch-politischen Wehrhaftigkeit, deren Ausgangsenergie und Zielpunkt aber immer die Region selbst ist, die sich durch ein konserviertes Selbstbewußtsein erhält. Vor allem aber bezeichnet "Heimat" den Ort, der im Leben des Ich eine zuverlässige Konstante im Prozeß des Heranwachsens darstellt. Das gilt gerade vor dem Hintergrund, daß das Ich vorwiegend als Heimkind aufwächst. Damit lebt es nicht bloß außerhalb einer traditionalen Familien-Ordnung, vielmehr hat sich eine andere - kollektive - Form von Sozialisation als Mal in seinen Körper eingeschrieben. Diese Andersartigkeit verschafft ihm zunächst jedoch nicht den Schein des Singulären, Besonderen, sondern des Allgemeinen. Entsprechend der Erziehungspraxis staatlicher Einrichtungen wird den Heimkindern keine Individualität zugestanden[17], stigmatisiert durch den Gleichschritt aller Insassen verlieren sie die Möglichkeit subjektiver Entfaltung.

Neben der ausgrenzenden Pädagogik der Heimerziehung muß sich das erzählende Ich zahlreichen Adoptionsversuchen unterwerfen, die zumeist an einer unterstellten Exzentrik des Zöglings scheitern. Beschrieben wird damit ein Leben in Übergängen zwischen kurzzeitiger, euphorischer und überbordernder 'Eltern'-

Liebe und rigoroser, dauerhafter Ablehnung. Sozialisation wird insgesamt erfahren als eine Zurichtung zwischen den abstrakt-ideologischen Vorstellungen staatlicher Erziehung und privat-unkontrollierten Zwängen normativer Benimm-Regeln der Zieheltern. Auf diese Weise entwickelt sich aus den Erziehungsmaximen der unterschiedlichen Institutionen (Heim, Adoptionsfamilie) eine Differenz von "Kind, das ich nicht werden wollte" und einem Kind, das sich seiner angetragenen Kindrolle anpaßt: Kindheit wird zu einem komplizierten System von Übertragung und Gegenübertragung, in dem das Kind zwischen anarchischer Selbstbefreiung und kalkulierter Selbstunterwerfung als "Maskenkind" hin und her wechselt. - Dabei garantiert jedoch Mecklenburg dem ausgegrenzten und erzählenden Ich eine Form persönlicher Entwicklung jenseits autoritärer Sozialisationsinstanzen; es wird dergestalt zum Ort individueller Freiheit und ist Voraussetzung für eine gelungene Emanzipation. Schließlich profiliert sich der Ich-Erzähler am Ende als Einzelgänger, betont seine Rolle als entwicklungsfähiges Individuum, stilisiert seine Außenseiterrolle als 'zu-sich-gekommene' Ich-Identität. In dem Maße, in dem er als Heimkind, als Kind wechselnder Eltern stigmatisiert und ausgeschlossen war, genießt das Ich am Ende der Erzählung den Triumph eines sich nun aktiv absondernden, emanzipierten Ichs, das sich schließlich sogar zur räumlichen Distanzierung, zur Abreise, das heißt auch zur Emanzipation von "Heimat" überhaupt, vorbereitet. Und während bei den Altersgenossen das resignierende, sich den Traditionen beugende 'Einrichten' den Körper zu formen beginnt, während sie "sich hinter ihren krummen Rücken verschanzten" (K 122), versucht sich der Protagonist im aufrechten Gang. Und während jene in Stummheit verfallen und die Riten des Alltags 'bewußtlos' zelebrieren, ist zu erwarten, daß sich das erzählende Ich ausdrucksvoll und -mächtig 'dem Leben' entgegenstellt. Für das erwachsene "Kind" gilt fortan auch der, mit einem augenzwinkernden Seitenblick auf Bloch vorgetragene, Leitspruch Moppels: "WIE ICH EINST WAR WERD ICH NICHT MEHR." (MS 13)

*Mein Babylon* verbindet die Struktur der Individuationsgeschichte, die Wawerzinek dem Mecklenburger Kind anschrieb mit dem wilden "Großstadt-Rap"[18] in *Moppel Schappiks Tätowierungen*, wobei die Bewegungen von A. in Ostberlin im Ton deutlich ruhiger vorgetragen werden; was bleibt ist ein 'erinnernder' Rückblick auf die Genese einer Künstlerbiographie in der "Hauptstadt", der gleichzeitig einen Blick auf die letzten Jahre der DDR eröffnet. Die drei Texte von Wawerzinek verknüpfen sich über die Hauptfiguren zu einem Moppel-Kind/Ich-A.-Amalgam, das sich bei allen formalen und inhaltlichen Unterschieden der 'Oberfläche' durch einen gemeinsamen Kern auszeichnet: Es ist das Bemühen, unbedingt *anders* zu sein, über die Abgrenzung zum Anderen etwas zu finden, das eben jene nicht haben - Identität.

## 2. Männliche Künstlerbiographie

Die Selbstwerdung von A. vollzieht sich auf vielerlei Umwegen, besitzt allerdings drei Konstanten: die Stadt, die Frau und das Buch; sie bilden von Anbeginn
eine Einheit, sind Medium der Ausbildung des künstlerischen Ichs. - A.'s Interesse
an Babylon richtet sich nicht auf die Topographie der Stadt, vielmehr konzentriert er sich auf das Innenleben und blickt mit großer Beharrlichkeit auf die gesellschaftlichen Stadtränder, auf die "Krankheitsgeschichte" (MB 57) Babylons.

> A. beschrieb das babylonische Leben. Widmete sich der häßlichen Welt, die niemand
> neben ihm abstoßend fand. Er schrieb Gedichte über Randfiguren. (MB 107)

Die Beschreibung Berlins erfolgt nicht voraussetzungslos und beruht auf einem
Aneignungsprozeß, der durch die Bezeichnung der Stadt - 'Babylon' - eine besondere Konnotation erhält. Wawerzinek erinnert an einen für die Stadtliteratur paradigmatischen männlichen Unterwerfungsgestus, der die Stadt zur Hure stilisiert, um sie sogleich durch aggressives Herrschaftsgebaren zu bändigen; so heißt
es zum Beispiel in Zschokkes Roman *Der dicke Dichter* von 1995: "und glaub mir,
ich werde sie in den Griff kriegen, sie in die Knie zwingen, diese... diese... diese
Stute Babylon..."[19]. Wawerzineks Figur jedoch unterscheidet sich fundamental
von Zschokkes 'dickem Dichter', der seine Unfähigkeit, einen im Kopf konzipier-
ten Berlinroman niederzuschreiben, durch den lustvoll imaginierten Geschlech-
ter-Kampf, der nur Unterwerfung kennt,[20] zu kompensieren sucht. A. ist ungleich
weniger martialisch - ihm geht es (erst einmal) nicht um die Vernichtung einer
ihn existentiell gefährdenden Stadt, der, als Bedrohende, weibliche Attribute zugeschrieben werden; A's Augenmerk richtet sich auf die Nutzung der Vielfalt,
die Babylon zur Verfügung stellt. So zieht es ihn in unzählige Kneipen, zum
Friedhof, in die Fabrik, in die Straßen Ostberlins, an den Imbißstand, allesamt
Orte, an denen sich Menschen wie soziales Strandgut zusammenfinden. Hier treffen unterschiedliche Lebensweisen und Erfahrungen als erzählte Geschichte aufeinander und zeugen öffentlich und doch verborgen von einer heterogenen
Stadtkultur, die es für A. zu erforschen gilt. Er treibt durch die Stadt,[21] seine Bewegungen sind nicht durch äußere Ansprüche und Notwendigkeiten beherrscht,
sein Ziel ist allein auf Wahrnehmung der Welt gerichtet: A. versteht sich als
systematischer Geschichten-Sammler, der das 'betörende Quieken' eines Ver-
kehrsunfalls ebenso in sich aufnimmt, wie er das Geraune aus Kneipen, die skurrilen Biographien von Friedhofs- und Fabrikarbeitern aufspürt und sich insgesamt - durchaus in der Tradition des späten 18. Jahrhunderts - von den
Eindrücken, die ihm Ohr und Auge zuführen, zu ernähren scheint:

> [...] er lebe, um zu schauen. Seine Formel laute: Stehenbleiben. Hinsehen. Das Un-
> interessante registrieren. Nicht gehen, wenn nichts mehr zu erwarten war. (MB 46)

An dieser Stelle radikalisiert Wawerzinek das Seh-Programm seines *Babylon*-Hel-
den. Bei Moppel hieß es noch: "Die Formel lautet: Weiter stehenbleiben, genauer
hinsehen, selbst das Uninteressante registrieren, erst gehen, wenn nichts mehr

geht, wenn der Hausverwalter dich am Kragen packt und hinausschleift." (MS
134) Während Moppel sich der Ereignislosigkeit nur bedingt aussetzt (bzw. mit
körperlicher Gewalt daran gehindert wird), beweist A. mehr Beharrlichkeit und
verwandelt das 'Nichts' in eine Textur; ein Ende des Lesbaren gibt es in der Stadt
für ihn scheinbar nicht.

Beschrieben wird in *Mein Babylon* die Distanz des Außenseiters, der jedoch
nicht von einer erhöhten, Erhabenheit inszenierenden Position *auf* die Stadt
schaut und so seine moralische und intellektuelle Überlegenheit demonstriert. A.
wählt vielmehr die panoramatische Innensicht, den beobachtenden Blick vom
Zentrum aus, der sich in die Objektwelt hineinbegibt, sich ihr dabei nicht assimi-
liert, sondern ihre Mechanismen und Funktionsweisen zu erkennen bemüht ist.
Dabei wird ihm jede Wahrnehmung, *all*-täglich-*es* zum Material, das er in eigene
Texte umwandelt. Das "Stehenbleiben. Hinsehen" wird auf diese Weise zur 'Re-
gistratur', zur kalten Speicherung von Daten und Zeichen des Alltags. Die Lektüre der Semantik der Stadtstruktur - zu ihr gehört auch die Vielstimmigkeit im alltäglichen Erzählen - erfordert jedoch bei aller Präsenz des Lesenden eine Distanz
zum Beobachteten und führt zur radikalen Trennung von Ich und Du.

So stellen sich die Streifzüge von A. durch Babylon als monomanische Bewegungen eines (Lebens)Geschichten erheischenden Ichs dar: Die Konzentration
von A. richtet sich auf das "Ausgehustete"[22], das heißt auf die mündliche Erzählung als unzensierte Unmittelbarkeit städtischer (Sub)Kultur und formuliert die
Poetik des "trash" als Suche nach urbaner Erfahrung unter der Oberfläche alltägli-
cher Funktionalität.[23] Seine Suche umfaßt selbst "die großen Müllcontainer, die
sich ungehemmt an den Strassenecken feilboten" (MB 68) und die er zur wertvol-
len Stoffsammlung umwandelt. Im Schreiben recycelt A. Babylon, die Stadt, den
Müll und - als Friedhofsarbeiter und Beobachter einer "löchrig" werdenden, sich
aufgebenden und wegwerfenden Gesellschaft - sogar den Tod. Die Bildungsgeschichte
von A. ist gleichsam die Geschichte der Aneignung eines absterbenden Stadtle-
bens.

In dem Maße, in dem A. das urbane Stimmengewirr zum Material eigener Produktion macht, ist er bei aller Intensität, mit der er sich in die Stadt hinein begibt,
auf seine isolierte Rolle bedacht. Im "Gegenleben" (MB 106) sich zum monaden-
haften Exzentriker einrichtend, formt er im Schreiben die 'Beste aller möglichen
Welten' aus sich heraus, "[w]ollte mit seinen Texten Babylon verschönern, die
Häuser auffüllen" (MB 106), ertrotzt sich auf diese Weise einen übergeordneten,
individuellen Standpunkt und gewinnt an moralischer Größe in der staatlichen
Isolationshaft, in die er wegen eines provozierten Bagatelldelikts gerät; hier erhält
der Wunsch eines nur sich selbst gehorchenden Ichs seine manifest-materiale
Wirklichkeit - das Gefängnis wird zum "Musentempel" und zum Ideal der Ich-
Vervollkommnung. So ist die individualistische Suche nach dem "Selbst" durchsetzt mit bekannten und überkommen Bildern einer modernen, auf bildungsbürgerliche Muster zurückgreifende Künstlerbiographie: Vorgeführt wird ein
selbstbezügliches und -verliebtes, die Grenzen der eigenen Vernichtung erpro-
bendes exzessives Sauf- und Kneipenleben, es ist die Inszenierung einer labilen

Existenz, die 'border-linend' die Möglichkeiten der Ich-Stilisierung zwischen Euphorie und Depression auslotet, die schließlich das Ich aufbaut, indem es permanent das Andere aufspürt, vermisst, den eigenen Bedürfnissen unterwirft und sich letztlich davon distanziert: Am Ende steht der Bildungserfolg einer zu sich gekommenen Figur.

> [...] A. hatte gelernt, ohne Babylon zu existieren. Lebte recht gut in einer anderen Welt. (MB 125)

Wawerzineks Protagonist entspricht damit nicht jenem Typus von heutigem Großstadtbewohner, den Wilhelm Genazino als "Leistungssportler der Mimesis" bezeichnet hat und damit einen Ich-Typus vor Augen hatte, der sich vollkommen den Bedingungen der Objektwelt anpassen kann: "Denn der ultramoderne Einzelne hat längst verinnerlicht, daß er von subjektiven Erfahrungen nur behindert wird."[24] Die Suchbewegungen von A. quer durch das babylonische Leben entsprechen so einer Selbstfindungsgeschichte, die Parallelen zur Sozialisationsgeschichte in *Das Kind das ich war* aufweist und das Schwanken zwischen Anpassung und rigoroser Auflehnung produktiv macht, die sich gleichzeitig als eine Geschichte fortgesetzter Aus- und Abgrenzungsbemühungen liest.

A. greift - darin nunmehr Moppel sehr verwandt - hemmungslos auf die in dieser Fülle nur in der Großstadt verfügbaren Ressourcen an Kommunikationsformen zurück, beutet sie bis zu einem für ihn notwendigen Grad aus, um sich ihnen anschließend zu verschließen. Das gilt sowohl im Hinblick auf seine Beziehungen zu Frauen als auch hinsichtlich seiner Haltung zur Erwerbsarbeit - zwei grundlegende Faktoren für die bürgerlich(-männlich)e Ich-Bildung bzw. -Stabilisierung. So trifft A. auf eine namenlose "Tänzerin", zu der er eine längere Beziehung unterhält. Sie ist es zunächst, die seine Stimmungen auffängt, die als 'echte' Babylonierin seinen Alltag organisiert und sich zu jeder Tageszeit "backfrische Verse" anhören muß (MB 28); sie ist seine "Göttin", schon bald jedoch bloß noch "Frau pur" und "Zwangsjacke" (MB 29). Bezeichnend ist hierbei, daß die Intensität des Zusammenseins den Grad der Autonomie des Künstler-Mannes anzeigt. Am Ende - kaum etwas anderes war zu erwarten - emanzipiert sich A. nicht nur von der Stadt und ihrer Szene, sondern von seinem Verhältnis zur Tänzerin: Die Zuneigung zu ihr war wie "eine Filmspule [...] ins Leere gelaufen" (MB 102). Die Existenz und dauerhafte Präsenz der Frau wird von A. nur bedingt als Gefahr, vielmehr als Behinderung erfahren - die Rolle als Autor bzw. als selbstbewußter Stadt-Mann wird erst lebbar ohne die alltägliche Gegenwart von Frauen. Im Stadium der allmählichen Subjektwerdung figurieren sie lediglich als *Konsumgut*, das - ist der vom Mann bestimmte Gebrauchswert ausgeschöpft - beliebig wieder 'abgestoßen' werden kann. Auf diese Weise verbindet sich mit der Entwicklungsgeschichte von A. eine am Ende des Romans vollzogene doppelte Ausgrenzung des Weiblichen: Für sein weiteres Leben als Künstler braucht der Protagonist weder die konkrete Beziehung zur Tänzerin, noch die Stadt in ihrer allegorischen Form (als Hure Babylon).

Ähnlich verhält es sich mit den unterschiedlichen sozialen Rollen, die A. während seiner 'Materialgänge' einnimmt. Sein leitendes Interesse ist wesentlich von Neugierde bestimmt, vom nicht zu stillenden Verlangen nach Leben, das sich zu "herzhaften Batzen Texten" (MB 112) verarbeiten läßt. Im Lauf des Romans wechselt A. scheinbar mühelos vom Kunstakademiestudenten zum Friedhofs- oder Fabrikarbeiter, zum Obdachlosen, zum Familienvater, zum intellektuellen Teilnehmer von Künstlerkreisen, zum ziellosen Spaziergänger, zum Gefängnisinsassen. Im Vordergrund steht immer die Materialsuche, nicht die Integration in ein gesellschaftliches Leben. Im Gegenteil, die Stadt bietet ihm die Möglichkeit produktiver 'Entwurzelung': Gegenüber der mecklenburgischen Provinz bietet das städtische - 'babylonische' - Leben ein Vielfaches an Möglichkeiten, Pluralität schafft bei allen Risiken der Dissoziation und Desorientierung ein unbegrenzt scheinendes Reservoir an (individuell nutzbaren) Freiheiten. So kann A. auf die Verinnerlichung von bürgerlichen Wertevorstellungen wie dauerhaftes Liebesglück oder Arbeitsmoral verzichten, er ist "freigesetzt" und gewinnt gerade durch diese nur in der Stadt lebbare 'Mobilität' an Ich-Stabilität.[25]

Dies unterscheidet A. beispielsweise von Lenz, dem Protagonisten der 1973 erschienenen Erzählung Peter Schneiders[26]. Dieser bewegte sich ebenso wie A. streifend durch die Stadt, in diesem Fall West-Berlin, bemühte sich um eine neue Sprache, um andere Liebes- und Arbeitsformen; ihm jedoch waren die Rollenwechsel nicht bloß Mittel zur Verwirklichung eines Plans, "unbedingt" Künstler zu werden (MB 8), vielmehr dienten sie ihm zur angestrengten und existentiellen Suche nach einer dauerhaften Ich-Identität. Das gelang ihm schließlich in der (klassischen) Italienreise, nach der er sich geläutert im legendären "Dableiben" vom Zwang des Weg-Müssens befreien konnte. Am Ende kehrte das in *ödipalen* Auseinandersetzungen aufgeriebene Subjekt als stabil zu erwartendes, 'soziables' Ich zurück. A. dagegen bleibt von vornherein in Babylon und steht am Ende nach einer Phase *radikalnarzißtischer* Ich-Monomanie ebenfalls als erstarktes Subjekt vor einem neuen Lebensabschnitt. Der Unterschied der beiden fiktiven Biographien liegt neben der zeitlichen, räumlichen und politisch-ideologischen Spielebene und neben der psychischen Disposition der beiden 'Helden' vor allem im Verhältnis ihrer Protagonisten zur Stadt Berlin. Der eine nutzte sie unbewußt, erkannte nicht ihre Möglichkeiten und entschwand schließlich nach Italien, um erst danach wieder Zugang zu ihr zu finden; der andere macht sie sich in ihrer Vielfalt zu eigen, unterwirft sie entschieden den eigenen Bedürfnissen, um sich dann von ihr zu distanzieren. Bei Schneider war West-Berlin *Schauplatz*, bei Wawerzinek ist Ostberlin *Objekt* einer erfolgreichen Emanzipationsbewegung, bei Schneider war die Stadt *Ankunftsort*, bei Wawerzinek ist sie *Durchgangsstation* eines jeweils stabilisierten Ich.

Die Präsenz des städtischen Raums und die gleichzeitig durch ihn gewährleistete Bewegungsaktivität von A., ergänzen die nur am Rande erwähnte unbändige Buchlektüre des Protagonisten (z.B. MB 23) und bilden zusammen genommen die eigentliche Grundlage seiner Fort-Bildung. - Während Wawerzineks 'Held' seinen Lebens- und Schreibstoff überwiegend dem städtischen Leben entzieht, bedient sich der Autor bei gängigen Erzählmustern, bei literarischen Vorbildern, die im einzelnen zwar nicht näher konkretisierbar sind, dennoch Spuren des Bildungsromans ebenso enthalten wie Partikel großstädtischen Erzählens. Sein Material ist nicht (wie in Uwe Timms 'Kartoffelbuch'[27]) unmittelbar die Stadt und das dort als Geschichten Kursierende - es sind vielmehr Texte. Wie in *Moppel Schappiks Tätowierungen* klingt vieles bekannt, kaum etwas jedoch ist zu identifizieren; Wawerzineks Roman spielt mit literarischer Prähistorie ohne sie kenntlich zu machen und stellt das (scheinbar) zufällig Gefundene in die Geschichte einer (scheinbar) unprogrammatisch verfahrenden Neuerzählung: Dekontextualisierung wird zum Ausdruck des Stadt-Erzählens. - Gleichzeitig gilt Wawerzinek als Kenner der (Prenzlauer) Szene, mehr noch, als ungestümer Flaneur der Stadt:

> Manch Prachtkerl wie der [...] mit dem Kosenamen Schappi fährt sehr gut darin, fährt furiengleich durch die Stadt, pflügt und sät und erntet und sieht dabei wirklich aus wie der fröhlichste Hans Dampf. Seiner Schreibe scheint es offenbar noch gutzutun. Kompliment.[28]

Kolbes "Kompliment" gilt einem Autor, der zwar nicht in Berlin geboren, aber bemüht ist, die Stadt nicht bloß von außen, das heißt deren 'exotischen, pittoresken' Charakter (Benjamin), zu erkunden, sondern sich schnell als 'Einheimischer' zu etablieren sucht und auf diese Weise den Assimilisierungsprozeß durch ein 'furiengleiches' Stadtleben vorantreibt; so scheint es wenig verwunderlich, daß sich dieser derart auf Ostberlin Einlassende gar als heimlicher Berliner 'Stadt-Schreiber' gesehen wird: "Und vielleicht wird Peter Wawerzinek [...], den alle Schappy nennen, dann als Chronist einer Stadt gelten, die es so nicht mehr gibt."[29] Die urbane Erfahrung des Autors spiegelt sich wider im Stil des Romans: Nicht die Geschichten als eine Aneinanderreihung von in sich konsistent Erlebtem prägen das Bild Berlins - vielmehr ist es der Text selbst, in den sich die Stadt eingeschrieben zu haben scheint. Die erzählten Episoden werden nur angedeutet, die Kontingenz hat ihre Entsprechung im erzählten, fragmentarischen Hin und Her; parataktische Satzkonstruktionen, die elliptisch aufgelöst werden, vermitteln den Eindruck des Schnellen, Dynamischen und Vorläufigen. - Das in den Streifzügen des Protagonisten erkennbare transitorische Prinzip großstädtischer Funktionsweisen löst sich in der Struktur des Textes selbst auf. Nicht nur wird die Stadt zum lesbaren Text für A.: Der Text des Romans mutiert zur Stadt, die es, und das macht den 'Sonderstatus' des literarisierten Ostberlins aus, als Referenzebene nicht mehr gibt. Und während "Babylon" als Babylon untergehen muß - hier wirkt die 'Heilige Schrift' buchstäblich als Vor-Schrift -, lebt Ostberlin als schriftlich fixierte Mythe weiter: Das Buch *Mein Babylon* wird zum lebendigen Surrogat einer in ihrer Substanz nicht mehr existierenden Stadt.

## 3. Babylon Berlin

Konträr zur Entwicklungs- und Bildungsgeschichte von A. verläuft der im Namen "Babylon" bereits angelegte Niedergang der Stadt und ihrer Kultur. So greift Wawerzinek auf einen für die (Stadt)Literatur immer wieder unterstellten und beanspruchten Subjekt-Objekt-Dualismus zurück. Dabei läßt er das Subjekt nicht zum Objekt einer gefährlichen, destabilisierenden, fragmentierenden Stadt werden, die letztlich gar das Handeln des Einzelnen determiniert, sondern bemüht ein anderes, ebenso bekanntes großstädtisches Erzählmuster, indem er A. zu einer sich-selbst-behauptenden und der Objektwelt überlegenen Instanz installiert.

Die Differenz von Ich und Stadt, die die jeweiligen Strukturen des Gegenüber bespiegelt und kommentiert, wird in *Mein Babylon* durch einen weiteren Topos verstärkt: A. nähert sich Babylon von außen. Aus der Provinz kommend betritt er den verheißungsvollen Schauplatz, den "Riesenrummel" der Metropole, die unschwer als Ostberlin zu identifizieren ist. Wawerzinek reaktiviert damit den vor allem im 18. und 19. Jahrhundert bemühten Gegensatz von Stadt und Land. Wurden dort vielfach die Grenzen des städtischen Raums betont, hinter dessen Mauern sich die offene Weite des Landes - der Natur - erstreckte, um sie einer moralischen Wertung zugänglich zu machen, verfolgt Wawerzinek mit dem Gegensatz zwei andere Strategien. Erstens verdeutlicht er den 'Sonderstatus' von Ostberlin: Hier eine augenscheinlich 'frische' und lebendige Kultur mit progressiven Tendenzen, dort "im Lande" ein in sich selbst kreisendes, angepasstes und miefiges System von Mittelmaß. Zweitens betont das Stadt-Land-Bild die Außenseiterposition des Protagonisten. Die Herkunft vom Lande ist für das Vorhaben des jungen und naiven A. geradezu eine notwendige Bedingung. Der weitere Verlauf des Romans löst jedoch alle Differenzen auf. Das gilt für den Stadt-Land-Antagonismus ebenso wie für das Verhältnis von A. zur Stadt. "Als A. Babylon erreichte, war Babylon im Werden." (MB 5) Der erste Satz des Textes rückt sogleich die Metropole in den Mittelpunkt. Babylon wird zweimal genannt und näher bestimmt durch das Entwicklung verheißende "Werden": die Stadt befindet sich im Aufbau und hebt sich schon dadurch vom "Lande" ab. Bereits nach wenigen Sätzen wird dieses erste Bild jedoch gebrochen; fortan ist Berlin nicht mehr der Ort eines optimistischen Aufbruchs, vielmehr wird es als zunehmend stagnierende, ja sogar als kontinuierlich verfallende Stadt charakterisiert. Am Ende steht erst der Identitäts-, dann der vollkommene Existenzverlust von Stadt *und* Land. Der zu Beginn des Romans betonte Stadt-Land-Gegensatz bewirkt für A. zunächst eine Distanz zur Außenwelt. Diese versucht der Protagonist jedoch nicht zu überwinden, im Gegenteil: Er vergrößert und instrumentalisiert den fremden Blick für sein Projekt, Künstler zu werden, um sich am Ende vollkommen von der Stadt gelöst zu haben.

Auffallend an 'Babylon Berlin' ist zunächst sein vollkommen anonymer Charakter - kaum ein Eigenname, keine Beschreibung von Örtlichkeiten kennzeichnen den Spielort als eine historisch-konkrete Stadt. Sie ist als topographisches Ereignis im Roman nur marginal auffindbar, lediglich der "schützende Wall" (MB

31) und die gegenüber errichteten Aussichtsplattformen verweisen auf Ostberlin. Ansonsten konstituiert sich die Stadt durch ein Netz von erzählten, kursierenden und vielfach kolportierten Geschichten, zumeist in Innenräumen als "Stimmensurren" vernehmbar und von A. 'abgehört'. Auf diese Weise werden die letzten Jahre Ostberlins transparent, ohne daß eine Beschreibung, die auf Konkretes zielt, vonnöten ist: Die Diskussion um die Biermann-Ausbürgerung, konspirative Künstlertreffen, das Geschehen am Prenzlauer Berg, die Feiern zum 40. Jahrestag der DDR, Abhörtätigkeit der Staatssicherheit, Mauerfall werden zu Ereignisen, die chiffriert - 'gescratcht' - als Gesprächsfetzen, als nur schwer zu verortendes Geraune präsent sind. Damit wird einem positivistischen Geschichtsbild, das sich auf Faktizität beruft, ein atmosphärisches entgegenstellt, eine Geschichtsschreibung betrieben, die das babylonische Stimmengewirr zusammenführt und zum einzigen Zeugnis einer untergegangenen Kultur werden läßt. Selbst die Zeit scheint zugunsten der alles überlagernden Geschichten und Stimmen aufgehoben zu sein. *Mein Babylon* ist die Geschichte einer Stadt, deren Aufstieg im ersten Satz des Romans zwar betont wird, deren Fall ebenfalls von Beginn an angelegt ist; allerdings verzichtet die Erzählung auf die nachvollziehbare Darstellung des historischen Verlaufs des Niedergangs. In Zeitraffertechnik wechseln die Jahreszeiten und deuten einen Verlauf - Leben[30] - an: Ansonsten fällt die Entwicklungsgeschichte von A. in eine Periode scheinbarer Stagnation, die schließlich in vollkommene Auflösung übergeht.

> Er musterte die gegeneinander gewendeten Gesichter der Leute, lauter ratlose Gebärden. Amputierte Mienen. Die Babyloner hatten sich erledigt. (MB 124)

Die Zerstörung der Stadt-Gesellschaft am Ende des Romans zitiert das Bild der 'kranken Stadt'[31], das hier jedoch eine besondere Wendung erfährt. Bei Wawerzinek sind es nicht die Mechanismen einer feindlichen und zerstörerischen Urbanität, es ist nicht die anonyme Funktionalität der Stadt, nicht ihr Chaos aus Masse, Lärm, Schmutz, nicht die Entfremdungserscheinungen einer durchrationalisierten und kommerzialisierten städtischen Verkehrs-Welt, die zum Untergang des Einzelnen und des Kollektivs führen. "Die Babyloner hatten sich erledigt" - sie haben ihrem signifikanten Namen eine konkrete Gestalt gegeben. Der erinnerte (neutestamentarische) Mythos der Hure Babylon bezeichnet damit nicht bloß die Verführungskraft der Stadt, die nicht ohne Wirkung auf A. bleibt, sondern verweist auch auf eine städtische Gesellschaft, "die der Macht und dem Geld mehr zugetan [ist] als der guten Idee bzw. der Idee vom Guten"[32]. Es sind gerade die 'Ideen', die Wawerzinek in den Blick nimmt und in einem 'babylonischen Sittenbild' die sich als Avantgarde verstehende oppositionelle Bewegung karrikiert, eine sich in ihrer Konspiration selbst gefallende und in den eigenen Ritualen verstrickende (Kultur-)Szene, "[i]ntegrierte Aufrührer" (MB 83), zufrieden mit der Inszenierung der Auflehnung: "Vieles wurde ausgeheckt. Wenig kam zustande. Der große Rest blieb Idee." (MB 101)[33]. Hier wird Kritik an einer Gesellschaft geübt, die es lange gescheut hat, sich aus den "halterungen [zu] reißen"[34], gleichzeitig aber ihren immer deutlicher auf den Westen gerichteten Blicken erlag. Damit erinnert und wiederholt der Roman eine Diskussion der 'Wendezeit', die in Volker Brauns Gedicht *Das Eigentum* von 1990 literarisch komprimiert wurde:

> Da bin ich noch: mein Land geht in den Westen.
> [...]
> Es wirft sich weg und seine magre Zierde.
> Dem Winter folgt der Sommer der Begierde.
> [...]³⁵

Babylon wird zum Inbegriff für eine Kultur, die sich selbst nicht genügt, die in Mißachtung und Fehleinschätzung eigener Potentiale ihre Identität aufgibt um den Preis der Fragmentierung. Wurden zuvor "Bremsmanöver und Befestigung" (Heiner Müller) als Konstanten des babylonischen Lebens beklagt, bleibt am Ende eine durch Selbstkastration verursachte gegenseitige Indifferenz. "Amputierte Mienen" bezeichnen das letzte Stadium der Agonie, einen Zustand vollkommener Wahrnehmungslosigkeit und Stummheit. Nichts mehr von der Polyphonie einer Stadt, die einmal A.s Schreibens vorantrieb, die er aufsuchte um "zuzuhören", um darin "Stimmen zu fangen" (MB 94) mit dem Ziel, daraus eine neue Sprache zu formen.³⁶ Selbst die Auflösung der Stadt bietet sich nicht mehr als Material an, zu stumm und mechanisch klingt die "geübte Ohnmacht" der Babylonier. Wo im (nun alttestamentarischen) mythischen Kontext die Vielfalt der Sprachen bereits eine Stufe des Niedergangs und Zerfalls 'produktiver Kollektive' markiert, endet Wawerzineks Babylon noch radikaler: monoton als Stöhnen.

## 4. Was bleibt?

A. erlangt mit der 'Wende', das heißt gegen die psychische Disposition 'eines Volkes', ein individuelles Selbstwertgefühl und entsprechendes Selbstbewußtsein, das nicht aus einer "trotz alledem"-Haltung entspringt, sondern eher dem Leitgedanken Schappis, der sich nicht von verfehlten Staatsutopien abhängig macht, folgt: "Wer sich von selbst der Macht beugt, wer mit dem Herzschlag und der Geisteshaltung in Demut vor losen Körperhüllen sprich Regierenden kippt, fault sich in den Fußpilz aller Stiefelträger, güllegatscht in schlittenhündiger Lenkbarkeit." (MS 60) A. findet sein Ich gerade im Untergang einer ganzen Nation, sein Ausharren in den Strukturen der DDR verweist erstens auf die Distanz, die er letztlich zur Objektwelt einnimmt, damit auch zu allen staatlichen Institutionen, zweitens macht es seine 'genügsame' Selbstbezogenheit deutlich: Subjektinszenierung wird zum Gegenmodell kollektiver Selbstfindungsstrategien, an deren Ende nur Desillusionierung und Selbstaufgabe stehen. Diese kollektive Depression wird durch A.'s Souveränität kontrastiert, der sich zudem, so ist zu vermuten, im Großen nicht aufsaugen lassen wird von einem neudeutschen Patriotismus, der im Kleinen nicht eintauchen wird in die Leere der neuberliner Kulturschickeria, wie sie etwa von Peter von Becker in seinem umstrittenen Roman *Die andere Zeit*³⁷ beschrieben wird, oder der - ein weiteres Beispiel - nicht die Rolle jenes 'dicken Dichters' in Zschokkes gleichnamigen Roman einnehmen wird, der eingeschlossen in seiner Wohnung den Roman - den Berlin-Roman - im Kopf hat, aber nicht zu Papier bringt. So unterscheidet sich auch Wawerzineks Roman von jenen (westdeutschen) Großstadttexten der neunziger Jahre, die ebenfalls Berlin und seine 'Wende' aufgreifen, sich dabei in Selbstmitleid, Selbstzerstörung, vollkommener Desolation und inszenierter Sprachlosigkeit ergehen.[38] Ein solcher Befund überrascht insofern nicht, als er Ausdruck einer Schreibposition ist, der es primär nicht darum geht, die 'Baustelle' zu inspizieren oder unter die Verhüllung von historisch belasteten Monumenten zu blicken, sondern die von 'innen' den spezifischen Alltag und die soziale Befindlichkeit einer verloren gegangenen Welt retrospektiv in Augenschein nimmt.

Wawerzineks Blick auf Berlin ist facettenreich; das ergibt sich bereits aus dem Romantitel *Mein Babylon*, der anspielt auf die im gesellschaftswissenschaftlichen und literarischen Diskurs gegenwärtige Modeerscheinung 'Erinnerung'. Das "mein" evoziert die Annahme, daß hier ein Erinnerungsvorgang durch ein zentrales Ich eingeleitet wird, der mit dem Zusatz "Babylon" zudem an einen Erinnerungsraum, die Stadt, gebunden zu sein scheint. Diese bereits im Titel angelegte Doppelstruktur von Ich und Stadt durchzieht den gesamten Roman, wobei das Subjekt im Text nicht mehr in der ersten ("*Mein* Babylon"), sondern in der dritten Person präsent ist: Erzählt wird fortan die Geschichte von A. als Rückblick auf seinen Entwicklungsprozeß. *Mein Babylon* wird zum 'Erinnerungsbuch', in dem zwar der Sich-Erinnernde keinen Platz findet, gleichzeitig aber seine Nähe zum Erzählten betont, ohne diese näher auszuführen. A. wird zur Chiffre einer aufzeichnenden Phantasie, die selbst bloß im besitzanzeigenden "mein" des Buchtitels äußerlich wird: Somit erzählt das im Text verschwindende Subjekt des Titels die erfolgreiche Geschichte einer Subjektwerdung inmitten einer selbstzerstörerischen Objektwelt.

Erinnerung, so wird deutlich, hat bei Wawerzinek nicht die Funktion eines 'ostalgischen' Rückblicks auf vergangene Zeiten, hier wird die DDR nicht posthum zu einem 'goldenen Zeitalter' umgeschrieben; ebensowenig ist der Text eine mit politischer Energie vorgetragene kritische Abrechnung mit einem 'System' - vielmehr karrikiert der Roman eine gesellschaftliche Haltung, die ein Selbst nur als Party-Inszenierung kennt, dabei jedoch beständig bereit ist, es unter andere Maximen - 'Verlockungen' - zu stellen. Auch ist das Erinnern zwar notwendig an einen Raum gebunden[39], ohne daß jedoch die Erinnerung unmittelbar von diesem Raum beherrscht wird: hier bei Wawerzinek geht es vielmehr um die 'Stadt *in* der Erinnerung'. So ist der (städtische) Raum kompatibel - kein purer 'Regionalismus', kein Berlinroman im engeren Sinne, sondern die Geschichte einer Individuation unter bestimmten räumlichen und damit sozialen Bedingungen. Zudem sind keine besonderen Medien notwendig, um die Erinnerung zu katalysieren: Referenzpunkt und movens des Rückblicks ist allein der Protagonist, er ist im besten Sinne selbst-bescheiden. Die Rückschau ist allein an den sich erinnernden 'Helden' gebunden - er steht im Zentrum des Erzählten, er bildet den unverrückbaren Mittelpunkt von Lebens- und Entwicklungsgeschichten. Nachgespürt wird in *Mein Babylon* - wie in *Das Kind das ich war* auch - den gesellschaftlichen, das heißt ökonomischen, sozialen und kulturellen Bedingungen, unter denen sich das jeweilige Ich zu einem konsistenten Ich formieren kann, wobei es am Ende jeweils als der eigentliche 'Gewinner der Geschichte' dasteht. Schließlich rückt Wawerzinek den Erinnerungsprozeß selbst nur gelegentlich und wenn, dann 'leise' ins Erzählzentrum[40] - die Rückschau ist Teil des lebensweltlichen Prozesses eines sich noch einmal der eigenen Größe versichernden Ichs. Was damit bleibt ist ein unsentimentaler, aber spöttischer, ohne jeden Anspruch auf rekonstruierende Totalität inszenierter Blick auf den spezifischen Alltag eines Ichs, das die Stadt unbedingt erfahren und nutzen möchte.

## Anmerkungen

1   Der Titel ist entnommen aus einem Text von Gerrit Walter (Freiburg): *Jetzt Gleich*; zuerst veröffentlicht in der 'Berliner Ohrenzeitung' *BOZ!* 2. Jg., Nr. 2, März 1996.

2   Peter Wawerzinek: *Moppel Schappiks Tätowierungen*, Berlin 1991, S. 85; im folgenden zit. MS Seite.

3   Das Interesse an der Stadt galt zwar für die unmittelbare Nachkriegsliteratur (siehe z.B. den Band *Unterm Notdach. Nachkriegsliteratur in Berlin 1945-1949*, hgg. v. Ursula Heukenkamp, Berlin 1996) ebenso wie für die 70er- und 80er-Jahre: Peter Schneiders Essays, Erzählungen und Romane etwa, von *Lenz* (1973) über den *Mauerspringer* (1982) bis hin zu *Paarungen* (1992) sind Beispiele einer sich über Jahre hinziehenden Problematisierung des 'Standorts Berlin', an denen sowohl der politisch-ideologische Status als auch die Alltagsriten der Stadt ablesbar sind und insofern als (literarische) Chronik Westberlins verstanden werden können. - Einen Überblick über die zahlreichen Westberlin-Texte, die in den achtziger Jahren entstanden sind, gewährt Walter Delabar: *Letztes Abenteuer Großstadt. (West)Berlin-Romane der achtziger Jahre*, in: *Neue Generation - Neues Erzählen. Deutsche Prosa-Literatur der achtziger Jahre*, hgg. v. Walter Delabar u.a., Opladen 1993, S. 103-125.
    In den 90er-Jahren erfährt jedoch das literarisierte Berlin eine quantitativ neue Dimension: "Seit ein vereinigtes Berlin existiert, wurde ein Berlin-Roman nach dem anderen veröffentlicht. [...] das Insgesamt der Berlin-Fiktionen in den neunziger Jahren bildet gleichsam eine literarische Topographie der Hauptstadt. Berlin wird abgeschritten, abgefahren, in unterschiedlichsten Tempi, bis in seine verstecktesten Winkel ausgeleuchtet. Es fällt auf, daß es viele Autoren um die dreißig sind, die ihre Bücher in Berlin spielen lassen, Berlin als Hauptfigur sozusagen wählen." (Hajo Steinert: *"Döblin, dringend gesucht!"* Berlin-Romane der neunziger Jahre, in: Deutschsprachige Gegenwartsliteratur. Wider ihre Verächter, hgg. v. Christian Döring, Frankfurt/M. 1995, S. 234f.)

4   Ursula Heukenkamp: *Nachkriegsliteratur in Berlin*, in: *Unterm Notdach*, a.a.O., S. 17.

5   Walter Benjamin: *Die Wiederkehr des Flaneurs*, in: W.B.: *Gesammelte Schriften III: Kritiken und Rezensionen*, Frankfurt/M. 1991, S. 194.

6   Katja Lange-Müller: *Spannungen - Menschen - In der Stadt*, in: *Das Vergängliche überlisten. Selbstbefragungen deutscher Autoren*, hgg. v. Inge Czechowski, Leipzig 1996, S. 40.

7   Peter Wawerzinek: *Mein Babylon*, Berlin 1995; im folgenden zit. MB Seite. Im Herbst d.J. erscheint der Roman zusammen mit der Erzählung *Das Kind das ich war* als Taschenbuch im Fischer-Verlag.

8   Siehe Offb. 18, 21: "Und ein starker Engel hob einen Stein auf, groß wie ein Mühlstein, warf ihn ins Meer und sprach: So wird in einem Sturm niedergeworfen die große Stadt Babylon und nicht mehr gefunden werden."

9   Peter Wawerzinek: *Das Kind das ich war*, Berlin $^2$1995 (zuerst 1994); im folgenden zit. K Seite. - Hinter dem Titel *Das Kind das ich war* verbirgt sich offensichtlich eine Anspielung, wenn nicht gar eine Hommage an Gesine Cresspahl, die in Uwe Johnsons *Jahrestagen* des öfteren von sich als "das Kind das ich war" spricht. Auch sie ist in Mecklenburg aufgewachsen und reflektiert in eingeschobenen Erinnerungspassagen an ihre Kindheit und Sozialisation in der (vor allem vom Meer geprägten) "Heimat". Siehe Uwe Johnson: *Jahrestage. Aus dem Leben der Gesine Cresspahl*, z.B. Bd.2 (Frankfurt/M. 1972): S. 489, Bd. 3 (Frankfurt/M. 1973: S. 1017 bzw. 1048.

10  "Schappik sitzt auf dem Dach des Wohnblocks bei den/ Punkern und schreibt ein Gedicht aus Wut und Zähne-/knirschen, preßt in die Zeilen, was an Schweiß und Anfall/ Hupkonzert und Dunst zu ihm dringt." (MS 64)

11  cairo videoproduktion gmbh berlin 1995-96, in: www.cairoblue.de:80/Medienproduktion/Wawerz.html. - Ähnlich auch Karlheinz Dederke: *Bummler vom Prenzlauer Berg. Peter Wawerzinek hat einen Berliner Schelmenroman geschrieben*, in: Tagesspiegel v. 17.11.1991: "Späteres und Früheres wechseln miteinander ab, Sprüche (wessen?) unterbrechen Geschichten, der Autor kommt zu Wort, wendet sich an den Leser, Gedichte, Lieder, Träume, Zeitungsnotizen sind eingestreut, manchmal weiß man nicht mehr, wer im Augenblick das Sagen hat."

12  "In der Erinnerung, die Berliner Jahre ein Flackern wie von defekten Hausflurlampen. 1970, 1978, 1985? Was wirklich passierte heißt: Als der neun-Uhr-siebzehn-Zug ausfiel, als drei Tage die Mülltonnen nicht geleert wurden, als es knallte und überall nach Gas roch, heißt, Sittich zugeflogen. Belohnung zugesichert. Heißt Miete und Strom, Gas und Hundesteuer. Ein freier Mensch werden gewollt und in der Trottelgasse 13 geendet. Riechts nach Bohnenkraut? Nein. Grölen trunkene Schweinezüchter. Ja. Doch etwa nicht neben der Nationalgalerie! Am Museum keine elastischen Schäferinnen auf den Sprung über die Wiese. April april." (MS 146)

13  Bereits in den Eingangsätzen der Erzählung heißt es: "Meine Heimat ist Mecklenburg. Meine Vaterstadt Grimmen. Meine Muttersprache wohnt in der Gesichtsfarbe der wetterfesten Bauern. Von den Tieren auf dem Wasser habe ich meine Fröhlichkeit. Den Schollen im Wasser verdanke ich meinen Ernst. Die Traurigkeit der Quallen nahm mich bei der Hand." (K 5)

14  "Ich lebte in einer Gegend, die auf allen Bildern langweilig ausschaute." (K 96)

15  Die heute "ärmste Gegend Deutschlands" zu portraitieren "erfordert Mut, nicht nur weil dies bereits literarische Größen wie Fritz Reuter und Uwe Johnson getan haben, sondern wegen der Landschaft selbst. Wie kann man schreiben über eine Gegend

ohne Auffälligkeit, über ihre verschlossenen Bewohner? Über einen Landstrich, der auf herbe Art schön ist, aber doch eher Schweigen als Sprache provoziert?" (Jörg Judersleben, Holger Jens Karlson: *Hymnen im Schnee. Peter Wawerzineks Zeitreise nach Mecklenburg ist glänzend beobachtete Heimatgeschichte*, in: Das Sonntagsblatt v. 7.7.1995)

16 "Und nippten Köm und stießen an und hielten nicht die Bohne von einem Staat, der begann, sich solchermaßen wie all die anderen Staaten zuvor aufzuführen. Man sah gelassen über heilige Gedenkstätten hinweg." (K 107)

17 "Man sagt, alle Heimkinder sehen sich gleich. Unsere Gesichter unterschieden sich in den Nuancen der Aussichtslosigkeit. Für einen Außenstehenden hatten wir keine Fingerabdrücke. Wir trugen die Haare für die Fremden auf einem Kopf." (K 28)

18 Annette Meyhöfer: *Flaneur in der Sackgasse*, in: Der Spiegel, Nr. 30, 1991.

19 Matthias Zschokke: *Der dicke Dichter*. Roman, Köln 1995, S. 128.

20 "Die Stadt als Versprechen der Selbstfindung, als Ort der Verführung und des drohenden Selbstverlustes wird mit dem Weiblichen analogisiert." (Sigrid Weigel: *'Die Städte sind weiblich und nur dem Sieger hold'. Zur Topographie der Geschlechter in Gründungsmythen und Städtedarstellungen*, in: dies.: *Topographien der Geschlechter. Kulturgeschichtliche Studien zur Literatur*, Reinbek 1990, S. 149-179; hier S. 175)

21 "Er irrte möwengleich. Wechselte ruckartig die Wegrichtung. Stieß unverhofft durch einen Torbogen. Kreiste flügelfertig über Höfe. Saß erstarrt auf Treppenabsätzen. Lauschte." (MB 54)

22 "Es geht um Geschwindigkeit, ums Ausgehustete, es geht ums Unmittelbare der Existenz. Nur wo du richtig nackt & bar aller Illusionen & Schminke bist, kannst du »Trash«Dichter/in sein." (Enno Stahl: *(Vorwort) German Trash...* , in: *German Trash*, hgg. v. Enno Stahl, Berlin 1996, S. 6)

23 "[...] unprätentiös & direkt, hart & unmittelbar am Lebenspuls berichten, was ist. Was uns so passiert. In diesen Nächten. Oder Nicht-Nächten, in diesen Städten, die immer größer werden & so fast ganz & gar ohne menschliche Identifikationsmöglichkeiten." (Stahl: Ebd., S. 4)

24 Wilhelm Genazino: *Das Exil der Blicke. Die Stadt, die Literatur und das Individuum*, in: Deutsche Akademie für Sprache und Dichtung. Jahrbuch 1996, Göttingen, Darmstadt 1997, S. 24.

25 "In solcher Lage muß man (Gruppen-)Werte und -ziele nicht verinnerlichen, ist man also in der Tat 'entwurzelt' - aber nicht nur *von* etwas, sondern auch *zu* etwas hin: wie Bühnen sind Bezugsgruppen zugleich also Bildungssysteme, eben Spielräume der Ichbildung." (Eike Gebhardt: *Die Stadt als moralische Anstalt. Zum Mythos der kranken Stadt*, in: *Die Unwirklichkeit der Städte. Großstadtdarstellungen zwischen Moderne und Postmoderne*, hgg. v. Klaus R. Scherpe, Reinbek 1988, S. 279-303; hier S. 295f.)

26 Peter Schneider: *Lenz*, Berlin 1973.

27 Uwe Timm: *Johannisnacht*, Köln 1996.

28 Uwe Kolbe: *Hymne auf den verdammten Humus oder Was macht das Gedicht für'n Gesicht in der Stadt*, in: Deutsche Akademie für Sprache und Dichtung. Jahrbuch 1996, Göttingen, Darmstadt 1997, S. 30.

29 Meyhöfer: *Flaneur in der Sackgasse,* a.a.O., S. 159.

30 "Alles sah wie Leben aus." (MB 43)

31 Ausführlich zur "Legende [...] von der pathogenen Stadt" bei Gebhardt: *Die Stadt als moralische Anstalt,* a.a.O.

32 Sigrid Weigel: *'Die Städte sind weiblich und nur dem Sieger hold',* a.a.O., S. 150.

33 Siehe zum Vergleich aus den Arbeitsnotizen von Volker Braun zur Übergangsgesellschaft (1982): "wir reden von aktionen, aber wir machen den vorhang nur auf, um ihn schnell wieder fallenzulassen. wir finden uns ab." (Volker Braun: *Texte in zeitlicher Folge.* Bd. 8, Halle-Leipzig 1992, S. 164)

34 "wir wissen, es ist die hauptsache, das leben zu ändern, d.h. das eigene ... aber wir wollen uns nicht aus den halterungen reißen." (Ebd.)

35 Volker Braun: *Texte in zeitlicher Folge.* Bd. 10, Halle-Leipzig 1993, S. 52.

36 "Die Energie hieß ihn, einen aberlauschten Satz so vielgestaltig nachzukupfern, bis dieser sich von allein rückgängig machte. [...] Etwas Gehörtes zu etwas noch nie Gehörtem wurde." (MB 23).

37 Frankfurt/M. 1994.

38 Neben den genannten Arbeiten von Matthias Zschokke und Peter v. Becker gehören hierzu Romane wie Thomas Hettche *Nox* (1990), Robert Wagner *In der Hand der Frauen* (1995), Jens Johler/Axel Olly *Bye, bye Ronstein* (1995).

39 "Das Erinnern ist lebendig gewordenes Gedächtnis, die nach Raum und Zeit entfaltete Bewegung des Lesens, das lebensgeschichtliche Abgehen der gespeicherten Spuren." (Dieter Hoffmann-Axthelm: *Der Stadtplan der Erinnerung,* in: Kunstforum, 128/1994, S. 148.)

40 "Meine Erinnerungen haben Sprünge." (K 55)

*Clemens Kammler*

# Gegenwartslücken
Anmerkungen zu einem Defizit des Literaturunterrichts[1]

In den Feuilletons von *FAZ* und *Zeit* ist man sich über die Diagnose einig: Der Patient Deutschunterricht leidet unter einem Fehlen verbindlicher Inhalte. Ein Kanon muß her.[2]

Man kann für diese (im übrigen nicht neue) Forderung sinnvolle Argumente anführen. Dennoch greift sie, wird sie isoliert gestellt, zu kurz. Ebenso wichtig wie die Beschäftigung mit den Beständen der Tradition ist für den Literaturunterricht die Hinführung der Schülerinnen und Schüler zum literarischen Leben der Gegenwart. Denn sonst könnte dieses Schulfach über kurz oder lang einen dem Lateinunterricht vergleichbaren Status erhalten. Die Literatur würde zu einer "toten Sprache" - zumindest in den Augen derer, die sie in Zukunft als Leser am Leben erhalten sollen.

Welche Rolle spielt heute an unseren Schulen die Gegenwartsliteratur? Wenn man Botho Strauß Glauben schenken darf, so ist unsere Zeit "gegenwartshörig in einem Maße, das an Verfluchung grenzt"[3]. Betrachtet man uns Deutschlehrer, so scheint jedoch eher das Gegenteil der Fall zu sein. Die Forderung nach einem verbindlichen Kanon haben wir durch die Etablierung eines geheimen Lehrplans weitgehend erfüllt. Wir halten es mit den Schulklassikern und lassen dabei die Gegenwart in der Regel außen vor. In den einschlägigen Fachzeitschriften finden sich zwar immer wieder Lektürevorschläge zu neuerer Literatur, aber gelesen wird sie im Unterricht nur selten.[4] Der Begriff Gegenwartsliteratur ist in der Schule weitgehend Synonym für Nachkriegsliteratur. Es gibt keine einzige in den letzten 25 Jahren erschienene literarische Ganzschrift, die sich in der gymnasialen Oberstufe auch nur annähernd so gut hätte etablieren können wie Frischs *Homo Faber* oder Dürrenmatts *Physiker*.[5] Mithalten können neben Goethe, Schiller und Co. allenfalls noch andere Werke der fünfziger und sechziger Jahre wie Anderschs *Sansibar* oder Grass' *Blechtrommel*, nicht aber Texte der Gegenwartsliteratur im engeren Sinne.[6] Die Gegenwart unserer Schulklassiker endet lange, bevor unsere heutigen Abiturienten das Licht der Welt erblickten.

Nun sind Dürrenmatt und Frisch, Grass, Böll und Andersch ohne Zweifel bedeutende Autoren. Ihre Werke mögen gängigen Kanonisierungsprinzipien entsprechen, sich zu Recht durchgesetzt haben. Aber sie gehören heute einer "abgeschlossenen historischen Epoche" an.[7] Was kommt nach ihnen? Ist die zeitgenössische Literatur schuluntauglich, oder muß sich der Unterricht ändern, um Zugang zu ihr zu finden?

Vieles scheint für die erste dieser beiden Thesen zu sprechen. Seit zwanzig Jahren, so heißt es, gebe es in der deutschen Literatur keine "Werke von weltliterarischem Rang mehr"[8]; zudem sei die Literatur in der Mediengesellschaft zu einer minoritären und musealen Angelegenheit geworden,[9] marginalisiert und - nach Ansicht der größten Pessimisten - funktionslos.[10] "Literatur ist heute nur noch ein aufgeklebtes Etikett"[11] - meinte Dürrenmatt bereits Mitte der achtziger Jahre. Ähnlich resignativ klingen die Einwände aus weiten Teilen einer alternden Lehrerschaft. Die Unlust, sich mit der schwer überschaubaren literarischen Produktion der Gegenwart auseinanderzusetzen, die Angst, mit einem neueren Text im Unterricht einen Flop zu landen, lassen viele Kollegen zum Altbewährten zurückgreifen: jenen Texten, die sie selbst schon in der Schule gelesen haben.

In Anbetracht solcher Zustände scheinen sich didaktische Überlegungen zu erübrigen. Denn - so könnte man schlußfolgern - wenn schon die große Mehrheit der Erwachsenen und gar der Deutschlehrer/innen aus dem erlauchten Kreis der "Voll-Literarisierten"[12] ausgeschlossen bleibt, wenn dessen Treiben gar jeglicher gesellschaftlicher Relevanz entbehrt, so muß man sich in die Niederungen schulpädagogischer Überlegungen zur Vermittelbarkeit von Gegenwartsliteratur erst gar nicht begeben.

Die Kapitulation vor der Aufgabe, das Bewußtsein und die Sinne der Heranwachsenden für das literarische Leben der Gegenwart zu öffnen, ist eine Kapitulation vor unserer Zeit und gleichzeitig eine Kapitulation vor der Aufgabe, den Literaturunterricht interessant zu gestalten. Wenn man das Risiko scheut, mit einem neuen Text bei den Schülern nicht zu "landen", wird man auf Dauer das erreichen, was man gerade vermeiden wollte: Langeweile. Denn ein Unterricht, der nichts riskiert, kann nur langweilig sein. Wenn man pauschal behauptet, die Gegenwartsliteratur tauge nichts mehr, meint man eine Gegenwart, der man sich nicht mehr gewachsen fühlt. Man erklärt sie für unbedeutend, für pädagogische Zwecke unbrauchbar. Bereits ein Blick in neuere Lektüreempfehlungen für Germanisten und Deutschlehrer[13] zeigt, daß es um die Literatur der siebziger und achtziger Jahre so miserabel nicht bestellt sein kann, wie manche Kritiker behaupten. Eine Reihe von Titeln tauchten dort auf, darunter auch solche von Autorinnen und Autoren wie Sten Nadolny, Elfriede Jelinek, Christoph Hein oder Brigitte Kronauer, die erst nach 1970 in Erscheinung getreten sind, und von denen man zwar schon oft gehört, die man aber nur selten gelesen, geschweige denn im Unterricht erprobt hat. Sollten alle diese Texte von schlechter Qualität sein?

Manche Literaturkenner bestreiten das zwar, richten sich aber dennoch in der Misere ein. Nicht an der Literatur, sagen sie, sondern an den Schülern liege es, daß die "Begegnung" zwischen beiden Seiten nicht zustande komme, da "wer zum Buch greift, aber die Rezeptionsweise des Fernsehens unbewußt verinnerlicht hat, Langeweile verspüren *muß*."[14]

Wer jemals erlebt hat, zu welcher Begeisterung Schüler/innen beim Umgang mit Literatur fähig sind, wird sich weigern, in dieses allgemeine kulturkritische Lamento einzufallen und immer nur die totalitäre Gewaltherrschaft "der Kloake, des TV-Kanals" über die (Schüler-)Massen zu beklagen.[15] In diesem Punkt mangelt es manchem allzu pessimistischen Kulturkritiker an Praxiserfahrung. Ich habe als Lehrer im Umgang mit Literatur viele schwierige Unterrichtssituationen erlebt, aber auch solche, in denen wohl allen Beteiligten klar war, daß die Lust am Text der Lust an der "Glotze" haushoch überlegen sein kann.[16]

In den drei Abschnitten dieses Beitrages frage ich nach den Gründen für die Behandlung von Gegenwartsliteratur, nach Möglichkeiten ihrer Vermittlung und mache schließlich einige (sehr subjektive) Lektürevorschläge für den Deutschunterricht der Oberstufe.

*1. Von der Notwendigkeit, Gegenwartsliteratur im Unterricht zu behandeln*

Warum Gegenwartsliteratur in der Schule überhaupt gelesen werden soll, schien lange außer Frage zu stehen. Rolf Geißler äußerte sich hierzu vor genau 25 Jahren im ersten Heft von "Diskussion Deutsch" noch mit ungebrochenem Vertrauen in ihre prognostische Kraft :

> Unter dem Zukunftsaspekt hätte der Literaturunterricht [...] seinen eigentlichen Auftrag zu erfüllen. Er müßte nämlich nicht nur helfen, eine eingepaßte und angepaßte Zeitgenossenschaft herzustellen. Er dürfte sich nicht nur darauf beschränken, deren geschichtliche Bedingtheit aufzuweisen, sondern er müßte zugleich versuchen, verändernd auf unser gegenwärtiges Bewußtsein einzuwirken. [...] Diese Zukunftsperspektive zu vermitteln ist unter anderem die Aufgabe der Analyse von Gegenwartsliteratur, die von hier aus ihren besonderen didaktischen Rang erhält. In ihr zeichnen sich Tendenzen ab, aus denen Rückschlüsse auf die weitere Entwicklung zu ziehen sind. Literatur ist so etwas wie eine vorlaufende Erkenntnis.[17]

Dieses optimistische Credo kann als Common sense einer ganzen Lehrergeneration gelten. Inzwischen hat es sich vor allem durch die Krise linken Bewußtseins und die veränderten Lernbedingungen im Zeitalter von Kabelfernsehen und Computerspielen[18] abgenutzt, ohne daß man seine Postulate "dialektisch aufgehoben" hätte. Gleichzeitig hat sich die gesellschaftspolitische Rolle und das entsprechende Selbstverständnis der "literarischen Intelligenz" seit den Zeiten der Gruppe 47 ebenso geändert wie die Literatur selbst.[19] Rolf Dieter Brinkmanns Vorwurf an die deutsche Nachkriegsliteratur, sie sei "versaut von didaktischen Ansprüchen"[20], mochte Anfang der siebziger Jahre noch eine Außenseiterposition sein. Knapp 20 Jahre später ist dies nicht mehr so. 1989 stellt Karlheinz Fingerhut einen grundlegenden Widerspruch zwischen dem aufklärerischen Funktionalismus der Lehrpläne und einer sich pädagogischen Zielsetzungen und Interpretationsritualen zunehmend verweigernden Gegenwartsliteratur fest, die nicht mehr "Hilfslehrer der Nation oder Träger von Gesinnungen sein will, sich weigert, Transport von 'Botschaften' zu leisten"[21].

Trotzdem sollte man bei aller berechtigten Skepsis hinsichtlich der Möglichkeiten des Literaturunterrichts und der pädagogischen Verwertbarkeit neuerer Literatur auch heute an Geißlers Forderung festhalten, gegen eine "angepaßte Zeitgenossenschaft" anzuarbeiten. Angepaßte Zeitgenossen unserer gegenwärtigen Erlebnisgesellschaft[22], die Gerhard Schulze minutiös beschrieben hat, erfahren den Circulus vitiosus einer auf permanentes Wachstum programmierten Kulturmaschinerie: den Rückgang der Erlebnisintensität durch ständige Qualitätsverbesserung, der mit Entpolitisierung, Entethisierung in allen Bereichen einhergeht:

"Es dominiert die Bedeutungsebene des Genusses; verblaßt ist die Aura der Ge-
genkultur."[23] Die als Gegengewicht von Kulturwissenschaftlern und Philosophen
unserer Zeit propagierte Selbsterkenntnis ( Schulze) und Selbstsorge (Foucault)
bedarf mäeutischer Unterstützung. Daß hierbei die Funktion der Gegenwartsliteratur unersetzbar ist, steht außer Frage. Sie kann nicht nur helfen, jene Residuen
der Langsamkeit zu entdecken, in denen der reflexive Blick auf Geschichte und
Gegenwart wieder möglich wird. Sie kann vor allem diesen Blick auf das lenken,
was Schüler als Gegenwart erfahren und als Zukunft vor sich haben. Zwar können sie sich mit dem Technikfetischismus eines Walter Faber oder mit den Absichten, die den Physiker Möbius veranlassen, ins Irrenhaus zu gehen, heute noch
beschäftigen. Auch mögen diese Figuren menschliche Eigenschaften repräsentieren, die in der Gegenwart noch anzutreffen sind. Aber das ändert nichts daran,
daß hier zu einem nicht unbeträchtlichen Teil Probleme und Strategien der Welt-
bewältigung verhandelt werden, die ebenso der Vergangenheit angehören wie
der himbeerrote Studebaker, in den Fabers Freundin Ivy vernarrt ist. Eine, nicht
die einzige Aufgabe des Literaturunterrichts besteht darin, die Auseinandersetzung mit Schlüsselproblemen der Gegenwart zu fördern,[24] deutlich zu machen,
daß im Medium Literatur eine solche Auseinandersetzung stattfindet. An die
Stelle des Kalten Krieges sind andere Kriege getreten, und das technokratische
Bewußtsein eines Walter Faber hat nach über zwanzig Jahren Frauen- und Ökolo-
giebewegung seine Salonfähigkeit in den gesellschaftspolitischen Diskursen eingebüßt. Nun müssen die genannten Schulklassiker deshalb nicht schon antiquiert
sein. Antiquiert ist lediglich ein Unterricht, in dem immer nur Schulklassiker behandelt werden. Wenn wir als Lehrer diese Texte heute noch als Gegenwartsliteratur ausgeben, laufen wir Gefahr, in unserem vermeintlich fortgeschrittenen
Denken zu stagnieren und dabei unseren Schülern Modell zu stehen.

Daß nicht nur die *Diagnose der Gegenwart*, sondern auch die *Aufarbeitung der Vergangenheit* im Literaturunterricht immer wieder von neuem, an neuen Texten erfolgen muß, ist ebenfalls evident. Die Sackgasse, in die der pädagogische Diskurs
über Auschwitz, der ja nicht zuletzt im Deutschunterricht geführt wird, in den
vergangenen Jahren geraten ist,[25] verdeutlicht das eindringlich.

Wenn - wie heutige Didaktiker fordern - Literaturunterricht dazu beitragen soll,
dem in der Gegenwart drohenden Verlust von Geschichtsbewußtsein, von individueller und kollektiver Identität entgegenzuwirken, wenn er Fremdverstehen
und Imaginationsfähigkeit fördern will,[26] kann er sich nicht darauf beschränken,
auf die Aktualität der kanonisierten Werke der Vergangenheit zu pochen. Wir
Deutschlehrer dürfen uns nicht auf die Pflege des Kanons beschränken, müssen
uns der Unübersichtlichkeit des Literaturmarktes stellen. Was kümmerts, wenn
die Texte, auf die wir dabei stoßen, in zehn Jahren für die Schule uninteressant
geworden sind? Nicht alle erfolgreichen Schullektüren der Gegenwartsliteratur
können gleich zu Schulklassikern werden. Dennoch war es richtig, daß man sie
zu "ihrer Zeit" in der Schule gelesen hat. Ulrich Plenzdorfs *Die neuen Leiden des
jungen W.* und Peter Schneiders *Lenz*, Erzählungen, die in den siebziger Jahren als

Schullektüren erfolgreich waren, deren Zeit aber inzwischen vorbei ist, belegen das.

Es läßt sich nicht leugnen, daß Geißlers Konzept im Unterrichtsalltag heute trotz alledem auf erhebliche Schwierigkeiten stößt. Der Grund dafür liegt in seinem einseitigen Literaturverständnis. Ihre Rolle als gesellschaftliches (Gegen)-Gedächtnis und Medium kritischer Gegenwartsdiagnose kann Literatur heute nur noch spielen, wenn sich in den Lernprozessen, die sich ihrer Vermittlung widmen, ihre spezifische Überlegenheit über die audiovisuellen Medien zeigt. Diese Überlegenheit kann sich nur in der Erfahrung erweisen, daß der Teufelskreis abnehmender Erlebnisintensität durch selbstbestimmtes Handeln zu durchbrechen ist. Dieses Handeln kann zur Erfahrung von Ich-Stärke und Solidarität führen, es kann aber auch neue Erlebnisdimensionen eröffnen.[27] Es genügt in diesem Zusammenhang nicht, auf das kommunikations- und reflexionsfördernde Potential der Literatur zu verweisen. Was Schriftsteller wie Brinkmann oder Enzensberger gegen die Allianz von Literatur und Didaktik aufbringt, ist die "pädagogische", d.h. immer nur auf die individuelle und soziale Optimierung des Schülers schielende Kanalisierung dieses Potentials. Diese vorgängige und ausschließliche Funktionalisierung von Literatur macht ihre Lektüre zur reinen Pflichtübung und läßt die schulische Kommunikation über sie aus der Sicht sensibler Schüler zur Gesinnungskontrolle werden. Literaturunterricht wird so ungewollt zum Erfüllungsgehilfen einer die Individuen ständig überwachenden "Normalisierungsgesellschaft" (Foucault). Rolf Dieter Brinkmann erinnert sich an einen solchen Unterricht:

> Immer wieder haben Menschen mich zu zerstören versucht durch ihre wahnwitzige Verwertungssucht, bis in die Träume und Gedanken wollten sie dringen, und haben mich nervös gemacht, aufgeschreckt, nicht in Ruhe gelassen. - Alles, was sie sprachen, taten, mußte einen Sinn haben, der der jeweiligen Verwertungsordnung unmittelbar entsprach - das war schon auf der Schule so [...][28]

Nicht nur die "anarchischen", subjektiven Textzugänge werden so verstellt. Die *Lust am Text*, die mehr ist als passive Unterhaltung, kommt in einer allein auf Erkenntnisfortschritt und Gesellschaftsveränderung abzielenden Didaktik praktisch nicht vor. Dies gilt für die Aussagen Geißlers ebenso wie für die Mehrzahl der staatlich verordneten Lernzielkataloge, die heute unseren Deutschunterricht organisieren. So tritt z.B. in den NRW-Richtlinien für die Oberstufe neben die Forderung nach kognitiver Leistung vor allem das moralische Postulat nach Engagement.[29] Alles was Spaß macht, "Kreativität [...], Freiräume für spontanes Handeln, Innovationen, nonkonformes Verhalten, Selbstbestimmung und Selbsttätigkeit" im Umgang mit Literatur, bleibt dagegen dem Orchideenfach "Literatur"[30] vorbehalten, das von den Schülern alternativ zu Kunst oder Musik gewählt werden kann und das an vielen Schulen eine undankbare Lückenbüßerrolle spielt. Man nimmt es nicht ernst. Jeder Lehrer kann es - unabhängig von seinen Studienfächern - unterrichten, denn schließlich hat keiner eine spezielle Ausbildung dafür. Das Ergebnis ist oft das Gegenteil der angestrebten Produktivität.

*2. Wie kann sich die Schule der (Gegenwarts-)Literatur stärker öffnen?*

Roland Barthes hat in seiner *Die Lust am Text* betitelten Aphorismensammlung auf die lange Tradition der Lustfeindlichkeit innerhalb des abendländischen Denkens hingewiesen, die sich bis in die Klagen über die Lesemüdigkeit der Europäer hinein verfolgen lasse:

> Jeder zweite Franzose, heißt es, liest nicht: die Hälfte Frankreichs wird der Lust am Text beraubt - beraubt sich dieser Lust. Dieses nationale Mißgeschick wird immer nur von einem humanistischen Gesichtspunkt aus beklagt, als wenn die Franzosen durch ihr Schmollen gegenüber dem Buch nur auf ein moralisches Gut, einen edlen Wert verzichteten. Eher müßte man die finstere, stupide, tragische Geschichte all der Lüste erzählen, gegen die die Gesellschaften etwas haben oder auf die sie verzichten.[31]

Wäre man bereit, dem hedonistischen Aspekt im schulischen Umgang mit Literatur zumindest den gleichen Rang einzuräumen wie dem moralischen, wäre für den Unterricht viel gewonnen. Warum ist es so schwer, sich die Deutschlehrer als jene "Gesellschaft der Freunde des Textes" vorzustellen, von der Barthes träumt und die nichts anderes gemeinsam hätte als die Feindschaft gegenüber allen möglichen "Querulanten, die dekretieren, daß Text und Lust einander ausschließen"[32]? In einer solchen Gesellschaft gäbe es sicher keine Einigkeit über das "Lesenswerte", keine sichere Bastion kanonisierter Werke, aber ein ebenso reges Interesse an Tradition wie an Innovation, an Klassikern wie an Texten der Gegenwart. Vor allem aber gäbe es keine festen Regeln darüber, wie aus Textlektüre Lust- oder Erkenntnisgewinn zu erzielen sei. Aus der Fülle der Möglichkeiten, mit Texten umzugehen, würde man keine tabuisieren oder verbannen, um diese Ziele zu erreichen. Nicht in Frage käme für die Mitglieder einer solchen Gesellschaft dagegen die Wiederholung des Immer-Gleichen, die zwangsläufig Unlust erzeugen muß: eine Unlust, die sich von den Lehrenden auf die Lernenden überträgt.

Freundschaften lassen sich nicht erzwingen, aber sie lassen sich fördern. Ziel dieser Förderung muß es letztlich sein, möglichst viele Schülerinnen und Schüler für den Freundeskreis zu gewinnen - über ihre Schulzeit hinaus. Anzusetzen hat diese Förderung nicht nur beim einzelnen (Lehrenden wie Lernenden), sondern auch bei der Institution Deutschunterricht, an die in diesem Zusammenhang eine Reihe von Forderungen zu stellen sind:

1. Zunächst muß der Deutschunterricht intensiver als bisher Leseförderung betreiben.[33] Theaterbesuche, Autorenlesungen, Zusammenarbeit mit Buchhandlungen und Bibliotheken, Formen literarischer Geselligkeit aller Art sind mehr als Entspannungsübungen vom immergleichen Frage- und Antwortspiel schulischen Interpretierens. Gerade hier bildet sich das Interesse am literarischen Leben der Gegenwart heraus. Dies gilt in besonderem Maße für produktionsorientiertes Arbeiten, das nicht bloßes Anhängsel der Interpretation ist.[34] So kann die Mitarbeit

bei einer Theaterinszenierung für das weitere Interesse eines Schülers/einer Schülerin an diesem Medium prägend sein.

2. Es genügt jedoch nicht, wenn Kultusminister und Didaktiker dies alles für wichtig und wünschenswert erklären. Solange in den Beurteilungen von Fachleitern, Schulräten und Dezernenten immer noch jene vermeintlich "unriskanten" Deutschstunden die besten sind, in denen nach klassischem Schema altbekannte Texte interpretiert werden, nützt das wenig. Vor allem die Ausbildung der Deutsch- bzw. Literaturlehrer muß neu organisiert werden. Die Bereitschaft, Texte der Gegenwartsliteratur für die Schule neu zu entdecken, die methodische Fähigkeit, wissenschaftliche und künstlerische Verfahren anzuwenden, um literarische Texte zum Leben zu erwecken, muß an der Universität und in der Lehrerausbildung viel stärker gefördert und gefordert werden als bisher.

3. Wie wäre es, wenn es sich die Kollegen und Kolleginnen in den Deutsch-Fachkonferenzen zur Regel machten, jedes Jahr (und möglichst nicht zur Zeit der Frankfurter Buchmesse!) eigene Lektüreerfahrungen mit Gegenwartsliteratur auszutauschen? Wenn jedes Konferenzmitglied wenigstens einen Titel aus der neueren Literaturproduktion nennen und vorstellen könnte, den sie/er für die Schule geeignet hielte, wäre für den Unterricht schon viel gewonnen.

4. Es gibt keinen vernünftigen Grund dafür, daß sich eine solche Suche nach interessanten Schullektüren aus der Gegenwart prinzipiell auf die deutsche Literatur beschränken sollte. Wenn alle von Europa und multikultureller Gesellschaft reden, macht es keinen Sinn mehr, an einem verkappten Konzept von Nationalliteratur festzuhalten, das alles ausgrenzt, was sich jenseits der Sprachgrenze befindet. Warum soll der Literaturunterricht die Werke eines so bedeutenden Autors wie García Márquez, für den in unserem Schulsystem kein Fach zuständig ist, ignorieren? Weil es "nur" Übersetzungen sind? Wenn es darum geht, daß der Literatur die Leser weglaufen, zählen philologische Argumente nicht mehr.[35]

5. Wenn man die fatale und in unserem Schulsystem strikt verankerte Trennung zwischen E und U, 'ernsthaftem' und 'lustvoll-unterhaltendem' Umgang mit Literatur aufheben will, dem die in NRW übliche Trennung zwischen Deutsch- und Literaturkursen letztlich entspricht, muß man die Vielschichtigkeit möglichen Lustgewinns im Umgang mit literarischen Texten erfassen: Lust am Fortgang der Handlung, Lust an Sprachspielen, Lust am Gegen-den-Strich-Lesen, Lust am Wiedererkennen, am Erkennen, am Entdecken von Strukturzusammenhängen, Lust am Sich-Identifizieren, Lust am Ausprobieren anderer Rollen etc. Das alles ist für die Literaturdidaktik nichts Neues. Neu hingegen wäre ein Unterricht, in dem es die oben beschriebene Trennung zwischen Lust und Ernsthaftigkeit, "Literatur" und "Deutsch", nicht mehr gäbe. Etwas Neues wäre eine Schule, in der ein Schüler für die überzeugende Darstellungsleistung in einem Woody-Allen-

Stück ebenso viele Punkte im Abitur 'einheimsen' könnte wie für die Interpretation eines expressionistischen Gedichts.

6. Das alles bedeutet nicht, daß das Spiel die wissenschaftliche Analyse ersetzen soll. Dies gilt ebensowenig für hermeneutische Verfahren, die ihren notwendigen Ort in jedem Literaturunterricht haben, der auf dem Gespräch zwischen Lehrer und Schülern basiert. Es geht aber darum, das Monopol der Interpretation zu brechen, der immer gleichen Frage nach der Autorintention und den Gestaltungsmerkmalen, vermittels derer sich der Sinn literarischer Texte offenbaren soll, einen Unterricht entgegenzusetzen, der sich der vielfältigen wissenschaftlichen und ästhetischen Methoden bedient, die die Gegenwart bereithält, um mit Literatur umzugehen. Hierbei kommt auch den "Neuen Literaturtheorien" eine entscheidende Bedeutung zu.[36]

### 3. Unterrichtsvorschläge zur Literatur der siebziger, achtziger und neunziger Jahre

Welche Texte der neueren Literatur sind denn für die Schule überhaupt geeignet? Diese Frage hört man in Kollegenkreisen oft. Und die Art, wie sie gestellt ist, läßt schon eine Abwehrhaltung erkennen, die häufig der Grund dafür ist, daß man sich doch wieder für den *Homo Faber* entscheidet. Sicher sind in bestimmten Bundesländern die Entscheidungsspielräume der Kollegen bei der Lektüreauswahl nur gering.[37] Und ebenso unbestritten gibt es bedeutende Werke der Gegenwartsliteratur - wie Peter Weiss' *Ästhetik des Widerstands* oder Uwe Johnsons *Jahrestage* - die für die Schule zu schwierig sind.

In den folgenden Lektürevorschlägen finden sich zwar die wesentlichen Entwicklungstendenzen und Literaturrichtungen der letzen 25 Jahre wieder: "Neue Subjektivität", DDR-Literatur, postmoderne Literatur, feministische Literatur.[38] Kriterium der Auswahl ist also nicht das möglichst späte Erscheinungsdatum eines Titels, sondern es geht darum, Zugang zu einer in der Schule insgesamt vernachlässigten Phase der Literaturgeschichte zu gewinnen. Dennoch können die Vorschläge weder repräsentativ noch verbindlich sein, sondern sollen lediglich zur Auseinandersetzung und zum Experiment ermutigen. Was uns Lehrer neben wirklichen oder vorgeschobenen institutionellen Barrieren oft daran hindert, uns im Unterricht auf Experimente mit Gegenwartsliteratur einzulassen, ist nicht nur die Vielfalt und Unüberschaubarkeit der jährlichen Neuerscheinungen,[39] nicht nur unser steigendes Durchschnittsalter. Es ist vor allem auch das eingangs erwähnte, oft demonstrativ propagierte Fehlen von Botschaften, es sind Texte, die sich dem Zugriff der Kommentare entziehen, weil sie in spielerisch-unterhaltender Absicht nur noch pure Ausbeutung der Traditionsbestände zu betreiben scheinen. Heinz Ludwig Arnold hat darin den Mangel so erfolgreicher Romane wie Ecos *Der Name der Rose* und Süskinds *Das Parfum* gesehen, denen er - bei aller sprachlichen Perfektion - Eskapismus und das Fehlen "existentieller Dringlichkeit" vorwirft.[40]

Selbst wenn man dem entgegenhielte, daß dies die Bücher sind, die heutige Oberstufenschüler neben Stephen King und Akif Pirinçci noch am ehesten freiwillig lesen, müßte man sich wohl die Frage gefallen lassen, worin denn der pädagogische Nutzen solcher Lektüre bestehen kann: allein in der Unterhaltung?

Ein Paradebeispiel für diese Art Literatur scheint Woody Allens Theaterstück *Gott*[41] zu sein, das in Deutschland vor allem durch die Mülheimer Inszenierung Roberto Ciullis bekannt wurde. Ich lernte es durch Schüler kennen, die mir vorschlugen, es gemeinsam mit ihnen in einem Literaturkurs zu inszenieren. Obwohl das Stück bereits zu Beginn der siebziger Jahre im amerikanischen Original erschienen ist, zu einem Zeitpunkt also, als hierzulande noch niemand von Postmoderne redete, weist es nicht nur alle wesentlichen Merkmale "postmoderner" Literatur[42] auf, sondern ironisiert diese auch noch in meisterhafter Form. Es wimmelt in diesem Stück von Anspielungen auf die Philosophie-, und Literaturgeschichte, Theoremen, die in einer chaotisch anmutenden, auf sich ständig vermischenden Zeit- und Wirklichkeitsebenen spielenden Handlung demontiert werden: Von Platon über Descartes, Nietzsche oder Tennessee Williams bis hin zur Diskurstheorie, zum Konstruktivismus und Dekonstruktivismus und - natürlich - Woody Allen ist in diesem Stück alles präsent. Es spielt ständig mit und an den Grenzen von Realität und Fiktion, "seriösem" philosophisch-ästhetischem Diskurs und lächerlicher Alltagsbanalität: Diskussionen über die Existenz Gottes wechseln übergangslos in Gespräche über die Notwendigkeit von Toilettengängen, dramentheoretische Debatten werden abrupt durch sexuelle Anmache auf der Bühne und von der Bühne ins Publikum unterbrochen. Alles kommt zusammen, nichts löst sich auf. Am Ende betritt ein Postbote die Bühne, um die Botschaft des Autors zu verkünden. Diese lautet, daß das Stück keine Botschaft, keine Bedeutung habe.

An Allens Text läßt sich die Notwendigkeit der geforderten Flexibilität im Umgang mit Methoden demonstrieren. Ein Lehrer, dem nur das hermeneutische Rüstzeug zur Verfügung steht, müßte es ablehnen, das Stück mit seinen Schülern im Unterricht zu besprechen. Zu offensichtlich wird hier das Geschäft des Interpreten satirisch ad absurdum geführt, zu billig wäre es, gerade das als "Autorintention" herauszuarbeiten. Die bessere Möglichkeit scheint noch der Weg über die Diskursanalyse zu sein. Woody Allens Text entspricht in der Tat Foucaults Definition von einem "Buch" (gemeint ist ein literarischer Text). Als "Knoten in einem Netz"[43] aus anderen Sätzen, Texten, Diskursen wäre er prinzipiell entwirrbar. Es wäre möglich, diesen Text zu sezieren, seine Konstruktionsregeln aufzuzeigen, all die Versatzstücke, die der Autor aus dem reichhaltigen Vorrat der Tradition "nur geklaut" und dann kunstvoll verwirrend aneinandermontiert hat, fein säuberlich zu ordnen und auf ihre Herkunft zu befragen. - Statt ein Feuerwerk abzubrennen, betriebe man dabei allerdings nur die chemische Analyse seiner Ingredienzien. Die Lächerlichkeit des Interpreten würde durch die Langeweile ermüdender Archivarbeiten ersetzt.

Dieses Stück kann man nur inszenieren - und neben dem Vergnügen über den durchaus nicht platten Humor Woody Allens werden sich dann auch Gespräche ergeben, in denen nach Sinn und Herkunft gefragt wird. Nur wenn man bereit ist, das Spiel zu spielen, zu dem dieser Text einlädt, wenn man die Entfaltung der Lust am Text über die Unlust zwanghaften Kommentierens und Analysierens stellt, wird man ihn zum Leben erwecken. Erst dabei ergibt sich die Chance zwanglosen Analysierens und Kommentierens,[44] drängt sich die Frage, "was das soll", auf. Dann wird man auch diesen Text auf seine Konstruktionsregeln hin befragen, kann begreifen, daß hier akademische und schulische Interpretationswut und bildungsbürgerliche Traditionspflege aufs Korn genommen werden und daß der Spott dieser Satire auch vor der eigenen (postmodernen) Bastelei nicht Halt macht. Und ebenso kann es dann interessant sein, wenigstens archivalische Probebohrungen vorzunehmen, um zu erfahren, aus welchen Diskursfragmenten dieser Text sich zusammensetzt und wie er seine Wirkungen erzielt.

Gerade dadurch, daß sie sich einer allzu simplen pädagogisch-moralischen Funktionalisierung entzieht, bietet Gegenwartsliteratur dem Unterricht eine Chance: die Vielfalt an Rezeptionsmöglichkeiten von Literatur verstärkt wahrzunehmen, zu einem Konzept zu gelangen, das die Horrorvorstellung vom inquisitorischen Betroffenheitsdiskurs Lügen straft. Deshalb verfehlte jede Verabsolutierung *einer* Methode im Sinne eines "Paradigmas für den Literaturunterricht" den Gegenstand Literatur zwangsläufig.

Sicher kann von niemandem verlangt werden, sich auf einen Text wie Woody Allens *Gott* einzulassen. Sich aber "postmoderner" Literatur mit dem Argument, sie vermittle keine gesellschaftliche oder existentielle Dringlichkeit und diene bloß der Ablenkung von tatsächlichen Problemen,[45] prinzipiell zu verweigern, wäre für den Unterricht fatal. Bücher wie Ecos *Der Name der Rose*, Süskinds *Das Parfum* (1985)[46] oder García Márquez' *Die Liebe in den Zeiten der Cholera* (1985) mögen in erster Linie Unterhaltungsliteratur sein. Doch neben dem großen Vergnügen, das ihre Lektüre Schülern bereiten kann, neben den möglichen Entdeckungsreisen in die Regeln ihrer kunstvollen Machart vermitteln diese Bücher unterschwellig und auf spielerisch-gelassene Art auch "Botschaften", die unsere Gegenwart betreffen. In García Márquez' Roman etwa, wo ein Mann bis ins Greisenalter - und schließlich mit Erfolg - auf den Moment wartet , in dem er seine Jugendliebe "erobern" kann, bietet schon der Plot ein Gegenmodell zum Dringlichkeitskonzept traditioneller Deutschdidaktik. Anders als der schmachtende Werther genießt Florentino Ariza sein Leben in der Warteschleife in vollen Zügen (was dieses Leben im übrigen viel spannender macht als das seines Konkurrenten, des Ehemannes der von ihm geliebten Frau). Und im Schluß des Romans, als Florentino auf seinem Flußdampfer die gelbe Cholera-Flagge hissen läßt, um unter ihrem Schutz "das ganze Leben" das Zusammensein mit seiner Geliebten ungestört genießen zu können, ist die Vorstellung vom Telos des erfüllten Augenblicks ("Verweile doch...") ironisch aufgehoben. Auch Süskinds Buch kann man im übrigen als "abgründig politische Parabel" von betörbarer Masse und betäubender Macht lesen.[47.]

Daß ein historischer Roman nicht zwangsläufig ein für die Gegenwart unerhebliches Historiengemälde sein muß, zeigt besonders deutlich Sten Nadolnys *Die*

*Entdeckung der Langsamkeit* (1983), ein Text, dessen Entdeckung für den Deutschunterricht in der Praxis noch aussteht, obwohl es strengen Kanonisierungsprinzipien standzuhalten scheint.[48] Die Figur des Polarforschers und Entdeckers John
Franklin, der aus dem Stigma der Langsamkeit eine Stärke macht, indem er dem
nihilistischen Geschwindigkeitswahn des herrschenden Fortschrittsdenkens
Nachdenklichkeit und Beharrlichkeit entgegensetzt, bietet Schülern die Möglichkeit einer widerständigen Identifikation: Franklin wird "zum Entdecker der Gegenwart und jener Langsamkeit, die diese Entdeckung erst ermöglicht"[49], zum
Antipoden jener actionversessenen Passivität, die durch die Erlebnisgesellschaft
gefördert wird. Aber nicht nur unter zeitkritisch-thematischem Aspekt ist dieses
Buch für den Unterricht interessant. Nadolny erweist sich hier auch als außerge-
wöhnlicher Sprachkünstler, der die Langsamkeit und Intensität der Wahrnehmung nicht einfach als Weltanschauung propagiert, sondern sie in seinem Schreiben praktisch umsetzt.[50]

Zu den in der Schule lesbaren zeit- und gesellschaftskritischen Texten der Gegenwartsliteratur gehören auch Botho Strauß' *Trilogie des Wiedersehens* (1976), Elfriede Jelineks *Die Klavierspielerin* (1983) und Christoph Heins *Drachenblut/Der
fremde Freund* (1982). Gerade das letzte Buch ist ein Beispiel dafür, daß die DDR-
Literatur mit dem Fall der Mauer keinesfalls erledigt ist.[51] Nirgendwo anders ist
das für Jugendliche im vereinten Deutschland wichtige Thema der Identitätszer-
störung durch Erziehung unter DDR-Bedingungen eindringlicher bearbeitet. Daß
sich in der Sozialisation der Protagonistin Claudia tradierte bürgerliche Sozialisa-
tionsstrategien mit "realsozialistischer Deformation" verschränken,[52] dürfte ein
Grund dafür sein, daß die Erzählung als Schullektüre bereits relativ erfolgreich
ist. Auch Heins Roman *Horns Ende* (1985) ist ein gelungenes Beispiel literarischer
Geschichtsschreibung, die die Erfahrungen der Historie für die Gegenwart nutz-
bar machen will. In ihm wird aus der Perspektive von sechs höchst unterschiedlichen Erzähler/innenfiguren die Geschichte einer DDR-Kleinstadt rekonstruiert, eine
Geschichte der Verdrängung unliebsamer Eigenheiten und der Ausgrenzung des
anderen. Auch wenn sich der Autor nur als neutraler Chronist versteht, sprechen
die Rekonstruktionen für sich, zeigen sie, "daß faschistisches Denken und Handeln auch nach der Zerschlagung faschistischer Herrschaftsstrukturen fortle-
ben"[53]. Ein überaus amüsanter literarischer Rückblick auf die DDR - und insbesondere auf die Sozialisationsbedingungen im "real existierenden Sozialismus" -
ist Thomas Brussigs Satire *Helden wie wir* (1995) - Vergangenheitsaufarbeitung
und Gegenwartsdiagnose zugleich. Letzteres läßt sich auch von Waltraud Anna
Mitgutschs Roman *Die Züchtigung* (1985) und Agota Kristofs aus dem Französischen übersetzten Buch *Das große Heft* (1986) sagen: Beide Autorinnen thematisieren das Verhältnis von Sozialisation und Gewalt in einer Sprache, die die Grenzen von Vergangenheit, Gegenwart und Zukunft durchlässig werden läßt.
Kristofs erster Teil einer Romantrilogie, der die Geschichte einer Jugend im Krieg
unter Extrembedingungen aus der Perspektive von Zwillingen erzählt, kann *auch*
als Parabel auf die Fortsetzung des Krieges mit anderen Mitteln in der gegenwärtigen Konkurrenzgesellschaft gelesen werden.[54] Mitgutschs Geschichte handelt

von der zähen Überlebensfähigkeit von Macht- und Gewaltmechanismen in Eltern/Kind-Beziehungen über Generationen hinweg.

Auf ganz andere Weise macht Urs Widmer in seiner gleichzeitig als Kindheitserinnerung und als Zeitreise angelegten Erzählung *Der blaue Siphon* (1992) das Verhältnis Vergangenheit-Gegenwart zum Thema: Der 1938 geborene Erzähler findet sich als Dreijähriger im Jahre 1991, als Dreiundfünfzigjähriger im Jahre 1941 wieder. Hier begegnet er seinen Eltern als Erwachsener, dort seiner Tochter als Kind. Schon der Plot dieses äußerst unterhaltsamen Buches läßt ahnen, welche Reflexionsmöglichkeiten sich dem Unterricht hier bieten.

Daß die Rede über deutsche Geschichte auch in der zweiten Generation der "Kriegsüberleber" noch von Tabus überlagert ist, die einen wirklichen Dialog der Generationen erschweren, hat Bodo Morshäuser gezeigt[55]. Wie Geschichte heute frei vom moralisierenden Gestus in Sachen Nationalsozialismus geschrieben werden kann, zeigt Ruth Klügers autobiographischer Bericht *weiter leben* (1992), das Buch einer Überlebenden von Auschwitz und erklärten Feministin, in dem sich die Perspektiven der Gegenwart und der Vergangenheit gegenseitig ergänzen und reflektieren und das ein spannend zu lesendes Dialogangebot an die jüngere Generation ist.[56] Entsprechendes gilt für Harry Mulischs Roman *Das Attentat* (niederländisches Original: 1982/ dt. Übersetzung 1989) der die Geschichte der Verdrängung und Wiederaufarbeitung eines traumatischen Ereignisses erzählt. Die Familie des zu Beginn der Handlung zwölfjährigen Ich-Erzählers wird 1945 im holländischen Haarlem ohne eigenes Zutun Opfer einer Vergeltungsaktion der Nazi-Besatzer. Erst durch Zufälle geraten die Hintergründe des Ereignisses in der bis in die achtziger Jahre reichenden Handlung in den Blick des Erzählers. Das Buch ist gleichzeitig Entwicklungsroman und Polit-Thriller, es ist spannend und enthält dennoch Textstellen von dichter Metaphorik, die die Schüler zur Interpretation herausfordern. Wie Klügers autobiographischer Bericht erzählt es Geschichte aus einer anderen, bislang vernachlässigten Sicht (der unserer niederländischen Nachbarn).

Auch die erklärteste Abkehr von "didaktischen Ansprüchen" muß nicht mit dem Verzicht auf kritische Gegenwartsanalyse einhergehen. Das zeigt besonders eindringlich Rolf Dieter Brinkmanns bereits zitiertes Buch *Rom, Blicke* (1979), das sicher zu den bedeutendsten deutschsprachigen Prosawerken der siebziger und achtziger Jahre gehört und bei aller Widerständigkeit gegen eine auf den Fortgang der Handlung fixierte Lektüre (wie sie von Schülern in der Regel praktiziert wird) den Vorteil hat, daß man es im Unterricht in Auszügen lesen kann: sei es als Gegentext zu Goethes *Italienischer Reise*, sei es als Beispiel für eine rücksichtslose Ästhetik des Häßlichen, jener zerstörerischen Kräfte der Jetztzeit, denen Nadolnys Roman die Utopie der Langsamkeit entgegenstellt. Rom erscheint in Brinkmanns monologisch angelegten "Tagebuchbriefen" als "Inbild der kaputten Zivilisation"[57], einer Gegenwart aus Lärm, Müll und Waren, in der die Wahrnehmungs- und Empfindungsfähigkeit des einzelnen verstümmelt ist. Brinkmanns konsequent einzelgängerischer Gegenentwurf[58], seine für den postmodernen

"Zeitgeist" beispielhafte Abwendung vom Sozialen, bietet Schülern die Möglichkeit der Identifikation und kritischen Abgrenzung.

Die unmittelbare Gegenwart der neunziger Jahre wird in Jakob Ajournis Roman *Magic Hofmann* (1996) thematisiert. Der unbedarfte Protagonist hat nach einem Banküberfall die deutsche Wiedervereinigung hinter Gefängnismauern ver-
paßt und kommt nun nach seiner Entlassung aus der hessischen Provinz in die
neue Hauptstadt Berlin. Seine früheren Komplizen - Schulfreunde aus dem hessischen Dieburg - haben sich dort in unterschiedlichen sozialen Milieus etabliert -
den Traum eines gemeinsamen Lebens in Kanada haben sie längst ausgeträumt.
Nur scheinbar durch die Ereignisse der letzten zehn Jahre überholt ist Franz Xa-
ver Kroetz' Theaterstück *Furcht und Hoffnung der BRD* (1984). Hier werden in jeweils für sich stehenden Einzelszenen Gegenwartsprobleme wie Arbeitslosigkeit,
Alter, Vereinsamung oder Umgang mit dem Fremden behandelt, die in den letzten Jahren an Bedeutung eher zugenommen haben. In der in den neunziger Jahren angesiedelten Szenenfolge *Ich bin das Volk. Volkstümliche Szenen aus dem neuen
Deutschland* (1993) setzt Kroetz sein BRD-Projekt fort. Beide Stücke knüpfen an
die mit Brechts *Furcht und Elend des 3. Reiches* eröffnete Reihe kritischer Deutsch-
land-Collagen an, zu der auch Heiner Müllers Szenenfolge *Die Schlacht* gehört,
die im Jahre 1945 spielt und 1975 uraufgeführt wurde, und lassen sich in diesem
Kontext gut im Unterricht behandeln. Wie kaum ein anderer Text laden sie zum
Um- und Weiterschreiben ein.

Sicher ist diese Liste ebenso unvollständig wie zufällig. Es handelt sich um Texte, die ich in den letzten Jahren im Unterricht erprobt habe und zum Teil noch erproben will. Es fehlen wichtige Autorinnen und Autoren, wie Christa Wolf, Brigitte Kronauer, Martin Walser, Bernward Vesper, Wolfgang Hilbig, Thomas
Bernhard oder Peter Handke. Vielleicht wird keiner der genannten Texte jemals
den Sprung in die Phalanx der Schulklassiker schaffen. Aber das wäre kein Nach-
teil, solange es mit ihrer Hilfe gelänge, wenigstens in einigen Fällen geglückten
Unterrichts die Lust an der Auseinandersetzung mit Literatur und damit mit Geschichte und Gegenwart zu wecken.

## Anmerkungen

1   Der vorliegende Beitrag ist die überarbeitete Fassung des Aufsatzes *Was kommt nach
    Dürrenmatt und Frisch? Plädoyer für einen anderen Umgang mit Gegenwartsliteratur in der
    Schule*, in: Diskussion Deutsch, H. 142, 1995, S. 127-135.

2   Vgl. Gottfried Böhme: *Warten auf Handke. Welche Inhalte sollen den Deutschunterricht prä-
    gen?*, in: Die Zeit v. 24.11.1995; ferner: Gustav Seibt: *Freiraum Bastille - Wozu der literari-
    sche Kanon gut war*, in: FAZ v. 30.4.1996.

3   Botho Strauß: *Paare, Passanten*, München 1984, S. 164.

4   Welche Folgen die Freigabe der Lektüre durch die Rahmenrichtlinien in NRW hatte,
    faßt Harro Müller-Michaels so zusammen: "Auf die Zumutung von absolut freien

Spielräumen ohne didaktische Orientierung wird mit Bekräftigung des Kanonischen geantwortet." (Harro Müller-Michaels: *Sichtung und Kommentierung der Umfrage zur Lektüre von Ganzschriften im Deutschunterricht der Gymnasien in der Sekundarstufe I in Nordrhein-Westfalen*, in: *Lektüre von Ganzschriften im Fach Deutsch in der Sekundarstufe I des Gymnasiums in NRW*, hgg. v. Kultusministerium des Landes Nordrhein-Westfalen, Düsseldorf 1994, S. 54-60; hier S. 54.)

5 Als Beleg seien neben einschlägigen Erfahrungen an Schule und Hochschule die Verkaufszahlen der "Oldenbourg Interpretationen" angeführt. Hier liegen die beiden genannten Titel seit Jahren auf Spitzenpositionen. Mit ihnen können bislang allenfalls wirkliche Schulklassiker wie Goethe oder Kafka konkurrieren, nicht aber Titel aus der Literatur der siebziger und achtziger Jahre. Die Spitzenposition Dürrenmatts und Frischs als "Schulklassiker" aus der zweiten Hälfte des 20. Jahrhunderts gilt auch für die Sekundarstufe I. Hier sind *Der Richter und sein Henker* und *Andorra* die meistgelesenen Titel an NRW-Gymnasien (vgl. *Lektüre von Ganzschriften im Fach Deutsch der Sekundarstufe I des Gymnasiums in NRW*, hgg. v. Kultusministerium des Landes Nordrhein-Westfalen, a.a.O., S. 36).

6 Für die alte BRD kann hier das Jahr 1968 als Markierungspunkt gelten. An diesem Einschnitt orientiert sich die neuere Literaturgeschichtsschreibung (vgl. *Gegenwartsliteratur seit 1968*, hgg. v. Klaus Briegleb und Sigrid Weigel, München 1992 (= Hansers Sozialgeschichte der deutschen Literatur vom 16. Jahrhundert bis zur Gegenwart Bd. 12) und Ralf Schnell: *Geschichte der deutschsprachigen Literatur seit 1945*, Stuttgart-Weimar 1993, S. 393ff.).

7 Klaus-Michael Bogdal: *"Mein ganz persönlicher Duft". "Das Parfum", die Didaktik und der Deutschunterricht*, in: Diskussion Deutsch, H. 130, 1993, S. 124-133; hier S. 126.

8 So FAZ-Literaturchef Frank Schirrmacher, zit. nach: Volker Hage: *Schriftproben. Zur deutschen Literatur der achtziger Jahre*, Reinbek bei Hamburg 1990, S. 18.

9 Vgl. Hubert Winkels: *Einschnitte. Zur Literatur der achtziger Jahre*, Frankfurt/M. 1991, S. 318ff.

10 So äußert sich Friedrich Dürrenmatt 1986 in einem Interview: "Aber was hat die Literatur denn heute noch für eine Funktion? Sie hat keine mehr. Theater und Literatur - das spielt sich in einer Ecke ab. Heute kommt man ohne Lesen und Schreiben gut durch die Welt." (Klaus B. Harms/Friedrich Dürrenmatt: *Ich bin ein Mensch ohne Bühne* (Interview), in: *Deutsche Literatur 1986. Jahresüberblick*, hgg. v. Volker Hage in Zusammenarbeit mit Adolf Fink, Stuttgart 1987, S. 322-330; hier S. 324.)

11 Ebd.

12 Winkels: *Einschnitte*, a.a.O., S. 318.

13 Vgl. Wulf Segebrecht: *Was sollen Germanisten lesen? Ein Vorschlag*, Berlin 1994, S. 74ff; außerdem: *Die Leseliste. Kommentierte Empfehlungen*. Zusammengestellt von Sabine Griese, Hubert Kerscher, Albert Meier, Claudia Stockinger, Stuttgart 1994, S. 91ff.

14 Günter Kunert: *Die Abschaffung der Kultur durch die Zivilisation*, in: Die Zeit v. 4.2.1994.

15 Botho Strauß: *Anschwellender Bocksgesang*, in: Der Spiegel v. 8.2.1993.

16 Daß solche Situationen dennoch nicht die Regel sind, leugne ich nicht.

17 Rolf Geißler: *Wozu Literaturunterricht?*, in: Diskussion Deutsch, H. 1, 1970, S. 3-15; hier S. 14f.

18 Vgl. hierzu Bettina Hurrelmann: *Leseförderung*. Basisartikel, in: Praxis Deutsch, H. 127, 1994, S. 17-26.

19 Vgl. Jochen Vogt: *Haben die Intellektuellen versagt? Über den gesellschaftspolitischen Anspruch und die Einflußmöglichkeiten der literarischen Intelligenz in Westdeutschland*, in: Runa. Revista portuguesa de estudos germanísticos. Nr. 19-1/1993, S. 87-108. Vogt diagnostiziert ein "Verschwinden des klassischen literarischen Intellektuellen" (S. 107).

20 Rolf Dieter Brinkmann: *Rom, Blicke*, Reinbek bei Hamburg 1979, S. 158.

21 Karlheinz Fingerhut: *Haben die Ideen der Aufklärung noch eine Chance im Literaturunterricht der achtziger Jahre?*, in: Diskussion Deutsch, H. 107/1989, S. 217-234; hier S. 223.

22 Vgl. Gerhard Schulze: *Die Erlebnisgesellschaft*, Frankfurt/M. 1992.

23 Ebd., S. 548.

24 In der 1995 erschienenen Denkschrift der Bildungskommission NRW heißt es zu Recht: "Bildung kann sich nicht der schwierigen Aufgabe entziehen, in der Gegenwart die Vermittlung zwischen Vergangenheit und Zukunft leisten zu müssen." Dieser Satz gilt auch für den Literaturunterricht. (Vgl. Bildungskommission NRW: *Zukunft der Bildung - Schule der Zukunft*, Neuwied 1995, S. 24)

25 Bodo Morshäuser hat in seinem Buch *Hauptsache Deutsch* (Frankfurt/M. 1992) eine Hauptursache der Schwierigkeiten benannt, von denen hier die Rede ist: "Die *erste Generation* wollte von Auschwitz schweigen, weil Auschwitz ihren Stolz verletzt hatte. Die *zweite Generation* wollte über Auschwitz sprechen, weil dies ihre Scham, Deutsche zu sein, begründete. - Die *dritte Generation* akzeptiert Auschwitz als Zentrum einer Moral nicht und behauptet einen Stolz, deutsch zu sein. - Jede jeweils jüngere Generation hat einen sicheren Instinkt, wo die Tabus der älteren begraben liegen - und buddelt sie hervor. In der Unterscheidung zu den Empörten, die sich dann melden, findet sie ihre Identität." (a.a.O., S. 114)

26 Vgl. die entsprechenden Lernziele bei Kaspar Spinner: *Von der Notwendigkeit produktiver Verfahren im Literaturunterricht*. Vortrag am 2. Göttinger Deutschlehrerinnen- und Deutschlehrertag 13.2.1993, in: Diskussion Deutsch, H. 134, 1993, S. 491-496.

27 Kaspar Spinner hat in einer Rezension von G. Schulzes Buch *Die Erlebnisgesellschaft* (a.a.O.) auf mögliche Konsequenzen dieser Untersuchung für die Didaktik gemacht: Schule müsse die Erfahrung vermitteln, daß Erlebnisse nicht einfach empfangen, sondern vom Subjekt gemacht werden. (Vgl.: K. Spinner: *Erleben, nicht erarbeiten? Zur Krise des Lehrens in der Erlebnisgesellschaft*, in: Diskussion Deutsch, H. 131, 1993, S. 272f.)

28 Brinkmann: *Rom, Blicke*, a.a.O., S. 449.

29 So heißt es in den NRW-Richtlinien für die gymnasiale Oberstufe: "Der Deutschunterricht soll die Fähigkeit und Bereitschaft des Schülers weiter fördern und entfalten, sprachliche und sprachlich-visuelle Gestaltungen generell, insbesondere bedeutsame literarische Werke der Vergangenheit und Gegenwart kritisch und engagiert aufzunehmen." (*Richtlinien für die gymnasiale Oberstufe in NRW. Literaturkurse*, hgg. v. Kultusminister des Landes NRW, Köln 1981, S. 29)

30 Ebd.

31 Roland Barthes: *Die Lust am Text*, Frankfurt/M. 1974, S. 69.

32 Ebd., S. 23.

33 Vgl. hierzu Praxis Deutsch, H. 127, 1994: *Leseförderung*, a.a.O. In den einzelnen Beiträgen und insbesondere im 'Basisartikel' von Bettina Hurrelmann (S. 17-26) werden zahlreiche Möglichkeiten schulischer Leseförderung angesprochen.

34 Eine Fundgrube für sinnvolle produktionsorientierte Übungen zur Literatur der Moderne sind die Aufgaben von Gerlind Frink in: *Funkkolleg "Literarische Moderne". Europäische Literatur im 19. und 20. Jahrhundert*, Tübingen 1994.

35 Hinzu kommt, daß in unserem Schulsystem, in dem sich in der Regel allenfalls die Fächer Deutsch, Englisch, Französich und Latein mit Literatur beschäftigen, durch die Fixierung auf Nationalliteraturen der Großteil der "Weltliteratur" ohnehin ausgegrenzt bleibt.

36 Vgl. hierzu Clemens Kammler: *Neue Literaturtheorien und Unterrichtspraxis. Eine Untersuchung am Beispiel von Kafkas "Vor dem Gesetz"*, in: *Neue Literaturtheorien in der Praxis. Textanalysen von Kafkas "Vor dem Gesetz"*, hgg. v. K.-M. Bogdal, Opladen 1993, S. 187-205. Außerdem: Karlheinz Fingerhut: *Intelligenter Eklektizismus. Über die fachdidaktische Anwendung literaturwissenschaftlicher Methoden*, in: Der Deutschunterricht, H. 5, 1994, S. 32-47.

37 "Sternchenthemen" und Zentralabitur führen sicher dazu, daß einzelne Texte der Gegenwartsliteratur in den südlichen Bundesländern massenhaft gelesen werden. Aber ich bezweifle, daß auf diese Art und Weise die aktive Teilnahme von Lehrern und Schülern am literarischen Leben der Gegenwart mehr gefördert wird als dort, wo die Lektüreauswahl freier erfolgt.

38 Vgl. hierzu die Bände 8 des Funkkollegs *"Literarische Moderne"*, a.a.O. Wie im Funkkolleg, das damit den selbstgesteckten Rahmen der europäischen Moderne verläßt (vgl. Studienbrief 9, Studieneinheit 26), wird auch in der folgenden Vorschlagsliste die lateinamerikanische Literatur berücksichtigt. Keine Berücksichtigung findet dagegen die experimentelle Poesie, da diese in der Schule eher am Beispiel von Lyrik bzw. von kleineren Prosaformen behandelt werden kann, die ich in meiner Vorschlagsliste ausspare.

39 Eine wichtige Orientierungshilfe bieten hier die im Reclam-Verlag erscheinenden Jahresüberblicke zur deutschen Literatur (vgl. *Deutsche Literatur 1993*, hgg. v. Franz Josef Görtz, Volker Hage und Uwe Wittstock unter Mitarbeit von Katharina Frühe, Stuttgart 1994.) Außerdem: *Die besten Bücher. 20 Jahre Empfehlungen der deutschsprachigen Literaturkritik. Die 'Bestenliste' des Südwestfunks*, hgg. v. Jürgen Lodemann, Frankfurt/M. 1995.

40 Heinz Ludwig Arnold: *Die drei Sprünge der westdeutschen Literatur. Eine Erinnerung*, Göttingen 1993, S. 121f.

41 Woody Allen: *Gott (Ein Drama)*, in: W. Allen: *Ohne Leit kein Freud*. Deutsch von Benjamin Schwarz, Reinbek bei Hamburg 1981, S. 98-126.

42 Vgl. hierzu Fingerhut: *Haben die Ideen der Aufklärung noch eine Chance [...]?* a.a.O., S. 225f.

43 Michel Foucault: *Archäologie des Wissens*, Frankfurt /M. 1973, S. 36.

44 Als ich dieses Stück im Sommer 1994 gemeinsam mit den Schülern eines Literaturkurses aufgeführt hatte, berichtete mir die Mutter eines Schülers wenige Tage später, sie

habe schon monatelang kein so langes und intensives Gespräch mit ihrem Sohn geführt wie nach der Aufführung über dieses Stück. Hätte sich ihr Sohn in einer "normalen Deutschstunde" auf ein solches Gespräch eingelassen?

45 Vgl. Arnold: *Die drei Sprünge der deutschen Literatur,* a.a.O.

46 Vgl. zu Süskind die Unterrichtsvorschläge von K.-M. Bogdal, in: *"Mein ganz persönlicher Duft",* a.a.O.; ferner: Werner Frizen/Marlies Spancken: *Patrick Süskind, Das Parfum,* München 1996 (= Oldenbourg Interpretationen, Bd. 78).

47 Vgl. Schnell: *Geschichte der deutschsprachigen Literatur,* a.a.O., S. 448f.

48 So führt es Harro Müller-Michaels in seinem Beitrag *Was bleibt? Begründung eines Kanons der Denkbilder* als Beispiel für jene für den Schulkanon geeigneten Texte an, "in denen sich, wie in einem Hohlspiegel, die Erfahrungen sammeln". (In: Deutschunterricht, H. 46, 1993, S. 2-10; hier S. 5.)

49 Claudio Magris: *Verteidigung der Gegenwart. Sten Nadolnys "Die Entdeckung der Langsamkeit",* in: *Spätmoderne und Postmoderne. Beiträge zur deutschsprachigen Gegenwartsliteratur,* hgg. v. Paul Michael Lützeler, Frankfurt/M. 1991, S. 82-90; hier S. 83.

50 Eine von Ralph Kohpeiß verfaßte ausführliche Analyse mit Unterrichtsmodell zur *Entdeckung der Langsamkeit* erschien 1995 (= Oldenbourg Interpretationen, Bd. 77).

51 Vgl. hierzu auch Michael Braun: *Jenseits der "Gesinnungsästhetik". Was bleibt von der Literatur aus der DDR?,* in: Aus Politik und Zeitgeschichte. Beilage zu Das Parlament v. 4.10.1991, S. 25-32.

52 Vgl. Hannes Krauss: *Mit geliehenen Worten das Schweigen brechen. Christoph Heins Novelle "Drachenblut",* in: Text + Kritik 111: *Christoph Hein,* München 1991, S. 16-27.

53 Bärbel Lücke: *Christoph Hein, Horns Ende ,* München 1994, S. 8. (= Oldenbourg Interpretationen, Bd. 72)

54 Vgl. hierzu auch: Juliane Köster: *Die getreue Beschreibung der Tatsachen. Agota Kristof: "Das große Heft",* in: Diskussion Deutsch, H. 138, 1994, S. 235-243.

55 Vgl. Anmerkung 25.

56 Vgl. hierzu Clemens Kammler: *Nachdenken über Auschwitz und die Gegenwart,* in: Diskussion Deutsch, H. 138, 1994, S. 282-285 ; eine Gesamtdarstellung mit Unterrichtshilfen zu *weiter leben* hat Irene Heidelberger-Leonard verfaßt: *Ruth Klüger, weiter leben. Eine Jugend,* München 1997 (= Oldenbourg Interpretationen, Bd. 81).

57 Reinhard Baumgart: *Authentisch schreiben: Deutsche Literatur der siebziger Jahre,* in: *Funkkolleg "Literarische Moderne",* a.a.O., Studienbrief 8. Studieneinheit 23; hier S. 9.

58 "Je mehr ich die Zusammenhänge begreife und sinnlich erlebe, desto radikaler ist mein Rückzug auf mich selber." (Brinkmann: *Rom, Blicke,* a.a.O., S. 158)

*Hermann Korte*

## Jandl in der Schule
Didaktische Überlegungen zum Umgang mit Gegenwartsliteratur

Er habe, "ohne zur Popularität hin zu schielen", "als Klassiker den Sprung in die Lesebücher" geschafft: ein "Sprachclown" und "bedeutender Melancholiker", "fast ein Teil der Pop-Kultur", "einer der größten Pathetiker der deutschen Nachkriegsliteratur", "eine Monade, in der es bisweilen vor Gelächter scheppert", "explosiv in der Jugend, radikal im Alter".[1] Die Rede ist von Ernst Jandl, dem Jörg Drews in einem Jubiläumsbeitrag der *Süddeutschen Zeitung* zum 70. Geburtstag des Dichters jene merkwürdigen Eigenschaften zuschrieb. Nun ist für "Klassiker", die "den Sprung in die Lesebücher schafften", am Ende Fachdidaktik gleich mehrfach zuständig. Wer hat da wen zum "Klassiker" gemacht? Wer sorgt dafür, daß jemand in die Lesebücher und damit in den Unterricht gerät? Welchen Preis zahlt ein Gegenwartsautor eigentlich für Schulbuchklassizität? Und welche Rückschlüsse für den schulischen Umgang mit Gegenwartsliteratur lassen sich am Beispiel Jandls ziehen?

In einer Art Problemaufriß möchte ich Antworten auf diese Fragen geben. Die schulische Rezeption Jandls soll in einem ersten Schritt als Paradigma literarischer Kanonisierung skizziert werden. Zweitens möchte ich den über die Schule hinausweisenden Anerkennungsprozeß des Jandlschen Werks vor dem Horizont der Aufstiegsgeschichte der Konkreten Poesie nachzeichnen und in Beziehung setzen zum didaktischen Literaturverständnis der 70er Jahre. Zuletzt geht es um *den* Jandl, der den "Sprung in die Lesebücher" *nicht* "schaffte", also um diejenigen seiner Texte, die bis heute nur selten ein Schulbuch zitiert.


## 1

Ernst Jandl ist seit drei Jahrzehnten ein in Lesebüchern[2] häufig mit mehreren Gedichten repräsentierter Autor. Klassiker wie *ottos mops* (I, 422)[3], *lichtung* (I, 249), *auf dem land* (I, 221) und das Lautgedicht *schtzngrmm* (I, 125) zählen zum festen Bestand schulischer Lektüre und haben bereits mehrere Lehrplan- und Richtlinienrevisionen überdauert. Die Lesebuchauswahl Jandlscher Gedichte indes bleibt auf einen kleinen Kreis immer wieder zitierter Texte beschränkt. Neben den genannten Titeln gehören dazu noch die mehrfach nachweisbaren Gedichte *ebbe/flut* (I, 398), *loch* (I, 333), *raupe* (I, 372), *etüde in f* (I, 94), *vater komm erzähl vom krieg* (I, 716) und *my own song* (II, 557). Alle zehn Texte entstanden, legt man die oft exakt datierten Jandlschen Angaben zugrunde,[4] zwischen 1957 und 1969, das Schwergewicht liegt auf den frühen 60er Jahren. Bis auf *my own song*, das auf Januar 1966 datierte[5] Eingangsgedicht der Sammlung *selbstporträt des schachspielers als trinkende uhr* (1983), erschienen alle Texte zwischen 1966 und 1973. Die Gedichte lassen sich wenigen, seit Jahrzehnten konstanten Lesebuchsparten zuordnen. So verweist ein Gedicht wie *schtzngrmm* auf das Themenfeld 'Krieg', das in Lesebüchern wie im Unterricht einen festen Platz hat. Allerdings fällt auf, daß *schtzngrmm* im Lesebuch der 70er Jahre deutlich stärker vertreten war als in neueren Lehrwerken. Dagegen repräsentieren Gedichte wie *ottos mops, auf dem land* und *lichtung* (die drei am häufigsten nachgewiesenen Gedichte) einen zweiten Themenspartentyp, der nach wie vor im Deutschunterricht - vor allem der Sekundarstufe I - kanonische Bedeutung hat und in vielen Lesewerken, aber auch in Sprachbüchern unter der Rubrik 'Spiel mit Sprache' erscheint. Dieser Lehrbuchsparte gehören Jandls Texte fast allesamt an;[6] denn auch die Gedichte *schtzngrmm* und *vater komm erzähl vom krieg* sind meistens dem 'kreativen' Themenfeld zugeordnet.

Die genannten Gedichte bilden die Basis für einen im Kernbestand erstaunlich stabilen Jandlschen Schulkanon. Nun ist Kanonbildung stets ein Ausdruck der Ausgrenzung und Privilegierung zugleich. Aus einem größeren Werkkontext werden einige wenige Texte zur Lektüre ausgewählt, entsprechend weit verbreitet und auf diese Weise sehr bekannt. Damit setzt eine Art Echo-Effekt ein, der für die Kontinuität der Textauswahl und -rezeption sorgt und den Bekanntheitsgrad bestimmer Texte wie deren kanonische Bedeutsamkeit weiter erhöht (Prozeß der Privilegierung).[7] Kanonbildung als Praxis der Ausgrenzung hat stets, wie im Falle Jandls besonders deutlich wird, nicht nur eine auf andere Autoren und deren Werk gerichtete Ausschließungsfunktion, sondern setzt auch *innerhalb* des jeweiligen Werkzusammenhangs eines Autors deutliche Zäsuren: Kanontexte verdecken andere Texte. Vom Jandlschen Schulkanon spreche ich deshalb, weil die Grenze zwischen den für die Schule ausgewählten Gedichten Jandls und dem übrigen Textkorpus klar gezogen ist, und zwar als eine zeitlich markierte Zäsur. Der Jandl-Kanon der Schule entstammt fast ausnahmslos Gedichtbänden, die zwischen 1966 und 1973 erschienen. Die mit Abstand meisten Texte finden sich in der Taschenbuchausgabe von *Laut und Luise*,[8] die 1971 bei Luchterhand herauskam und Jandls Popularität dauerhaft begründete. Anders formuliert: Die Schule hat jene aus heutiger Sicht bereits längst Geschichte gewordene Rezeptionsphase gleichsam festgeschrieben und damit das eingangs zitierte Klischee vom "Sprachclown"- und "Sprachspiel"-Jandl maßgeblich mitverbreitet. Daran ändert im übrigen die Präsentation Jandls in Lese- und Arbeitsbüchern der Sekundarstufe II nur wenig. Auch hier sind Gedichte, die Jandl in den letzten zwanzig Jahren geschrieben hat, an einer Hand abzuzählen.

Wer die Umstände der Kanonbildung prüft, stößt indes nicht nur auf einen engen Konnex von Kanongrenze und zeitlich beschränkter, ja 'abgebrochener' Rezeption. Auch eine didaktische Komponente geht in den kanonbildenden Modus der Ausgrenzung und Privilegierung ein. Der Jandlsche Schulkanon entstand offenbar, einem stummen Konsens folgend, im Zusammenspiel zwischen Lesebuchherausgebern, staatlichen Genehmigungsinstanzen, Lehrplanverfassern und schließlich den Lehrkräften, die den Kanon im Schulalltag verankerten. Die Verfügbarkeit über Jandls Texte nach Erscheinen der Taschenbuchausgabe ist keineswegs ein Problem der Distribution des literarischen Marktes. Jandl wird erst von dem Zeitpunkt an ein Schulautor, als seine Texte zur weit verbreiteten Privatlektüre jener pädagogischen Zielgruppe werden. Erst jetzt - und nicht etwa in den frühen 50er Jahren, in denen Jandl zu schreiben begann[9] - korrespondieren Jandl-Texte und Rezeptionserwartungen sowie ästhetische Normen der Zielgruppe. Diese las (und liest) Jandl als einen Autor, der mit einfachen künstlerischen Mitteln und effektvollen, hintergründigen Experimenten Sprache und Wirklichkeit thematisiert, sein Publikum überrascht und verblüfft, so daß es den kritischen Sinn für Sprache und Wirklichkeit schärft und auf diese Weise gegen manipulierendes und ideologisierendes Sprechen immun wird. Die pädagogische Dimension einer solchen Jandl-Lektüre ist evident; die Texte des österreichischen Autors sind nicht bloß bekannte Privatlektüre, ihnen wird Bedeutsamkeit als einem literarischen Paradigma für 'kritisches Lesen' zuerkannt, also für jene Rezeptionshaltung, die schulische Lehrpläne und Richtlinien seit den 70er Jahren eindeutig favorisieren.[10]

Zur Einordnung dieses Befunds ist es notwendig, vorab einen kurzen Blick auf die Lyrik nach 1945 als Unterrichtsgegenstand zu werfen. Deutschsprachige Lyrik der letzten 50 Jahre hat, folgt man Richtlinien und Lehrplänen, inzwischen ihren festen Platz im Deutschunterricht beider Sekundarstufen. Lese- und Arbeitsbücher bieten für alle Schulformen und -stufen ein umfangreiches Textmaterial an. Einige Sparten - dazu zählt im übrigen die Konkrete Poesie - haben jahrzehntelang eine anhaltende didaktische Konjunktur erlebt. Vor dem Hintergrund eines weitgefaßten Literaturbegriffs, wie ihn die meisten Lehrpläne heute favorisieren, ist auch das Spektrum der im Unterricht behandelten Lyrikerinnen und Lyriker der Zeit nach 1945 entsprechend breit gefächert. Und doch hat die Vielfalt des Angebots ihre eigene Struktur. Lesebücher wie Lehrpläne überschreiten in ihren Vorschägen bzw. ihrer Textauswahl kaum die Grenze der 70er Jahre. Die Lyrik der 80er, von der der frühen 90er Jahre ganz abgesehen, hat auffallend wenig Eingang in den Literaturunterricht gefunden. Für die Schule endet die 'Gegenwart' zeitgenössischer Lyrik in den 70er Jahren. Der Elan, mit dem gerade in diesem Jahrzehnt Lyrik, die soeben erschienen war, schon gleich für den Deutschunterricht entdeckt wurde - beispielhaft zu zeigen wäre dies an Erich Fried und Wolf Biermann -, hat erheblich nachgelassen. Die späten 70er Jahre sind die äußerste Grenze für die 'Gegenwartslyrik' in der Schule: eine Feststellung, die im übrigen Clemens Kammlers These voll bestätigt, die "Gegenwart unserer Schulklassiker endet lange, bevor unsere Abiturientinnen und Abiturienten das Licht der Welt erblickten."[11]

Vor diesem Hintergrund erscheint die schulische Jandl-Rezeption keineswegs ungewöhnlich. Jandl gehört zum engeren lyrischen Schulkanon der Autorinnen und Autoren nach 1945, und zwar unter drei Prämissen. Erstens liefert Jandl bekannte Unterrichtsbeispiele für eine sprachexperimentelle Dichtung, die im didaktischen Brauchtum von der Grundschule an ihren festen Platz hat. Zweitens sind auch unter motivationalen Aspekten Jandls hintergründig-humorvolle, pointenreiche Gedichte für den Unterrricht attraktiv. Es ist daher kein Zufall, daß die Textauswahl den spielerisch-witzigen Jandl akzentuiert, also von Anfang an

Autor und Werk tendenziell verharmlost. Drittens folgt der äußerst schmale schulische Jandl-Kanon in erkennbarer Parallele dem Kanonisierungsprozeß der sogenannten Gegenwartsliteratur insgesamt. Beide Kanones finden in den 70er Jahren ihre deutlich markierte zeitliche Grenze, mit klarem Schwergewicht auf den 60er Jahren.

Nun stiftet ein Autor, der mehrfach in Lesebüchern vorkommt, an sich noch keinen Kanon. Was Ernst Jandl zu einem unter vielen Schulautoren gemacht hat, war und ist, so meine These, die vielseitige didaktische Funktionalisierung seiner Texte. Vier Funktionsfelder möchte ich näher erläutern. Für den schulischen Umgang mit Literatur spielen *erstens* staatliche Richtlinien- und Lehrplanvorgaben - deren Literaturverständnis, deren Zielsetzungen, deren Bild vom Lernenden und Lehrenden - ihre institutionell fundierte Rolle. Wer, eine vielverbreitete Lehrplanformel aufgegriffen, 'Lesemündigkeit' fordert, gewinnt ein Interesse an Konkreter Poesie schon allein deshalb, weil er sie als Literatur liest, die aufgrund ihrer dynamisch-offenen Struktur zu Leseprozessen anregt: als Einladung zum Mitexperimentieren, als spielerische Aktivierung der Leserrolle. Lehrplan-Formeln wie 'kreativer Umgang mit Texten' und 'kreatives Gestalten' ermutigen nicht nur zur Auswahl des Unterrichtsparadigmas Konkrete Poesie. Das Literaturverständnis der Formeln erscheint selbst wie ein deutliches Echo aus der Poetik experimenteller Literatur. Die bis heute belegbare schulische Hochschätzung von Laut-, Buchstaben- und Figurengedichten hat in solcher literaturtheoretischen Nähe ihren Grund.

Die didaktische Funktionalisierung schulischer Kanontexte findet *zweitens* ihren Ausdruck in der Rezeptionslenkung durch Lese- und Arbeitsbücher, didaktische Hilfen und Unterrichtsmaterialien. So soll der Jandlsche Schulkanon die Lernenden auf spielerische Weise anregen, die Offenheit des Textmaterials nachzuvollziehen und, wie es heißt, Lesarten durchzuspielen. Jandls Texte der 60er und frühen 70er Jahre werden zur "Spiel-Kunst", "Denk- und Probier-Kunst", ja zur "'Animier-Kunst'",[12] die zum ästhetischen Handeln auffordern soll und am Ende die Aussicht auf ein kritisches Wirklichkeits- und Wahrnehmungsverständnis eröffnet: ein Ziel, das didaktische Interessen mit theoretischen Implikationen der Konkreten Poesie verbindet. Bis in die differenziert-penible Formulierung hinein könnte der von Christina Weiss zusammengefaßte Theorieanspruch Konkreter Poesie in die didaktische Sparte überwechseln:

> Der Leser muß konkretes Sehen als Einüben, die Herausforderung des Textes als Aufforderung annehmen. Damit ist zugleich die Begründung der konkreten Kunst als Spurensicherung angesprochen, ihre doppelte Zielsetzung: Provokation einer Reflexion sprachlicher Kommunikation und Wirklichkeitskonstitution mittels Sprache einerseits, Einübung und Training in elementare sinnliche Wahrnehmung andererseits.[13]

"[K]onkretes Sehen als Einüben", "Herausforderung als [...] Aufforderung", "Reflexion sprachlicher Kommunikation und Wirklichkeitskonstitution mittels Sprache", "Einübung und Training": die Analogie zu didaktischen Hochwertbegriffen der 70er und 80er Jahre liegt auf der Hand. Sie wären mühelos durch Schlagwörter wie Kreativität, Experiment, Spiel, "Lust am Ausprobieren", "Bewegung des Lesers im Textspielraum"[14] und ähnliche Formeln zu erweitern.

Drittens kommt neben der Festlegung des Kanons durch Lehrplan- und Lehrbuchinstanzen seiner Umsetzung im Schulalltag eine wichtige regulierende Bedeutung zu. Die Nähe oder Ferne von Autorinnen und Autoren zum schulisch favorisierten Literaturverständnis erweist sich *kanonsichernd* erst in kontinuierlicher Unterrichtspraxis. Die Zeit hat für Jandl gearbeitet. So konkurrierte der Jandlsche Schulkanon der späten 70er und frühen 80er Jahre noch auf beien Schulstufen, besonders aber auf der Oberstufe, mit Texten von Mon und Heißenbüttel. Zu Anfang der 80er Jahre verfaßte Richtlinien erwähnen neben Jandl noch beide Namen, vor allem im Kontext damals hochgeschätzter experimenteller Literatur. Ein Blick in zur Zeit gültige Richtlinien und gängige Oberstufenbücher zeigt für Mon wie für Heißenbüttel deutlich eine rückläufige Tendenz. Ihre Texte werden kaum noch zitiert, während Jandl zum Schulklassiker wurde. Im Unterrichtalltag führt die Kanonbildung zur Reduktion aller an sich 'möglichen' Beispiele zur Dominanz einiger weniger, immer wieder gelesener Exempeltexte. Lese- und Arbeitsbücher kommen solchen Trends nach - der schon erwähnte Echo-Effekt verstärkt den Kanonisierungsvorgang -, bis hin zur Korrektur früherer Kanonisierungsprojekte. Wo noch vor ein paar Jahren ein Text von Heißenbüttel abgedruckt wurde, ersetzen ihn die Lesebuchherausgeber in Neuauflagen und Überarbeitungen nun durch Jandlsche Beispiele.

Die didaktische Funktionalisierung geht *viertens* häufig mit einer methodischen Instrumentalisierung einher: mit der Brauchbarkeit von Kanontexten für favorisierte Unterrichtsverfahren. Jandls Attraktivität für den Schulgebrauch, die bislang allen didaktischen Wenden und Kehren standgehalten hat, ließe sich durchaus im Spiegel unterrichtlicher Arbeitsweisen darstellen. Eine gegenstandsorientierte schulische Interpretationspraxis etwa hat seine Gedichte als Medium der Sprachreflexion genutzt. In rezeptionsorientierten Ansätzen werden Jandls Gedichte zu Beispielen für einen Interpretationspluralismus, der zu möglichst vielen individuellen Deutungen einladen und auf diese Weise, wie es heißt, 'ichstärkend' wirken soll. Produktions- und handlungsorientierten Arbeitsweisen schließlich bietet der Jandlsche Schulkanon ein weites Feld zum Spielen, Umformen, Inszenieren, Vortragen, Verfremden: Jandl-Texte als Stimulation zum Nachmachen, Verändern, Selbermachen. In dem Maße, wie die produktionsorientierte Didaktik auch für den Oberstufenunterricht bedeutsam wird - das ist seit Jahren zunehmend der Fall und wird demnächst seine höhere Weihe in neuen Aufgabentypen für die schriftliche Abiturprüfung erfahren -, finden wir Jandlsche Kanontexte (und hier schließt sich der Kreis) nun verstärkt auch in neuesten Oberstufenbüchern: als "Spiel-Kunst", "Denk- und Probierkunst", als "»Animierkunst«".[15]

2

Die hegemoniale Stellung der Literatur der 60er und frühen 70er Jahre in der Schule, gelesen als Literatur fortwährender 'Gegenwart', hat eine über den Unterricht hinausweisende und zugleich ihn bis heute tangierende Geschichte: die Aufstiegsgeschichte der Konkreten Poesie seit Ende der 50er Jahre. Sie läßt sich am Jandlschen Beispiel schlaglichtartig skizzieren. Es erscheint dabei fast wie eine Jandlsche Ironie, daß ausgerechnet Lehrerinnen und Lehrer den Weg Jandlscher Autorschaft gleich zweimal kreuzen, einmal als vehemente Gegner, ein andermal als, wie bereits beschrieben, kanonstiftende Instanz. Zur ersten Wegkreuzung. Noch Ende der 50er Jahre protestierten Österreichische Lehrerverbände gegen experimentelle Texte aus der Feder des Gymnasialprofessors Ernst Jandl.[16] Sie wandten sich vehement und - in einem staatlich subventionalisierten Literaturbetrieb besonders verhängnisvoll - mit öffentlichem Einfluß gegen eine angebliche Verunglimpfung von Literatur durch literarisch maskierten Unsinn. Als eine in Wien auch an Schulen verbreitete Zeitschrift mit dem klingenden Titel *Neue Wege* es im Jahre 1957 wagte, Gedichte von Jandl und Gerhard Rühm zu veröffentlichen, führte dies zu einem öffentlichen Skandal. In einer Stellungnahme der Katholischen Lehrerschaft Österreichs, nur einem Beispiel für ähnliche Kommentare, hieß es:

> Findet sich denn niemand im Stadtschulrat und im Ministerium, der Einspruch dagegen erhebt, solche 'Schöpfungen' unseren Pflichtschülern in die Hand zu geben? Es stünde wahrhaft traurig, wenn es nicht gelänge, solchen Unsinn aus dem Schulbetrieb fernzuhalten - oder kennt man an den verantwortungsvollen Stellen diese 'Literatur' nicht?[17]

Kaum zehn Jahre später indes gehört die Konkrete Poesie, deren Spur Jandls Experimente folgten, zum festen Bestand literarischer Moderne und wird für den Unterricht entdeckt. Dabei war Konkrete Poesie, literarhistorisch betrachtet, von Anfang an keine revolutionäre Neuschöpfung, eher ein erneuerter Mut zum literarischen Experiment, dem in den 60er und 70er Jahren Anerkennung nicht versagt blieb.[18] Erfolg und Wirkung sind jedoch differenziert zu beurteilen. Schon der Begriff 'Konkrete Poesie' ist durchaus unscharf und vieldeutig. Der theoretische Anspruch Konkreter Poesie reicht von einer sprachkritischen Durchbrechung von Sprach- und Wahrnehmungsgewohnheiten bis hin zu Eugen Gomringers Beschwörung einer völlig neuen universalistischen Weltkunst als künstlerische Speerspitze der Moderne. So provozierend, ich erinnere an die österreichische Lehrerschaft von 1957, Konkrete Poesie auch zunächst wirkt: Provokation ist nur ein sekundärer Effekt, der allenfalls diejenigen traf, die bereits die Existenz eines Lautgedichts auf einer Sprechplatte als Entweihung eines Musentempels mißverstanden.

Die Konkrete Poesie teilt im übrigen mit der literarischen Moderne die Erfahrung, daß ein Anspruch auf Innovation und Irritation sich auf Dauer nicht in Programmen, sondern in künstlerischer Praxis behaupten muß. Jandl war, zugespitzt formuliert und entgegen der heutigen Schulrezeption als populärster Autor der Konkreten Poesie, eine Randfigur innerhalb der Gruppe der Konkreten und der 'Wiener Gruppe' allemal.[19] Jandls Gedicht *verwandte* nimmt diesen Zusammenhang im beziehungsreichen Wortspiel auf:

> der vater der wiener gruppe ist h. c. artmann
> die mutter der wiener gruppe ist gerhard rühm
> die kinder der wiener gruppe sind zahllos
> ich bin der onkel.[20]

Gerade die Randposition gestattet Jandl den kritischen Blick auf das 'Zentrum', so daß er die Grenzen des eigenen Anspruchs und den der anderen ungleich stärker zu reflektieren und unverstellter zu formulieren verstand. Und die Jandl-Gemeinde wuchs, je professioneller der Autor seine Lesungen als professionelle Bühnenauftritte inszenierte und regelmäßig auch auf Schallplatten veröffentlichte: Gedichtvorträge als Einladung an ein Publikum, sich auf Experimente der Konkreten Poesie einzulassen.

Damit kommen wir zur zweiten Wegkreuzung zwischen Jandl und der Lehrerschaft. Als 1971 die Taschenbuchausgabe von *Laut und Luise* erschien, jener Gedichtband, mit dem "Ernst Jandl in den sechziger Jahren zweifelsohne Geschichte gemacht" hat,[21] da waren die Poetik und literarische Praxis Konkreter Poesie bereits derart bekannt, daß sie der Autor durchaus auf ironisch-skeptische Weise für Leserinnen und Leser transparent zu machen wußte. Das Geheimnis Jandlschen Erfolgs liegt, wie mir scheint, in dieser einladenden Durchsichtigkeit der frühen Texte. Konkrete Poesie also doch am Ende nur ein hintergründiges Sprach-Basteln? Von "Verfallserscheinungen" literarischer Moderne zu sprechen, heißt am Exempel Konkreter Poesie "die Diskrepanz von theoretischem Anspruch und Verwirklichung"[22] zu konstatieren. Aber während in der Literaturkritik sich solche skeptischen Stimmen mehrten, sorgten diesmal Lehrerinnen und Lehrer für Jandlsche Schulklassik und schrieben, nun allerdings sehr allgemein und über Jandl hinausgehend, den kritischen Impetus literarischer Moderne, im Kern also deren Aufklärungstradition, als genuin pädagogische Zielsetzung fest, drapiert um Lehrplanformeln wie 'freigesetzte Phantasie', 'Stärkung des Möglichkeitssinns' und 'emanzipatives Textpotential', positiven Sinnversprechen unterrichtlicher Interpretationspraxis allemal. Daß Jandls Gedichte nach Hinderer "eine fetischisierte Denkgewohnheit" destruieren und "neue Möglichkeiten des Denkens und der Erfahrung" freisetzen, "die Grenzen der Sprache"[23] öffnen können, das gerade hat ihnen einen Platz in der Schule seit Jahrzehnten gesichert.

## 3

Das Zusammenspiel zwischen Jandlschem Schulkanon und didaktischen Interessen funktioniert deswegen so reibungslos wie erfolgreich, weil ein in den 60er und frühen 70er Jahren entwickeltes Literaturverständnis ein noch immer konsensfähiges Lernerbild anbietet. "Die Schüler tun sozusagen nur das im Rahmen ihrer Alltagsphantasie, was die Autoren ihnen im Rahmen ihrer literarischen Phantasie vormachen", so faßt Fingerhut das "einfach(e) Abbilden des hegemonialen Literaturbildes auf ein abstrakt entworfenes Schülerbild"[24] zusammen. Vor solchem Horizont wird am Beispiel Jandls deutlich, daß die Kanongrenze des gegenwärtigen Literaturunterrichts auch ein Ausdruck seiner Selbstlegitimation ist. Es ist das Verständnis der Literatur als einer kritischen, aufklärenden, bewußtmachenden Instanz, das als schulisch favorisierte Rezeptionshaltung in fast synchroner Analogie zur deutschsprachigen Literatur der 60er Jahre zunächst erstritten, dann doktrinär durchgesetzt und institutionell abgesichert wurde. Dieses Literatur- und Rezeptionsverständnis hat nicht nur eine weitreichende kanonbildende Wirkung, sondern auch die Macht und die Kraft, 'Gegenwart' zu definieren und zu begrenzen und so ihre literarischen Paradigmen als verbindlich und gültig festzuschreiben: faktisch gegen die Literatur der letzten zwanzig Jahre. Was einst als Gegenwartskanon gedacht war, ist bereits ein geschichtlicher Kanon geworden, allerdings mit der immer fataleren Konsequenz, daß er weithin ohne Reflexion und Diskussion ein dezidierter Kanon der 'Gegenwartsliteratur' zu sein beansprucht. Die Erkenntnis, die neueste Literatur spiele "das kulturelle Sinn-Spiel zwischen Literatur und Unterricht nicht mehr mit",[25] blieb faktisch ebenso ohne Wirkung wie der Hinweis auf die postmoderne "Erschütterung des Geltungsanspruchs des üblichen Vokabulars der Deutung von Texten und ihrer Begriffssysteme, zumeist des hermeneutischen Instrumentariums."[26]

Das prekäre Verhältnis zwischen Gegenwartsliteratur, Didaktik und Deutschunterricht wird an bislang in der Schule fast völlig unbekannten Namen wie Botho Strauß, Friederike Mayröcker, Elfriede Jelinek, Gerhard Roth, Wolfgang Hilbig und Christoph Hein deutlich. Eine schulische Rezeption Thomas Bernhards und Heiner Müllers hat es zu Lebzeiten beider Autoren nicht einmal in Ansätzen gegeben. Daß der Jandlsche Schulkanon über die frühen 70er Jahre nicht hinauskam, ist in solchem Zusammenhang wohl ein echtes Randproblem. Es verdeutlicht einmal mehr die Stabilität der Kanongrenze als einer Fluchtlinie didaktischen Selbstverständnisses und schulischer Interpretationsrituale. Inzwischen ergibt sich - und dazu taugt das Jandl-Beispiel - eine immer größere Diskrepanz zwischen didaktisch funktionaler Kanonnutzung und den übrigen ausgeblendeten, dem schulischen Umgang entzogenen Werken. Für Jandl, sogar für Jandl, und umso mehr für Thomas Bernhard, Heiner Müller und viele andere, läßt sich aufzeigen, daß didaktische Konsequenzen nicht einfach darin bestehen können, das schulische Lektüreangebot zu aktualisieren. Auch in diesem Falle paßt neuer Wein nicht in alte didaktische Schläuche.

Für vorherrschende didaktische Instrumentalisierungen nämlich sind Jandls Texte seit Ende der 70er Jahre immer weniger, ja gar nicht mehr brauchbar. Daß sie *nicht* im Unterricht gelesen werden, hat also durchaus eine eigentümliche Logik. Jandls späte Gedichte kündigen die Gewißheit auf, daß mit poetischer 'Produktivität' und 'Phantasie' sich richtlinienverordnete Ich-Stärkung und kritische Weltorientierung einstellt, daß Schreiben, literarisches Schreiben, eine per se sinnerfüllte Tätigkeit sei, die am Ende mir sogar den Weg zu mir selbst eröffnet und einen erschriebenen Augenblick lang beglückende authentische Selbsterfahrung verspricht. 1979 - in der Didaktik beginnt gerade die Hochkonjunktur autobiographischen Schreibens - findet sich in Jandls Nachwort zur Reclam-Ausgabe seiner *sprechblasen* die lapidare Bemerkung: "Daß dieses Leben keine Geheimnisse birgt - welches denn täte es? [...] Worüber also ließe sich berichten?"[27] Entsprechend heißt es in Jandls Gedicht *kommentar*:

daß niemals
er schreiben werde
seine autobiographie

daß ihm sein leben
viel zu sehr
als dreck erscheine

daß auch nur wenige
punkte blutige
er noch erinnere

daß aber niemals
er zögern werde
in den dreck zu fassen

um herauszuziehen
was vielleicht
einen stoff abgäbe

für poesie
seinen widerlichen
lebenszweck (II, 598)

Warum haben solche Gedichte keinen Platz in Lesebüchern gefunden, in denen das Subjekt allenfalls noch als "beschädigtes Subjekt" vorkommt - beschädigt, "weil die Sprache beschädigt ist"[28] und poetische Autobiographie nur noch ein distanziert-skeptischer Selbst-*kommentar* sein kann? Die Frage ist, zugegeben, recht spekulativ; denn sie suggeriert auf trügerische Weise einen nachvollziehbaren, an Motive geknüpften Ausschließungsprozeß. In verallgemeinerter Form läßt sich die Negativselektion als Kehrseite schulischer Kanonisierungsprozesse jedoch etwas plausibler beschreiben. Mit Literatur, in der Leben als "dreck" und "poesie" als "widerliche[r]/ lebenszweck" bezeichnet wird, haben sich Schule und Didaktik gleichermaßen stets schwer getan. Die Verabschiedung der 'Lebenshilfe'-Didaktik mit ihren weltanschaulichen Setzungen von Normen und Werten in den 60er Jahren beendete keineswegs die Tendenz zu affirmativen Unterrichtsmodellen. In diesem Sinne haben sich die "kritische Didaktik" mit ihrer Idealkonstruktion des Lernenden als eines emanzipativ-kritischen, Literatur als Selbstaufklärung nutzenden, geschichtsbewußten Subjekts ebenso wie die auf "Hilfe

beim Aufwachsen", "Identitätsgewinnung und -wahrung"[29] gerichtete 'Ich-Di-
daktik' "als pädagogische Konstruktion des guten Willens"[30] erwiesen. Die Positi-
vität solcher Programme konvergiert mit der Option für ein Unterrichtsmaterial,
das sinnstiftende Lernsequenzen unterstützt. Vor diesem Hintergrund ist der didaktische Nutzen der Jandlschen Biographie-Dekonstruktion eher gering: auf der
einen Seite bloßer Ausdruck resignativer Entfremdung, die weder um ihre Ursachen noch um ihre Aufhebung weiß, auf der anderen Seite ein durch und durch
negatives Statement, das für die "gegenwärtige Lebenspraxis des Schülers", für
dessen - im Unterricht eingeforderte - "Reflexion auf die Existenz", für die "Struk-
turierung der Biographie" und schließlich auch für die "Verarbeitung und Bewältigung von Interaktionsproblemen"[31] schon deshalb nichts beiträgt, weil es nichts
zu strukturieren, verarbeiten und bewältigen vorgibt.

   Jandls Gedicht stellt gerade zur Disposition, was der literaturpädagogische Diskurs zum Fundament sinnvollen Unterrichtshandelns erhebt. Wer didaktische
Programmatiken vor dem Hintergrund des Jandlschen *kommentar*[s] liest, wird
auf verblüffende Weise gewahr, wie sich die Radikalität jenes "dreck" genannten
Lebens in der literaturdidaktisch tröstlichen Aussicht auf "Erweiterung und Verwandlung der eigenen Existenz"[32] qua Textlektüre auflöst im Wunschbild geglückter Identität, in einem konstruierten Bild vom Schüler, der "noch das Frem-
deste und Fernste einfühlend als menschlich und damit auf irgendeine Weise als
ihm zugehörig empfinden lernt", wenn er "nur bereit" ist, "sich neuen Eindrücken
zu öffnen und höheren Ansprüchen zu stellen".[33]

   Es ist evident, daß in solchen Konzepten eine Autorfunktion festgeschrieben
wird, die immer stärker in Widerspruch zur (post-)modernen Literaturtheorie
wie zur literarischen Praxis der (Post-)Moderne selbst steht.[34] Der Autor bleibt
Repräsentant, indem er Orientierungen liefert, Traditionen verbürgt, vom Plurali-
tätsdruck der Gegenwart befreit und schließlich Sinnpotentiale für vielfältige Er-
ziehungsziele des Unterrichts bereithält. Selbst am Beispiel des Schulklassikers
Jandl läßt sich aufzeigen, wie die didaktische Fixierung auf ein traditionelles Verständnis der Autorfunktion elementare Konstellationen der Gegenwartsliteratur
nicht mehr reflektiert.

   So führt der Autor selbst das Bild vom Dichter Jandl, der zum Mitmachen bei
heiteren Sprachclownerien einlädt, seit Ende der 70er Jahre immer mehr ad absurdum. Die Gedichtbände *die bearbeitung der mütze* (1978), *der gelbe hund* (1980)
und das stark pessimistisch eingeschwärzte *selbstporträt des schachspielers als trinkende uhr* (1983) zeigen eine immer stärkere Distanz zu früheren Verfahren und
Theoremen der Konkreten Poesie. Jandl bekennt sich zeitweilig zu einer, wie es
heißt, "»heruntergekommene[n] sprache«", deren Syntax der Autor destruiert.
Jandl nennt diese Sprache eine "sprache von leuten, die deutsch zu reden genötigt
sind, ohne es je systematisch erlernt zu haben"; sie sei kein "»gastarbeiter-
deutsch«", sondern, "im hinblick auf poesie" formuliert, "eine »heruntergekommene
sprache«" (II, 351).[35] Diese vermag in ihrer grammatischen Brüchigkeit um so
mehr das alltägliche Gerede aller konkret werden zu lassen, als sie keine Form
der Verstellung, der Sublimierung kennt, sondern in der Fehlkonstruktion au-

thentisch und geradezu unverfälscht ein depraviertes Bewußtsein zur Sprache bringt. So konstruiert Jandl sein Gedicht *von einen sprachen* in eben jener 'heruntergekommenen sprache', freilich so, daß er jeden Anspruch auf biedere Belehrung und Vermahnung durch Poesie zugleich mitpersifliert:

> schreiben und reden in einen heruntergekommenen sprachen
> sein ein demonstrieren [...]
> [...] seinen mistigen
> leben er nun nehmen auf den schaufeln von worten
> und es demonstrieren als einen den stinkigen haufen
> denen es seien. [...]" (II, 322).

Kolleritsch ist zuzustimmen, wenn er diese Texte eine "oft schmerzlich-kalte, aufschreckende, verzweifelt-depressive Poesie"[36] nennt. Jandls Gedichte taugen nicht mehr als instrumentalisiertes Vehikel zur Identitätsbildung; denn sie sprechen von deren endgültigem Zerbrechen.

Während die Schulrezeption mit ihrem von Anfang an verharmlosenden Zugriff auf Jandl weiterhin das Klischee vom findig-pfiffigen Sprachakrobaten pflegt, gibt es kein poetologisches Gedicht Jandls nach 1980, das nicht voller Vorbehalte, ja voller Spott und Hohn von jenen problematischen Größen 'Autor' und 'Poesie' handelt. Das Ritual der Frage nach der Autorintention, noch immer - beklagenswert genug - ein Kernstück schulischen Interpretationsalltags, ironisiert Jandl, wenn er in seiner Schrift *Die schöne Kunst des Schreibens* auf die selbstgestellte Frage "Herr Jandl, was haben Sie sich denn dabei gedacht?"[37] schlicht antwortet:

> ich schreibe, weil ich schreibe, und wenn mir das genügt, als Motiv, muß es allen genügen; niemandem muß, was ich schreibe, genügen, aber allen muß genügen, was ich davon sage, warum. Warum jemand liest was ich schreibe, falls jemand es tut, ist seine Sache; warum ich schreibe, was ich schreibe, meine.[38]

Jandl mißtraut jenen bis in die 80er Jahre emphatisch verkündeten Poesie-Manifesten, die, mit Kunerts Worten, das "Gedicht als Arche Noah"[39] begreifen, und ironisiert schon im Ansatz solche Sinnzuschreibungen. Das macht im übrigen seinen Gedichtband mit dem täuschenden Titel *idyllen* aus dem Jahre 1989 nicht nur zu einer der wichtigsten Lyrikpublikationen des Jahrzehnts, sondern auch zu einer Fundgrube für sarkastische poetologische Gedichte, in denen die Selbststilisierung literarischer Autorschaft aufs Korn genommen wird. Jandls *idyllen* wären für den Unterricht erst noch zu entdecken.[40] Sie bieten reichlich Material zur Reflexion eines Autor- und Literaturverständnisses, das den emphatisch-beschwörenden Horizont moderner Gedichtpoetologien nach 1945 überschreitet und sich Rettungsformeln wie derjenigen vom "Gedicht als Augenblick von Freiheit"[41] verweigert, also gerade jener Programmatik, aus denen Didaktiker seit Jahrzehnten ihre eigene literaturpädagogische wie kulturelle Wächterrolle herleiten. Das Gedicht, so Hilde Domin, sei "der unverbrauchte Gebrauchsgegenstand",[42] sei unverstellte, im Schreiben verbürgte Authentizität,[43] sei etwas, "daß [...] dem Leser gehört, der in die gleiche Grundsituation gerät, in der der Autor war, als er es schrieb",[44] getreu der Devise, daß "Autor und Leser [...] Zwillinge"[45] seien. Die

Differenz zwischen dieser 1988 veröffentlichten Poetik und Jandls ein Jahr später
erschienenen poetologischen Gedichten[46] in den *idyllen* markiert eine Bruchstelle
im Selbstverständnis literarischer Autorschaft und böte sich im Unterricht exemplarisch als Textmaterial für eine Untersuchung der Autorfunktion in der Literatur der Gegenwart an.[47]

Während Hilde Domin 1988 in ihrer Poetologie ein ganzes Bündel sinnverspre-
chender Lektüreaussichten anpreist und auf diese Weise Autor wie Leser zu
Schöpfer-Subjekten erhebt, dekonstruieren die *idyllen* tradierte Autorbilder und
sinnerfüllte Schreibmotive. Jandls Ironie ist am Ende der 80er Jahre bissiger, bös-
artiger, zynischer geworden. Sie verweist auf jenen skeptizistischen Pessimismus,
der schon von Anfang an latent im Werk verborgen war, nun aber vollends sichtbar wird.[48] Schon das erste Gedicht der *idyllen* - *die ersten zwölf zeilen*[49] - läßt in
spielerischer Form die Perspektive dessen deutlich werden, der im Bekenntnis
zum "schreiben/ von zeilen, welche zählbar bleiben" den poetologischen Ort des
(Sonett-) Dichters ironisiert und dessen artifizelle Arbeit als lyrische Fingerübung
vorführt. Unversehens wird die historische Abnutzung moderner Lyrik ein anschauliches Thema: in einer Phase, die sich gerade in der Restitution geschichtlich
gewordener Formrepertoires gefällt und auf die Autorität brav gereimter vier-
zeiliger Strophen setzt.[50] So erinnert das Gedicht *august stramm*[51] zunächst - in bekannter Jandlscher Manier - an eine etwas zynisch klingende Kalauerpointe ("er
august stramm / sehr verkürzt hat / das deutsche gedicht // ihn august stramm
/ verkürzt hat / der erste weltkrieg"), um dann die polemische Spitze des Textes
gegen die Nachkriegsdichter zu wenden: "wir haben da / etwas länger gehabt /
um geschwätzig zu sein".

So wird die Marginalisierung von Literatur - für Jandl heißt das: die skeptische
Einsicht in ihre faktische Bedeutungslosigkeit - im Gedicht mit dem harmlos klingenden Titel *dieses gedicht*[52] zum Thema:

> dieses gedicht
>
> es ist noch nicht gut
> und du mußt daran noch arbeiten
> aber es stürzt nicht die welt ein
> wenn du es dabei beläßt
> es stürzt nicht einmal das haus ein

Im Gedicht *minor poet*[53] hat Jandl die emphatische Poetik-Metapher vom 'Verstummen' zu provozierender Einsicht in die Banalität täglichen Scheiterns ver-
formt:

> bei zusammengebrochener produktion
> sich aufrichten, die jacke nehmen
> nach draußen gehen zu den sich bewegenden
> leuten, als wäre man selbst
> zur arbeitsstätte unterwegs

Es ist kein Zufall, daß Jandl, nachdem seine Typogramme, Laut- und Bildge-
dichte inzwischen keine Leser mehr aufschrecken, auf andere Weise den experimentellen Charakter seiner Texte weitertreibt, etwa durch Adaptionen obszönen
Jargons und drastischer Fäkalsprache, die, zuweilen poetisch drapiert mit Reim
und Rhythmus, zuweilen lakonisch und fragmentarisch präsentiert wie zerbrö-
selte Notizfetzen, so manches feinsinnige Gemüt aufschreckt. Wer Texte wie *ottos
mops* erwartet hat, wird sich an das aus vier Versen bestehende Epigramm *der
langsam gehende mensch*[54] noch gewöhnen müssen:

> so als ob die kotze den mund
> gefunden nicht hätte, statt dessen
> eingesickert wäre in das kinn und die wangen
> und in die zunge, die immer ein stück heraussteht

Seit Ende der 70er Jahre sind es Gedichte solcher Art, mit denen der Autor sich
beharrlich und konsequent gegen jede Form stilisierter Subjektivität, Innerlichkeit
und Larmoyanz zur Wehr setzt. Und auch an jener Wiederentdeckung der Natur
im Zeichen ökologischer Allverbundenheit nimmt Jandl nicht teil, sondern verletzt, wie im Gedicht *der wahre vogel* (II, 566)[55] aus dem Jahre 1980, die Fiktion
sympathetischer Naturschwärmerei mit einer scheinbar sadistischen, grausamen
Gewaltphantasie:

> fang eine liebe amsel ein
> nimm eine schere zart und fein
> schneid ab der amsel beide bein
> amsel darf immer fliegend sein
> steigt höher auf und höher
> bis ich sie nicht mehr sehe
> und fast vor lust vergehe
> das müßt ein wahrer vogel sein
> dem niemals fiel das landen ein

Was in diesem Gedicht nach der Melodie "Das Wandern ist des Müllers Lust" inszeniert wird, hat dem in der Poesie ad infinitum bekannten Ansingen von Ler-
chen, Amseln und Nachtigallen ein vorläufiges Ende bereitet. Ernst Jandl versifi-
ziert in der Tat kein Hilfsprogramm für Singvögel und kein Vegetariermanifest,
dafür gibt er Einblicke in jene zynisch-brutalen Alltagsphantasien, die mit ästhetischer Lust hervorgebracht werden: als zur Sprache gebrachte, latente Aggressi-
vität. Jandl formt sie in seinem Gedicht mithilfe eines simplen Paarreims und eines harmlosen Volksliedtons nach, also mit jenen Resten einer übriggebliebenen,
längst trivialisierten Poesie-Sprache, die das Ausgangsmaterial für seinen Text
bilden. Auch wenn Gedichte wie der *wahre vogel* keineswegs mehr zu Poetik und
Verfahrensweise Konkreter Poesie gehören: Jandl hat zwar die Form, aber nicht
die ironische, zuweilen sarkastische Basis seiner literarischen Experimente verändert und einen Moment nicht-verbalisierter, ins Unterbewußtsein verdrängter
Destruktion mit einfachsten Mitteln zu einer Art Sprachpsychogramm verdichtet.

Riha hat zurecht darauf aufmerksam gemacht, daß seit den 70er und 80er Jahren "die der visuellen Poesie zugewendete Energie offensichtlich" nachgelassen habe. Aber er relativiert seine Beobachtung und weist auf "neue Wege" im Jandlschen Spätwerk hin, "wie etwa diverse Serien schwungvoll-figuraler Tuscheskizzen, skripturaler Malereien, spontaner Lineamente von Buchstaben, die ineinandergeschwungene Schleifen oder in sich verfilzte Knäuel bilden".[56] Zu jenen "neuen Wegen" gehört nicht nur ein stärkerer Abstand zu den längst tradierten Verfahren der Konkreten Poesie, sondern zugleich eine immer deutlichere Skepsis zu jeder Form von Dichterlob und Selbststilisierung. Jandl, der Philologe, bezieht die literarische Tradition solcher Dichterbilder und -mythen in seine ironischen Kontrafakturen ein. So zitiert er im Gedicht *an ludwig harig*[57] das Motiv der Erhebung, der Elevation, das die Stellung des Dichters zur Welt aus dessen Nähe zur olympisch-göttlichen Höhe erklärte. Jandl durchkreuzt den schönen Schein des Motivs, indem er den Dichter gleichsam aus luftig-verklärten Höhen auf den Boden zurückholt:

schau nicht nach oben
ich fliege nicht
dort auf dem boden
das war mein gesicht

Programmatisch weist der Vers "ich fliege nicht" jeden Gestus dichterischer Erhebung zurück. Die letzte Strophe des Gedichts berichtet vom Absturz, aber nicht vom Sturz des Dichters aus den Wolken, sondern, sarkastisch zugespitzt, vom banalen Sturz aus dem Bett, der ihn in eine arge Situation gebracht hat:

such mich nicht oben
ich fliege nicht
ich stürz aus dem bett
mein bein zerbricht

Jandl bleibt auf dem "boden" einer tristen, ganz und gar unpoetischen Realität, die ihm Pein genug bereitet.[58] So wird das Gedicht zu einer Art Poetik des 'Absturzes', einer poetologischen Reflexion über Autorschaft jenseits auratischer Erhebungsphantasien. Dazu paßt die Form des Gedichts. Jandl schreibt kein Gedicht über den Poeten der Gegenwart, kein Manifest- oder Programmgedicht, sondern er wählt die Form eines Gelegenheitsgedichts, eines Geburtstagsständchens für Ludwig Harig, also einen Gestus, der den Anlaß des Gedichts mit einer Person und einem Datum verbindet und sein eigentliches Thema wie einen beiläufigen Einfall, ja eine persönliche Anekdote präsentiert. Eine solche Form entspricht Jandls Prinzip der Zurückgenommenheit: Je reduzierter, karger, konzentrierter, lakonischer das Gedicht ist, desto mehr hat es seinen Anspruch auf 'Verdichtung' erfüllt. Die Virtuosität des Autors wird gerade im Gestus dessen deutlich, der noch immer mit Sprachwitz und Wortakrobatik arbeitet, aber damit keine lyrischen Kunststückchen vorführt, sondern die Attitüde des geschwätzigen Dichters durchkreuzt. Bis zur lakonischen Karikatur reicht die Kritik:

hier liegt
ein gelegtes gedicht, darüber
brütet ein
dichter vielleicht
vielleicht noch lange[59]


4


Ernst Jandls späte Gedichte, widerständige Miniaturen im Verfallsprozeß literarischer Moderne, handeln vom Verschwinden des Autors als eines mit allerlei Le-
gitimationsformeln und Sinngebungskompetenz versehenen Schöpfer-Subjekts.
Texte dieser Art entziehen sich nicht zuletzt aller literaturpädagogischen Instrumentalisierung: Die "»Bildung der Persönlichkeit« ist nicht mehr anhand von
Texten möglich, die die »Dezentrierung des Subjekts«, konkret etwa in der Destruktion des Autors als Individuum und des Erzählers als einer verantwortlichen Instanz, auf die Fahne geschrieben haben".[60] Jandls späte Gedichte spotten über
eine poetologische Hochschätzung des Gedichts; "stückwerk ganz", kommentiert
der Autor die Literatur im Gedicht *25. Februar 1989*,[61] einem Gedicht zum Tode
Thomas Bernhards.

Das Spektrum des Repertoires ist weit gesteckt. Jandl weiß mit dem Gestus
konventioneller Genres ebenso zu spielen, wie er die Präzision knappester, lakonischer Verse zu beherrschen versteht. Zwar gilt für viele Gedichte des Spätwerks längst nicht mehr das Etikett 'Konkrete Poesie'. Aber indem Jandl das
Prinzip des Experimentierens, Irritierens und Destruierens fortführt, zitiert er in
seinen bitter-ironischen *idyllen*, wie verfremdet und verändert auch immer, den
radikalen Anspruch konkreter Dichtung. Noch die scheinbar konventionellste
Rückkehr zu Strophenform und Reim ist bei näherer Betrachtung eine ironische
Konstellation aus längst obsoletem Sprachmaterial der Poesie. Die Reduktion, ein
weiteres Kennzeichen des Spätwerks, reicht bis zu Drei- und Zweizeilern, ja bis
zu einzelnen Zeilen.[62] Die epigrammatische Lakonik Jandlscher Gedichte ist ganz
und gar reflektiert und unsentimental. Sie zitiert zuweilen eine obszöne, ordinäre
Sprache, wie in *geh doch nicht ins porno-kino, die scheißmaschine* und *duft*.[63] Der Alp-
traum dieser *idyllen* wird in der Aussparung und Verknappung der Sprache
deutlich: "vielmals allein/ es sei keinem getraut/ zieht ab mir die haut", lautet einer der *sprüche*,[64] und ein anderer heißt schlicht: "herausgeritten aus muttern, hin-
eingetrabt in dieses unmenschliche Geschlecht". [65]

Nun belehrt uns gewiß nicht erst Jandl darüber, daß Begriffe wie Autorschaft
und Werkautonomie inzwischen, vorsichtig formuliert, als bereits geschichtliche,
in ihren Grenzen erfahrbare Konzepte beschrieben werden können. Wenn Jandl
im Nachwort seines im niederösterreichischen Dialekt abgefaßten Gedichtbandes
*Stanzen* aus dem Jahre 1992, sein, wie er es nennt, "büchlein" ausdrücklich nicht
als "»menschen«-", "»seelen«-" und "»heilkunde«"[66] verstanden wissen will, so ist
dies eher eine Fußnote im Kontext eines zurückgenommenen Literaturbegriffs,

aber immerhin eine Fußnote, die belegt, daß die Rolle des Dichters als eines kompetenten Interpreten von Welt und Leben gründlich angezweifelt wird. Vier Zeilen umfaßt Jandls Poem *von den toten und lebenden dichtern*[67]:

> d'meistn dichta eh scho
> san unta da ead
> owa r a boa lewende brauch ma no
> oes a oad von zoo

Die didaktische Sperre gegenüber einer Ansicht, die derart 'von toten und lebenden dichtern' spricht, ist gegenwärtig noch ebenso groß wie die Sperre vor einer Literatur, die diese Ansicht teilt und verbreitet. Vor solchem Hintergrund - und wohl wissend, daß Jandl ein eher beiläufiges Exempel für den hier angesprochenen Zusammenhang ist - möchte ich zum Schluß fragen, was der Literaturunterricht gewänne, wenn er seine eigenen Traditionen und Rituale nicht länger bildungsbürgerlich, sondern kultursoziologisch definierte und sich dem magischen Dreieck 'Autor, Werk, Leser' und seinen strapazierten Sinn-Formeln auf neue, selbstreflektive Weise näherte. Es bestünde zumindest stärker als bisher die Möglichkeit, die in neueren Literaturtheorien vielfach formulierten Zweifel am traditionellen Bedeutsamkeitstopos von Literatur als Impuls aufzunehmen, die eigenen Basiskategorien sowie das schulische Interpretationsritual zu evaluieren und zu verändern. Dabei geht es nicht um eine bloße Eskamotierung von Autor und Werk aus dem Interessenhorizont von Wissenschaft und Unterricht, sondern um ein Spektrum neuer Fragen, das gerade die nicht-hermeneutischen Theoreme zu Autor, Werk und Leser eröffnen. Die veränderte Fragerichtung ergibt sich, wie Bogdal am Beispiel der historischen Diskursanalyse Foucaults aufzeigt, aus einem neu fundierten Bedeutungsbegriff: "Bedeutung haben Texte aus dieser Sicht nicht von 'innen'; sie wird innerhalb kultureller Entwicklungen und vor allem durch Machtbeziehungen von 'außen' je historisch hergestellt."[68] Das kulturelle und soziale Umfeld von Literatur steht damit ebenso zur Disposition wie etwa der geschichtliche Wandel der Lesekultur und schließlich die Autorfunktion selbst: Gerade weil die längst obsolete Frage nach dem, was 'der Autor eigentlich sagen will', aus dem Unterricht verschwindet, können der Autor und seine Texte, aber auch die Verarbeitung und Wirkung von Literatur Gegenstand neuer Fragestellungen sein. Diese zielen nicht mehr auf den genialischen Sinnproduzenten, also auf den Autor als Interpretationsgröße, sondern beispielsweise auf Selbstverständnisse, Rollenbilder, Allmachtsphantasien, Selbstdarstellungsrituale, auf Präsentation, Vermarktung und Inszenierung, auf kulturelle Praktiken des Umgangs mit Literatur sowie deren gesellschaftliche Funktion als Medium kollektiven Erinnerns. Da es im Literaturunterricht nicht darum gehen kann, im Sinne eines verordneten Gedächtniszwangs kanonisierte Bedeutungen von Autor und Werk unreflektiert zu übernehmen,[69] stehen bei einer Öffnung des Unterrichts für den veränderten Fragehorizont die Chancen für einen 'entdeckenden' Literaturunterricht nicht schlecht, der dem Prozeß der Nachforschung und Untersuchung mindestens soviel Bedeutung zuerkennt wie dem lernzielfixierten

Sachverhalt. Vor allem aber würde allmählich das prekäre, längst historisch ge-
wordene Gegenwartsverständnis des heutigen Literaturunterrichts revidiert und
Perspektiven auf jene literarische Zeitgenossenschaft eröffnet, die mit ge-
schützten Kanongrenzen und festgeschriebenen Literaturdoktrinen aus dem Un-
terricht noch immer ferngehalten wird. Zeitgenossenschaft - eine Floskel, die in
Kombination mit Lebensweltbezug und jugendlichem Erfahrungshorizont als
Hochwertbegriff Richtlinien und Lehrpläne ziert - setzt voraus, daß der in der
Schule vermittelte Begriff und das Verständnis von Gegenwart nicht unter der
Hand didaktisch zugerichtete Vergangenheit sind. - Daß Gegenwartsliteratur die
Literatur *unserer* Zeit ist, davon müssen Schülerinnen und Schüler übrigens am
wenigsten überzeugt werden. Sie sind in diesem Punkte ihren Lehrerinnen und
Lehrern einiges voraus.

## Anmerkungen

1  Jörg Drews: *'Explosiv in der Jugend, radikal im Alter.' Der Lyriker Ernst Jandl wird 70 Jahre
alt*, in: Süddeutsche Zeitung v. 1.8.1996.

2  Die folgenden Beobachtungen beruhen auf einer Durchsicht von zwanzig Lehrwerken
(zumeist Lesebücher) der Sekundarstufe I (Klassen 5-10), die seit Mitte der 70er Jahre
in Nordrhein-Westfalen vom Ministerium zugelassen sind bzw. zugelassen waren;
Neufassungen werden dabei jeweils als 'Neukonzeption' gewertet. Für die Sekundarstufe II wurden sechs ausschließlich seit Ende der 80er Jahre konzipierte Arbeitsbücher durchgesehen. Im Gegensatz zu Lehrwerken der Sekundarstufe I, die allesamt
mehrere Jandl-Gedichte über einen Zeitraum von sechs Jahren verteilen, enthalten
nicht alle Oberstufenbücher Gedichte und Texte Jandls.

3  Die Gedichte Jandls (bis Mitte der 80er Jahre) werden, wenn nicht anders angegeben,
zitiert nach der Werkausgabe: Ernst Jandl: *Gesammelte Werke*, hgg. von Klaus Siblewski, Darmstadt/Neuwied 1985, Bd. 1 (Gedichte 1,) Bd. 2 (Gedichte 2) und Bd. 3
(Stücke und Prosa); die Angaben zum Text beziehen sich jeweils auf die Band- und
Seitenzahl.

4  Angaben nach *Gesammelte Werke*, a.a.O. (vgl. I, 799ff. und II, 889ff.); für *lichtung* (aus
*Laut und Luise*) ist kein Erscheinungsjahr angegeben.

5  Vgl. III, 727. - Das Gedicht entstammt "einem nicht zur Veröffentlichung bestimmten
Zyklus mit dem Titel *6 schlagertexte*" (ebd.).

6  Das gilt auch für eine Reihe von Gedichten, die in einzelnen Lehrwerken gleichsam als
Kanon-Alternativen ausgewählt wurden und jeweils nur einmal nachweisbar waren.
Für diese Texte gilt ebenfalls der für die Kanontexte ermittelte Auswahlzeitraum der
60er und frühen 70er Jahre. Es ist außerdem besonders auffällig, daß offenbar die drei-
bändige Werkausgabe von 1985 keinen Einfluß auf die Textauswahl der Lehrwerke
der späten 80er und frühen 90er Jahre gehabt hat, auch wenn die Werkausgabe als
Quelle zitiert wird. - Für Lesebücher der Sekundarstufe I konnte kein nach 1979 ent-
standener Text nachgewiesen werden.

7   Dieser Prozeß der Privilegierung ist an einen Selektionsvorgang geknüpft, bei dem
    unterschiedliche Selektionsfaktoren eine Rolle spielen. Texte der Literaturgeschichte
    unterliegen anderen Kanonisierungsbedingungen als Texte der Gegenwartsliteratur.
    Übernimmt die Schule für den kanonisierten Text der Vergangenheit an kulturelle
    Codes gebundene Tradierungsfunktionen, deren Verbindlichkeit einer über die Schule
    hinausgreifenden kulturellen und gesellschaftlichen Überlieferungspraxis erwachsen -
    vor allem bildungsbürgerlichen Bedeutsamkeitshierarchien -, so wird der jeweilige
    Verbreitungsgrad von Gegenwartstexten in der Schule häufig weitaus stärker nach
    pragmatischen, zumeist innerinstitutionellen Kriterien geregelt. Bei diesem Auswahl-
    modus, an dem Lehrbücher eine wichtige Steuerungsfunktion haben, spielen unter-
    schiedliche Selektionsmotive eine Rolle: die Kompatibilität zwischen favorisiertem Li-
    teraturverständnis und Gegenwartstext, die Nähe der jeweiligen Gegenwartsautoren
    zum privaten Lektürekanon der Lehrkräfte und Lehrplanverfasser, der Grad der 'Ein-
    passung' des Textes in gängige Themen- und Textsequenzen und die Möglichkeit der
    Instrumentalisierung des Textes für pädagogisch-didaktische und unterrichtsmethodi-
    sche Intentionen.

8   Ernst Jandl: *Laut und Luise*, Neuwied/Berlin 1971 (= Sammlung Luchterhand 38); 1976
    erschien in Stuttgart auch eine Reclam-Ausgabe von *Laut und Luise* (= RUB 9832). Erst-
    druck 1966 (Ernst Jandl: *Laut und Luise*. Mit einem Nachwort von Helmut Heißenbüt-
    tel, Olten i. Br. 1966).

9   Vgl. Volker Kaukoreit: *'Mit welch andern Augen?' Sechs Anmerkungen zum lyrischen
    Frühwerk Ernst Jandls*, in: Text + Kritik 129: *Ernst Jandl*, München 1996, S. 19-30.

10  Einen kritischen Überblick dazu bietet die Aufsatzsammlung: *Wieviel Literatur brauchen
    Schüler? Kritische Bilanz und neue Perspektiven des Literaturunterrichts*, hgg. von Peter
    Stein, Stuttgart 1980.

11  Clemens Kammler: *Was kommt nach Dürrenmatt und Frisch? Plädoyer für einen anderen
    Umgang mit Gegenwartsliteratur in der Schule*, in: Diskussion Deutsch, H. 142, 1995,
    S. 127-135; hier S. 127.

12  So die bei Weiss erläuterten wirkungsästhetischen Schlüsselbegriffe von Theoretikern
    der Konkreten Poesie; vgl. Christina Weiss: *Konkrete Poesie als Sprachkritik*, in: *Literatur
    in der Bundesrepublik Deutschland bis 1967*, hgg. von Ludwig Fischer, München-Wien
    1986 (= Hansers Sozialgeschichte der deutschen Literatur 10), S. 431.

13  Weiss, *Konkrete Poesie als Sprachkritik*, a.a.O., S. 433; vgl. auch Michael Wulff: *Konkrete
    Poesie und sprachimmanente Lüge. Von Ernst Jandl zu Ansätzen einer Sprachästhetik*, Stutt-
    gart 1978.

14  Weiss: *Konkrete Poesie als Sprachkritik*, a.a.O., S. 432.

15  Ebd., S. 431.

16  Siehe ausführlicher Kristin Pfoser-Schewig: *Schmutz und Schund und Avantgarde oder
    Wie die experimentelle Literatur ins Kreuzfeuer der Pädagogen geriet*, in: *Wiener Avantgarde -
    Einst und Jetzt*, hgg. von der Walter-Buchebener-Gesellschaft, Wien-Köln 1989, S. 9-21.

17  Zitiert nach Pfoser-Schewig: *Schmutz und Schund und Avantgarde*, a.a.O., S. 12.

18  Vgl. Hermann Korte: *Lyrik von 1945 bis zur Gegenwart*, München 1996 (= Oldenbourg
    Interpretationen 82), S. 63-71; Hermann Korte: *Geschichte der deutschen Lyrik seit 1945*,

Stuttgart 1989 (= Sammlung Metzler 250), S. 71-81 und 126-143; zur Poetologie der Konkreten Poesie vgl.: *Theoretische Positionen zur Konkreten Poesie. Texte und Bibliographie,* hgg. von Thomas Kopfermann, Tübingen 1974.

19 Vgl. *Die Wiener Gruppe,* hgg. von Gerhard Rühm, Reinbek 1967.

20 Ernst Jandl: *idyllen. gedichte,* Frankfurt/M. 1989, S. 8.

21 Walter Hinderer: *'Das Röcheln der Mona Lisa'. Aspekte von Ernst Jandls Lyrik im Kontext der sechziger Jahre,* in: Text + Kritik 129: *Ernst Jandl,* a.a.O., S. 35.

22 Hans Hartung: *Deutsche Lyrik seit 1965. Tendenzen, Beispiele, Porträts,* München-Zürich 1985 (= Serie Piper 447), S. 17.

23 Hinderer: *'Das Röcheln der Mona Lisa',* a.a.O., S. 35. Hinderers Wertungen gelten dem Gedicht *fortschreitende räude* (I, 473), das seit 1966 mit Rücksicht auf den katholischen Walter Verlag in *Laut und Luise* noch nicht erscheinen konnte.

24 Karlheinz Fingerhut: *Die folgenlose Literatur und der pädagogische Wahn. Deutschdidaktik, Literaturunterricht und die Gegenwartsliteratur,* in: *Germanistik und Deutschunterricht im Zeitalter der Technologie. Selbstbestimmung und Anpassung.* Vorträge des Germanistentages Berlin 1987, hgg. von Norbert Oellers, Bd. 3, Tübingen 1988, S. 3-19; hier S. 5.

25 Ebd., S. 12.

26 Jürgen Förster: *Autor, Werk und Leser im literarischen und literaturtheoretischen Diskurs der Postmoderne. Einige Bemerkungen am Beispiel der Prosa Botho Strauß',* in: Zeitschrift für Germanistik, Neue Folge, H. 2, 1994, S. 366-379; hier S. 366.

27 Ernst Jandl: *sprechblasen. gedichte.* Mit einem Nachwort des Autors, Stuttgart 1979 (= RUB 9940), S. 132.

28 Wendelin Schmidt-Dengler: *Der wahre Vogel. Zur Figur des Dichters bei Ernst Jandl,* in: *Wiener Avantgarde,* a.a.O., S. 75-92; hier S. 86; vgl. auch Wendelin Schmidt-Dengler: *Poesie und Lebenszweck. Ernst Jandl, 'Das Öffnen und Schließen des Mundes',* in: *Poetik der Autoren. Beiträge zur deutschsprachigen Gegenwartsliteratur,* hgg. von Paul Michael Lützeler, Frankfurt/M. 1994, S. 114-128.

29 Jürgen Kreft: *Grundprobleme der Literaturdidaktik. Eine Fachdidaktik im Konzept sozialer und individueller Entwicklung und Geschichte,* 2., verb. Auflage, Heidelberg 1982, S. 255.

30 Karlheinz Fingerhut: *Literaturdidaktik - eine Kulturwissenschaft,* in: *Literarisches verstehen - Literarisches Schreiben. Positionen und Modelle zur Literaturdidaktik,* hgg. v. Jürgen Belgrad und Hartmut Melenk, Hohengehren 1996, S. 61.

31 Ebd.

32 Helmut Fuhrmann: *'Die Furie des Verschwindens'. Literaturunterricht und Literaturtradition,* Würzburg 1993, S. 170.

33 Ebd.

34 Vgl. Jürgen Fohrmann: *Über Autor, Werk und Leser aus poststrukturalistischer Sicht,* in: Diskussion Deutsch, H. 116, 1990, S. 577-588; Klaus-Michael Bogdal: *Problematisierungen der Hermeneutik im Zeichen des Poststrukturalismus,* in: *Grundzüge der Literaturwissen-*

schaft, hgg. von Heinz Ludwig Arnold und Heinrich Detering, München 1996 (= dtv 4704), S. 137-156.

35 Jandl kommentiert u.a. seinen Zyklus tagenglas aus dem Jahre 1976.

36 Zit. nach Ernst Jandl: Texte, Daten, Bilder, hgg. von Klaus Siblewski, Frankfurt/M. 1990, S. 79.

37 Ernst Jandl: Die schöne Kunst des Schreibens, Erweiterte Neuausgabe, Darmstadt-Neuwied 1983 [zuerst 1976], S. 19.

38 Ebd., S. 58.

39 Günter Kunert: Vor der Sintflut. Das Gedicht als Arche Noah, München-Wien 1985.

40 Vgl. auch Hermann Korte: 'was ein gedicht ist'. Gedichte schreiben heute. Eine kurze Unterrichtsreihe am Beispiel Ernst Jandls, in: RAAbits. Impulse und Materialien für die kreative Unterrichtsgestaltung, Deutsch/Literatur, 10. Ergänzungslieferung, Stuttgart 1995.

41 Hilde Domin: Das Gedicht als Augenblick von Freiheit. Frankfurter Poetik-Vorlesungen 1987/88, München-Zürich 1988.

42 Ebd., S. 57.

43 Vgl. ebd., S. 75: "Beim Schreiben sollte er [der Autor] auf nichts weiter achten, denke ich, als daß Wort und Erfahrung sich genau entsprechen."

44 Ebd., S. 85.

45 Ebd., S. 57.

46 Zu Jandls Poetik vgl. Monika Schmitz-Emans: 'Ich habe nichts zu sagen/ Und ich sage es (...)'. Ernst Jandls produktive Auseinandersetzung mit John Cages Ästhetik, in: Sprachkunst 21, 1990, S. 285-312; ferner Hermann Korte: 'stückwerk ganz'. Ernst Jandls Poetik, in: Text + Kritik 129: Ernst Jandl, a.a.O., S. 69-74. Programmatisch für Jandls poetologische Reflexionen auch Ernst Jandl: Das Öffnen und Schließen des Mundes. Frankfurter Poetik Vorlesungen, Darmstadt-Neuwied 1985.

47 Am Beispiel der Erzählprosa hat Förster die Veränderung der Autorfunktion in den 80er Jahren beschrieben; die Zusammenfassung hat auch für den späten Jandl Geltung: "Wie ein Text [...] seine Aura verliert, so auch nicht minder der Autor die seine. Kein Gedanke an emphatische Schöpfung oder an ein Kraftfeld eines Autor-Subjekts, das - wie vermittelt auch immer - sein Werk regiert und als diesem Sinn verleihende Instanz fungiert, kann bei solch einem Text aufkommen." (Förster: Autor, Werk und Leser, a.a.O., S. 369)

48 Zur Bedeutung der Jandlschen idyllen im Kontext der späten 80er Jahre siehe auch Hermann Korte: Auf dem Trampelpfad. Deutsche Lyrik 1985 bis 1991, in: Text + Kritik 113: Vom gegenwärtigen Zustand der deutschen Literatur, München 1992, S. 52-62.

49 Jandl: idyllen, a.a.O., S. 7.

50 Vgl Korte: Geschichte der deutschen Lyrik seit 1945, a.a.O., S. 185ff.

51 Jandl: idyllen, a.a.O., S. 9.

52 Ebd., S. 22.

53 Ebd., S. 26.

54 Ebd., S. 127.

55 Zur Interpretation des Gedichts vgl. Holger Brülls: *Nach der Artistik. Zur immanenten Poetik in drei Gedichten Ernst Jandls*, in: DVjs 62, 1988, S. 363-386; vor allem S. 377ff.

56 Karl Riha: *Ernst Jandl - visuell. Bildgedicht, Typogramm und visuelles Lippengedicht als Teile des lyrischen Gesamtwerks*, in: Ernst Jandl: Texte, Daten, Bilder, hgg. von Klaus Siblewski, a.a.O., S. 104.

57 Zit. aus Ludwig Harig: *Ohne Titel*, in: Ernst Jandl: Texte, Daten, Bilder, hgg. v. Klaus Siblewski, a.a.O., S. 74.

58 Jandls Gedicht antwortet freilich nicht nur auf ein romantisches Dichterbild, dessen Aura es zerstört, sondern spielt zugleich auf eine zeitgenössische Variante des Erhebungsmotivs an, auf Hans Magnus Enzensbergers Gedicht *Der fliegende Robert* (Hans Magnus Enzensberger: *Die Gedichte*. Frankfurt/M. 1983, S. 405), das in den 80er Jahren noch einmal selbstbewußt und trotzig die 'Erhöhung' des Dichters und seine gesellschaftliche Sonderstellung behauptet: "Eskapismus, ruft ihr mir zu,/ vorwurfsvoll./ Was denn sonst, antworte ich,/ bei diesem Sauwetter!-,/ spanne den Regenschirm auf/ und erhebe mich in die Lüfte./ Von euch aus gesehen,/ werde ich immer kleiner und kleiner,/ bis ich verschwunden bin./ Ich hinterlasse nichts weiter/ als eine Legende,/ mit der ihr Neidhammel,/ wenn es draußen stürmt,/ euern Kindern in den Ohren liegt,/ damit sie nicht davonfliegen." Enzensberger hat mit seinem 'fliegenden Robert' eine Identifikationsfigur geschaffen, die dem Dichter gerade bei herrschendem "Sauwetter" zumindest die 'höhere' Aussicht und einen letzten Rest "Eskapismus" bewahren kann. Jandl dagegen verweigert sich solchen 'Erhebungen' radikal.

59 Jandl: *idyllen*, a.a.O., S. 19.

60 Fingerhut: *Die folgenlose Literatur*, a.a.O., S. 9.

61 Jandl: *idyllen*, a.a.O., S. 30

62 Vgl. ebd., S. 195f. ("zeilen")

63 Ebd., S. 89, 106, 1118.

64 Ebd., S. 183.

65 Ebd., S. 182.

66 Ernst Jandl: *stanzen*, Hamburg/Zürich 1992, S. 143f.

67 Ebd., S. 16.

68 Bogdal: *Problematisierungen der Hermeneutik*, a.a.O., S. 150.

69 Vgl. ausführlicher Hermann Korte: *Erinnerungsarbeit. Literaturgeschichte und Literaturdidaktik*, in: Literatur in Wissenschaft und Unterricht XXIX, H.1, 1996, S. 41-52.

*Jürgen Förster*

## Die postmoderne Literatur - Eine Provokation für Wissenschaft und Unterricht?

Die Postmoderne, "ein Gespenst", das umgeht in Europa, wie *Le Monde Dimanche* seinen Lesern am 18. Oktober 1981 bekanntgab, hat eine erstaunliche Karriere hinter sich. Zunächst im Ruch des Abseitigen stehend und Gegenstand heftiger und polemischer Debatten zwischen ihren Apologeten und den 'Sachwaltern' des aufgeklärten Projekts der Moderne, ist die Postmoderne im Verlauf der Diskussion aus dem Schatten der puren Provokation herausgetreten und ins Zentrum zeitgenössischer Theoriebildung gerückt. So auch im literaturwissenschaftlichen Diskurs und dem der Didaktik im engeren Sinne, wenngleich diese der Postmoderne noch immer eher am Rande Aufmerksamkeit widmet. Dies ungeachtet der Tatsache, daß 'postmoderne' Lebensweise seit langem Bestandteil des Lehr- und Lernalltags ist, wie u.a. Klaus-Michael Bogdal konstatiert.[1] Doch die als 'postmodern' etikettierte[2] Gegenwartsliteratur wird im Unterricht de facto kaum gelesen. Das hat gewiß viele Gründe, die zu reflektieren hier nicht der Ort ist. Bei der Literatur der Postmoderne scheint jedoch offenbar noch ein ganz spezifischer hinzuzukommen, der gewissermaßen in der 'Logik' dieser Literatur selbst begründet liegt. So jedenfalls legt es eine These nahe, die Karlheinz Fingerhut Ende der 80er Jahre vertreten hat.

Ich möchte an diese These anknüpfen und versuchen darzulegen, daß es keineswegs die postmoderne Literatur ist, die den literarischen Unterricht in eine prekäre Lage bringt.[3] Näherliegend scheint es mir vielmehr, die prekäre Situation, in der sich der Literaturunterricht befindet, in Verbindung zu bringen mit einem von manchen als epochal erachteten Strukturwandel, der nahezu alle gesellschaftlichen Sub-Systeme erfaßt und der erhebliche Rückwirkungen hat auf die epistemologische Situation unserer Gegenwart. In ihr wird man die Ursachen für die vielfach diagnostizierten Problemlagen des Literaturunterrichts zu suchen haben. Die Ausgrenzung der postmodernen Literatur in Unterricht und Didaktik würde von daher geradezu von einer Ignoranz gegenüber epistemologischen Problemen zeugen. Denn als deren agierend-reagierendes Moment dürfte sich die postmoderne Literatur erweisen, die den Geltungsanspruch der im Literaturunterricht nach wie vor favorisierten kulturellen Konzepte von Literatur und Lesen auf ihre Weise erschüttert.

Einige Aspekte dazu möchte ich nun - gleichsam im Sauseschritt - vortragen und anschließend auf die Förderung einer neuen 'poetischen' Lesekompetenz als Aufgabe der Didaktik hin argumentieren, die sich der "condition postmoderne" gewachsen zeigt. Auch diese kann ich hier nur äußerst knapp und daher auch recht verdichtet skizzieren.

Die zuvor erwähnte These Fingerhuts fasse ich kurz zusammen.[4]

*Die postmoderne Literatur*
*Literarischer Eigensinn, kulturelle Definitionsmächte und die epistemologische Situation der Gegenwart*

Die Literatur der Postmoderne habe - so Fingerhut - seit Anfang der 80er Jahre den bisher gültigen Konsens über das, was Literatur in gesellschaftlicher und pädagogischer Hinsicht sei, aufgekündigt. Texte von Hans Magnus Enzensberger, Heiner Müller, Günter Kunert oder Botho Strauß verweigerten sich dem ihr angesonnenen kulturellen Sinn-Spiel und setzten die generelle Übereinstimmung zwischen der schulischen Definition des Unterrichtsgegenstandes 'Literatur' und seinen pädagogischen Werten einerseits, der Perspektive der Literatur und ihrer Kommentierung in der Literaturwissenschaft andererseits außer Kraft. Die Literatur der Postmoderne stütze längst nicht mehr die ihr unterstellte erzieherische und gesellschaftliche Bedeutsamkeit, sehe sich nicht als Medium zur Weltorientierung, zur "Entfaltung der Persönlichkeit" oder "des historischen Bewußtseins". Daher laufe auch eine didaktische Aufforderung wie die, "das Geschichtsbild und die Perspektive eines Werkes" zu erkunden, ins Leere. Kurzum: die zur Legitimation des Literaturbildes und der Textarbeit herangezogene Literaturtheorie in der Tradition philosophischer Ästhetik sei gegenstandslos geworden.[5]

Was Fingerhut hier anläßlich der postmodernen Literatur konstatiert, konkret: die Diskrepanz zwischen dem Eigensinn der Literatur und der literaturtheoretischen Orientierung, samt den damit einhergehenden kulturellen Wertzuschreibungen, hat freilich Tradition. Daher auch das Fragezeichen, das hinter meinem Thema steht. Denn die Inkompatibilität von Literatur und der Praxis ihrer Aneignung zieht sich gleichsam wie ein roter Faden durch die Geschichte des modernen Literaturunterrichts, d.h. seit dem frühen 19. Jahrhundert, als mit der Verstaatlichung der Bildung Literatur und Lesen politisierten, ein Prozeß, dessen Beginn man mit den preußischen Schulreformen wird ansetzen können. Seither ist Literatur, die um 1800 im Zuge der sich funktional ausdifferenzierenden Gesellschaft einen neuen Ort als selbstreferentielles System in der Kultur zu gewinnen suchte und der "ihre traditionellen Funktionen wie Wissensvermittlung, moralische Belehrung, Affektsteuerung, ihre kultische oder herrschaftsstabilisierende Bedeutung, ihre traditionsbewahrenden oder gedächtnisstützenden Aufgaben obsolet"[6] wurden, nie 'sie selbst'. Was sich im 18. Jahrhundert mit der In-Gebrauch-Nahme der Literatur zu moralisch-didaktischen Zwecken abzeichnet, findet nun mit der staatlichen Institutionalisierung literarischer Bildung seine Fortsetzung. Seither entscheiden über Bedeutung und Funktion der Literatur gesellschaftliche Instanzen, die das "Monopol kultureller Legitimität" (Pierre Bourdieu) halten. Sie definieren, welchen Stellenwert einzelne kulturelle Güter, z.B. literarische Texte, in einer Gesellschaft und ihren (Bildungs-)Institutionen haben sollen, wählen diesbezüglich aus dem Kanon aus und verpflichten stets den poetischen Eigensinn auf seine gesellschaftlich akzeptierten Interpretationen.[7] So gerät bekanntlich die Literatur bereits im frühen 19. Jahrhundert zum Eigentum einer Bildungsphilosophie. Sie sieht in der Literatur - zunächst der der klassischen Antike, später dann auch der der rasch kanonisierten deutschen 'klassischen' Autoren - den Katalysator, ihren schönen Plan von einer in Begriffen von Moral und Natur behaupteten Perfektibilität des Menschen zu befördern und mit ihr die zukünftig befriedigte Gemeinschaft, die "allgemeine Wohlfahrt", mithin humanen geschichtlichen Fortschritt.[8] Nach der Restauration und im Kaiserreich waren es dann nationale Identitätsstiftung und Selbstvergegenwärtigung auf Geschichte, die den Wert von Literatur ausmachen sollten, eine Funktionalisierung, die bekanntlich die NS-Kulturpolitik in anderer Weise fortsetzte, während nach 1945 die Funktion von Literatur vor allem in Erbauung, beschaulichem Nachdenken, geistiger Versenkung aufgehen sollte, die in der Schule in der moralpädagogischen Werteerziehung und der Andacht zur isolierten Betrachtung des Einzelwerks im Rahmen eines sozialintegrativen Gesellschaftsmodells Gestalt annahmen. Daß von daher all jene literarischen Traditionen, die sich dem kulturellen Sinn-Spiel verweigerten, etwa die Literatur der historischen Avantgarden oder die der negativen Moderne (Kafka, Beckett, Ionesco), überhaupt erst dann in den schulischen Kanon aufgenommen wurden, nachdem sie zuvor interpretatorisch entschärft worden waren, und zwar nach dem Muster von dem in der Negation verborgenen Humanismus, kann von daher nicht verwundern. Stets waren es philosophische, historische oder politische Kategorien - in welcher Variante auch immer -, die im literarischen Diskurs für Sinnstiftung sorgten, indem sie die Wahrheiten, 'Sinne', Bedeutungen der Literatur jeweils hochrechneten zu einer faßlichen Größe des sozialen Diskurses, die die Exegese dann zu bestätigen hatte. Auch die kritische Literaturwissenschaft und Didaktik der späten 60er Jahre, die dem Kanon der Literatur einen aufgeklärten Sinn allererst abgewinnen wollte, und zwar durch sozialgeschichtliche Werkinterpretation, dürften sich davon nicht ganz freisprechen. Häufig wurden auch hier ästhetische Formen ideologiekritisch-historisch auf ein politisches Telos hin verrechnet, wie u.a. Karl Heinz Bohrer formuliert.[9] Das heißt, auch sie machte sich die Hermeneutik bzw. die Interpretation als Modus der Wertbehauptung zu eigen.

Inzwischen ist die Überzeugungskraft dieser aufklärerisch, politisch engagierten Theorie und Praxis von ungleich nüchterneren Einsichten abgelöst worden. Und dies keineswegs lediglich durch die vom Dekonstruktivismus vielfach diagnostizierte Krise des Kollektivsingulars 'Geschichte' und durch die von der Bewußtseinsphilosophie abgeleiteten subjektzentrierten Annahmen, die zugleich suggerieren, "Gesellschaft resultiere aus den intentionalen Handlungen freier oder zu befreiender Bürger, und die 'richtige' Gesellschaft sei vornehmlich das Ergebnis eines Interaktionsspiels, das auf individuell ethische Haltungen rückgerechnet werden kann"[10]. Wir leiden vielmehr schon - so Hans Ulrich Gumbrecht - spätestens seit Horkheimers/Adornos "Dialektik der Aufklärung" an der

Verarbeitung des säkularen Schocks, die Versprechen der Aufklärung (und der Geschichtsphilosophie: einer ihrer 'Töchter') als Illusion, als den Menschen nicht erreichbare Zielvorstellung erfahren zu haben. An die Bedingung radikal anthropozentrischen - 'rationalen' - Denkens gebundene Versprechungen waren Vorstellungen kollektiven Glücks [...]. Ihre Realisierung war vom teleologischen Geschichtsprozeß und seinen 'Gesetzen' in Aussicht gestellt und zugleich den Menschen als Motivation vorgegeben, um 'gemäß der Einsicht in den Gang der Geschichte' zu leben und zu handeln. Man könnte die Struktur des 'bürgerlich' genannten Gesellschaftstyps als ein gigantisches Dispositiv zur Konstitution und Reproduktion solcher Hoffnungen deuten und umgekehrt zeigen, wie sehr die 'bürgerliche Gesellschaft' über der Aufgabe, solche Hoffnungen zu bewahren, das Vertrauen auf die anthropozentrisch fundierte Kosmologie schon gegen Ende des 19. Jahrhunderts verlor.[11]

Auch von daher gibt das kritische Paradigma, auf das wir nach 1968 setzten, viel zu denken Anlaß, wie Jochen Schulte-Sasse sehr eingehend und selbstkritisch dargelegt hat. Als sozialhistorisch interessierte und hochschulpolitisch engagierte Literaturwissenschaftler jener Jahre, die ihre erste und wichtigste Aufgabe darin sahen, die Wirkungsweise von Ideologie in der kulturellen Reproduktion von Gesellschaft aufzudecken, was heute keineswegs obsolet geworden ist, gingen wir davon aus - so sein Resümee - mit der Aufdeckung

einer Reihe von Beziehungen zwischen literarischem Text und ihren sozialgeschichtlichen Kontexten [...] einen neuen, sozialgeschichtlich fundierten Modus nicht allein der deutenden Lektüre, sondern auch der ästhetischen Wertung von Literatur gefunden zu haben [...] Wir entschieden uns für ästhetische Formen, die in sozial relevante Bedeutungen eingeschrieben waren [...] Wir glaubten, daß die ästhetische Reflexion sozial relevanter Bedeutung eine unmittelbar befreiende Wirkung auf die Haltungen und das Bewußtsein der Leser hatte; wir haben dabei unser Interesse selten auf eine Analyse des Status und der Funktion von Literatur in der Moderne sowie auf die Wirkung dieser institutionalisierten Funktion auf ästhetische Gehalte und auf Lesepraxis gerichtet.[12]

Daß die Überzeugungskraft der in den späten 60er Jahren entwickelten kritisch-aufklärerischen Konzepte stark geschwunden ist, läßt sich jedoch nicht allein mit Defiziten im Theorierahmen kritischer Praxis erklären. Sie hat auch mit den sozialen Verhältnissen selbst zu tun. Deren Entmaterialisierung, die kritische Theoretiker der Moderne wie Brecht, Benjamin oder Adorno schon gewahrten, geht ungebremst weiter. Dazu nur einige Stichworte: Fortschreitende Ästhetisierung der Alltagswelt und Funktionswechsel des Imaginären, für das immer mehr zutrifft - wie D. Voss erörtert - "daß es die Lebenswelten, statt sie zu repräsentieren, jetzt industriell simuliert, daß es, statt nur Gegenstand simulierten Erlebens zu sein, das Erleben zunehmend herstellt und organisiert".[13] Für Rezeptions- und Wahrnehmungsweisen trifft offensichtlich immer mehr zu, daß sie sich nur noch an der Oberfläche aktuellen Erlebens ereignen, ohne noch eine historische, soziale und psychologische Tiefendimension zu erreichen. Enttemporalisierung und das Ende von Periodisierungen somit als Folge und - mit all dem verbunden - die sich zuspitzende Krise der Repräsentation. Diese indessen zeichnet sich schon im 19. Jahrhundert ab, wo sich etwa Historisierung, Temporalisierung, Narrativierung als unmittelbare Reaktion auf die Krise der Repräsentierbarkeit der Welt verstehen lassen.[14] Zu Beginn des 20. Jahrhunderts antworten dann die künstlerischen Avantgarden auf die Akkumulation von Problemen der Welterfassung und

des Weltverstehens in anderer Weise, indem sie mit dem Prinzip der Repräsentation gänzlich brechen (u.a. Anrdé Breton, Louis Aragon, Marcel Duchamp; auch
ein Begriff wie 'objet trouvé' mag dies verdeutlichen). Die historischen Avantgarden präsentieren lediglich noch Materialien, statt durch Materie zu repräsentieren. Das Ende der Epoche der Repräsentation und damit auch des Gestus' der Interpretation als Welterfassung scheint damit bereits markiert.

Vieles spricht dafür, daß wir nunmehr unwiderruflich am Ende dieser Epoche
angelangt sind, ohne sie jedoch hinter uns lassen zu können. Mit Derrida könnte
man von clôture (Abschluß) und fin (Ende) sprechen. Noch nie zuvor dürfte es so
leicht und perfekt möglich gewesen sein, Welt und Geschichte technisch zu montieren und beliebig zu synchronisieren (Die Rede von der "Gleichzeitigkeit des
Ungleichzeitigen" macht bekanntlich die Runde). Mehr denn je existiert zu jedem
Phänomen eine potentiell unendliche Zahl von Darstellungen, Variationen, die
am Ende aber gar nicht mehr Variationen zu einem ursprünglichen Phänomen
sind. So verstehen sich denn auch viele Gegenwartsautoren eher als Regisseure
denn als Schöpfer (s. u.a. Calvino, Ransmayer, Strauß). Und der Referenzstatus
ihrer literarischen Produktionen erweist sich als höchst ambivalent. Einerseits
nämlich werden in dieser Literatur Welten konstituiert und präsentiert, andererseits aber bleibt diese äußerst unklar im Hinblick auf die Frage, ob diese Welten
überhaupt eine Referenz haben (Stichwort 'Referenzverlust'). Worauf die solchermaßen konstatierbaren Phänomene verweisen - und ich habe nur einige genannt -,
scheint charakteristisch zu sein für die epistemologische Situation unserer Gegenwart, in der auch das Medium Sprache im Gefolge qualitativer Beschleunigung
kommunikations-, informations- und medientechnologischer Modernisierung
seine Zentralstellung längst eingebüßt hat (Derrida spricht bekanntlich von einer
"neue[n] Mutation in der Geschichte der Schrift" und von der Erschöpfung des in
seiner ganzen Fülle präsenten Wortes, die sich freilich für ihn schon über Jahr-
hunderte hinweg ankündigt). Dies, die epistemologische Situation unserer Gegenwart - und nicht lediglich die postmoderne Literatur - macht m.E. die eigentliche Herausforderung aus, mit der wir uns als Literaturwissenschaftler und
Schulgermanisten konfrontiert sehen.

Alle Anzeichen sprechen dafür, daß vor diesem Hintergrund nicht nur die
'Ideen' des modernen Deutschunterrichts von der politischen Emanzipation bis
zu handlungsorientierten Identitätskonzepten zu "Positionsleuchten des Vergangenen" verblassen, um Bogdal zu zitieren.[15] Der postmodernen epistemologischen Situation dürfte vielmehr auch ein literarischer Unterricht zunehmend hilflos gegenüber stehen, der auf die Literatur als Medium der Weltorientierung und
auf Interpretation als Welterfassung setzt. Dem nämlich entspricht eine Modellie-
rung des Leseprozesses nach Vorgabe des Oberflächen-Tiefen-Modells. Danach
hat der Text als Oberfläche eine hinter ihm liegende Botschaft, ein 'eigentlich Ge-
meintes', das herauszuinterpretieren sei. Darin - und das ist bemerkenswert - begegnet jedoch eine epistemologische Struktur, die sich in der frühen Neuzeit,
nach Gumbrecht, in der ersten Modernisierungsphase, herausgebildet hat.[16] Die
Produktion von Wissen vollzieht sich danach als Operation dadurch, daß das

Subjekt die Welt liest oder die Welt interpretiert. Sicherlich nicht zufällig taucht die Metapher von der Welt als Buch im späten 14./15. Jahrhundert auf. Das heißt, eine als bloß materiell definierte Oberfläche der Objekte wird durchdrungen, um zu einer Tiefe vorzudringen, auf der sich nach der allgemeinen Vorstellung die Wahrheit als geistige Wahrheit, als konzeptionelle Wahrheit versteht. Mittels Interpretation wird also Wissen und Wahrheit produziert, das dann auch ausgedrückt werden kann. Da aber der Ausdruck, die Darstellung dessen, was man weiß, nie vollkommen ist, muß das, was man ausdrückt, immer wieder neu interpretiert werden. Und genau diese epistemologische Struktur, die sich um 1450 herum herausgebildet hat, liegt - so die empirisch durchaus gehaltvolle These Hans Ulrich Gumbrechts - den bis heute dominierenden Konzepten von Literatur, von Kunst, von Kultur jeweils zugrunde. Die herrschende Praxis, gerade im gymnasialen literarischen Unterricht, mag davon Zeugnis ablegen. Daß diese Praxis indessen, die Schüler und Text zudem dem Geständnis-Imperativ der Interpretation aussetzt und Literatur einer äußeren und inneren Temporalisierung nach Maßgabe der historischen Zeit unterwirft, dabei auf Tiefenverständnis, Reflexion und Handlungstransfer setzt, daß eine solche Praxis im literarischen Unterricht sich schwer tut, die SchülerInnen noch zu erreichen, kann insofern nicht verwundern.[17] Und die Literaturstudenten "interessiert" vor allem eines: literarhistorisches Faktenwissen, weil der literaturwissenschaftliche Diskurs es will und Belohnung in Aussicht stellt. Ob besagte Praxis denn die Literatur überhaupt erreicht, sei dahingestellt. Wie dem auch sei:

Vor dem Hintergrund des kurzen Blicks auf epistemologische Probleme sind die Beobachtungen Clemens Kammlers und Klaus-Michael Bogdals mehr als verständlich und einleuchtend.[18] Die Beobachtung nämlich, daß Schüler positiv im Unterricht reagieren und die Lektüre intensiver wird, wenn es sich um Texte handelt, die gleichsam demonstrativ auf Botschaften verzichten, auf Tiefe, und, indem ihre Referenz ungewiß ist, auch den Interpretationsritualen und der Macht der Kommentare Widerstand entgegensetzen; exemplarisch eben jene 'postmoderne' Literatur, die eines Eco, Calvino, Ransmayer oder die der Wortnetzwerke eines Marcel Bayer oder Thomas Hettche. Vom Tanz der Signifikanten war denn auch in den Rezensionen die Rede. Nach einer Zeit der Tiefe und Metaphysik rücken solche Texte - zwei Generationen nach Nietzsche - nunmehr ihre Oberfläche ins Zentrum und befördern ein Lesen, das den "Kurzschluß auf die allzu frühe, vom Werk schon gemeinte Bedeutung" verunmöglicht, wie Adorno einmal formulierte[19], ein Lesen nämlich, das sich auf die sprachliche Konstitution des Textes zu konzentrieren hat, auf seine ästhetisch-rhetorische Machart, seine Textur als ebenso unabdingbare wie folgenreiche Voraussetzung des Bedeutungsaufbaus selber.[20] "Nur die Treue zum Buchstaben, nicht das orientierte Verständnis wird einmal helfen", so schon Adorno.[21]

*Lesen im nach-metaphysischen Zeitalter*

Daran, an Adornos Empfehlung für das Lesen und an die zuvor zitierten Beobachtungen Kammlers oder Bogdals, kann eine neue 'poetische' Lesekompetenz anschließen. Ihr Applikationsfeld freilich fände diese nicht lediglich in der postmodernen Literatur, sondern nicht minder in der des Kanons (ja schließlich von allem, das sich uns eingeschrieben hat). Und sie würde den Literaturschülern auch keine 'einfühlende' oder 'verstehende' Kompetenz mehr abverlangen. Statt dessen intendiert sie vielmehr, die diskursiven, referentiellen, figuralen und intertextuellen Strukturen als die eigentliche 'materielle' Basis des Literarischen erschließen und sie kommentierend explizieren zu können.[22] Wäre eine solche Lesekompetenz, die Literatur nicht länger im Namen eines wie auch immer gearteten höheren Interesses mißversteht, sondern die die diskursiven Kräfte, die Sinn konstituieren, zu entdecken vermag bzw. die die Struktur einer sich selbst widersprechenden Sprache als die besondere Eigenschaft literarischer Texte zu lesen weiß, wäre eine solche Lesekompetenz nicht geradezu eine Vor-Schrift angesichts eines Zeitalters, das sicherlich nicht ganz zu unrecht als die "Zeit des 'Zeichens'" (Udoff) charakterisiert wird? Jochen C. Schütze geht sicherlich nicht fehl, wenn er die These vertritt:

> Die totale Überlagerung der Lebenswelt durch eine Welt von Bildern und Zeichen macht andere Lektüre-Strategien erforderlich, als sie bisher von den Lese-Lern-Institutionen vorgesehen waren. Es reicht nicht mehr aus, den Begriff des Lesens entlang klassischer Vorstellungen vom einsam-bildsamen Umgang mit Büchern oder entlang der ästhetischen Variante zu konzipieren, wonach Bücher genußvoll verschlungen werden sollen. Was Lesen sein kann, und was ein Leser - diese Frage muß heute vor dem Horizont der gigantischen Überproduktion von Zeichen, Bildern und Texten gestellt werden, der die Menschen, Lesende und Nichtlesende, fast ohne Verweigerungschance ausgesetzt sind.[23]

Eine Lesedidaktik unserer Zeit hätte sich mithin darauf einzustellen. Und sie könnte dies, wenn sie den Akt des Lesens nicht ausschließlich als Verstehen faßt und das Lesen als einen Bewußtseinsakt begreift, sondern als einen Vorgang, der das Funktionieren diskursiver Kräfte bzw. der Sprache als Bedingung der Existenz des Textes akzeptiert und damit als Voraussetzung der Textwahrnehmung selber. Ins Zentrum einer solchen Lesedidaktik rückte folglich nicht so sehr die Frage, was ein Text bedeutet, sondern *wie* er bedeutet, *wie* der Text es schafft, diese oder jene Bedeutung hervorzurufen bzw. die Leser-Phantasie zu dieser oder jener Bedeutung zu (ver-)führen. Einer solchen Lesedidaktik, die mithin auch den sog. 'linguistic turn' vollzöge, wäre zumindest Realitätssinn zu bescheinigen angesichts einer Wirklichkeit, in der die alten Oppositionen und Hierarchien von wahr und falsch, gut und böse, schön und häßlich, innen und außen, Authentizität und Inauthentizität, Realität und Fiktionalität ins Schleudern geraten. Und vielleicht könnte sich eine solche Lesedidaktik auch kritisch genug erweisen, um die neue Unmittelbarkeit, zu der Reales und Imaginäres verschmelzen, als Illusion herauszustellen. Dies vor allem dann, wenn sie auf die Epistemologie der

Sprache als Basis des Lesens rekurriert. Ist doch danach der Text und seine Sprache genau von der Art, daß das, was sie sagen, nicht schon - und vielleicht nie - das ist, was sie bedeuten, so daß das Lesen gegen eine "Verwechslung von Sprache mit natürlicher Realität, von Bezugnahme auf ein Phänomen mit diesem selbst" (de Man) zu immunisieren vermöchte.[24] Praktisch gewendet hieße das: der Leser versucht im Leseprozeß herauszufinden, wie die Sprache des Textes funktioniert, wie Bedeutungen zustande kommen, verschoben, relativiert und unterwandert werden. Dabei lernt er u.a., die idealisierenden oder ideologischen Unterstellungen thematischer oder ästhetischer Lesartenproduktionen zu hinterfragen und seine eigenen Bedeutungszuweisungen und die anderer Interpreten gleichsam am philologischen Frageinteresse zu kontrollieren.[25] In der Praxis wären dazu - wie Paul de Man ausführt[26] - zwei Lesevorgänge nötig, die sich in direkter Konfrontation aufeinander beziehen müssen: ein erster, der die Sprachstruktur vergißt und den Text auf Einheit hin liest, Literatur auf ihr Sinnprojekt hin befragt, und ein zweiter, der die Sprachstruktur des Textes anerkennt als den im Text vorhandenen Kommentar zur ersten Lektüre. Dergestalt könnte sich ein solches Lesen zugleich auch kritisch gegenüber jenen Institutionen behaupten, die in das Lesen und Interpretieren einüben; eine Renaissance mithin des 'kritischen Lesens' auf epistemologisch aufgeklärter Basis. Ein solches text- und sprachverliebtes Lesen freilich mag kaum jenes Lustbedürfnis zu befriedigen, das Heranwachsenden im allgemeinen eigen sein soll. Das "Lustversprechen", das ein solches Lesen machen kann, dürfte in erster Linie im Lustgewinn durch Erkenntnis liegen. Belohnung ist dabei - wie Fingerhut kürzlich treffend bemerkt - der Einblick in das Funktionieren der Diskurse und des Zusammenspiels von Sprache bzw. Zeichen und Phänomen sowie die eigene Verstrickung darin; Einblicke, die dazu beitragen können, dem Leser einen höheren Grad an Selbstbewußtsein zu verleihen.[27] Vielleicht erklärt sich von daher auch, daß am Ende der "Gutenberggalaxis" in der neueren deutschen Literaturwissenschaft eine Debatte um einen erkenntniskritischen Textualismus aufgekommen ist bzw. sich eine Hinwendung zur Rhetorizität von Sprache vollzieht und sich die neuen Theorien und Lektürestrategien so text- und sprachverliebt zeigen wie vielleicht nie zuvor.

Mit meinem Hinweis auf einen erkenntniskritischen Textualismus bzw. eine Rhetorizität von Sprache bin ich nun wirklich am Ende angekommen. Denn dieser könnte auch meiner Argumentation die epistemologische Basis entziehen, also all dem, was ich aus der Reflexion über die Vergangenheit und Gegenwart als mögliche Perspektive für das Lesen entwickelt habe, also in kritisch-hermeneutischer Manier. Aber vielleicht ist dies eine der Ambivalenzen in unserer Gegenwart, der ständige Wechsel zwischen Selbstschöpfung und Selbstvernichtung, den Friedrich Schlegel als "Form des Paradoxen" bezeichnete und die als Haltung ihre prominenteste Form in der (romantischen) Ironie gefunden hat.

## Anmerkungen

1  Klaus-Michael Bogdal: *Postmoderne, die neue Gründerzeit*, in: Praxis Deutsch, H. 121, 1993, S. 7.

2  Vom 'Etikett' ist bewußt die Rede, denn ich möchte mich hier nicht auf die Frage einlassen, ob von einer postmodernen Literatur als einer eigenständigen, von der Moderne unabhängigen überhaupt die Rede sein kann.

3  So hat denn auch Clemens Kammler etwa die potentiellen didaktischen Möglichkeiten zum Thema gemacht, die diese Literatur geradezu bietet:*Was kommt nach Dürrenmatt und Frisch? Plädoyer für einen anderen Umgang mit Gegenwartsliteratur in der Schule*, in: Diskussion Deutsch, H. 142, 1995, bes. S. 127-135.

4  Karlheinz Fingerhut: *Die folgenlose Literatur und der pädagogische Wahn. Deutschdidaktik, Literaturunterricht und die Gegenwartsliteratur*, in: *Germanistik und Deutschunterricht im Zeitalter der Technologie. Selbstbestimmung und Anpassung*. Vorträge des Germanistentages Berlin 1987, Bd. 3, hgg. von N. Oellers, Tübingen 1988, S. 3-19.

5  Ebd., S. 8f.

6  Raimar Zons: *Literarische Bildung in der Medienkonkurrenz*, in: *Disziplinäre Identität und kulturelle Leistung*. Vorträge des deutschen Germanistentags 1994, hgg. v. Ludwig Jäger, Weinheim 1995, S. 252.

7  Im einzelnen dazu auch Karlheinz Fingerhut, der letzteres konkret am Beispiel der Lesarten des Kanon-Textes *Emilia Galotti* gezeigt hat: *Kanon und kultursoziologisches Orientierungswissen im Literaturunterricht. Mit einem Blick auf Deutungen der "Emilia Galotti"*, in: Diskussion Deutsch, H. 142, 1995, S. 86-96. Dazu auch ders.: *Die Herrschaft der Kommentare. Über das Verhältnis literarischer und literaturwissenschaftlicher Texte im Deutschunterricht*, in: *Literaturstudium und Deutschunterricht auf neuen Wegen*, hgg. v. Bodo Lecke, Frankfurt/M. 1996, S. 51-69.

8  Siehe dazu ausführlich Detlev Kopp: *(Deutsche) Philologie und Erziehungssystem*, in: *Wissenschaftsgeschichte der Germanistik im 19. Jahrhundert*, hgg. v. Jürgen Fohrmann und Wilhelm Voßkamp, Stuttgart 1993, S. 669-741 sowie Detlev Kopp und Nikolaus Wegmann: *"Die deutsche Philologie, die Schule und die Klassische Philologie". Zur Karriere einer Wissenschaft um 1800*, in: DVjs 61, 1987, Sonderheft, S. 123-151.

9  Karl Heinz Bohrer: *Vorwort*, in: ders. (Hg.): *Ästhetik und Rhetorik. Lektüren zu Paul de Man*, Frankfurt/M. 1993, S. 7f.

10 Jürgen Fohrmann und Harro Müller: *Einleitung: Diskurstheorien und Literaturwissenschaft*, in: dies. (Hg.): *Diskurstheorien und Literaturwissenschaft*, Frankfurt/M. 1988, S. 14.

11 Hans Ulrich Gumbrecht: *Posthistoire Now*, in: *Epochenschwellen und Epochenstrukturen im Diskurs der Literatur- und Sprachhistorie*, hgg. v. Hans Ulrich Gumbrecht und Ursula Link-Heer, Frankfurt/M. 1985, S. 37f.

12 Jochen Schulte-Sasse: *Literarische Wertung: Zum unausweichlichen historischen Verfall einer literaturkritischen Praxis*, in: LiLi, H. 71, 1988, S. 19f. Zur kritischen Reflexion dieses Paradigmas siehe auch Karl Heinz Bohrers Essay: *Die Grenzen des Ästhetischen*, in: Die Zeit v. 4.9.1992.

13 Dietmar Voss: *Metamorphosen des Imaginären - nachmoderne Blicke auf Ästhetik, Poesie und Gesellschaft*, in: *Postmoderne. Zeichen eines kulturellen Wandels*, hgg. v. Andreas Huyssen und Klaus R. Scherpe, Reinbek 1986, S. 237. Dazu auch Hans Ulrich Gumbrecht: *Modern, Modernität, Moderne*, in: *Geschichtliche Grundbegriffe. Historisches Lexikon zur politisch-sozialen Sprache in Deutschland*, Bd. 4, hgg. von Otto Brunner u.a., Stuttgart 1978, S. 126.

14 So kann man den Historismus im speziellen Sinn des 19. Jahrhunderts als eine Reaktion auf die Krise der Repräsentierbarkeit der Welt verstehen, als Modus, durch den Überkomplexität von möglichen Repräsentationen zu jedem Phänomen verdaut werden sollen. Historisierung, Temporalisierung, Narrativierung, das wären Folgen eben just der Krise der Repräsentation im 19. Jahrhundert. Vgl. dazu Gumbrecht: *Modern, Modernität, Moderne*, a.a.O., hier bes. S. 111-120.

15 Bogdal: *Postmoderne, die neue Gründerzeit*, a.a.O., S. 7.

16 Dargelegt im Vortrag an der Gesamthochschule Kassel unter dem Thema: *Modernisierungskaskaden oder: Das Ende der Epochen*, 5.7.1995.

17 Im einzelnen dazu auch Bogdal: *Postmoderne, die neue Gründerzeit*, a.a.O.; ferner ders.: *"Mein ganz persönlicher Duft". "Das Parfüm", die Didaktik und der Deutschunterricht*, in: Diskussion Deutsch, H. 130, 1993, S. 124-133.

18 Neben den eben genannten Beiträgen Bogdals siehe Kammler: *Was kommt nach Dürrenmatt und Frisch?* a.a.O., bes. S. 128-135.

19 Theodor W. Adorno: *Aufzeichnungen zu Kafka*, in: ders.: *Prismen. Kulturkritik und Gesellschaft*, Frankfurt/M. [4]1992, S. 253.

20 Siehe dazu meinen Aufsatz: *Autor, Werk und Leser im literarischen und literaturtheoretischen Diskurs der Postmoderne. Einige Bemerkungen am Beispiel der Prosa Botho Strauß'*, in: Zeitschrift für Germanistik, Neue Folge, H. 2, 1994, S. 366-379, in dem ich dies am Beispiel von *Paare Passanten* (B. Strauß) diskutiert habe.

21 Adorno: *Aufzeichnungen zu Kafka*, a.a.O., S. 253.

22 Vgl. Zons: *Literarische Bildung in der Medienkonkurrenz*, a.a.O., S. 252.

23 Jochen C. Schütze: *Vom impliziten zum expliziten Leser. Für eine fernsehgerechte Literaturtheorie*, in: Wespennest 62, Wien 1986, S. 36.

24 Ausführlicher dazu Nikolaus Wegmann: *Literarische Bildung in den Zeiten der Theorie*, in: Der Deutschunterricht, H. 4, 1993, S. 22ff.

25 Konkrete Vorschläge dazu für die Arbeit an literarischen Texten in: Der Deutschunterricht, H. 6, 1995 (= *Neue Lesearten - Texte im Literaturunterricht*).

26 Siehe Paul de Man: *Allegorien des Lesens*, Frankfurt/M. 1988, S. 83.

27 Siehe Fingerhut: *Kanon und kultursoziologisches Orientierungswissen im Literaturunterricht*, a.a.O., S. 95.

# AutorInnen

*Bogdal, Klaus-Michael*
Professor für Germanistik an der Gerhard-Mercator-Universität GH Duisburg. - Forschungsschwerpunkt (FSP): Literatur des 19. und 20. Jahrhunderts, Literaturdidaktik, Literaturtheorie

*Erb, Andreas*
wissenschaftlicher Mitarbeiter an der Universität GH Essen; arbeitet an einem Projekt über 'Ballonfahrt als literarisches Ereignis'. - FSP: Jean Paul, Georg Büchner, Großstadtliteratur, Literatur und Technik

*Förster, Jürgen*
Professor für Neuere deutsche Literaturwissenschaft/Literaturdidaktik an der Universität GH Kassel. - FSP: Allgemeine Literaturwissenschaft, Literaturdidaktik

*Frank, Dirk*
Wissenschaftliche Hilfskraft an der Gerhard-Mercator-Universität GH Duisburg, promoviert über Metafiktionalität in der Gegenwartsliteratur - FSP: Nachkriegsroman, Erzähltheorie, Geschichte und Theorie 'postmoderner Literatur'

*Günther, Petra*
Wissenschaftliche Mitarbeiterin an der Universität GH Essen, promoviert über Erzähltexte der Gegenwartsliteratur - FSP: Peter Weiss, Frauenliteratur, Erzähltheorie

*Herrmann, Hans Peter*
Prof. pens (Neuere deutsche Literaturwissenschaft), Freiburg - FSP: Deutsche Literatur des 18. und 20. Jahrhunderts, Methodologie und neuere Geschichte der deutschen Literaturwissenschaft

*Jäger, Manfred*
freier Publizist, Münster. - FSP: Literatur und Kulturpolitik der DDR

*Kammler, Clemens*
Professor für Deutsche Sprache und Literatur und ihre Didaktik an der Universität Bielefeld. - FSP: Historische Diskursanalyse, Gegenwartsliteratur, Kinder- und Jugendliteratur, Literaturdidaktik

*Korte, Herrmann*
Oberstudiendirektor, Privatdozent für Literaturwissenschaft/Germanistik an der Universität GH Essen; Redaktionsmitglied der Zeitschrift "Text + Kritik". - FSP:

Literatur des 19. und 20. Jahrhunderts, Gegenwartsliteratur, Geschichte der Lyrik, Literaturdidaktik.

*Künzig, Bernd*
Kulturreferent bei der Stadt Bühl (Baden). - FSP: Zeitgenössische Kunst und Medien, Kulturarchäologie

*Magenau, Jörg*
Literaturredakteur der *tageszeitung (taz)*

*Schütz, Erhard*
Professor für Neuere deutsche Literatur an der Humboldt-Universität zu Berlin. - FSP: Literatur- als Mediengeschichte, Kulturjournalismus, Literatur des 20. Jahrhunderts, bes. Weimarer Republik und 'Drittes Reich'

*Uecker, Matthias*
Senior Lecturer in Contemporary German Studies, De Montfort University, Leicester. - FSP: Ruhrgebietskultur, Weimarer Republik, Dokumentarliteratur, Literatur und Medien

FSC
www.fsc.org

MIX
Papier aus verantwortungsvollen Quellen
Paper from responsible sources
FSC® C105338

If you have any concerns about our products,
you can contact us on
ProductSafety@springernature.com

In case Publisher is established outside the EU,
the EU authorized representative is:
Springer Nature Customer Service Center GmbH
Europaplatz 3, 69115 Heidelberg, Germany

Printed by Libri Plureos GmbH
in Hamburg, Germany